Droemer Knaur®

Brigitte Röder • Juliane Hummel • Brigitta Kunz

GÖTTINNENDÄMMERUNG

Das Matriarchat aus archäologischer Sicht

Droemer Knaur

Die Kapitel 1, 2 und 9 stammen von Brigitte Röder, die Kapitel 3, 5 , 7 und 8 von Juliane Hummel und die Kapitel 4 und 6 von Brigitta Kunz.

Die Folie des Schutzumschlags sowie die Einschweißfolie sind PE-Folien und biologisch abbaubar.
Dieses Buch wurde auf chlor- und säurefreiem Papier gedruckt.

Umschlaggestaltung: Angela Dobrick, Hamburg
Satz: Ventura Publisher im Verlag
Druck- und Bindearbeiten: Clausen & Bosse, Leck
Printed in Germany
ISBN 3-426-26887-6

5 4 3 2

Inhaltsverzeichnis

1

Vom urzeitlichen Mutterrecht zur ökofeministischen Göttinnendämmerung: Die Geschichte der Matriarchatsidee

»Am Matriarchat kommt keiner vorbei«

Es ist ein Phänomen, daß Gespräche schlagartig eine neue Wendung nehmen, sobald das Wort »Matriarchat« fällt. Die Beiträge werden emotionaler und aggressiver. Konnte man zuvor noch diverse Meinungen nebeneinander stehenlassen, polarisieren sich jetzt die Standpunkte. Sie werden mit einer Verbissenheit verteidigt, als ginge es plötzlich um die eigene Haut, ums Seelenheil – eben ums Ganze. Daß dabei jeder etwas anderes unter »Matriarchat« versteht, macht die Dinge nicht einfacher. Die Meinungsverschiedenheiten beginnen bereits bei der Übertragung des Begriffs ins Deutsche: Wörtlich »Herrschaft der Mütter«, wird Matriarchat häufig mit »Frauenherrschaft« übersetzt oder assoziiert. Insbesondere gegen den Aspekt der Herrschaft wendet sich z.B. die Matriarchatsforscherin Heide Göttner-Abendroth. Sie gibt als Synonym für Matriarchat »Am Anfang war die Mutter, das weibliche Prinzip« an und verbindet damit »von Frauen geschaffene und geprägte Gesellschaften, in denen sie dominierten, aber nicht herrschten« (^{2}1989, 9). Viele andere sprechen pauschal von »weiblicher« bzw. »matriarchaler Kultur« schlechthin, die sich über ein ganzes Set gesellschaftlicher Aspekte wie Matrilinearität, Matrilokalität, wirtschaftlicher Gemeinbesitz, weibliche Erbfolge, freie Sexualität, ganzheitliche Religion und Spiritualität definiert. Wieder andere entwerfen ein komplettes Geschichtsbild, das nicht nur die Vergangenheit erklärt, sondern zugleich das Überlebensrezept für die als bedroht empfundene Zukunft bereithält: Einst, zu Beginn der Menschheitsgeschichte, gab es ein matriarchales Paradies, das vom Patriarchat ruiniert wurde. Doch die Zukunft der Menschheit ist in goldenes Licht getaucht, denn sie liegt in weiblicher Hand. Das Motto heißt: Zurück zu den Müttern.

»Matriarchat« ist heute ein schillernder, stark subjektiv geprägter Begriff, für den es keine allgemein anerkannte Definition gibt. Das ist nicht weiter verwunderlich, denn die Wissenschaft, die üblicherweise das Geschäft des Definierens besorgt, faßt das Thema nur ungern und wenn, dann mit spitzen Fingern an. Außerdem ist »Matriarchat« ein Reizwort, das die Gefühle fluten läßt. In frauenbewegten Kreisen versetzt es manche – wenn auch nicht alle – in romantisches Schwärmen vom Zeitalter der Großen Göttin, als die Frauen das Sagen hatten und ›weibliche‹ Werte wie Frieden und Ökologiebewußtsein die Kultur prägten. Hier klingt das Matriarchat wie die Verheißung eines Frauenparadieses. Bei anderen löst das Wort dagegen eher Schreckensvisionen von ungezügelter Frauenherrschaft und Unterdrückung der Männer aus: »Da werden Weiber zu Hyänen«, zu Racheengeln, die gegen jahrtausendealte Männerherrschaft ins Feld ziehen.

Doch auch im angeblich so nüchternen Wissenschaftsbetrieb ist mit emotionalen Reaktionen zu rechnen, wenn man erwähnt, daß man sich mit Matriarchatsforschung befaßt. Sie reichen von einem amüsierten Lächeln, das mit einem vielsagenden »So, so« untermalt wird (im Klartext könnte das heißen: »So, dann sind Sie also für die Wissenschaft verloren«), bis hin zu verwirrten, unsicheren Blicken, die angstvoll zu fragen scheinen: »Sind Sie etwa Feministin?«

»Am Matriarchat kommt keiner vorbei«, schrieb die Studienleiterin Jutta Höcht-Stöhr nach einer Matriarchatstagung (1988). Was reizt, provoziert oder verunsichert an diesem Thema? Wie kommt es, daß mit »Matriarchat« die unterschiedlichsten Ideen und Szenarien verbunden werden? Und worauf sind sie zurückzuführen? Diese Fragen sind zu klären, bevor wir uns dem urgeschichtlichen Matriarchat als ›historischer Tatsache‹ zuwenden können. Das Interesse an Geschichte entspringt der eigenen Gegenwart. Unsere Erfahrungen heute und die kulturelle Tradition, in der wir stehen, beeinflussen den Blick auf die Vergangenheit und stecken den Rahmen für denkbare Interpretationen der Geschichtsquellen ab. Wie extrem die Matriarchatsdiskussion in der Gegenwart verhaftet ist, zeigt sich bereits an der Emotionalität, mit der sie geführt wird. Vollends offenkundig wird das durch einen Blick auf die Entstehungs- und Rezeptionsgeschichte der Matriarchatsidee. Wenngleich in der Debatte erst in jüngster Zeit vermehrt auf archäologische Funde zurückgegriffen wird, haben die Interpretationsmuster, mit denen die Gegenstände heute von den MatriarchatsforscherInnen gedeutet werden, eine Tradition und Geschichte, die bis zu Bachofens *Mutterrecht* aus dem Jahr 1861 zurückzuverfolgen ist. Diese Betrachtung bildet die Grundlage für das Anliegen des Buches, beim Matriarchat aus archäologischer Sicht Fakten von Fiktionen, historische Erkenntnis von Utopie zu trennen.

»Eine Ulme für das schwankende Efeu«

Die Matriarchatsidee oder – nach damaligem Sprachgebrauch und Verständnis – die Mutterrechtsidee entstand in der bürgerlichen Gesellschaft des 19. Jahrhunderts, die die Familie und das Verhältnis zwischen Mann und Frau als unumstößliches soziales Fundament definierte. Beiden, der Familie und den Geschlechtern, waren feste Aufgaben und Wesensmerkmale zugedacht, die Funktionieren und Stabilität der Gesellschaft sichern sollten. Das war nicht einfach, denn der Umbau von der feudalen Stände- zur modernen Industriegesellschaft mit ihrer bürgerlichen Mittelschicht, der im 18. Jahrhundert begonnen hatte, war noch immer im Gang, und mit ihm hatte die uns heute wohlvertraute Trennung von Privat- bzw. Familienleben und Arbeitswelt begonnen. Ebenso mußte die Erschütterung der überkommenen

Ordnung durch Forderungen nach Liberalisierung und Demokratisierung verkraftet werden.

Natürlich waren das nicht die einzigen Probleme, die es im Rahmen dieses tiefgreifenden gesellschaftlichen Wandels zu lösen galt, aber es waren diejenigen, die die Familie und das Geschlechterverhältnis am unmittelbarsten betrafen und ins Wanken brachten. Eine Gefährdung ihrer Grundpfeiler, ihrer Keimzelle, konnte sich die bürgerliche Gesellschaft nicht leisten. Sie reagierte auf diese Verunsicherung u.a. mit klaren Aussagen über den vermeintlichen »Geschlechtscharakter« von Mann und Frau (Rang 1986). Als ein »Gemisch aus Biologie, Bestimmung und Wesen« (Hausen 1976, 367) setzte der Geschlechtscharakter nicht nur die biologischen und psychologischen Unterschiede zwischen Mann und Frau fest, sondern wies ihnen zugleich ihren Platz und ihre Aufgaben in der Gesellschaft zu. Auf diese Weise vergewisserte man sich der grundlegenden Sozialbeziehungen in Ehe und Familie sowie des Zusammenhalts von öffentlichem und privatem Bereich. In Lexika, medizinischen, psychologischen und insbesondere auch in den weitverbreiteten pädagogischen Schriften war nachzulesen, wie Männer und Frauen zu sein und was sie zu tun und zu lassen hatten. Eine Kostprobe aus dem *Brockhaus,* dem *Conversations-Lexikon oder Handwörterbuch für die gebildeten Stände* von 1815, verdeutlicht dies:

> Daher offenbart sich in der Form des Mannes mehr die Idee der Kraft, in der Form des Weibes mehr die Idee der Schönheit. [...] Der Geist des Mannes ist mehr schaffend, aus sich heraus in das Weite hinwirkend, zu Anstrengungen, zur Verarbeitung abstracter Gegenstände, zu weitaussehenden Plänen geneigter; unter den Leidenschaften und Affecten gehören die raschen, ausbrechenden dem Manne, die langsamen, heimlich in sich selbst gekehrten dem Weibe an. Aus dem Manne stürmt die laute Begierde; in dem Weibe siedelt sich die stille Sehnsucht an. Das Weib ist auf einen kleineren Kreis beschränkt, den es aber klarer überschaut; es hat mehr Geduld und Ausdauer in kleinen Arbeiten. Der Mann muß erwerben, das

Weib sucht zu erhalten; der Mann mit Gewalt, das Weib mit Güte oder List. Jener gehört dem geräuschvollen öffentlichen Leben, dieses dem stillen häuslichen Cirkel. Der Mann arbeitet im Schweiße seines Angesichts und bedarf erschöpft der tiefen Ruhe; das Weib ist geschäftig immerdar, in nimmer ruhender Betriebsamkeit. Der Mann stemmt sich dem Schicksal selbst entgegen, und trotzt schon zu Boden liegend noch der Gewalt; willig beugt das Weib sein Haupt und findet Trost und Hilfe noch in seinen Tränen. (Zit. n. Hausen 1976, 366)

Etwas knapper brachte Ludwig Feuerbach, einer der großen Philosophen des 19. Jahrhunderts, das Geschlechterverhältnis auf den Punkt: »Das Weib repräsentiert das Fleisch, der Mann den Geist; d.h. der Mann ist der Kopf, das Weib der Bauch der Menschheit.« (Zit. n. Lanwerd 1993, 78).
Ob ausführlich oder kurz und bündig – alle Äußerungen über die Geschlechtscharaktere sind nach demselben Muster gestrickt. Mann und Frau sind in allen Bereichen grundsätzlich verschieden. Die ihnen als ›natürlich‹ zugeschriebenen Eigenheiten bilden ein Kontrastprogramm von sich ergänzenden polaren Gegensätzen, die vereint ein harmonisches Ganzes ergeben (Hausen 1976, 367). Der aktive, rationale Mann war demnach von Natur aus für den öffentlichen, die passive und emotionale Frau dagegen für den häuslich-privaten Bereich bestimmt:

Er ist von Energie, Willenskraft und Tapferkeit getrieben, sie von Hingebung, Schwäche und Bescheidenheit gelenkt. Er ist selbständig, sie ist abhängig, gütig und liebevoll. Ihn bestimmt Rationalität und Vernunft, sie vereint in sich Emotionalität, Rezeptivität und Religiosität. Ihm ist Tugend eigen, ihr Schamhaftigkeit und Takt. (Rang 1986, 197)

Der Geschlechtscharakter war Programm. Nahezu zwingend ergaben sich aus ihm die Lebensperspektiven. Für die bürgerliche Frau kam nur die Ehe als einzig akzeptable Lebensform in Frage.

Sie brauchte »einen Mann, wie ihn sich ein Mädchen denkt, männlich und fest, eine Ulme für das schwankende Efeu« – so Ottilie Wildermuth in ihrem Roman *Aus dem Frauenleben* von 1855 (zit. n. Hausen 1988, 85). Zur Gattin, Hausfrau und Mutter bestimmt, war die ganze Erziehung eines Mädchens auf Ehe und Familie ausgerichtet. Erwerbstätigkeit kam für Frauen des Bürgertums nicht in Betracht. Sie sollten für andere dasein, sich um das Wohlergehen ihrer Lieben sorgen und einen Haushalt führen, mit dem ihre Männer nach außen Staat machen konnten. Die Ausbildung der Mädchen war deshalb sehr oberflächlich und beschränkte sich weitgehend auf die Vermittlung von Salonfertigkeiten, günstigstenfalls noch auf Haushaltsführung (Rosenbaum 1990, 340). Ein gepflegter Haushalt – vor allem der mit allerlei Nippes, selbstgehäkelten Filetdeckchen, bestickten Kissen, gediegenen Möbeln ausgestattete Salon – war unentbehrlich für das bürgerliche Selbstverständnis und eine standesgemäße Lebensführung. Frauen erfüllten mit der Organisation des Haushalts eine wichtige gesellschaftliche Funktion. Die Früchte ihrer Arbeit fielen freilich in erster Linie dem Ehemann zu: »Sie ist ja doch nun einmal das Repräsentationsstück, an dem der Mann sein wirtschaftliches und gesellschaftliches Niveau vor allem dokumentiert sehen will.« (Bäumer 1914, 34)
Das bürgerliche Heim sollte jedoch nicht nur repräsentativ, sondern auch ein Hort des Friedens, der Ruhe und der Freude sein. Als Seele des Hauses war die Frau auch fürs Atmosphärische zuständig. Bei Erfüllung dieser Aufgabe konnte sie auf Anerkennung, vielleicht sogar wie hier auf schwärmerisches Lob von ihrem Gatten hoffen:

> Sie hat mir alle kleinen Sorgen immer abgenommen und für meine leiblichen und seelischen Bedürfnisse so treu gesorgt, wie eben nur eine mit ihrem Gatten aufs innigste verbundene Gattin sorgen kann. Ich konnte, aus der Arbeit und aus dem Kampf heimkehrend, im Hause untertauchen, hier alles vergessen und deswegen auch immer wieder mit frischer Kraft und frischem Mute an die Arbeit gehen und in den Kampf eintreten. (Tews 1921, 201)

Mit »Kampf« ist hier nicht etwa Krieg, sondern der ganz normale Arbeitsalltag draußen in der Öffentlichkeit gemeint. In der Arbeitswelt präsentierte sich die Kehrseite der Industrialisierung. Hektik, Streß, steigende Komplexität und Konkurrenz nahmen die Erwerbstätigen in den Griff, die als kleine Rädchen in einem System eingebaut waren, das sie weder überblicken noch steuern konnten. Das Erwerbsleben geriet zum »Kampfgebiet des bürgerlichen Mannes, in dem er ständig auf der Hut sein und sich bewähren mußte« (Rosenbaum 1990, 374). Erholung fand er nur in der Familie, wo die mitfühlende Gattin seine Wunden pflegte, wo er neue Kräfte tanken und die seelische Abstumpfung durch die Arbeit kompensieren konnte. In dem Maße, wie die Männer das Leben ›draußen‹ zunehmend als feindlich und bedrohlich empfanden, wuchs der Druck auf die bürgerlichen Frauen, ›drinnen‹, in der Familie, einen Ruhepunkt, einen sicheren »Schutz- und Schonraum« (Rosenbaum 1990, 373) bereitzuhalten und als ständig sprudelnde Energiequelle zur Verfügung zu stehen. Darüber hinaus hatten sie im trauten Heim die Moral und die gesellschaftlichen Traditionen zu pflegen und zu bewahren, denn im öffentlichen Leben drohten diese immer mehr zu verschwinden.

In der privaten Abgeschiedenheit, in der Intimität der Familie schufen Frauen eine Gegenwelt zum öffentlichen Leben und trugen damit entscheidend zum psychosozialen Gleichgewicht der Gesellschaft bei. Trotz dieser elementar wichtigen Funktion, die sie zusätzlich zu Kinderbetreuung und Haushalt erfüllten, war ihre Position alles andere als beneidenswert. Im Gegenteil – gerade die zweite Hälfte des 19. Jahrhunderts bescherte ihnen einen nie gekannten Grad von Unterordnung und Unselbständigkeit. Denn zumindest für die Herren der Schöpfung stand fest, daß der Mann »von der Natur und der bürgerlichen Verfassung bestimmt ist, das Haupt, der Regent der Familie zu sein«. Diese Auffassung – hier aus dem Munde des vielgelesenen Verfassers zahlreicher Benimmbücher, Freiherr Adolph von Knigge – wurde als natürlich vorgegebenes Geschlechterverhältnis empfunden. Mit Gott und der Natur im Rücken war es für Männer ein leichtes, von der »gottgewollten Abhängigkeit der Frau vom Mann« zu sprechen – so Wilhelm Heinrich Riehl in seinem 1855 erschienenen Buch über *Die Familie*, das in keinem bürgerlichen Haushalt fehlte.

Die »gottgewollte Abhängigkeit« war jedoch nicht nur verbale Schaumschlägerei. Den Sprüchen der Männer folgten Taten: Die wirtschaftliche und rechtliche Abhängigkeit der Frauen wurde 1900 im *Bürgerlichen Gesetzbuch* verankert. Mit der Heirat verlor eine Frau ihre rechtliche Selbständigkeit und im Normalfall auch ihr Vermögen. Sie wurde unter die Vormundschaft ihres Ehemannes gestellt, dem auch die Verwaltung und Nutznießung ihres Besitzes zufiel. Die Möglichkeit, sich durch eigene Erwerbstätigkeit aus der wirtschaftlichen Abhängigkeit zu befreien, war ebenfalls verbaut, denn eine Frau durfte ohne Zustimmung ihres Mannes nicht berufstätig werden. Tat sie es dennoch, konnte er ihr Arbeitsverhältnis über das Vormundschaftsgericht kündigen. Rechtlich verankert und religiös gestützt, war der Mann »unangefochtenes Haupt der Familie und Herrscher über Frau und Kinder« (Rosenbaum 1990, 345; 377) – und die Frau sein schönes Eigentum.

Der Kampf der Geschlechter

Trotz ihrer massiven, auf dem festen Boden von Recht, Religion und Tradition gebauten Fundamente bekam die klar strukturierte Welt des Bürgertums in der zweiten Hälfte des 19. Jahrhunderts immer deutlichere Risse. Die Erschütterungen brachen aus verschiedenen Richtungen gleichzeitig über sie herein und brachten die alte Ordnung deshalb um so stärker ins Wanken. Vor allem das rasante Tempo, das die Industrialisierung vorlegte, wurde zum Problem. Mit dem Aufkommen neuer Industrien sowie des öffentlichen und privaten Dienstleistungssektors entstanden neue gesellschaftliche Klassen und Schichten. Insbesondere das Industrieproletariat und die daraus hervorgehende Arbeiterbewegung, die Liberalisierung, Demokratie und Mitsprache forderten, wurden vom Bürgertum als Bedrohung empfunden. Die neuen Lebensformen verlangten darüber hinaus mehr Flexibilität und Freizügigkeit, als sie die alte feudale Ständeordnung bieten konnte.

Diese Umwälzungen machten auch vor dem gegen sie errichteten Schutz- und Schonraum, der Familie, nicht halt und stürzten sie in eine Krise. Alarmiert versuchte das Bürgertum, die Geschlechtscharaktere, die ehemals intakte Rollenverteilung und die patriarchalen Machtverhältnisse erneut festzuklopfen. Doch statt dessen lud sich das Verhältnis der Geschlechter immer mehr mit Spannung auf. Das romantische Bild der von Efeu umschlungenen Ulme mochte als nostalgisches Ideal gepflegt werden – die Wirklichkeit traf es längst nicht mehr. Hier war Kampf angesagt, der Kampf der Geschlechter. Er nahm im Denken, Fühlen und Handeln so viel Raum ein, daß er um die Jahrhundertmitte im Alltag, in der Politik, aber auch in Kunst und Literatur zu einem Dauerthema avancierte. Bis zum Ersten Weltkrieg sollte er für die schwierig gewordene Beziehung zwischen Mann und Frau bestimmend bleiben.

Wie kam es, daß der bürgerliche Mann fortan zugleich an zwei Fronten, im Arbeits- *und* im Eheleben, zu kämpfen hatte? Neben den allgemeinen gesellschaftlichen Veränderungen war es vor allem die sich formierende Frauenbewegung, die das patriarchale Verständnis von Ehe und Familie attackierte. Im geistigen Klima der Revolution von 1848, die Freiheit und Gleichheit propagierte, begannen immer mehr Frauen, ihre gesellschaftliche Stellung zu hinterfragen. In den neu gegründeten Frauenvereinen und Frauenzeitungen erörterten sie die aktuelle Lage und entwickelten Strategien für die als überfällig empfundenen Verbesserungen. 1865 organisierte sich die Bewegung mit der Gründung des *Allgemeinen Deutschen Frauenvereins* und verlieh dem Kampf *Wider das verkochte und verbügelte Leben der Frauen* – so der Titel einer Streitschrift aus dem Jahre 1849 (Dittmar 1849) – neue Stoßkraft. Sowohl der bürgerliche als auch der proletarische Flügel der Frauenbewegung forderten ausdrücklich das Recht auf Bildung und Erwerbstätigkeit sowie das Wahl-

recht – die Schlüssel, um aus dem patriarchalen Familiengefängnis zu entkommen und auch außerhalb den geforderten Beitrag im Dienste der Menschheit zu leisten.
Mit welcher Vehemenz Frauen nun plötzlich nach draußen drängten, zeigt eine Äußerung von Louise Otto-Peters, Kämpferin der ersten Stunde, die 1851 schrieb: »Eine Versündigung, nicht nur am Weibe, sondern an der Menschheit, am Prinzip der Schöpfung ist's: das Weib in Knechtschaft zu stoßen und darin zu erhalten, es auf den engen Kreis der Häuslichkeit beschränken zu wollen und somit auszuschließen von jenen anderen Zwecken des Menschentums, welche sich nicht auf die Familie beziehen.« (Zit. n. Twellmann 1972b, 36)
Deutlicher konnte der Angriff auf die patriarchale Familie nicht ausfallen. Daß er nicht vereinzelten Blaustrümpfen anzulasten war, sondern von einer internationalen Liga von Frauenrechtlerinnen getragen wurde, war um so bedrohlicher.

Ein Patriarch schlägt zurück

Berichte über mutterrechtliche Phänomene waren in Europa spätestens seit der Antike bekannt. Auch dem Bildungsbürgertum des 19. Jahrhunderts war das Frauenreich der Amazonen, die im Trojanischen Krieg auf der Seite der Trojaner kämpften, ein Begriff – vor allem die tragische Liebesgeschichte von Penthesilea und Achill. Ebenfalls zum Bildungsschatz gehörten die Bemerkungen griechischer Historiker über Völker, die die Abstammung nach der mütterlichen Linie rechneten. Als in der zweiten Hälfte des 18. Jahrhunderts Entdeckungs-, Missions- und Forschungsreisen zu den »Wilden« sich häuften, wurden die Europäer direkt mit nicht-patriarchalen, mutterrechtlichen Organisationsformen konfrontiert. Nun lernte man diese Merkwürdigkeiten nicht nur durch die antiken Schriftquellen kennen, sondern auch durch die Berichte von Zeitgenossen, zum Teil sogar durch eigene Anschauung. Mit Staunen und Befremden nahm man zur Kenntnis, daß das, was man unter dem Begriff

»mutterrechtliche Erscheinungen« in der Phantasie antiker Autoren oder im Dunkel der Geschichte angesiedelt hatte, bei den »Wilden« gegenwärtig war. Frauenheere (Amazonen), Matrilinearität, Matrilokalität, die Vererbung in der weiblichen Linie, aber auch die zentrale Stellung von Frauen in Gesellschaft und Religion waren also Realität.
Matrilokalität hatte beispielsweise der Missionar Joseph François Lafitau bei den Irokesen festgestellt. Seine Beobachtungen publizierte er bereits 1724 unter dem Titel: *Mœurs des sauvages amériquains, comparées aux mœurs des premiers temps* (dt.: *Die Sitten der amerikanischen Wilden im Vergleich zu den Sitten der Frühzeit*). Ohne wissenschaftliche Skrupel verglich er die Irokesen mit den Lykiern, die laut Herodot mutterrechtliche Bräuche gepflegt hatten, und überlegte, ob die Lykier Kleinasiens die Vorfahren der Irokesen Nordamerikas gewesen sein könnten. Obwohl Lafitau versuchte, die mutterrechtlichen Gebräuche der Irokesen über eine Distanz von mehreren tausend Kilometern und Jahren hinweg herzuleiten, gab er keine Erklärung des Phänomens an sich. Es schien kaum der Diskussion wert, denn damals war die patriarchale Welt noch in Ordnung, die Bibel noch weitgehend anerkannte Instanz für Orientierung und Sinngebung. Ihre eindeutige Aussage zum Geschlechterverhältnis, »Die Frau sei dem Manne untertan«, war nicht nur dem Jesuitenpater Lafitau geläufig, wenn die Rede auf mutterrechtliche Erscheinungen kam. Folglich mußte es sich hier um Kuriositäten, Ausnahmeerscheinungen, Abweichungen, Entartungen, Degradationen oder Degenerationsformen handeln, die allenfalls die Gelehrten beschäftigten. Die Gesellschaft ließ sich durch diese abenteuerlichen Geschichten zunächst nicht aus der Ruhe bringen – auch dann nicht, als die patriarchale Familie zu bröckeln begann.

Als erste wurden die Gelehrten unruhig. Konfrontiert mit Berichten über mutterrechtliche Phänomene, drängte sich ihnen plötzlich der unerhörte Verdacht auf, daß es sich bei den vermeintlichen Anomalien am Ende um ganz normale gesellschaftliche Organisationsformen handeln könnte. Daß diese Frage gerade jetzt gestellt wurde, hängt unter anderem mit der Emanzipation der Wissenschaften von der Theologie zusammen, die mit der Aufklärung begonnen hatte und in der zweiten Hälfte des 19. Jahrhunderts schon weit fortgeschritten war. Alles ›Gottgegebene‹ oder ›Natürliche‹ verlor seine Selbstverständlichkeit und wurde plötzlich fragwürdig.

Was angeblich seit Urzeiten schon immer so gewesen sein sollte, war möglicherweise ein von Menschen geschaffenes, kulturelles Konstrukt. Folglich wurde von manchen Forschern die bisher gültige ›göttliche Ordnung‹, das gesamte christliche Geschichtsbild hinterfragt, das die Menschheitsgeschichte zwischen Schöpfung und Jüngstem Gericht einspannte und sie als zielgerichteten, nach göttlicher Vorsehung verlaufenden Prozeß betrachtete. Im Rahmen dieses neuen Geschichtsverständnisses versuchten die Geisteswissenschaften, die Menschheitsgeschichte als sozialen Entwicklungsprozeß ohne Rückgriff auf die »Hypothese Gott« (Laplace) zu beschreiben und zu erklären. Geschichte war nach diesem Verständnis die geradlinige Entwicklung von der Menschwerdung zur Zivilisation.

Zu den bekanntesten Geschichtsentwürfen dieser Art zählen Henry Lewis Morgans *Ancient Society* (dt.: *Die Urgesellschaft*) von 1877 sowie Friedrich Engels' *Ursprung der Familie, des Privateigentums und des Staats* aus dem Jahr 1884.

Es ist bezeichnend, daß Engels im Titel seines Buches den »Ursprung der Familie« zuerst nannte. Diese Gewichtung entspricht ganz dem zentralen Stellenwert, den die Familie in der bürgerlichen Gesellschaft des 19. Jahrhunderts und in allen Geschichtsentwürfen dieser Zeit einnahm. In diesem Zusammenhang beschäftigten sich die Gelehrten auch mit den mutterrechtlichen Erscheinungen, die man bis vor kurzem noch für unmöglich, ja für widernatürlich gehalten hatte. Nach dem damals gängigen Verfahren, das alles, was bei den sogenannten primitiven Völkern auftrat und nicht den Grundsätzen des Bürgertums entsprach, möglichst tief unten in der Vergangenheit verortete, wurden sie einer ganz frühen Phase der Menschheit zugeschrieben. Mehrere europäische und US-amerikanische Forscher kamen nach der Jahrhundertmitte teils unabhängig voneinander, teils aufeinander Bezug nehmend zu dem Schluß, daß die Familien- und Sozialstruktur der Menschheit ursprünglich mutterrechtlich, später dann vaterrechtlich organisiert gewesen sei.

Am intensivsten setzte sich der Basler Patrizier und Privatgelehrte Johann Jakob Bachofen (1815–1887) mit dem Mutterrecht auseinander. Sein rund 1000 Seiten starkes Werk mit dem Titel *Das Mutterrecht. Eine Untersuchung über die Gynaikokratie der alten Welt nach ihrer religiösen und rechtlichen Natur* erschien 1861. Ursprünglich war als Untertitel *Ein Beitrag zur Entwicklungsgeschichte der Menschheit* vorgesehen. Deutlicher als der endgültige zeigt er, daß es Bachofen keineswegs um Frauenherrschaft, sondern um einen Entwurf zur Menschheitsgeschichte ging.

Im Zentrum seiner Erörterung steht die Entwicklung der Familie bzw. der Wandel vom ursprünglichen Mutter- zum späteren Vaterrecht. Für Bachofen waren Mutterrecht und Vaterrecht mehr als eine bestimmte Form der Familienorganisation. Er sah darin jeweils eine Gesittung, ein Lebensgesetz oder auch ein Prinzip, das die Menschen und die Lebensverhältnisse völlig durchdrang und für eine ganze Kulturperiode bestimmend wurde. Auf der einen Seite verkörperte die mutterrechtliche Periode das stofflich-weibliche Prinzip mit sehr naturhafter Prägung, auf der anderen die vaterrechtliche Kulturperiode das geistig-männliche Prinzip und damit auch den Eintritt der Menschheit in den Kulturzustand. Menschheitsgeschichte hieß demnach: Entwicklung vom weiblichen zum männlichen Prinzip, vom Stoff zum Geist, von der Natur zur Kultur.

Bachofen empfand diese Entwicklung als »Fortschritt« (GW II, 53); er feierte den »Sieg des Vatertums über das mütterliche Prinzip« (GW III, 632) als »wichtigsten Wendepunkt in der Geschichte des Geschlechterverhältnisses«, als Überwindung der »düstere[n] Zeit der Herrschaft des Stoffs«, als »Losmachung des Geistes von den Erscheinungen der Natur«. Mit dem Vaterrecht erreichte die Menschheit »das höchste Ziel ihrer Bestimmung, die Erhebung des irdischen Daseins zu der Reinheit des göttlichen Vaterprinzips«. Mit dem Blick auf Völker der Gegenwart und der Vergangenheit konnte Bachofen dann auch zufrieden feststellen, daß »überall dieselbe Erhebung von der Erde zum Himmel, von dem Stoff zur Unstofflichkeit, von der Mutter zum Vater« stattfand, »überall jenes orphische Prinzip, das in der Richtung von unten nach oben eine successive Läuterung des Lebens annimmt« (GW II, 53; 438; 54; 64; 57). So gesehen war das Mutterrecht keineswegs etwas Positives, sondern ein Frühstadium der Menschheitsgeschichte, das es in einer Art Läuterungsprozeß zu überwinden galt.

Trotz vereinzelter schwärmerischer Sequenzen über Mutterrecht und Muttertum ist Bachofens insgesamt negative Bewertung offenkundig. Sie zeigt sich auch deutlich in seiner Sicht des mutterrechtlichen Zeitalters, das sich in drei Stufen vom »hetärischen« über den »ausgearteten amazonischen« zum »demetrischen« (= mütterlichen) Aspekt des Weiblichen entwickeln sollte. Die Beschreibung der einzelnen Stufen läßt keine Zweifel an ihrer Bewertung aufkommen:

In der ersten Phase des Mutterrechts, dem Hetärismus, lebte die Menschheit in einer »vollen, noch keinerlei Beschränkung unterworfenen Natürlichkeit« (GW II, 49) und pflegte ein schrankenloses Sexualleben: »Auf der tiefsten Stufe des Daseins zeigt der Mensch neben völlig freier Geschlechtsmischung auch Öffentlichkeit der Begattung. Gleich dem Tiere befriedigt er den Trieb der Natur ohne dauernde Verbindung mit einem bestimmten Weibe und vor aller Augen« (GW II, 104). Die Vaterschaft blieb ungewiß. Kinder wurden nach der Mutter benannt.

Zentrale Kennzeichen dieser Epoche sind Erde, Stoff und Natur. Sie alle wurden von der Frau verkörpert. Deren Stellung war zwiespältig. Einerseits wird ihr eine führende Rolle zugesprochen, die sie dank ihrer ›angeborenen‹ Überlegenheit im religiösen Bereich gegen die physische Überlegenheit der Männer ausspielen konnte, was zu Mutterrecht, aber nicht zu Gynaikokratie (Frauenherrschaft) führte. Andererseits war sie rechtlos und unterstand der Gewalt des Mannes, der auch die politische Macht ausübte. Im Hetärismus findet sich die »tiefste Erniedrigung des der Regellosigkeit des Sumpflebens hingegebenen Weibes« (GW II, 387), das »dem Mißbrauche des Mannes schutzlos hingegeben« war und »durch dessen Lust zum Tode ermüdet« wurde. Dennoch ging die Frau »stets neuen Männern nach«, verlangte sehnsüchtig »nach stets neuer Begattung« (GW II, 37; 157). Bachofen empfand es als »schmerzlich«, daß sich die Menschheit »einer so unwürdigen Kindheit« erinnern müsse, und beklagte ihren »äußerst langsamen Fortschritt [...] zu ehelicher Gesittung« (GW II, 36 f.).

Ein wenig zivilisierter ging es erst auf der zweiten Entwicklungsstufe zu, dem Amazonentum. Damit reagierten die Frauen auf ihren Mißbrauch im Hetärismus: Sie führten Krieg gegen die Männer.

> Durch des Mannes Mißbrauch entwürdigt, fühlt das Weib zuerst die Sehnsucht nach einer gesicherten Stellung und einem reineren Dasein. Das Gefühl der erlittenen Schmach, der Wut der Verzweiflung entflammt es zu bewaffnetem Widerstande und erhebt es zu jener kriegerischen Größe, die, indem sie die Grenzen der Weiblichkeit zu überschreiten scheint, doch nur in dem Bedürfnis ihrer Weiblichkeit wurzelt. (GW II, 49)

Im Kampf und bei der Kultivierung der eroberten Gebiete durchaus erfolgreich, tauschten die Frauen das unstete, kriegerische Leben schließlich doch gegen das – ihrem Wesen entsprechende – ruhigere Dasein am häuslichen Herd ein. Der »Fortschritt des Lebens zu einer reinern Gestaltung« (GW II, 50) war nun nicht mehr aufzuhalten – es entstand die geordnete Gynaikokratie, das entwickelte Mutterrecht.

Die Geschichte der Menschheit mündete in eine friedliche »Periode des Ackerbaulebens, der geregelten Bodenkultur«, in der sich der mütterliche Aspekt des Weiblichen voll entfaltete. Obwohl die Frau die Herrschaft in Staat und Familie ausübte, wurde der Mann nicht unterdrückt. Vielmehr ergänzten sich ihre beiden weitgehend getrennten Lebensbereiche:

> Der Mann ist nach außen gerichtet, das Haus bleibt dem Weibe. [...] Für die Familie ist die Mutter alles, der Vater hat seine erste und hauptsächlichste Bestimmung in dem Männerheere, im Staat und in öffentlicher Tätigkeit. [...] Jagd, Streifzüge und Krieg erfüllen des Mannes Leben, halten ihn von Weib und Kind ferne. Der Frau bleibt die Familie, der Wagen, der Herden, der Sklaven Menge anvertraut. In dieser Aufgabe des Weibes liegt die Notwendigkeit seiner Herrschaft. Aus derselben folgt sein ausschließlicher Anspruch auf das Erbrecht. Durch Jagd und Krieg soll der Sohn sein Dasein fristen. Die Tochter, von diesem Selbsterwerbe ausgeschlossen, wird auf der Familie Reichtum angewiesen. Sie allein erbt, der Mann hat seine Waffen, trägt sein Leben in seinem Bogen und Speer. (GW II, 104; 257; 137)

Die Frau, die – von Sehnsucht nach Ruhe getrieben – in der monogamen Ehe zu ihrer Weiblichkeit findet und fortan als Heimchen am Herd den Haushalt führt, während ihr Gatte draußen in Heer, Staat und Gesellschaft seinen einsamen Kampf kämpft? Streicht man einige Anachronismen wie Sklaven, alleiniges Erbrecht der Frau oder ihre Herrschaft in Staat und Familie aus Bachofens Abhandlung, liest sich seine Beschreibung der Gynaikokratie wie ein pädagogisches Traktat zur Mädchenerziehung aus der Feder des Freiherrn Adolph von Knigge. Bei genauerer Betrachtung ergeben die geschilderten Eigenschaften oder Tätigkeiten von Männern und Frauen ein Bild, das direkt oder in seiner Umkehrung die Geschlechtscharaktere der bürgerlichen Gesellschaft widerspiegelt. Andere Lebensformen wie Hetärismus und Amazonentum werden durch ihre moralische Bewertung in Schreckensszenarien verwandelt, und bei Bachofens Charakterisierung von Hetären und Amazonen fragt man sich, ob er sich damit seine ganz persönlichen Gespenster von der Seele schrieb (ausführlich in Distler 1989, 62 ff.).
Wie auch immer – die weiblichen Prototypen, mit denen Bachofen die Stufen des Mutterrechts charakterisierte, »lassen sich leicht als drei exquisit *männliche* Vorstellungen der Frau erkennen«: die Hetäre als sexuelles Wunschbild, die Amazone als

sexuelles Angstbild und die hehre und keusche Mutter als die sexuell neutralisierte Frau (Zinser 1981, 27). Letztere steht am Ende der Entwicklung und kommt dem bürgerlichen Weiblichkeitsideal des 19. Jahrhunderts am nächsten.
Daneben findet sich in Bachofens *Mutterrecht* ein weiteres Klischee, das im Windschatten der Aufklärung aufzusteigen begann und sich zur Zeit gerade wieder auf einem Höhenflug befindet: die Frauen, das ›moralische‹ Geschlecht – oder im aktuellen Sprachgebrauch: »Frauen sind die besseren Menschen«. Bei Bachofen hört sich das so an:

> In der Pflege der Leibesfrucht lernt das Weib früher als der Mann seine liebende Sorge über die Grenzen des eigenen Ich auf andere Weise zu erstrecken und alle Erfindungsgabe, die sein Geist besitzt, auf die Erhaltung und Verschönerung des fremden Daseins richten. [...] Ein Zug milder Humanität [...] durchdringt die Gesittung der gynaikokratischen Welt und leiht ihr ein Gepräge, in welchem alles, was die Muttergesinnung Segensreiches in sich trägt, wieder zu erkennen ist. (GW II, 20; 22)

Hilfreich und gut ist die Frau – von Geist keine Spur. Der kam ihr als »eine Begleiterscheinung des Siegeszuges der Vernunft« (Wagner-Hasel 1992, 303) abhanden bzw. wurde ihr im Rahmen einer geschlechtsspezifischen Aufgabenverteilung abgesprochen.
Die Vernunft, die im Alltag der bürgerlichen Gesellschaft zunehmend von Zweckrationalität und egoistischem Kalkül beherrscht wurde, entwickelte sich immer mehr zum Gegenpol von Moral und Gefühl. »Die Aufklärer stellten fest, daß die Vernunft des Geschäftslebens nicht unmittelbar in den zwischenmenschlichen Bereich transformierbar war.« (Steinbrügge 1987, 122) Gleichzeitig registrierten sie besorgt den Verlust von Mitmenschlichkeit, der mit dem vernunftgetragenen Fortschritt einherging. Moral und Vernunft waren plötzlich nicht mehr miteinander zu vereinbaren. Auf beide konnte und wollte man jedoch nicht verzichten.

Ein Ausweg aus dem Dilemma bot sich in der Zuweisung der Gegenpole an jeweils eines der Geschlechter. Der Mann, der aufgrund seiner Erwerbstätigkeit und Aktivitäten in der Öffentlichkeit weitaus mehr mit Vernunft, Zweckrationalität und Kalkül konfrontiert war als die Frau, hatte sich in den Dienst der Triebkräfte des Fortschritts zu stellen. Die Moral wurde auf das Gefühl gegründet und beim weiblichen Geschlecht verortet, das von nun an das ›moralische‹ war. Die Rolle als Hüterin der Moral paßte gut in das bestehende Bild der Frau, da es dieser ohnehin oblag, die Familie als Gegenwelt zur Öffentlichkeit aufzubauen. Das Problem schien damit gelöst.

Bachofens Darstellung der Geschlechterrollen in der Urzeit war damals also äußerst modern, auch wenn er im Grunde etwas tat, das er selbst explizit ablehnte: Er projizierte seine Erfahrungswelt und seine Wertvorstellungen in die Vergangenheit und verstieß damit gegen seine eigene Forderung als Forscher,

> den Ideen seiner Zeit, den Anschauungen, mit welchen diese seinen Geist erfüllen, gänzlich zu entsagen und sich in den Mittelpunkt einer durchaus verschiedenen Gedankenwelt zu versetzen. [...] Jedem ernsthaften Forscher muß der Gedanke stets gegenwärtig bleiben, daß die Welt, mit der er sich beschäftigt, von derjenigen, in deren Geist er lebt und webt, unendlich verschieden, seine Kenntnis bei der größten Ausdehnung immer beschränkt, seine Lebenserfahrung zudem meist unreif, immer auf die Beobachtung einer unmerklichen Zeitspanne gegründet ist. (GW, 22 f.)

Bachofen wollte seinen persönlichen Hintergrund ausschalten, indem er sich direkt in die alten Zeiten hineinversetzte, um sie zu verstehen. Er beschrieb dieses Vorgehen als »Selbstentäußerung« (GW II, 23), glaubte also, sich seiner Subjektivität entledigen zu können. Doch nicht nur sein Beispiel zeigt, daß es auch mit den ausgeklügeltsten Methoden nicht möglich ist, den eigenen Hintergrund auszufiltern. Wert- und zweckfreie Forschung gibt es nicht.

Um so spannender ist es, den subjektiven Anteil von Forschungsergebnissen aufzuspüren, um ihre Zeitgebundenheit besser beurteilen zu können. Mit einem Abstand von mehr als 130 Jahren können wir im Falle Bachofens guten Gewissens sagen: Er war eine »Figur im Übergang« (Hildebrandt 1983, 122). 1815 als Sohn einer wohlhabenden, alteingesessenen Patrizierfamilie in Basel geboren, gehörte er zur bürgerlichen Oberschicht der Stadt. Die Familie besaß eine Seidenmanufaktur, die nach ständischem, vorkapitalistischem Muster organisiert war – für Bachofen eine altertümlich feudale Welt, in der er sich zeit seines Lebens heimisch fühlte. Auch in der Welt der Bücher war er zu Hause. Nach dem Studium der Alten Geschichte und der Rechtswissenschaft widmete er sich ganz dem akademischen Dasein, hielt Vorlesungen an der Baseler Universität und war nebenbei als Richter am Kriminalgericht tätig. Die meiste Zeit verbrachte er jedoch mit Privatstudien über die Vergangenheit. »[F]asziniert von Zerstörtem, von den Ruinen und den Gräbern«, versank er förmlich in der Antike, als ob sie ein Teil von ihm gewesen wäre (Heinrichs 1987a). Als Wissenschaftler in seinem Denken teilweise geradezu avantgardistisch (Hildebrandt 1983, 122; 229 ff.), war Bachofen emotional und im Privatleben rückwärtsgewandt: ein konservativer, religiöser Bürger, dem die wirtschaftlichen und sozialen Veränderungen seiner Zeit sauer aufstießen. Vehement verfocht der gelehrte Patrizier und patriarchale Chef eines vorindustriellen Manufakturbetriebes die alte Ordnung und schrieb gegen ökonomisches Zweckdenken und freies Eigentum an. Die Liberalisierungs-, Demokratisierungs- und Emanzipationstendenzen seiner Zeit waren ihm ein Dorn im Auge – er sah in ihnen Verfallserscheinungen, die vom nahen Ende der zivilisierten Welt kündeten.

Besonders die Emanzipation der Frau erregte sein Mißfallen, denn die Rückkehr zum weiblich-stofflichen Prinzip konnte nur in einem kulturellen Desaster enden. Die Emanzipation drohte die christlich-abendländische Zivilisation aus den Höhen des Geistes wieder in die Tiefe des (geistlosen) Sumpflebens zu stürzen.

Die neuere Bachofenforschung (u.a. Zinser, Wagner-Hasel, Lanwerd) interpretiert *Das Mutterrecht* deshalb auch als den Versuch, die alte Ordnung festzuschreiben, um diese Katastrophe zu verhindern. Zum einen wiederholte Bachofen in seinen Ausführungen gebetsmühlenartig das traditionelle bürgerliche Rollenverständnis der Geschlechter. Zum anderen verfrachtete er den Geschlechterkampf aus seiner Gegenwart in die Frühzeit der Menschheit und verkündete, daß er bereits entschieden sei – zugunsten der Männer natürlich. Mit dem Triumph des Geistes über den Stoff hätte das männliche über das weibliche Prinzip gesiegt.

Die Legitimation für diesen Unterwerfungsakt lieferte er gleich mit, indem er ihn als historische Notwendigkeit und als den Vollzug eines kosmischen Gesetzes darstellte:

> Der Kampf der Geschlechter ist ein Kampf von Sonne und Mond um den Vorrang im Verhältnis zur Erde. [...] Die irdischen Ereignisse knüpfen sich an kosmische an. [...] Die irdische Entwicklung ringt so lange, bis sie das kosmische Vorbild der Himmelskörper in voller Wahrheit verwirklicht. Dieses letzte Ziel ist erst mit der Herrschaft des Mannes über die Frau, der Sonne über den Mond erreicht. (GW II, 131)

So gesehen ist Emanzipation ein Aufstand gegen die Macht der Geschichte sowie ein Verstoß gegen die Gesetze des Kosmos. Schwere Geschütze brachte Bachofen da für die Verteidigung der patriarchalen Ordnung in Stellung. Er wird gewußt haben, warum.

Bachofen und kein Ende

Das Vorwort zu seinem Buch über das Mutterrecht schloß Bachofen mit dem Satz: »Das vorliegende Buch nimmt keinen anderen Anspruch in die Öffentlichkeit mit als den, der gelehrten Forschung einen neuen, nicht leicht zu beendigenden Stoff des Nachdenkens vorzulegen.« Das Nachdenken ist auch heute noch nicht beendet. Eine neuere Zusammenstellung der Veröffentlichungen, die auf Bachofens Werk Bezug nehmen, umfaßt ca. 1400 Titel (Hildebrandt 1988). Und im Wissenschaftsbetrieb ist man sich einig: »Wer es unternähme, die Nachwirkungen des ›Mutterrechts‹ vollständig zu schildern, hätte gleich eine Geschichte der neueren Ethnologie und Soziologie zu schreiben.« (GW III, 1117).

Doch die Wirkung des *Mutterrechts* erstreckte sich auch auf andere Wissenschaften, die sich mit dem Geschlechterverhältnis oder der Rekonstruktion der Menschheitsgeschichte befassen: etwa auf die Rechtsgeschichte, die Alte Geschichte, Klassische Philologie, Wissenschaftsgeschichte, sowohl auf die bürgerliche als auch auf die marxistische Geschichtswissenschaft, die Klassische Altertumswissenschaft, Religionswissenschaft, Philosophie oder auch auf die Psychologie. Nur die Ur- und Frühgeschichte hat sich bisher weitgehend aus der Diskussion herausgehalten – ein Punkt, auf den wir an anderer Stelle noch zurückkommen werden.

Bachofens Ideen provozierten eine »kaum übersehbare Vielfalt an Assoziationen, Perspektiven und Erkenntnissen« (Heinrichs 1987a). Es ist erstaunlich, wie heftig und vor allem widersprüchlich das Echo ausfiel – enthusiastischer Beifall und erbitterte Ablehnung halten sich die Waage. Auch weltanschaulich gehören die, die sich in der Folge mit dem *Mutterrecht* befaßten, verschiedenen Lagern an. »Jeder kann *seinen* Bachofen haben«, meinte Hans-Jürgen Heinrichs (1987a). Und in der Tat – Vertreter der bürgerlichen Wissenschaft rezipierten das Werk des Baseler Seidenfabrikanten ebenso wie Marxisten, die es ihm als Verdienst anrechneten, »unter der Schicht der bürgerlichen Renaissance« die »Renaissance des kommunistischen Geistes« ausgegraben zu haben (Kelles-Krauz, zit. n. Heinrichs 1987b, 109). Für Engels hatte Bachofens Entdeckung des Mutterrechts »für die Urgeschichte dieselbe Bedeutung wie Darwins Entwicklungstheorie für die Biologie und Marx' Mehrwerttheorie für die politische Ökonomie« (zit. n. Heinrichs 1987a).

Doch auch die Kritiker waren nicht gerade zimperlich. Insbesondere Historiker warfen Bachofen gravierende methodische Mängel, Mystizismus sowie eine unkritische und unvorsichtige Benutzung der Quellen vor. Letzteres war vor allem auf die Interpretation von Mythen und Legenden gemünzt, Bachofens Hauptquellen für *Das Mutterrecht*. Speziell seine Gleichsetzung von Geschichte und Mythos wurde vehement abgelehnt. Bachofen traf dies besonders hart, weil es ihn in eine grundsätzliche Opposition zur Geschichtswissenschaft brachte, die in der zweiten Hälfte des 19. Jahrhunderts gerade ein wissenschaftliches Selbstverständnis definierte, das sie auf die allgemein nachvollziehbare Auswertung von Fakten verpflichtete.

Es kam zu heftigen Polemiken. Kollegen bezeichneten Bachofens Ideen als »höheren Blödsinn«, ihn selbst als »bedauernswertes Opfer der symbolischen Verwirrungen«. Er wiederum konterte, indem er die Altertumswissenschaftler und Altphilologen als »kaltblütige Seelen«, »Mikrologen der vollendetsten Sorte, dürr und ideenfeindlich« beschimpfte. (Zit. n. Heinrichs 1987b, 114)

Während die Geschichtswissenschaft sich zum Ziel setzte, mit Hilfe der kritischen Auswertung von Quellen Geschichte zu rekonstruieren, wollte Bachofen die Vergangenheit intuitiv *verstehen*. Es lag ihm am Herzen, eine ganze Welt zu erfassen und kein Sammelsurium einzelner historischer Fakten, die sich nur schwer zu einem Gesamtbild zusammenfügen ließen. Die moderne Geschichtswissenschaft seiner Zeit lehnte sowohl dieses Ansinnen als auch sein methodisches Vorgehen als romantisch, antiquiert und wissenschaftlich überholt ab. Doch Bachofen ließ sich nicht beirren. Nach eigenen Aussagen wollte er im Dienste der Wahrheit lieber antik als modern sein. Auf die Zustimmung der Historikerzunft konnte er als mehrfacher Millionär verzichten. Und so forschte er weiter, leistete sich den Luxus, sein Leben Arbeiten zu widmen, die – wie er selbst sagte – »keinerlei pecuniären Ertrag liefern« (GW X, 157).

Der geistige Ertrag seiner Forschungen, der in den veröffentlichten Schriften, Briefen und Exzerpten seinen Niederschlag fand, war freilich enorm. Das von ihm hinterlassene Gesamtwerk dürften nur wenige Bachofen-Kenner ganz überblicken. Für den einzelnen ist es allemal unmöglich, Bachofens Thesen zu überprüfen und zu bewerten, denn dazu müßte man in etwa 20 Fächern wissenschaftlich zu Hause sein. Heute, da etliche seiner Ideen längst widerlegt, korrigiert oder überholt sind, beschäftigt sich die Bachofen-Forschung weniger mit dem Inhalt als vielmehr mit der Wirkung seiner Werke. Die äußerst widersprüchliche Rezeption des *Mutterrechts* in den Geisteswissenschaften sowie die wissenschaftsgeschichtliche Position und Bedeutung Bachofens werden in jüngster Zeit aus verschiedenen Blickwinkeln intensiv diskutiert (Cesana 1987; Heinrichs 1987a u. 1987b; Hildebrandt 1983, 1988, 1990b; Schuster 1987; Wagner-Hasel 1992; Wesel 1987). Das vorläufige Fazit der Forschung führt die Widersprüche der Werkdeutung letztlich auf die schillernde Widersprüchlichkeit seines Autors – die »Figur im Übergang« – zurück. Seine Schriften sind voll von traditionellen, stark religiös, zum Teil mystisch geprägten und der Romantik verhafteten Gedanken, verfechten aber gleichzeitig das damals neue evolutionistische Denken, das alle metaphysischen Erklärungen strikt ablehnte.

In seinen wissenschaftlichen Arbeiten legte Bachofen oft eine erstaunliche geistige Unabhängigkeit an den Tag. Hier rüttelte er an Tabus, beschritt neue Wege und scherte sich nicht um den Zeitgeist. So ignorierte er beispielsweise bewußt die mit dem aufkommenden Nationalismus und Rassismus propagierte Sonderstellung der sogenannten indoeuropäischen Völker und stellte ungeniert Vergleiche zwischen Römern und Kalmücken an. Seinen entsetzten Kollegen hielt er entgegen: »Etrusker und Eleuten! werden Sie ausrufen. Wer darf es wagen, das klassische Altertum durch solche unakademischen Vergleiche in der Achtung herabzusetzen? Beruhigen Sie sich. Der menschliche Schädel birgt überall dasselbe Gehirn.« (GW VIII, 277) Diametral zu diesen geradezu revolutionär anmutenden Tönen standen seine konservativen Äußerungen über die Geschlechter und ihre Rollen. In ihnen präsentierte er sich als engagierter Verfechter der patriarchalen Ordnung.

Die Widersprüche seiner Person und seines Werkes sind nicht aufzulösen. Doch sollte man sie beim Lesen im Hinterkopf behalten und sich nicht dazu verführen lassen, nur die Passagen des *Mutterrechts* wahrzunehmen, die genehm sind. Auf 1000 Seiten ist in der Tat für jeden bzw. für jede etwas dabei! Lädt schon die inhaltliche Widersprüchlichkeit dazu ein, sich selektiv am Text zu bedienen, verführt die monströse Sprache erst recht dazu, die Lektüre so kurz wie möglich zu halten. Selbst Zeitgenossen taten sich schwer mit der überladenen Ausdrucksweise. Bereitete schon ihnen das Lesen kaum Genuß, so ist es für uns heute schier eine Qual, sich durch das unübersichtliche, detailgespickte Opus zu kämpfen. Aus welchen Gründen auch immer die selektive Rezeption im Einzelfall erfolgt sein mag – sie zieht sich wie ein roter Faden durch die Wirkungsgeschichte des Werkes. Sie allein erklärt auch, wie aus der systemstabilisierend gemeinten Mutterrechtsidee des 19. Jahrhunderts allmählich das aparte Gemisch aus Utopie und Göttinnenkult wurde, das wir heute mit dem Begriff »Matriarchat« verbinden.

Eine Theorie wird zur Utopie

Bachofen schrieb sein *Mutterrecht* nicht für die Frauen, sondern für die »gelehrte Forschung« – *und* für den Erhalt der patriarchalen Ordnung. Nichtsdestotrotz schaffte es noch zu seinen Lebzeiten den Sprung aus der gelehrten Männerwelt ins Alltagsleben, wo es sogleich Fuß faßte. Im neuen Milieu erhielt es einen neuen Gehalt und eine neue Bedeutung. Bachofen wird sich gegrämt haben, als sich die ersten Anzeichen dafür einstellten, daß ausgerechnet jene gesellschaftlichen Gruppen sein *Mutterrecht* für ihre Zwecke einspannten, die sich in Opposition zur patriarchalen bürgerlichen Ordnung befanden. Seinem Denken und seinen Absichten zuwiderlaufend, verwandelten sie die Theorie über die Entwicklung der Familie, die er als »Beitrag zur Entwicklungsgeschichte der Menschheit« verstanden wissen wollte, mit der Zeit in eine Utopie zur Überwindung des Patriar-

chats. Die Rückkehr zum Mutterrecht – für Bachofen eine Katastrophe historischen Ausmaßes – wurde plötzlich attraktiv und erhielt den verheißungsvollen Beigeschmack von Befreiung und Weltverbesserung.
Was hatte Bachofen zu bieten, das den Stoff für Utopien abgab? Karl Meuli schrieb im Nachwort zum *Mutterrecht* lapidar: »Was bleibt, ist die Entdeckung des Mutterrechts« (1948, 1101) und – gewissermaßen als Kehrseite – damit auch die des Vaterrechts, »eines seit langem naiv vertrauten Lebenszustandes, der erst durch die Thematisierung seines Gegenteils seinerseits zum Thema, seiner Selbstverständlichkeit entkleidet und als kulturelle Gestaltung erkannt wurde« (Schuster 1987, 99). Etwas radikaler ausgedrückt: Das angeblich gottgegebene Vaterrecht war als gesellschaftliches Konstrukt zur Herrschaftssicherung der Männer entlarvt worden. Vom Outing des patriarchalen Herrschaftsanspruchs bis zur Demontage des Mythos von der natürlichen Überlegenheit der Männer war es dann nur ein kleiner Schritt. »Der Patriarch war ein Mann geworden, der sich rechtfertigen« (Wesel 1987) und gegen die aufkommenden Visionen von Frauenmacht zur Wehr setzen mußte.
Dies ist das Kernstück sämtlicher um Mutterrecht und Matriarchat kreisenden Utopien, die auf Emanzipation, Gleichberechtigung oder Dominanz der Frauen zielten. Welche Ironie des Schicksals, daß ausgerechnet Bachofen ihnen einen Schlüssel dazu in die Hand gab! Durch seine Sicht der Weltgeschichte fühlten Frauen sich sowohl ermutigt als auch in ihren Wünschen nach Emanzipation und Gleichberechtigung legitimiert. Sie entwickelten Visionen von Frauenmacht, von besseren – da weiblich geprägten – Zeiten, von einem neuen selbstbewußten Selbstverständnis und von einer eigenen weiblichen Spiritualität.

Das Matriarchat als Befreiungsutopie ist nur ein Aspekt der Bachofen-Rezeption. Daneben gibt es noch andere, weniger klar zu umreißende Formen populärer Okkupation seines Werks, die jedoch eines gemeinsam haben: Sie alle preisen die Rückkehr zum weiblichen Prinzip als Allheilmittel gegen Probleme und Beschwerden verschiedenster Art. Hauptbestandteile und Wirkstoffe dieses Patentrezepts sind Mütterlichkeit, weibliche Spiritualität, Intuition, Gefühl, weibliche Dominanz, Naturnähe, Menschlichkeit und Moral, Ganzheitlichkeit und Harmonie, Frieden, Freiheit (politische, soziale und sexuelle), Hoffnung auf Zukunft und Geborgenheit. Anzuwenden ist das ›weibliche Prinzip‹ bei Zukunftsängsten, allgemeinen und speziellen sozialen Krisen, gesellschaftlichen Umbruchsituationen, Ohnmachtsgefühlen, kulturpessimistischer Niedergeschlagenheit und bei allgemeinem Unwohlsein. Die Dosierung richtet sich nach dem subjektiv empfundenen Grad der Beschwerden. Die Wirksamkeit des ›weiblichen Prinzips‹ entfaltet sich besonders gut in Wechselwirkung mit Modernitätskritik, Technikfeindlichkeit, mythischem Denken, Rationalitätskritik, zyklischem Geschichtsverständnis und Visionen von Ganzheitlichkeit.

Eingeläutet wurde der Wandel des Mutterrechts von einer wissenschaftlichen Theorie zu einer sozialen Utopie durch die sozialistische Arbeiterbewegung, die die Frauenfrage zu einem ihrer Ziele machte. »Als Weg der Erlösung aller Unterdrückten« schloß der Sozialismus für seine Theoretiker im 19. Jahrhundert auch die Erlösung der unterdrückten Frau mit ein. Engels vertrat die Ansicht, daß der »erste Klassengegensatz, der in der Geschichte auftritt, [...] mit der Entwicklung des Antagonismus von Mann und Weib in der Einzelehe, und die erste Klassenunterdrückung mit der des weiblichen Geschlechts durch das Männliche« zusammenfällt (1990, 36). Um die Befreiung der Frau in die Wege zu leiten, schlug er vor, Frauen gleichberechtigt in den Produktionsprozeß einzubeziehen. Das klingt gut in heutigen Ohren, Vorsicht ist jedoch angebracht, da Engels der Hausarbeit keinen Marktwert zubilligte. Deshalb sollten Frauen die Chance zur Lohnarbeit erhalten – nicht zuletzt, um *ihren* Marktwert zu steigern. Bis zur endgültigen Befreiung hatten sie sich – wie die Arbeiter auch – noch etwas zu gedulden. Das Mutterrecht war für Engels eine Sache der tiefsten Vergangenheit oder der Zukunft, aber nicht der Gegenwart (vgl. Zinser 1981, 40 ff.).

Weitaus gegenwartsorientierter erörterte August Bebel die Frauenfrage. Er stand der Frauenbewegung nahe und hatte die Gründung des *Allgemeinen Deutschen Frauenvereins* im Jahre 1865 aktiv unterstützt (Twellmann 1972a, 37). In seinem Buch *Die Frau und der Sozialismus* bezog er sich stark auf Bachofen – wenn auch nicht in dessen Sinn. Bebel wertete Mutterrecht und Vaterrecht grundsätzlich anders als ihr Entdecker: »Die Geltung des Mutterrechts bedeutete Kommunismus, Gleichheit aller; das Aufkommen des Vaterrechts bedeutete Herrschaft des Privateigentums, und zugleich bedeutete es Unterdrückung und Knechtung der Frau.« (1977, 32 f.) Im Februar 1879 erschienen, wurde das Buch einen Monat später bereits verboten und anschließend zunächst illegal weitervertrieben. Bis 1910 erlebte es 50 Auflagen und war bereits in 14 Sprachen übersetzt. Bebel trug auf diese Weise maßgeblich dazu bei, daß das Mutterrecht bereits im 19. Jahrhundert in die sozialpolitische Diskussion eingeführt wurde, die dann in den 20er und 30er Jahren dieses Jahrhunderts neuen Aufwind bekam.

Moderne Zeiten

Um die Jahrhundertwende herrschte Krisenstimmung. Sie verstärkte sich in den folgenden Jahrzehnten noch durch den Ersten Weltkrieg und politische Umbrüche wie die Auflösung der Monarchie in Deutschland und die Russische Revolution. Nach diesen Erschütterungen wurde die Weltwirtschaftskrise, die nach dem New Yorker Börsenkrach am »Schwarzen Freitag« 1929 eskalierte, zu einer erneuten existentiellen Bedrohung. Hinzu kam, daß der wirtschaftliche und soziale Umbau der Gesellschaft, der bereits im 19. Jahrhundert nicht bewältigt werden konnte, um die Jahrhundertwende zu chaotischen Verhältnissen führte. Industrialisierung und Verstädterung nahmen ein nie gekanntes Ausmaß an. Immer mehr Menschen strömten vom Land in die Ballungszentren. Die »Masse« wurde zum Symbol für Chaos und Untergang – ein Thema, mit dem sich Fritz Lang in seinem Film *Metropolis* (1926) intensiv auseinandersetzte. Im Würgegriff der Technik ging den Menschen allmählich die Luft aus. Charlie Chaplins Film *Moderne Zeiten* aus dem Jahr 1936 ist ein beredtes Zeugnis für den Schrecken und die Ohnmachtsgefühle, die die Technik hervorrief.

Der Modernisierungsprozeß hatte jedoch nicht nur Schattenseiten. Mit dem Verschwinden der alten Strukturen entstanden gerade in den 20er Jahren Freiräume für Neues und ein Klima der Freizügigkeit. Josephine Baker tanzte, spärlich bekleidet mit einem Röckchen aus Bananenblättern, ihren Bananenblues. Die Freikörperkultur erlebte eine Blüte, und immer deutlicher waren Forderungen nach sexueller Freizügigkeit – auch außerhalb ehelicher Beziehungen – zu hören. Die Röcke wurden kürzer und bequemer, Frauen saßen mit übereinandergeschlagenen Beinen rauchend im Café, wo sie zum Entsetzen ihrer konservativen ZeitgenossInnen selbstbewußt und ›modern‹ ihr Recht auf den frisch eroberten öffentlichen Raum demonstrierten.

Alte, zuvor immer wieder abgelehnte Forderungen der Frauenbewegung wie die Integration der Frauen ins Erwerbsleben und in die Politik hatten nun Erfolg. Erwerbstätigkeit war – zumindest bis zur Heirat – normal geworden, zumal sie in vielen Fällen der puren Notwendigkeit entsprang. Nun beherrschte außer der verheirateten Frau die jugendliche, unabhängige Angestellte die Szenerie. Das Berufsleben eröffnete Frauen ganz neue Identifikationsmöglichkeiten und Lebensperspektiven. Ihre Tätigkeit im Dienstleistungssektor, in der Verwaltung oder auch in den klassischen Frauenberufen des sozialen Bereichs war nicht zuletzt durch die verbesserten Bildungschancen und die Einrichtung spezieller Ausbildungsstätten möglich geworden. Zwischen 1900 und 1909 wurden Frauen an allen deutschen Universitäten zum Hochschulstudium zugelassen, so daß ihnen nun auch die akademischen Berufe – zumindest auf dem Papier – offenstanden. 1918 wurde in Deutschland Frauen das Wahlrecht zugestanden. Nun hatten sie erstmals die Möglichkeit, sich aktiv an politischen Entscheidungen zu beteiligen.

Die Reaktionen auf die veränderten Lebensumstände waren

sehr unterschiedlich. Manche ergriff Aufbruchsstimmung, und sie schlossen sich einer der wie Pilze aus dem Boden schießenden Reformbewegungen an. Hatte schon Bachofen einige Jahrzehnte zuvor angesichts des modernen Lebens »die Bewohner der nördlichsten Hebriden um ihre Abgeschlossenheit« beneidet (GW X, 261), zog es nun viele auf der Suche nach einem einfacheren, ursprünglicheren Leben aufs Land. Hier fanden sie Ruhe und konnten am Busen von Mutter Natur in Kommunen neue Lebensformen ausprobieren. Andere tankten Gesundheit im Sanatorium und stellten auf vegetarische Kost um. Die Jugendlichen formierten sich zur »Jugendbewegung« und zogen als »Wandervögel« durch die Lande. Sogar in ländlicher Abgeschiedenheit entfaltete sich die neue Lust am Leben, auch wenn sie zuweilen seltsame Blüten trieb wie z.B. in Oberschwaben, wo barbusige Damen im »Wilden Ried« bei Bad Buchau zusammen mit Männern und Kindern im nachgebauten Steinzeitdorf alternative, steinzeitliche Lebensformen ausprobierten.

In konservativen und völkischen Kreisen vergrub man sich tief in die Vergangenheit und schwelgte in »Nostalgie für alles Urzeitliche, das heißt Wesenserfüllte, Substanzhafte, Numinose, Tiefe, Irrationale, Religiöse, Mütterliche« (Hermand 1984, 543). Die Rückkehr zu Blut und Boden, in den Schoß der vorindustriellen Gesellschaft war angesagt. Im Gegenzug wurde alles Moderne verteufelt. Als moderne Übel galten u.a. die Technik, der Fortschritt, der Materialismus, Rationalismus und Positivismus sowie die fortschreitende »Bolschewisierung« oder »Amerikanisierung« des Lebens. Mit letzterem war u.a. die Emanzipation der Frauen gemeint. Schreckgespenster wie die »russische Traktoristin« und das »amerikanische Girl« geisterten durch die Presse. Die deutsche Frau hatte – ob mit oder ohne Kinder – in erster Linie mütterlich zu sein, und zwar nicht im biologischen, sondern im moralischen Sinn. »Geistige Mütterlichkeit« – bereits 1865 von der bürgerlichen Frauenbewegung als Schlagwort geprägt (Nave-Herz 1993, 27) – war nun in aller Munde. Rein praktisch bedeutete dies, daß alle Frauen – sagen wir es mit Bachofen – ihre »liebende Sorge über die Grenzen des eigenen Ich«

(GW II, 20) hinaus für die anderen in Familie und Gesellschaft einsetzen sollten.

Die Mehrarbeit wurde den Frauen dadurch versüßt, daß das »Muttertum« hymnisch gefeiert und verehrt wurde. Auch die Rolle der Frau im Haushalt und in der Familie gewann an Prestige, was allerdings zur Folge hatte, daß die Hausfrau nun auch dafür verantwortlich gemacht wurde, wenn sich Familienmitglieder nicht normgerecht verhielten. Dank eines werbewirksamen Einfalls der deutschen Blumenindustrie bekamen die richtigen Muttis seit den 20er Jahren am zweiten Sonntag im Mai Blumen und durften einen hausarbeitsfreien Tag einlegen, an dem sie von allen Seiten bedient und gewürdigt wurden. Dafür hatten sie das restliche Jahr über alle empfundenen Defizite und Ängste zu kompensieren und als Projektionsfläche für allerlei Wünsche und Hoffnungen zu dienen. Für viele stand fest, daß die Mütterlichkeit der Schlüssel zur Überwindung der Krise, ja für eine glückliche Zukunft schlechthin war.

Das Matriarchat entfaltet seine schillernde Pracht

In diesem gesellschaftlichen Klima setzte eine breite Bachofen-Renaissance ein. *Das Mutterrecht* wurde populär wie nie zuvor und eroberte sich einen festen Platz im allgemeinen Bildungsschatz. Zur Verbreitung des Buches außerhalb des Wissenschaftsbetriebes trug vor allem seine Rezeption in den Sozialwissenschaften und der Psychologie bei. Beide Fächer beteiligten sich intensiv an aktuellen sozialpolitischen Diskussionen und fanden auch mit ihren Theorien zum Menschenbild das Interesse der Öffentlichkeit. Seit der Jahrhundertwende beschäftigten sich vermehrt auch literarische Kreise mit Bachofens Ideen und verarbeiteten sie in ihren Schriften. Mütterlichkeit und Gemeinschaft wurden als Ausweg aus der Krise empfunden. Der »Neue Mensch« war der »Mütterliche Mensch« (u.a. Wagner 1984, 239d).

Aber nicht nur die Literaten bauten das Matriarchat als Gegenbild zur modernen, als männlich empfundenen Zeit auf. Auch für konservative Fortschrittskritiker fungierte es als »Hoffnungsträger und Fluchtpunkt zugleich vor einer enthumanisierten und entzauberten Welt zurück in den Schoß der Mütter« (Wagner-Hasel 1991, 86). Entsprechende Visionen entwickelten die »Münchner Kosmiker« genannten »Lebensphilosophen« Alfred Schuler und Ludwig Klages. Klages hatte die Vision, »daß in Bachofens Werken ›jene unterirdischen Quellen‹ zu rauschen begännen, die heute zu einer mächtigen Springflut des Mütterlich-Urhaften gegen den modernen positivistischen Wissenschaftsbetrieb, den allgemeinen Technik- und Fortschrittswahn, ja gegen das logozentrische Denken schlechthin angeschwollen seien« (Hermand 1984, 543). Für Schuler wurde die Rückkehr zu Instinkt, Blut, Erde, Nacht und zum ›Mutterdunkel‹ zur dringenden Notwendigkeit. »In jeder wirklichen Mutter sah er einen ›Elektronenherd‹, ein Kraftzentrum wahrer göttlicher Begnadung« (Hermand 1984, 544).
Im Zirkel der Lebensphilosophen um Schuler und Klages verkehrte auch eine der ersten Frauen, die sich mit einer Publikation über das Matriarchat an die Öffentlichkeit wagten. Bertha Eckstein-Diener verfaßte unter dem Pseudonym Sir Galahad ein Buch mit dem Titel *Mütter und Amazonen. Ein Umriß weiblicher Reiche*, das 1932 erschien. Von ihr selbst als »erste weibliche Kulturgeschichte« bezeichnet, ist es als wegbereitender Versuch zu werten, Frauen ihre Geschichte zurückzugeben. Allerdings bezog sich Eckstein-Diener stark auf Bachofen, dessen Erscheinung sie zu hemmungsloser Schwärmerei veranlaßte: »Dieser weiche, korpulente Basler Patrizier mit dem wunderschön geschwungenen Kindermund, einem Dutzend Millionen Schweizer Franken, einer Professur für Römisches Recht, vielen Ehrenstellen und einer fast unbegreiflichen Wissenskraft entdeckte in tiefster innerer Vereinsamung das weibliche Weltalter am unteren Saum der Geschichte, mit priesterlicher, politischer und ökonomischer Vormachtstellung der Frau.« Mit ähnlicher Inbrunst schilderte sie auch das »Naturwesen« Frau. Sie träumte

von der »zeitlose[n] Frau«, in der die »ganze lebendige Weibsubstanz auf neue Weise wirksam« wird, und die »einfach dort [steht], wo es nötig ist, denn sie allein in der Verwirrung wird das *Unbeirrbare* der Blut- und Erdseele bewahrt haben« (1932, 18; 305). Die innere Struktur der Frauenreiche beschrieb Sir Galahad als »irrational« und von einer »zauberhafte[n] Brutwärme aus Magie und Gefühl« (1932, X) zusammengehalten. Das alles durchdringende mütterliche Prinzip schaffe und erhalte die Ordnung unter den Menschen: Es »sind mehr oder weniger einerlei Kinder fast ohne Gesetze durch eine Art zauberhafte Blutwärme in Ordnung gehalten« (1932, 41). Vollgepackt mit Modernitätskritik, ist das Buch Sir Galahads – so hieß übrigens der sagenumwobene Ritter, der den Gral fand – eine Vision vom weiblichen Naturprinzip. Es weist den Kardinalweg aus der Krise.

Auch Lenore Kühn setzte alle Hoffnungen in eine Rettung durch die Mütter, speziell durch die »Magna Mater«. In ihrem gleichnamigen Buch von 1928 schrieb sie:

> Es ist an der Zeit, daß das Bild der Großen Mutter wieder am Horizont des Lebens aufgerichtet wird, damit es schützend und schattend all jene tröstet, die in den grellen Tag hineingestellt sind. [...] Unmütterlich war die Welt und die Ordnung der Dinge geworden, unrastend, unliebend und ihres Ursprungs unkundig. Wohl beginnt man zu schauen auf der Menschenmütter Tun und will an ihrem Bilde die Welt und die Ordnung der Dinge genesen machen. Und das ist eine große und starke Kraft – aber es ist nicht der Ursprung und die Urkraft. (1928, 3)

Letztere ist allein bei der »Großen Mutter« zu finden, zu deren Verehrung Lenore Kühn eine feste Liturgie zyklischer Feste erstellte. An der Sonnwende, zum Jahresschluß oder auch bei Geburten, Hochzeiten oder Todesfällen wurde der Urmutter gehuldigt.
Lenore Kühn und ihre Anhängerinnen waren nicht die einzigen, die sich in den 20er Jahren mit »okkultmystischen Matriarchatskulten« (Kliewer 1992, 110) am Aufbau einer »neuheidnischen«

Religion beteiligten. Bei Margaret Hunkel z.B. erhielt das Muttertum noch eine andere Qualität: Es sollte deutsch, germanisch sein. In ihrem Buch *Von deutscher Gottesmutterschaft* (1922) propagierte sie die Rückkehr zu einer germanischen Urgesellschaft. Im kleinen lebte sie ihre Utopie in der »völkischen ›Freiland‹-Siedlung Donnershag in Sontra, die auf einem Mutter-Erde-Kult, Freikörperkultur und Vegetarismus aufgebaut« war (Kliewer 1992, 111). Was für ein Lebensgefühl dort geherrscht haben könnte, läßt sich dank der Tagebuchnotiz einer ihrer Anhängerinnen erahnen: »Liebe heilige Natur, da prangst du wieder in frischem, jungem Grün! Ich lege mich auf die Erde und horche: da höre ich dein Herz klopfen und deinen Atem gehen und Lebensströme rauschen.« (Zit. n. Kliewer 1992, 111) Und so weiter, und so weiter.

Eine Verbindung von »pantheistischer Naturerfahrung, Mutterkult und Kulturkritik« (Kliewer 1992, 111) – das war der Stoff, aus dem die Träume der rassistisch-völkischen Matriarchatsszene der 20er Jahre gestrickt waren. Von hier bis zum rassezüchterischen Mutterideal des Nationalsozialismus war es dann nicht mehr weit.

Völlig anders, da eher auf Emanzipation und Gleichberechtigung bedacht, lesen sich Mathilde Vaertings Gedanken zum Geschlechterverhältnis, die sie 1921 in ihrem Buch *Die weibliche Eigenart im Männerstaat und die männliche Eigenart im Frauenstaat* darlegte. Die Jenaer Pädagogikprofessorin vertrat die damals exotische – ein Teil der heutigen Frauenbewegung würde sagen: die geradezu avantgardistische – Ansicht, daß Frauen und Männer gleich sind: »Wir werden zeigen, daß es keine männliche Eigenschaft gibt, die nicht in irgendeinem Volke auch bei Frauen ebenso als weibliches Charakteristikum vorkam.« (1921, 5)

Damit stellte sie die seit mehr als 100 Jahren praktizierte Geschlechterphilosophie auf den Kopf. Aus ihrer »ideologiekritische[n] *Re-Vision* der Geschichte aus weiblicher Sicht« (Rentmeister 1988, 446) entwickelte sie schließlich eine »Pendeltheorie«, die besagte, daß abwechselnd Männer und Frauen herrschten und sich gegenseitig unterdrückten. Unterdrückung provoziert im allgemeinen radikalen Widerstand, und so habe sich dann das jeweils geknechtete Geschlecht aufgelehnt und den Machtwechsel herbeigeführt.

Vaertings Plädoyer für die Gleichberechtigung war eine ganz andere Vision von Frauenmacht als die ansonsten propagierte Rückkehr in den dunklen Mutterschoß. Sie dürfte vor allem bei denjenigen Frauen Anklang gefunden haben, die die neuen gesellschaftlichen und politischen Freiräume nutzten und sich für die Emanzipation engagierten. Für diese ›modernen‹ Frauen war das Matriarchat eine Vision, an der sie sich orientieren konnten und die sie bestätigte.

Den Gegnern freilich war die matriarchale Vision ein Dorn im Auge, gegen die heftig polemisiert und vor deren Gefahren eindringlich gewarnt wurde. Angesichts der hymnischen Mutterverehrung, der mystischen Matriarchatsfeiern und der tatsächlichen Emanzipation der Frau in der Gesellschaft ist es schon fast verständlich, daß Männer sich angstvoll die Frage stellten: »Gehen wir dem Matriarchat entgegen?«

Der gleichnamige Artikel Charles Maylans von 1933 ist ein Beispiel für solche Matriarchatsphobie. Er sah das »wertevernichtende Matriarchat« als »eine ungeheuerliche Dampfwalze über die Staaten des männlichen Genies« dahinfahren – und das ausgerechnet zu einer Zeit, als die »Festung des Patriarchats« durch die »Krise, die heute die ganze Menschheit im heftigsten Fieber schüttelt«, ohnehin geschwächt war. Diese Krise hielt er für äußerst ernst, war sie seiner Meinung nach doch Ausdruck »einer tiefgreifenden geistigen Umwälzung, die ihre Wurzel in der Seele des modernen Menschen hat. Es handelt sich im Grunde um den Kampf von Weltanschauungen: um die Frage, ob die alten patriarchalischen europäischen Wertsetzungen sich im Geiste der modernen Menschheit weiter behaupten können oder vor den heraufdämmernden matriarchalischen Werten das Feld räumen müssen.« Mit dem Schreckgespenst der »modernen Frau« und der »Spukgestalt der Urmutter«, der bedrohlichen Nachtseite der Frau, malte Maylan den matriarchalen Teufel an die Wand – nicht zuletzt, um ihn sich vom Leib zu halten. Gegen Ende des Artikels gab er sich, beruhigt durch die »Zeichen einer erwachenden Männlichkeit«, allerdings wieder recht zuversichtlich: »Eine Zeit, die wie die unsere die ungeheure Erprobung des Mannes im Weltkrieg erlebt und die höchste geistige Männlichkeit eines Friedrich Nietzsche aus sich hervorgebracht hat, – es ist undenkbar, daß eine Zeit von so viel latenter männlicher Kraft dem zermalmenden Druck eines wertevernichtenden Matriarchats erliegen sollte.« (Maylan 1933, 72 ff.) Ob er wohl selbst daran glaubte?

Während das Matriarchat in der gesellschaftlichen Diskussion je nach Umgebung wie ein Chamäleon seine Farbe wechselte und zu einem immer facettenreicheren Phänomen wurde, erfaßte die allgemeine Bachofen-Renaissance nun auch den Wissenschaftsbetrieb. Interessant für uns ist hier vor allem, daß sich auch die HistorikerInnen für die Ideen von Bachofen erwärmten, den sie ja vor nicht allzu langer Zeit noch als »bedauernswertes Opfer der symbolischen Verwirrungen« abqualifiziert hatten. Das mag damit zusammenhängen, daß Fortschrittsfeindlichkeit, Modernitäts- und Rationalitätskritik auch an den Universitäten auf fruchtbaren Boden getroffen waren. Beispielhaft sind hier die Äußerungen des Volkskundlers und Altphilologen Eugen Fehrle, der 1927 in einem Beitrag über Bachofen vor einer Überbewertung des »reflektierenden Denkens« in der Wissenschaft warnte und ihre Unfähigkeit bedauerte, Probleme »in ihrem eigensten Wesen zu deuten« (1927, 103).
In der Geschichtswissenschaft, speziell in der Alten Geschichte, fühlte man sich zwar nach wie vor der quellenkritischen Tradition des Bachofen-Gegenspielers Theodor Mommsen verpflichtet, doch eine Faszination für das Mythische war auch hier zu spüren. Hatte sich nicht gerade die Aussagekraft der Mythen durch die Ausgrabungen von Heinrich Schliemann und Sir Arthur Evans erwiesen? Beide hatten die Mythen ebenso ernstgenommen wie Bachofen und so »die Stätten der mythischen

Gestalten, die Bachofen als Vertreterinnen eines älteren Mutterrechts gedeutet hatte, das Mykene der männermordenden Klytaimnestra, das Knossos der Minos-Tochter Ariadne« gefunden (Wagner-Hasel 1992, 313). Das gab rationalitätskritischen Historikern neuen Auftrieb und schlug eine Bresche für eine weniger den Fakten verpflichtete, dafür aber um so intuitivere Geschichtsschreibung.

Dieser Stimmungswechsel machte sich bei den Althistorikern auch am Umgang mit dem Matriarchatsthema bemerkbar, dem man sich angesichts der Ausgrabungen von Knossos interessiert und fasziniert zuwandte. In leuchtenden Farben wurde ein neues Kreta-Bild entworfen, an dem vor allem modernistische Züge auffallen: In einer ›männlich‹ organisierten Öffentlichkeit erschienen nun die Frauen. Die »Zwanglosigkeit und Natürlichkeit, mit der sie sich in der *männlichen Gesellschaft* bewegen«, ihre »ganz selbstverständliche *Bewegungsfreiheit*« darin – so Annemarie Jenzer in ihrer Dissertation aus dem Jahre 1933 (zit. n. Wagner-Hasel 1992, 314 f.) – erschien nicht nur Forschern – wie z.B. Ernst Kornemann (1947) –, sondern gerade auch Forscherinnen bemerkenswert. Wagner-Hasel vermutet deshalb, »daß es der eigene Eintritt in die männliche Welt der Wissenschaft gewesen sein muß, der die Wahrnehmung des Bildmaterials gesteuert hat« (Wagner-Hasel 1992, 315).

Nach der Machtergreifung der Nationalsozialisten sollte sich zeigen, wie fragil die seit der Jahrhundertwende erzielten Erfolge der Frauen waren. Systematisch aus den erreichten Positionen verdrängt, gaben sie in der Männerwelt nur ein kurzes Gastspiel.

Das Matriarchat bekommt eine völkische Heimat

Der Gegenwartsbezug der Geschichtsschreibung zeigte sich auch in anderer Hinsicht: Ein Teil der Historiker geriet immer tiefer ins völkisch-nationale und rassistische Fahrwasser. Das Denken in den Kategorien »Volk« und »Rasse« führte zu einer völligen Umgestaltung des Matriarchatskonzeptes. Von Bachofen als allgemeine Kulturstufe der Menschheit entwickelt, wurde das Mutterrecht nun bei *einem* Volk und – dem damaligen Denken entsprechend – damit auch bei *einer* Rasse verankert. Bachofen selbst sprach sich mehrfach gegen ethnische Konzeptionen aus und betonte bereits 1861 in der Einleitung zum *Mutterrecht*, »daß das Mutterrecht keinem bestimmten Volke, sondern einer Kulturstufe angehört, daß es mithin in Folge der Gleichartigkeit und Gesetzmäßigkeit der menschlichen Natur durch keine volkliche Verwandtschaft bedingt oder begrenzt sein kann« (GW II, 11). Damit schwamm er gegen den Strom des völkischen Denkens, der im Laufe des 19. Jahrhunderts immer mächtiger wurde, um schließlich in den Faschismus zu münden.

Als Transportmittel des völkischen, später auch rassistischen Gedankengutes diente die »indogermanische Sprachfamilie«, ein Konstrukt, das zu Beginn des 19. Jahrhunderts in der vergleichenden Sprachwissenschaft entwickelt worden war. Einerseits dazu gedacht, Ähnlichkeiten bestimmter Sprachen zu beschreiben und zu erklären, wurde mit ihm darüber hinaus auch die Vorstellung von einem indogermanischen Urvolk verbunden, das durch eine eigene Sprache, Kultur und Heimat und eine bestimmte Rasse gekennzeichnet sein sollte. So verwandelte sich die indogermanische Sprachfamilie schließlich in die arischen Indogermanen oder auch Indoeuropäer, ein angebliches Hirtenvolk der Vorzeit, dessen ursprüngliche Heimat etwas nebulös im Nordosten Europas angesiedelt wurde. Von dort aus seien die Viehzüchter gewaltsam nach Süden und Westen vorgedrungen und hätten die Bauernkulturen Europas und des Mittelmeergebietes überrannt und erobert. Damit hatte die Sprachwissenschaft ein komplettes Historiengemälde geliefert, das allein auf sprachgeschichtlichen Überlegungen beruhte. Die unmittelbaren Geschichtsquellen der schriftlosen Perioden, über die sich die Sprachforscher so detailliert äußerten, archäologische Funde also, wurden nicht herangezogen; erst nachträglich versuchte man sie in das bestehende System einzupassen. Die problematische Verkettung archäologischer und sprachge-

schichtlicher Zeugnisse wird uns an anderer Stelle wiederbegegnen.
Der konstruierte kulturelle Gegensatz zwischen Indogermanen und Nicht-Indogermanen beherrschte seit der zweiten Hälfte des 19. Jahrhunderts das Denken zahlreicher Forscher, die sich mit der Vergangenheit befaßten. Angesichts der Rolle, die der Dualismus von Matriarchat und Patriarchat in manchen Geschichtsentwürfen des 19. Jahrhunderts spielte, ist es nicht verwunderlich, daß die Wissenschaftler versuchten, ihn mit dem Dualismus von Indogermanen und Nicht-Indogermanen zu verbinden. Da man sich selbst als Nachfahren der Indogermanen betrachtete, herrschte Einigkeit darüber, daß sie auf jeden Fall kulturell höher einzustufen seien als die Nicht-Indogermanen. Damit war auch klar, daß das Patriarchat als die höhere Entwicklungsstufe den Indogermanen ›gehörte‹. Schließlich seien so ›unsittliche‹ Erscheinungen des Mutterrechts wie Gruppenehe oder Promiskuität mit dem Indogermanentum nicht vereinbar, da den vermeintlichen Vorfahren derselbe sittliche Geist unterstellt wurde, der auch die eigenen Moralvorstellungen prägte.
Vereinzelte Zweifler, die bei den Indogermanen auch mutterrechtliche Züge entdeckt haben wollten, konnten sich gegen die Meinung der Mehrheit nicht durchsetzen. Für sie stand fest, daß die Indogermanen von Anfang an patriarchal organisiert waren. »Das Matriarchat [...] besitzen seitdem nur die Anderen, die scheinbar ›primitiven‹, ›zurückgebliebenen‹ Völker außerhalb des europäischen Kulturkreises und die vergangenen, rassisch aber fremden Kulturen aus dem Orient, kurz: die ›Wilden‹ und die ›Exoten‹, nicht aber die vom rationalen Geist der Griechen durchdrungenen Völker des Abendlandes.« (Wagner-Hasel 1991, 90)
Etwa gleichzeitig mit diesem Zweiklassenmodell entstand das »bis heute wirksame mythenträchtige Bild von einwandernden indogermanischen Hirtenvölkern« (Wagner-Hasel 1992, 312), die die matriarchalen Kulturen niedergewalzt und den Überlebenden das Patriarchat aufgezwungen haben sollten. Dieses Modell wurde lange Zeit als einziges herangezogen, um den po-

stulierten Wechsel von Matriarchat zu Patriarchat zu erklären. Es erfreut sich auch heute noch großer Beliebtheit.

Bachofen hat die Anfänge der völkischen Rezeption seiner Mutterrechtsidee noch erlebt, und es wird ihm nicht wohl dabei gewesen sein. Bereits 1867, sechs Jahre nach dem *Mutterrecht*, publizierte der Genfer Geschichtsphilosoph Alexis Giraud-Teulon ein Buch mit dem Titel *La mère chez certains peuples de l'antiquité* (Die Mutter bei bestimmten Völkern des Altertums), das für die Ethnisierung des Mutterrechts von zentraler Bedeutung war. Sich stark auf Bachofen beziehend, stellte Giraud-Teulon die These auf, daß indoeuropäische und semitische Völker den mutterrechtlichen Völkern des Mittelmeergebietes das Vaterrecht aufgezwungen hätten. Dieses Buch – im übrigen ein großer Publikumserfolg – leitete die Abkoppelung der Matriarchatsidee von einer entwicklungsgeschichtlichen Sicht der Menschheitsgeschichte ein. Durch seine Verortung bei den nicht-indogermanischen Völkern bekam das Matriarchat eine ganz neue Note: »Das Matriarchat oder Mutterrecht, gebunden an ein bestimmtes Verständnis vom weiblichen *Geschlechts*charakter, gerät nun tendenziell zum *Rasse*charakter.« (Wagner-Hasel 1992, 312)

Mutterkult statt Frauenherrschaft

Das rassistisch-völkische Denken sowie zahlreiche der geschilderten geistigen und politischen Strömungen, aber auch die gesellschaftlichen Probleme, die seit der Jahrhundertwende entstanden waren, verstärkten sich im »Dritten Reich«. Die vernunftfeindliche Stimmung, die schon zuvor mit einem Hang zu allem Kultischen, Rituellen, Mythischen und Urzeitlichen einhergegangen war, brachte immer neue Monstrositäten hervor.
In diesem Klima hatte die Sehnsucht nach dem Mythisch-Mütterlichen Hochkonjunktur. Die NS-Propaganda nutzte diesen Nährboden zum Aufbau eines staatlichen Mutterkultes, der u.a.

dazu diente, den Nationalsozialismus auch als politische Religion bzw. als Religionsersatz zu etablieren (Weyrather 1993). Mit pseudoreligiösen Propagandaformeln wie »Heilig soll uns sein jede Mutter deutschen Blutes« wurde die Mutterschaft sakral überhöht. Der in den 20er Jahren eingeführte Muttertag erhielt als »Ehrentag der deutschen Mutter« seinen festen Platz im nationalsozialistischen Feierkalender, der eine illustre Gesellschaft von Personen und Ereignissen versammelte – und u.a. natürlich auch den Geburtstag des Führers enthielt. Ab 1939 wurden die offiziellen Mütterehrungsfeiern sogar zweimal pro Jahr, am Muttertag und am Erntedankfest, abgehalten.
Bei diesen Gelegenheiten wurde auch das im selben Jahr eingeführte Mutterkreuz verliehen, für das im Volksmund der Begriff »Kaninchenorden« kursierte. »Volltaugliche« Mütter erhielten ihn für ihre Leistungen an der »Geburtenfront«, denn »Mutterschaft war keine private und persönliche Angelegenheit mehr, sondern Staatsaufgabe und religiöse Handlung zugleich. Sie war – aus der Sicht der Nationalsozialisten – gleichwertig mit dem Kampf der Soldaten und selber Teil eines Krieges: des ›Geburtenkrieges‹ gegen die ›Minderwertigen‹ und ›Fremdrassigen‹, die das ›deutsche Volk‹ angeblich zu zerstören drohten.« (Weyrather 1993, 7) Angesichts dieser vermeintlichen Bedrohung hatte die Mutter dem Staat willig zu dienen: »Deutschland muß erst wieder ein *blühendes Mutter- und Kinderland* sein, dann wird es ein mächtiges Vaterland werden.« (Mayer 1938, 38) Die Frau hatte als Trägerin des »Erbstroms« oder »Bluts« der »deutschen Rasse« für »erbgesunden«, »arischen Nachwuchs« zu sorgen. Sie war als »Hüterin der Art« verantwortlich für die »Aufartung des deutschen Volkes«. In ihren Händen lag die Existenz der »Herrenrasse«.
Falls sie »deutschblütig«, »erbtüchtig«, »würdig« und regimetreu war und der »heiligen Aufgabe« des Gebärens nachkam, konnte sie auf Ehrung und Anerkennung hoffen. Wenn nicht, mußte sie damit rechnen, zur »Ausmerze aussortiert« zu werden. Daß das Zwangssterilisation, die Ermordung behinderter Neugeborener, Deportation und Tod heißen konnte, war bekannt. Der national-

sozialistische Mutterkult setzte Frauen unter enormen Druck, sich in das System zu integrieren und dem propagierten Frauenbild zu entsprechen: »Die natürliche Vollfrau, die ihren Mann liebt, wünscht im Innersten ihres Seins als Ausdruck ihrer Liebe die Empfängnis.« (Mayer 1938, 24) Frauen, die nicht geboren hatten, zählten nicht. Ernst Bergmann, ein nationalsozialistischer Autor und glühender Verfechter des Mutterkultes, hatte bereits 1931 daran gedacht, kinderlosen »Mannweibern« anzudrohen, sie »zwangsweise [zu] begatten« (1933a, 404). So weit kam es glücklicherweise nicht, doch wurde alles getan, um Frauen in die für sie vorgesehene Rolle zu zwängen und die Erfolge der Frauenbewegung rückgängig zu machen.

Dabei war die Ausübung sozialen Drucks über den Mutterkult nur eine Strategie. Zusätzlich versuchte man, Frauen systematisch aus dem Erwerbsleben zurück an den Herd, allenfalls in »wesensgemäße soziale Berufe« zu drängen. Insbesondere Frauen, die Führungspositionen in Wirtschaft, Politik und öffentlichem Leben innehatten, sollten ihre Posten räumen. Schon 1933, im Jahr der Machtergreifung, wurden die ersten Gesetze in dieser Richtung erlassen: beispielsweise die Vorschrift, alle verheirateten Beamtinnen zu entlassen, sofern das Einkommen des Mannes zum Lebensunterhalt ausreichte. Im Jahr darauf wurde verheirateten Ärztinnen die Zulassung entzogen. 1936 erhielten Richterinnen und Anwältinnen Berufsverbot. Im Grunde sollte es erst gar nicht so weit kommen, daß Frauen überhaupt eine Erwerbstätigkeit aufnahmen. Bereits 1933 wurde eine Zulassungsbeschränkung für Studienanfängerinnen pro Jahr auf ein Zehntel aller Neuanfänger eingeführt sowie die Anordnung erlassen, daß bei Neueinstellungen Männer zu bevorzugen seien. Im Gegenzug versuchte man, Frauen die Rückkehr an den Herd durch finanzielle Zuwendungen schmackhaft zu machen, so z.B. in Form zinsloser Darlehen für junge Paare, sofern die Frau ihre Berufstätigkeit aufgab.

Die Folgen dieser Gesetze waren sofort spürbar. Der Anteil der erwerbstätigen Frauen und Studienanfängerinnen ging drastisch zurück. Im Rahmen dieser Aktionen mußte 1933 auch Mathilde

Vaerting ihren Lehrstuhl räumen und erhielt Publikationsverbot (Baus 1994, 19). Nun waren die Patriarchen in vielen Bereichen wieder unter sich. In der Produktion, in der vor Kriegsausbruch bereits etwa ein Drittel der erwerbsfähigen Frauen arbeitete, schätzte man weibliche Beschäftigte wegen ihrer geringeren Löhne dagegen sehr. Während des Krieges wurden sie unersetzlich und konnten »ihren sogenannten Hauptberuf als Mutter [...] nur als Nebenberuf wahrnehmen«. Die propagierte »Rückkehr zur Mütterlichkeit« erwies sich im Alltag als »leere Formel« (Hermand 1984, 552), blieb aber als soziale Norm bestehen.

Protest gegen diese frauenfeindliche Politik der Nationalsozialisten kam zwangsläufig aus den eigenen Reihen, denn eine unabhängige Frauenbewegung existierte nicht mehr. 1933 hatten sich die Frauenvereine entweder selbst aufgelöst, um der Gleichschaltung zu entgehen, oder sie waren nationalsozialistischen Frauenorganisationen (Deutsches Frauenwerk, NS-Frauenschaft) beigetreten (Nave-Herz 1993, 52 f.). Trotz der Gleichschaltung gab es einen ›feministisch‹ orientierten Flügel, der sich um die Zeitschrift *Die deutsche Kämpferin* gruppierte. Ihre Herausgeberin, Sophie Rogge-Börner, protestierte gegen die Herabwürdigung der Frau zum Muttertier, gegen ihre Benachteiligung in Partei und Staat. Mit dem Verweis auf die Befähigung der Frauen zu Führungspositionen forderte sie deren Gleichrangigkeit als Parteimitglieder und Staatsbürgerinnen. Außerdem plädierte sie für ein neues Frauenbild, das sich an der »frühgermanischen« Frau orientierte (Hermand 1984, 548 f.; Kliewer 1992, 113).

Solche Töne waren jedoch selten zu hören. Die Mehrheit der Frauen verhielt sich ruhig. Die NS-Frauenschaft äußerte sich zustimmend. Hier hielt man nichts von Gleichrangigkeit, denn schließlich hätten sich die Frauen unter dem Schutz der Männer stets am wohlsten gefühlt (Hermand 1984, 549). Das Leitbild der BDM-Führung fügte sich ebenfalls gut in die Linie der NS-Ideologen ein: »Diese Frauen streben nicht nach Posten und Stellungen, sie beanspruchen keine ›Rechte‹ außer dem des Dienendürfens und dem Recht, Pflichten auferlegt zu bekommen.« (Zit. n. Holzbach-Linsenmaier 1994)

Wo ist hier Platz für die Idee eines Matriarchats, gar im Sinne von Frauenherrschaft? Selbst für die meisten Frauen scheint das Matriarchat ein Alptraum gewesen zu sein. So wies z.B. Lydia Gottschewski, Reichsleiterin der NS-Frauenschaft, Matriarchatsforderungen zurück und schrieb:

> Es wäre furchtbar und in den Folgen kaum auszudenken, wenn die Frau das Zarteste und Innigste, das ihr gegeben wurde, das Muttertum, zur Herrschaft benutzte, die holde Abhängigkeit des Kindes über das Kindesalter hinweg zur Herrschaft des Mannes mißbrauchen würde. Denn für die Mutter gilt das Wort, daß sie durch Dienen zum Herrschen gelangt, zu einem sehr leisen, sehr stillen und unbetonten Herrschen, dessen Sinn immer und immer das Dienen bleibt. (1934, 37)

Daß die patriarchalen, auf das Führerprinzip fixierten und in Männerbündelei schwelgenden NS-Ideologen nichts von weiblicher Dominanz hielten, versteht sich von selbst. Entwürfe, die auch nur im entferntesten daran erinnerten – beispielsweise von Ernst Bergmann (1933a; 1933b) oder dem Nordisten und Urgeschichtler Herman Wirth (1931) –, hatten deshalb keine Chance. Das Matriarchat – man erinnere sich – ›gehörte‹ den Verlierern, die von den patriarchalen Indogermanen, der »Nordischen Rasse« niedergemacht worden waren. Auch hier bot sich keine lohnende Identifikationsmöglichkeit, zumal die meisten sich ohnehin als Nachkommen der Indogermanen betrachteten.
Dennoch faszinierte das Urtümliche und Fremde am Matriarchat, da es sich hervorragend zur ideologischen Verherrlichung urwüchsiger, bäuerlicher Lebensweisen eignete, die dem antimodernistischen Geist des Nationalsozialismus voll entsprach. In diesem Sinne wurde das Matriarchat auch im Nationalsozialismus als positives Gegenbild zur Moderne rezipiert (Wagner-Hasel 1991, 90; 1992, 315). Als Vision von Frauenmacht und Emanzipation war es dagegen ein Spuk, dem der staatliche Mutterkult Paroli bot. Mit der hier betriebenen Verklärung des Weiblichen ins Mythisch-Mütterliche wurde die Wahrnehmung der tatsäch-

lichen Lebensumstände von Frauen verwischt und verzerrt – und damit auch emanzipatorischen Bestrebungen das Rückgrat gebrochen.

Hunger, Trümmer und die Sehnsucht nach Normalität

Die Reden und Stimmungsbilder zum 50. Jahrestag des Kriegsendes haben es gezeigt: Heute empfinden die meisten Deutschen die Kapitulation des Deutschen Reiches am 8. Mai 1945 als Rettung und Befreiung von der nationalsozialistischen Herrschaft. Damals beschränkte sich diese ausschließlich positive Sicht auf die überlebenden Opfer des Regimes und seine Widersacher. Die Mehrheit der Bevölkerung war zwar erleichtert, daß der Krieg vorbei war, erlebte die neue Situation zugleich aber als bittere Niederlage, zum Teil auch als existentielle Bedrohung. Das Land war von den Alliierten besetzt, niemand wußte, wie es weitergehen würde. Millionen von Menschen standen vor dem Nichts.

Mit einem »Höchstmaß individueller Selbstausbeutung« (Frevert 1986, 248) versuchten vor allem Frauen, die Versorgungslücken zu schließen und mit dem Wiederaufbau zu beginnen. Was blieb ihnen auch anderes übrig – im Krieg waren fast vier Millionen Männer gefallen, und 1945 befanden sich weitere 11,7 Millionen in Gefangenschaft, aus der sie teilweise erst in den späten 50er Jahren zurückkehrten (Frevert 1986, 246). Die meisten Frauen waren in der Nachkriegszeit weitgehend auf sich gestellt und hatten nicht nur die Familie durchzubringen, sondern auch den ›Herrn im Haus‹ zu ersetzen – und zwar unter schwierigsten Bedingungen. Solange es an Arbeitskräften mangelte, konnten Frauen problemlos eine Erwerbstätigkeit aufnehmen, zumal viele von ihnen bereits schon während des Krieges in der Industrie und im öffentlichen Dienst gearbeitet hatten und seit 1945 von den Alliierten zu Pflichtarbeiten herangezogen wurden. Sie verdienten so wenig, daß sie nicht einmal den Lebensunterhalt einer Familie davon bestreiten konnten. Vieles konnten sie nur über den Schwarzmarkt beschaffen. Trotz Unterernährung und chronischer Erschöpfung leisteten sie als Trümmerfrauen oder in der Industrie Schwerstarbeit beim Wiederaufbau.

Um so erstaunlicher ist die Selbstverständlichkeit, mit der sie Anfang der 50er Jahre, als das Schlimmste überstanden war, ihre Posten räumten, öffentliche Aufgaben den zurückkehrenden Männern überließen und sich wieder auf die traditionelle Rolle der Hausfrau und Mutter zurückzogen. Historikerinnen interpretieren diese irritierende Entwicklung als Zeichen von Pragmatismus: Die Frauen wollten mit ihrer Arbeit in klassischen Männerdomänen kein neues Terrain erobern, sondern packten in der Notsituation einfach da an, wo es nötig war. Daß sie dabei ihr Äußerstes gaben, entsprach den Erwartungen, die sie traditionellerweise selbst an sich stellten und die auch von seiten der Gesellschaft an sie herangetragen wurden: »Für sie bedeutete das Ende des ›Dritten Reiches‹ keinen neuen Anfang, keine ›Stunde Null‹, sondern eine Fortsetzung ihrer Arbeit unter erschwerten Bedingungen.« (Frevert 1986, 246) Schließlich paßte die Aufbauarbeit der Frauen exakt ins weibliche Rollenbild von der Frau als Retterin und Bewahrerin des Volkes, das im Nationalsozialismus und auch in der Zeit davor öffentlich propagiert worden war. Auch die traditionsreiche Vorstellung von der liebenden, nur auf das Wohlergehen der anderen bedachten Frau dürfte in dieser Notsituation den Nährboden für die ungeheure Selbstausbeutung von Frauen abgegeben haben.

Der Schaffensdrang, der sie in den späten 40er Jahren befiel, war also nicht aus emanzipatorischen Bestrebungen, sondern aus der Not geboren worden. Die innere Idealvorstellung entsprach dabei dem traditionellen Klischee der Hausfrau und Mutter, das den Frauen in den zwölf Jahren nationalsozialistischer Herrschaft wieder verstärkt eingehämmert worden war. Als es dann langsam aufwärtsging, bedeutete die Entscheidung, zu Heim und Herd zurückzukehren, eine wirkliche Entlastung – auch wenn sie ihren Preis hatte. In der Öffentlichkeit hofierte man die Hausfrau mit ideologischer Schönfärberei: Die Familie, das Wirkungsfeld der Frau, galt in der Bundesrepublik der Nachkriegszeit nach einer soziologischen Studie aus den frühen 50er Jahren als »die soziale Sicherung und Zuflucht des einzelnen«, als »das letzte stabile Gebilde der Gesamtgesellschaft« (Schelsky 1967, 88). Die Familie als Rettungsanker in Krisenzeiten – auch das war eine vertraute Vorstellung, an die man wieder anknüpfte.

Das reformerische Potential der Nachkriegsgesellschaft in der Bundesrepublik, auf die wir uns im folgenden beschränken werden, war in allen Bereichen recht gering. »Weitermachen und bewahren« galt als Devise des Wiederaufbaus, der mit Hilfe der wiederentdeckten ›deutschen Tugenden‹ Fleiß, Ordnung, Sauberkeit möglichst nach alten, vertrauten Mustern erfolgen sollte. Die Sehnsucht zu vergessen und die Hoffnung auf Normalität prägten die Stimmung. Man vergrub sich in der Idylle der Kleinfamilie und wartete auf den Aufschwung. Und er kam: mit Nylonstrümpfen, Waschmaschine, Volkswagen, Nierentisch, Petticoat, Staubsauger, Ananas in Dosen, persilreinen Dralonhemden, mit Fernseher, Urlaub in Italien ... Das Wirtschaftswunder stürzte das Land in einen Konsumrausch, der immer neue Kaufgelüste weckte.

Die neuen Errungenschaften verwandelten Heim und Herd scheinbar in den siebten Himmel: In den Werbefilmen der 50er Jahre agierten Frauen in einem vollautomatisierten Haushalt als souveräne Regentinnen, die dank der neuen Technik ihre Göttergatten abends ausgeruht und gut gelaunt mit dampfenden Köstlichkeiten auf dem Tisch empfangen konnten – und deren größte Sorgen um die Fragen kreisten: Was ziehe ich heute an? Was koche ich heute? Wie besänftige ich ihn, wenn er schlecht gelaunt aus dem Büro nach Hause kommt? Ist meine Wäsche nicht nur sauber, sondern rein? etc. Für jedes Problem hatte die Wirtschaft ein Mittelchen parat. Vanillepudding half gegen brummige Ehemänner, Persil machte Wäsche porentief rein, Fertiggerichte erleichterten die Speiseplanung ... Es schien, als hätte es Krieg und Trümmer nie gegeben.

Mag auch die Wirklichkeit nicht ganz so skurril gewesen sein wie die Welt der Werbefilme, so geben diese doch Aufschluß

über Werte und Rollenbilder, die damals wieder in die Familien einsickerten. Gerade in bezug auf das Geschlechterverhältnis lassen die Aussagen an Klarheit nichts zu wünschen übrig: Die Frau bleibt ein für allemal Hausfrau und Mutter, der Mann Ernährer der Familie und für den öffentlichen Bereich zuständig. Das propagierte im übrigen auch die Politik, die auf gesellschaftlichem Konsens basierte, denn in den 50er und frühen 60er Jahren konnten sich offenbar die meisten Frauen und Männer mit dieser Rollenverteilung identifizieren.
Existentielle Nöte direkt nach dem Krieg, später dann klare, auf breiter Basis akzeptierte Geschlechterrollen sowie eine Gesellschaft, die sich nach Ruhe und Normalität sehnte und alle Kräfte auf Aufbau, Wohlstand und Konsum konzentrierte und euphorisch dem Fortschritt und der Technik huldigte – es waren schlechte Zeiten für Matriarchatsideen. Der breiten Öffentlichkeit brannte das Thema bis in die 60er Jahre hinein jedenfalls nicht auf den Nägeln. Man war froh, noch einmal davongekommen zu sein, übte sich im Vergessen und blickte optimistisch in die Zukunft.

Mit Tomaten gegen die Genossen

Doch das friedliche Idyll trog, denn leise, aber beständig rumorte es im Untergrund. Nachdem sich die erste Euphorie über den vollautomatisierten Haushalt gelegt und die ersehnte Normalität sich in der Banalität des Alltags aufgelöst hatte, dürfte mancher Frau, die unter Einsatz aller Kräfte die schwierigen Jahre nach dem Krieg alleine gemeistert hatte, der Rückzug an den Herd sauer aufgestoßen sein. Von den vielfältigen weiblichen Rollen und Betätigungsfeldern waren lediglich die repräsentative Gattin und Mutter bzw. Haushalt und Familie übriggeblieben. Zwar übte in den 60er Jahren immerhin ein Drittel der Frauen im erwerbsfähigen Alter einen Beruf aus, dieser bot ihnen jedoch wenig positiven Ausgleich. Während Berufstätigkeit von vielen immer noch als vorübergehende Notwendigkeit empfunden wurde, begannen nun vor allem junge Frauen, im Beruf auch nach persönlichen Entfaltungsmöglichkeiten zu suchen. Meist verfügten sie über eine bessere Schulbildung als ihre Mütter und hatten damit auch höhere bzw. andere Erwartungen an die Zukunft. Allerdings zeigte sich schnell, daß ihren beruflichen Ambitionen enge Grenzen gesetzt waren. Sie bekamen nicht nur den Widerstand des gesellschaftlichen und politisch geförderten Frauenideals zu spüren, sondern mußten sich auch mit wesentlich weniger Prestige, Einkommen und Aufstiegschancen als ihre männlichen Kollegen abfinden. Trotz der im Grundgesetz verankerten Gleichberechtigung der Frau auf allen Ebenen waren es nach wie vor Männer, die in Politik und Wirtschaft die interessanten Positionen untereinander verteilten. Frauen hatten sich mit unattraktiven Jobs in den unteren Lohn- und Gehaltsgruppen zufriedenzugeben. Ausnahmen bestätigten hier allenfalls die Regel.

Wachsende Unzufriedenheit und im stillen aufgestaute Wut entluden sich 1968 erstmals in der Öffentlichkeit. Unter den jungen Leuten – vor allem unter Studentinnen und Studenten – brodelte es schon lange. Sie rebellierten u.a. gegen die Enge der Kleinfamilie, den Materialismus der Väter, autoritäre Strukturen und die verstaubte Sexualmoral. So waren es denn auch Studentinnen des *Sozialistischen Deutschen Studentenbundes* (SDS), dem Wortführer der Studentenbewegung, die sich im Januar 1968 in West-Berlin zum *Aktionsrat zur Befreiung der Frau* zusammenschlossen und das Geschlechterverhältnis als eigenes Thema in die Debatte einbrachten. Ihnen war die doppelte Moral ihrer Genossen bewußt geworden, die öffentlich lautstark die Auflösung autoritärer Strukturen und Machtverhältnisse forderten, während sie sich im Privatleben ihren Partnerinnen gegenüber wie Patriarchen gebärdeten. Eine damalige Studentin beschrieb frustriert, mit welcher männlichen Doppelmoral sie sich alltäglich herumzuschlagen hatte:

> All die neu erkämpften Rechte und Freiheiten an den Universitäten, die Vielfalt der politischen Aktionen und vor allem auch die vielge-

> priesene sexuelle Freiheit bürdeten uns nur neue Lasten auf: Die Männer hatten noch weniger Zeit und Lust, zu Hause zu bleiben, Kinder und Haushalt zu teilen. Wir tippten ihre Reden, versuchten, auf den Versammlungen ihnen zu folgen, machten uns nach wie vor schön für sie, stopften täglich die Pille in uns rein oder ertrugen die Abtreibung. Unsere Ausbeutung im Haus, unser Problem mit ihrer ausgelebten Sexualität sollte unser Privatproblem sein. Wir sollten uns von unseren veralteten Verhaltensweisen lösen. Sie machten indessen die große Politik, bemitleideten und verhöhnten uns, da wir ›noch nicht so weit wären‹. Inzwischen wollen wir nicht mehr ›so weit kommen wie sie‹. Wir wollen ihnen nicht mehr nacheifern, wir haben andere Ziele. (Schmidt-Harzbach 1978, 38)

Im September 1968 kam es während einer Tagung des SDS in Frankfurt nach der Rede einer Vertreterin des Berliner Aktionsrates zum Eklat. Die Rednerin hatte den Genossen vorgeworfen, daß der SDS auch nur ein »Spiegelbild gesamtgesellschaftlicher Verhältnisse« sei. Im Privatleben würde das weiterhin praktizierte – ansonsten heftig kritisierte – Patriarchat mit Tabu belegt, damit »die Männer ihre alte, durch das Patriarchat gewonnene Identität noch nicht aufgeben müssen«. Die Studentin schloß mit den Worten: »Genossen, wenn Ihr zu dieser Diskussion, die inhaltlich geführt werden muß, nicht bereit seid, dann müssen wir allerdings feststellen, daß der SDS nichts weiter ist als ein aufgeblasener konterrevolutionärer Hefeteig. Die Genossinnen werden dann die Konsequenzen zu ziehen wissen.« (Zit. n. Nave-Herz 1993, 68)
Die anwesenden Herren reagierten auf den Fehdehandschuh, den ihnen ihre Kommilitonin gerade vor die Füße geworfen hatte, mit einer altbewährten Taktik: Sie überhörten die Kampfansage und schickten sich an, zur Tagesordnung überzugehen. Eine Teilnehmerin war über diese arrogante Haltung so erbost, daß sie ihrer Wut freien Lauf ließ und die Genossen mit Tomaten bewarf. Den meisten SDS-Frauen war dieser spektakuläre Gefühlsausbruch »eher peinlich« (Schwarzer 1981, 13). Er enthielt jedoch ein enorm radikalisierendes Potential und entwickelte

schließlich eine mitreißende Dynamik. Die Neue Frauenbewegung hatte gerade ihren Auftakt erlebt.

Die ersten Frauengruppen wurden von Studentinnen des linken Flügels der Studentenbewegung ins Leben gerufen, die nicht länger hinnehmen wollten, daß die aktuelle Lage allein vom Klassenstandpunkt aus analysiert und die Anliegen von Frauen als »Nebenwiderspruch« abgetan wurden: »Die autonomen Frauen befanden, daß die Frauenfrage den Hauptwiderspruch bilde, sich diachronisch, sozusagen längs durch die patriarchale Geschichte ziehe, und damit älter sei und umfassender als der industriegesellschaftliche Klassenkampf. Keine bisherige Revolution habe die Frauen frei gemacht. Um Fraueninteressen überhaupt erkennen zu können und sie durchzusetzen, müsse frau sich autonom und separat organisieren.« (Rentmeister 1988, 445) Ihrer Ansicht nach mußte der Klassenkampf in die Partnerbeziehung getragen werden, um die Herrschafts- und Abhängigkeitsstrukturen auch im privaten Bereich radikal zu hinterfragen.

Durch Abspaltung und in Opposition zu den Genossen im SDS entstanden, waren diese Gruppen sehr auf ihre Autonomie bedacht – wie auch die Frauengruppen außerhalb der Studentenbewegung. Daß der Funke auf andere gesellschaftliche Milieus übersprang, ist in hohem Maße auf die von Alice Schwarzer 1971 mitinitiierte Selbstbezichtigungskampagne »Wir haben abgetrieben« zurückzuführen. In der Illustrierten *Stern* forderten 374 – darunter auch prominente – Frauen nicht nur die Streichung des Paragraphen 218, sondern bekannten sich öffentlich dazu, selbst abgetrieben zu haben. Diese Aktion setzte eine Solidarisierungswelle in Gang, der sich Frauen verschiedener Alters-, Sozial- und Berufsgruppen, aber auch Männer anschlossen. Überall bildeten sich Frauengruppen, die häufig auch öffentlich durch spektakuläre Aktionen Furore machten. Neben dem Abtreibungsrecht ging es u.a. darum, die Aufmerksamkeit auf Themen wie Gewalt gegen Frauen und Sexualität inklusive lesbischer Liebe zu lenken. Die Trennung des Privaten vom Politischen gehöre abgeschafft, genauso wie die ewige Hausfrauen- und Mutterrolle, die

Arbeitsbedingungen erwerbstätiger Frauen müßten sich verbessern und Frauen sich als selbständiger Machtfaktor etablieren. In den reformfreudigen 70er Jahren, als man »Demokratie wagen« und »Chancengleichheit« wahren wollte, konnte die Frauenbewegung einige Erfolge verbuchen. Nach diesem vielversprechenden Auftakt wähnten manche Frauen das Ende der patriarchalen Herrschaft bereits in Sicht.

Amazonen mit Sprühdose, Buch und Doppelaxt

Cillie Rentmeister, die den Beginn der Neuen Frauenbewegung als »teilnehmende Beobachterin« in Berlin hautnah miterlebte, beschreibt die Frauen der »amazonischen«, »radikalen« Anfangsphase, 1968 bis 1977, mit einer treffenden Allegorie: »Die Sprühdose in der linken Hand, das Buch in der rechten, die Doppelaxt um den Hals« (1988, 443; 449).

Die Sprühdose stand für öffentliche Aktionen wie Go-ins, Sit-ins, das Zumauern von Sex-Shops, das Sprengen von Miß-Wahlen, Protest gegen den Muttertag, den Paragraphen 218 etc. – alle Bestandteile des Kampfes gegen das Patriarchat. Zugleich boten solche Aktionen die Möglichkeit, ein neues Selbstbewußtsein und ein Gefühl der Gruppenzugehörigkeit aufzubauen und öffentlich zu demonstrieren. Mit »Frauen gemeinsam sind stark!« beschworen die Feministinnen den inneren Zusammenhalt. Nach außen, an die Männerwelt gerichtet, war dieser Slogan freilich als Kampfansage und Drohung gedacht.

Doch der Kampf beschränkte sich keineswegs auf öffentliche Attacken mit der Sprühdose, er wurde auch auf ideeller Ebene – in Frauengruppen – geführt. Hier fanden leidenschaftliche Theoriediskussionen statt – in denen es laut Rentmeister vor allem um die Abgrenzung gegenüber der Linken und um die klassische Gretchenfrage der Frauenbewegung ging: »Gleichberechtigung oder Emanzipation?« Sind Frauen und Männer prinzipiell gleich*artig*, und sollen Frauen Gleich*berechtigung* durch Anpassung an das patriarchale Wertesystem anstreben und somit

zu bürgerlichen Männern mutieren? Oder sind Frauen und Männer vielmehr grundverschieden, und nicht die Frau, sondern die Welt muß verändert werden, damit beide Geschlechter koexistieren und sich entfalten können?
Schließlich wurde heiß diskutiert, ob »die Menschen schon immer, ewig und überall in einer Männerwelt« gelebt hätten und ob »Gewalttätigkeit von Männern, als die Basis ihrer Herrschaft, universell, eine ›anthropologische Konstante‹« sei. Die Umkehrung dieser Fragen lautete: »Gab oder gibt es Kulturen, in denen Frauen nicht Geschöpfe, sondern Schöpferinnen der Lebensverhältnisse waren? Wie sehen diese Kulturen aus? Wie ist die Genusfrage, wie die Gewaltfrage gelöst? Was sind eigentlich die Stärken von Frauen?« (Rentmeister 1988, 445)
Diese letzte Frage berührt Themen, die intensiv in den zahlreichen Selbsterfahrungsgruppen diskutiert wurden, welche – in den USA bereits seit längerem en vogue – seit 1973 auch in der Bundesrepublik einen Boom erlebten. Sie bescherten der Frauenbewegung beachtlichen Zuwachs durch eine völlig neue Gruppe von Parteigängerinnen, die sich als eher unpolitisch definierten, aber ebenfalls auf der Suche nach neuen Formen des Frauseins waren. Feminismus in der Neuen Frauenbewegung hieß eben auch: »Die Frauen besinnen sich auf sich selbst und ihre Stärke; sie versuchen, zu einer eigenen Weiblichkeit zu finden, und nicht zu der, wie sie Männer durch Jahrhunderte geprägt und Frauen sie übernommen haben. Schwesterlichkeit, Zärtlichkeit unter Frauen und Solidarität sind anerkannte Werte.« (Nave-Herz 1993, 71) »Feminismus ist nicht nur eine politische Überzeugung. Er ist eine neue Lebensform, die wir uns Schritt für Schritt erkämpfen müssen.« (Schmidt-Harzbach 1978, 39)
Die öffentliche Agitation gegen die patriarchale Außenwelt war nur *ein* Schauplatz des Kampfes für die »neue Lebensform«. Die Selbsterfahrungsgruppen ergänzten ihn um die biographische Rückbesinnung. Hier analysierten Frauen ihre patriarchal deformierte Innenwelt und versuchten, ihrer Unzufriedenheit, ihren Bedürfnissen, Wünschen und Ängsten auf die Spur zu kommen

und »authentische«, d.h. selbstbestimmte Identität und Weiblichkeit zu entwickeln.

Besonders radikale Feministinnen vertraten die Ansicht, daß selbstbestimmte Identität und authentische Weiblichkeit nur solche Frauen entwickeln könnten, die gegenüber Männern wirtschaftlich, emotional und sexuell unabhängig seien. Für sie war der Lesbianismus die »höchste Entwicklungsstufe des Feminismus« (Nave-Herz 1993, 76). Und damit wären wir bei der Doppelaxt, einem Motiv aus der angeblich matriarchalen Vorzeit Kretas, das in der frauenbewegten Szene der 70er Jahre insbesondere bei lesbischen Frauen großen Anklang fand.

Visionen von der Welt nach dem Sturz des Patriarchats

Wüßte man es nicht, so ahnte man es: Die Neue Frauenbewegung und das Klima gesellschaftlicher Umwälzung in den 70er Jahren bescherten der Matriarchatsidee ein glanzvolles Comeback. Matriarchat als gedachter Gegenpol des Patriarchats, der erbittert bekämpften Ursache allen Übels, war *das* Thema, an das sich »phasenweise bis etwa 1970/75 geradezu Heilserwartungen« knüpften (Heinrichs 1987b, 106). Was fand die Frauenbewegung daran so faszinierend, daß sie zum Forum der Matriarchatsrenaissance wurde?

Die in den Theorie- und Selbsterfahrungsgruppen betriebene Ursachenforschung zur Frauendiskriminierung hatte von Anfang an eine kulturgeschichtliche Perspektive. Der Blick in andere Kulturen der Gegenwart und der Vergangenheit erschien unerläßlich, um das Patriarchat realistisch einschätzen und alternative Gesellschaftsmodelle, Lebensformen und Beziehungsmuster entwickeln zu können. In diesem Zusammenhang war das Matriarchat bzw. Mutterrecht von elementarem Interesse. Insiderinnen waren überzeugt, daß »die Beschäftigung mit historischem und ethnologischem Material über mutterrechtliche Gesellschaften den unschätzbaren Wert hatte und hat, unsere alternative Vorstellungskraft und unser patriarchalisch zurechtgestutztes Wissen zu erweitern, Utopien zu beflügeln und durchzuspielen«. Denn:

> Wenn matristische Gesellschaften existiert haben bzw. existieren, dann erhält allein die Denkmöglichkeit einer solchen gesellschaftlichen Organisationsform eine gedankliche Sprengkraft, die unser vorhandenes (und dominantes) patriarchalisches System in seiner Selbstverständlichkeit, seiner Arroganz und seiner scheinbaren Unüberwindlichkeit und Unausweichlichkeit nicht nur theoretisch in Frage stellt. (Schmerl/Ritter 1981, 96; 83)

Die Wiederbelebung der Matriarchatsthese war die Initialzündung für eine neue Selbstbestimmung der Frauen. Sie machte Mut zur Patriarchatskritik und bot die Legitimation für den Aufstand gegen die Männerwelt. »Matriarchat« wurde zum Kampfbegriff und zugleich zur Utopie, lieferte den roten Faden, wogegen und wofür zu kämpfen sei. Die MatriarchatsforscherInnen hatten die Welt jenseits des Patriarchats vorausgedacht und ihr Konturen gegeben. So verschieden ihre im ersten Jahrzehnt der Frauenbewegung entstandenen Entwürfe auch waren, in den wesentlichen Punkten stimmten sie überein: Die Befreiung der Frau war eine Aufgabe weltpolitischen Ausmaßes – eine Betrachtungsweise, die durch die internationale Ausweitung der (ursprünglich in den USA entstandenen) Neuen Frauenbewegung sowie durch das von den Vereinten Nationen 1975 ausgerufene »Jahr der Frau« Bestätigung fand. Alle Frauen, die nach dem postulierten Untergang des Matriarchats in der Vergangenheit lebten, wurden mit den Frauen aller Länder und Kulturen der Gegenwart zu einer Gruppe zusammengefaßt. Denn alle waren aufgrund ihres Geschlechts von Männern beherrschte Opfer des Patriarchats. In diesem Punkt war man sich auch mit den Feministinnen einig, die wie Simone de Beauvoir der Meinung waren, daß diese Welt schon immer den Männern gehört habe.

Weitgehende Einigkeit herrschte auch über die Frage der Machtausübung. Es wurde großer Wert darauf gelegt, daß Matriarchat gerade nicht die Umkehrung von Patriarchat bedeute und Frauen (als die besseren Menschen?) den Spieß nicht umdrehen dürften, um nun ihrerseits ihre ehemaligen Peiniger auszubeuten und zu unterdrücken. Gesellschaftliche und politische Strukturen mußten idealerweise herrschaftsfrei, egalitär und basisdemokratisch sein. Auch das Verhältnis zur Natur, mit der man im Einklang leben würde, wäre frei von Herrschaft und Ausbeutung – intakt eben. Denn in allen Entwürfen des post-patriarchalen Paradieses hat die Industriegesellschaft abgedankt – zugunsten einer autarken Agrargesellschaft, die sanfte Landwirtschaft im Kollektiv betreibt: Das Land ist Allgemeinbesitz, oder es gehört den Frauen. Sie herrschen zwar nicht, dominieren und prägen aber Lebensverhältnisse und Religion. Die Zwangs- und Unterdrückungsinstitution der patriarchalen Kleinfamilie gibt es nicht mehr. Es existieren andere Formen des Zusammenlebens – z.B. in Gruppen von Frauen und Kindern. Die sexuelle Befreiung hat stattgefunden. Kein Zwang zu heterosexuellen Beziehungen! Und über allem ruht der ewige Friede ...

Einmal abgesehen vom Schwelgen in ökofeministischen Frauenparadiesen waren die kulturgeschichtlichen Matriarchatsforschungen »vielleicht [...] niemals später wieder so wichtig wie Anfang der siebziger Jahre; denn es ging um das Selbstbewußtsein der jungen Frauenkultur. Die neu entstehende Identität mußte ja in einer offen feindseligen und spottenden Umwelt entwickelt werden und bestehen.« (Rentmeister 1988, 444) Als Rückhalt und Stütze war das Matriarchat enorm wichtig, denn es stellte das »utopische Bildmaterial« für die Identitätsentwicklung, »Bilder, Mythen starker und mächtiger Frauen und Mütter«, sowie »Identifikationsfiguren und Ideale« zur Verfügung (Distler 1989, 11). Auf den Frauenfesten wurde die neue Identität gestärkt, gepflegt und weitergegeben. Das Frauenfest »erfüllte die Identitätsbestätigung durch Tanz, Musik, Essen, Lust, in wilder Mischung mit politischen und kulturellen Darbietungen und gelang manchmal zum Gesamtkunstwerk« (Rentmeister 1988, 444).

Im Umfeld persönlicher Identitätsfindung, politischer Utopien, des Kampfes gegen das Patriarchat und des sachte beginnenden Aufbaus ›weiblicher‹ Kultur schlug die Matriarchatsdebatte ihre höchsten Wellen: »Auf den Frauenfesten wurde zum Matriarchatsblues getanzt; die Doppelaxt der Amazonen, oft als Reiseandenken aus Kreta mitgebracht, trugen vor allem lesbische Frauen demonstrativ um den Hals. Matriarchatsideen gaben Stärke. Die Frauen holten sich ihre Gestalten und Symbole zurück.« (Rentmeister 1988, 449) Sie hatten das Matriarchat den patriarchalen Gelehrten entrissen, als Kampfbegriff und Utopie für sich okkupiert und in ihren Alltag und in ihr Denken integriert. Seither wagen nur noch wenige Männer, sich dazu zu äußern.

»Verwegen interdisziplinär und so genial dilettantisch«

Das neu erwachte Interesse am Matriarchat setzte eine große Nachfrage nach Forschungsergebnissen der Kultur- und Geschichtswissenschaften zum Thema in Gang. Wißbegier und Neugierde richteten sich dabei zunächst weniger auf zeitgenössische ›fremde‹ Kulturen im Forschungsfeld der Ethnologie als vielmehr auf die Kulturen der ›eigenen Vergangenheit‹, die durch Archäologie und Geschichtswissenschaft erkundet werden. Was immer die Gründe für die anfängliche Konzentration auf die Geschichte des eigenen Kulturkreises gewesen sein mögen, »Penthesilea und Sappho, Isis und die Venus von Willendorf, die Sabinerinnen und die Sphinx: die historisch ferneren Gestalten rückten jedenfalls rascher nahe als die lebendigen, aber geographisch ferneren ZeitgenossInnen« (Rentmeister 1988, 449).

Auf der Suche nach mutterrechtlichem Material zeigte sich sehr schnell, daß der offizielle Wissenschaftsbetrieb wenig Brauchbares zu bieten hatte. Da es keine neuen Synthesen über das Matriarchat gab, griff man zu den Klassikern und las beispielsweise Bachofen und Engels. Allerdings war die Lektüre nicht hundertprozentig zufriedenstellend, denn »das Bild beerensammelnder, ebenso urkommunistischer wie urferner Matriarchinnen« – so Rentmeisters Eindruck von den Schilderungen Engels' (1988, 446) – bot wenig Identifikationsmöglichkeiten für die in Aufruhr befindlichen Frauen. Das vom Berliner Frauenzentrum ausgegrabene und 1974 als »1. Frauenraubdruck« herausgegebene Buch Mathilde Vaertings von 1921 über den Frauen- und den Männerstaat ließ die Herausgeberinnen im Vorwort dagegen begeistert schreiben:

> Das Buch [...] brachte uns umwerfende historische Erkenntnisse: *es gab absolute Frauenherrschaft* – und nur das ist Matriarchat – in *Natur-* und hochentwickelten *Kultur*völkern! So denken wir, daß dies ein unentbehrlicher Beitrag ist für das Selbstverständnis der Frauenbewegung. [...] Wir wollen damit keine endgültigen Antworten anbieten, aber [...] Biologie ist nicht Schicksal. [...] Nur die Macht kann die Frauen freimachen! (Zit. n. Rentmeister 1988, 446)

Im Jahr darauf folgte mit Bertha Eckstein-Dieners alias Sir Galahads *Mütter und Amazonen* von 1932 ein weiterer Raubdruck. Wenn man bedenkt, daß die Neue Frauenbewegung im Umfeld der Neuen Linken entstand, ist es mehr als erstaunlich, daß sie sich ausgerechnet auf Autorinnen berief, die, mit den Worten Kliewers, als »Vormütter des Mutterkultes« (1992, 109) im Nationalsozialismus bezeichnet werden können.

Mit den Arbeiten der Matriarchatsklassiker und »Vormütter des Mutterkultes« war der Informationsbedarf und Wissensdurst jedoch noch nicht gestillt. Vor allem wollte man ideologiekritische, d.h. von patriarchalem Gedankengut befreite Informationen. Da sie nicht zu haben waren, nahm man die Forschung selbst in die Hand und stürzte sich auf die Wissenschaften, die das Matriarchat thematisch berühren. Mit anderen Worten: Auf der Suche nach Stoff für Utopien wurde das weite Feld zwischen Kulturgeschichte, Ethnologie und Biologie abgegrast; was brauchbar erschien, wurde als stimulierende Idee aufgesammelt. Um »sich nicht in raum- und zeitlosen Spekulationen über ›das‹ Matriarchat zu verlieren«, waren manche zwar bemüht, Fakten von Fiktionen, gesicherte Tatsachen von Interpretationen, Wunschvorstellungen von Idealisierungen zu trennen (Schmerl/Ritter 1981, 83; 85), doch im Strudel der Matriarchatseuphorie scheint das wissenschaftliche Korsett zur Erlangung größerer Bewegungsfreiheit in den meisten Fällen dann doch abgelegt worden zu sein. Hinzu kommt, daß sich fast alle Matriarchatsforschenden auf den Fachgebieten, über die sie sich äußerten, als Laien tummelten und insofern kaum beurteilen konnten, wo Tatsachen endeten und Fiktionen begannen:

> Vielleicht war die Kulturgeschichtsforschung durch Frauen(gruppen) nie wieder so verwegen interdisziplinär und so genial dilettantisch – denn es wilderten nun meist Studentinnen der Politologie und Psychologie in kulturwissenschaftlichen Territorien – uneingeschüchtert von Kapazitäten und gerade herrschenden Paradigmen der Fächer. (Rentmeister 1988, 445)

Das Unbelecktsein von Fachwissen sowie der anarchische Umgang mit Methodenapparat und Forschungsleitlinien, die Rentmeister rückblickend in nostalgisches Schwärmen versetzen, erscheinen FachvertreterInnen angesichts der Ergebnisse solch unorthodoxer Forschung dagegen eher *verwegen* als *genial.*

Das Paradies ist doch von dieser Welt

Die beiden Raubdrucke des Berliner Frauenzentrums stehen am Beginn eines Matriarchatsbücher-Booms, der jetzt auch in ganz Westdeutschland einsetzte. Zu den Neuauflagen älterer Arbeiten gesellte sich schnell eine wachsende Zahl von Neuerscheinungen, die im weitesten Sinne ums Matriarchat kreisten. Inzwischen ist eine schier unübersehbare Flut von Literatur auf dem Markt, die mit dem Matriarchat als Argumentations- und Legitimationsstütze für emanzipatorische oder spirituelle Bestrebungen operiert. Einige Publikationen aus den 70er Jahren gelten heute als Klassiker.

Zu ihnen zählt das 1975 von dem Sexualforscher Ernest Borneman veröffentlichte Buch *Das Patriarchat. Über Ursprung und Zukunft unseres Gesellschaftssystems.* Auf fast 700 Seiten geht der Autor mit der Geschichte ins Gericht und bricht – ganz deutlich auch in der Widmung des Buches – eine Lanze für die Frauen: »*Das Patriarchat* ist den Frauen gewidmet. Es soll der Frauenbewegung dienen, wie *Das Kapital* der Arbeiterbewegung gedient hat: als Analyse der Vergangenheit, als Schlüssel zur Zukunft, als Waffe im täglichen Kampf der Gegenwart.« Die Frauenbewegung nahm das ihr gewidmete Werk zwar zur Kenntnis, lehnte es aber ab, »Borneman als ihren Marx zu feiern. Er ist darob beleidigt – nun ja!« Der »Haltung [des Autors, d. Verf.], als Mann die Frauen zu bevormunden«, überdrüssig, demonstrierten die Frauen geistige Unabhängigkeit und zogen es vor, ihre eigenen Forschungen zu betreiben, anstatt einem Mann zu folgen, der sich durch »patriarchale Sprache und patriarchales Bewußtsein« disqualifizierte (Göttner-Abendroth 1989, 172). Borneman fand dennoch eine große Lesergemeinde – laut Beate Wagner-Hasel vorwiegend dort, »wo Wissenschaft noch immer als männliche Domäne akzeptiert wird«. Wegen seiner »allgemein-emanzipatorischen Absicht« stieß sein Buch auch bei einer »linksorientierten Leserschaft in der SPD« auf Resonanz (Wagner 1982, 83).

Um es gleich vorweg zu sagen – seinem Anspruch, die Entstehung des Patriarchats auf dem Boden ursprünglich matristischer Kulturen historisch zu rekonstruieren und zu erklären, wird Borneman nicht gerecht. Das Kapitel über die behauptete Epoche des Matriarchats gehört methodisch selbst in die »›Steinzeit‹ der ethnologischen und archäologischen Forschung« (Wagner 1982, 83; ausführlich siehe Ottomeyer 1976) und kann deshalb nicht als historische Rekonstruktion gewertet werden. Schon eher ist Bornemans Buch ein Versuch, das Patriarchat als »Pauschalerklärung für alle Formen zwischenmenschlicher Leidenserfahrung« (Ottomeyer 1976, 466) heranzuziehen sowie eine sozialistisch ausgerichtete Utopie von der Wiederkunft des Goldenen

Zeitalters zu liefern. Für den Autor liegt das Heil in der Zerschlagung des Patriarchats und damit zwangsläufig auch in der Abschaffung der Klassen- und Geschlechtsunterschiede. Allein der »Verzicht auf die Geschlechtlichkeit überhaupt« – also biologische Gleichheit – führe zu Gleichberechtigung, denn: »Wenn die Frau versucht, sich im Patriarchat Gleichberechtigung zu verschaffen, macht sie sich [...] zum Handlanger eines Ausbeutungssystems, das den Gemeinnenner von Sklaverei, Feudalherrschaft und Kapitalismus darstellt: den Gemeinnenner der Klassenherrschaft.« Die politische Befreiung der Frau gelingt nur durch ihre biologische Befreiung von »Menstruation, Schwangerschaft, Verwundbarkeit der Mammae. Ehe wir nicht alle drei beseitigt haben, kann es keine Gleichheit der Geschlechter geben« (Borneman 1975, 527; 20; 543; 531). Die Geschlechtlichkeit der Männer läßt Borneman freilich unangetastet. Während die Frau sich der Mutterschaft entledigen und Schwangerschaft der Technik überlassen soll, sind Maßnahmen zur geschlechtlichen Neutralisierung des Mannes – etwa Kastration oder die »Entwicklung maschineller Samenproduktion« (Wagner 1982, 85) – nicht vorgesehen.

Im übrigen hat die Abschaffung der weiblichen Geschlechtlichkeit für die neue Gesellschaft einen angenehmen Nebeneffekt: »Sobald die Frau ihre Kraft nicht mehr als Gebärmaschine zu verschleißen braucht, wird sie zum erstenmal in der menschlichen Geschichte all ihr Hegen, Nähren und Sorgen der ganzen Umwelt widmen können.« (Borneman 1975, 534) Nach dem Ende der biologischen nun also die Rückkehr zur geistigen Mutterschaft? Das mutet nicht nur paradox, sondern auch sehr vertraut an: Die Frauen sind hier einmal mehr das ›moralische‹ Geschlecht, dem es obliegt, die Menschheit in eine humanere Zukunft zu führen. Borneman rezipierte für diese hochtechnisierte Zukunftsvision das Matriarchat auf ganz neue Weise. Seine Idee, die als Fortschrittskritik begann, gerät »zum Hohelied auf einen ungebrochenen technischen Fortschrittsglauben, den die Wirklichkeit des Fortschritts längst zerstört hat« (Wagner-Hasel 1992, 322).

Mit dieser Sicht stand Borneman allein auf weiter Flur. Die anderen Matriarchatsentwürfe der 70er Jahre sind durchweg fortschritts- und modernitätskritisch. Bornemans Versuch, die Unterdrückung der Frau auf die biologischen Unterschiede der Geschlechter, speziell auf Gebärfähigkeit und Mutterschaft zurückzuführen, entsprach jedoch einem gängigen Erklärungsmuster. Manche Feministinnen – z.B. Simone de Beauvoir und Marielouise Janssen-Jurreit – hielten die Behinderung und Einschränkung durch Schwangerschaft und Kinderaufzucht sogar für so einschneidend, daß sie eine nennenswerte Teilhabe an Macht oder gar eine gesellschaftliche Dominanz von Frauen prinzipiell bezweifelten. Ihrer Meinung nach sollten die Geschlechter und ihre gesellschaftlichen Rollen einander sozial angeglichen werden, da sie als Produkt von Erziehung und von Einflüssen aus dem sozialen Umfeld zu betrachten seien. Mit der Devise »Biologie ist nicht Schicksal!« plädierten sie dafür, die biologischen Geschlechtsunterschiede durch soziale Androgynie auszugleichen: Frauen und Männer sollten die Rollen beider Geschlechter leben können. Die vermeintliche Ursache des Patriarchats, so meinten die Feministinnen, wäre auf diese Weise zu beseitigen.

Wieder einmal sind die Frauen gefordert, die Utopie von der nicht-patriarchalen Gesellschaft zu realisieren. Männer bleiben an der Wiederherstellung des Goldenen Zeitalters völlig unbeteiligt. In der Regel haben sie in den Entwürfen der vergangenen oder zukünftigen matriarchalen Gesellschaft keinen Platz. Weshalb?

Der Mann – das ist die negative Gegenseite, das Angstbild feministischer Utopien. Männer sind ›Feinde‹, die nach ihrer Überwindung aus der ›neuen Welt‹ meist ausgeschlossen bleiben. »Wie sehr Autorinnen und Leserinnen am Patriarchat gelitten haben mögen, läßt sich daran leicht erkennen.« (Schwendter 1994, 22) Wenn Männer Erwähnung finden, dann nur beiläufig oder in kurzen Statements wie diesem, in dem die Welt kopfsteht, weil einst im Matriarchat »einfach alles umgekehrt« war:

> Die Männer waren kleiner als die Frauen und neigten zu Fettansatz. Sie machten die Hausarbeit und versorgten vom ersten Tag nach der Geburt die Kinder. Sie waren koketter und ängstlicher und wurden von den Bräuten aggressiv umworben. Sie hatten keusch in die Ehe zu gehen und strikte Treue zu geloben. (Schwarzer 1975, 186)

Richard Fester meint dazu lapidar: »Unter extremer Gynaikokratie kann es dazu kommen, daß der Mann ein regelrechtes ›Hausmütterchen‹ wird.« (Fester u.a. 1980, 13) Männliche Identität jenseits des Patriarchats erschöpft sich also in der Umkehrung vertrauter Klischees und ist folglich überwiegend als Polemik zu verstehen (vgl. Holland-Cunz 1986, 9).

Im Gegensatz dazu wurde der Konzeption von post-patriarchaler Weiblichkeit wesentlich mehr Aufmerksamkeit zuteil. Insbesondere in der zweiten Hälfte der 70er Jahre begannen einige Frauen, mit großem Eifer am Aufbau einer neuen weiblichen Identität zu arbeiten. Neue Weiblichkeit und Neue Mütterlichkeit erscheinen rückblickend als Vorboten einer späteren Entwicklung, die als religiös anmutender »neuer Kult der Weiblichkeit« (Distler 1989, 34) bezeichnet werden kann. Bis in die späten 70er Jahre hinein war die Matriarchatsrezeption noch »säkular, weltlich, kaum je sektiererhaft oder eskapistisch« (Rentmeister 1988, 449). Die Ziele der frauenbewegten oder politisch links stehenden Kreise, in denen über Matriarchatsbücher debattiert wurde, waren es auch. Unter anderem ging es um die Abschaffung des Patriarchats – und zwar ganz konkret im Hier und Jetzt. Die aus Vergangenheit und Gegenwart herangezogenen Beispiele sogenannter Matriarchate ließen andere, nicht-patriarchale Lebensformen denk- und machbar erscheinen.

Auf der Suche nach historischen Beispielen nahm die von Laien getragene Matriarchatsforschung nun zum erstenmal in der Rezeptionsgeschichte der Matriarchatsidee verstärkt auf archäologische Quellen aus der Urgeschichte Bezug. Die in diesem Sinne interpretierten Arbeiten von Marija Gimbutas, James Mellaart und der Laienforscherin Marie König gaben dem utopischen Denken zusätzlich Auftrieb. Das unter der Leitung von James

Mellaart ausgegrabene Çatal Hüyük avancierte gar zum »Prototyp« einer ›matriarchalen Stadt der Jungsteinzeit‹, die selbst zur Sympathieträgerin wurde, weil sie »egalitär, matrifokal, dezentral, ökologisch gut angepaßt und erstaunlich friedlich« gewesen sein soll. Für MatriarchatsanhängerInnen taten sich in archäologischen Funden ganze »weibliche Universen« auf: »fast keine Männerdarstellungen, keine Phallussymbole – dafür Frauen in Fülle, thronend, als Herrinnen der Tiere und Pflanzen. Und ihre Symbole: Brust, Biene, Schoßdreieck, Ei, Haus, Baum, Berg, Nabelstein« (Rentmeister 1988, 447). Der Rückgriff auf die Archäologie trug dazu bei, die sogenannten matriarchalen Gesellschaften zu diesseitigen Paradiesen hochzujubeln, die davon kündeten, daß der Traum von einer besseren Welt nicht ins Jenseits ausgelagert werden mußte.

Weibliche Spiritualität als Krisenmanagement

Angesichts der realen Verhältnisse in der Bundesrepublik Ende der 70er Jahre rückte die Verwirklichung des Traums von einer besseren Welt, die schon zum Greifen nahe gewesen schien, allerdings wieder in die Ferne. Die Reformära ging zu Ende, und mit ihr verflüchtigte sich auch die Aufbruchstimmung der vergangenen Jahre. Zurück blieb eine Gesellschaft, die mit sich selbst in Hader lag, in der alte Gewißheiten zerbrochen und neue noch nicht in Sicht waren. Seit der Ölkrise von 1973 dümpelte auch die Wirtschaft vor sich hin, die nachfolgende Flaute spitzte sich zu einer großen Rezession zu. Der dadurch ohnehin in Zweifel gezogene Wachstums- und Fortschrittsglaube zerbrach vollends mit der steigenden Sensibilität für die ökologischen Kosten des Wohlstands. Viele empfanden den Aufbau der Industriegesellschaft als Krieg gegen die Natur und befürchteten, daß diese nach langem Stillhalten zurückschlagen könnte. Zur Angst vor der ökologischen gesellte sich die vor der atomaren Katastrophe, neu geschürt durch die Debatte über die Nachrüstung.

Die Reaktionen auf die allgemeine Krisenstimmung, die in den 80er Jahren in einen tiefsitzenden Kulturpessimismus und in Endzeitstimmung überging, waren unterschiedlich. Manche zogen sich ins Privatleben zurück. Andere politisierten sich und schlossen sich einer der großen Bürgerbewegungen (Ökologie-, Antiatomkraft- und Friedensbewegung) an. Wieder andere versuchten, die Reformschraube zurückzudrehen und an alte Zeiten anzuknüpfen. Das scheint die Mehrheit gewesen zu sein, denn 1982 gewann die für die (neokonservative) »Wende« angetretene CDU/CSU zusammen mit der FDP die Bundestagswahlen.

Und die Frauenbewegung? Während die Ökologiebewegung mit den Grünen 1983 ins Parlament einzog, war die Frauenbewegung Ende der 70er Jahre von der öffentlichen Plattform, die sie in der ersten Hälfte des Jahrzehnts besetzt hatte, weitgehend verschwunden. Sie hatte sich aufgefächert und war vorwiegend außerhalb des öffentlichen Rampenlichts aktiv geworden. Viele Frauen engagierten sich in Projekten von und für Frauen, sei es in Frauenhäusern, Therapie- und Gesundheitszentren, Freizeit- und Ferienhäusern, Verlagen und Buchläden, Cafés, Bands, Kabaretts, Theater- oder Filmgruppen. Sie bewirkten auf diese Weise nicht nur eine Popularisierung emanzipatorischer Ziele und Ideen, sondern förderten auch die Institutionalisierung von Einrichtungen – beispielsweise der Frauenhäuser, die heute von den Wohlfahrtsverbänden oder der öffentlichen Hand getragen werden. An den Universitäten bemühten sich Dozentinnen und Studentinnen um den Aufbau von Frauenforschung und Netzwerken zum Informationsaustausch in der männlich dominierten Wissenschaft. In den 80er Jahren betätigten sich Frauen vermehrt auch auf parteipolitischer Ebene – sei es, daß sie sich den Grünen anschlossen, die Frauenpolitik von Anfang an im Blickfeld hatten, sei es, daß sie in den etablierten Parteien für Quotierung, Frauenförderpläne, bessere Listenplätze etc. stritten oder mit unabhängigen Frauenlisten zu Wahlen antraten.

Frauenbewegung und Feminismus haben seit den späten 70er Jahren keine fest umrissene Kontur mehr. Nahezu alles ist möglich. Eine Richtung dominiert jedoch auch heute noch die feministische Matriarchatsrezeption: der Kulturelle, treffender der Spirituelle Feminismus. In der zweiten Hälfte der 70er Jahre aus den USA importiert, wurde er in der Bundesrepublik von all jenen Frauen mit offenen Armen begrüßt, die sich in Selbsterfahrungs- und Therapiegruppen zurückgezogen hatten und sich dort auf ihre Weiblichkeit und Mütterlichkeit besannen – eine Tendenz, die ab ca. 1977 wesentlich zum Aufbau einer ›weiblichen Gegenkultur‹ beitrug. Der Spirituelle Feminismus bettete diese Strömungen in ein System ein, das eine andere Form der Wirklichkeit, »eine neue Weise zu sein, tun und denken, außerhalb der Grenzen männlicher Konstrukte und Bezugsrahmen« (Starrett 1978, 5) versprach.

Ein zentraler Punkt des Spirituellen Feminismus, sein polares Geschlechterbild, erinnert in seiner Grundstruktur stark an die Geschlechtscharaktere des 19. Jahrhunderts. Jedoch wurden die Männern und Frauen zugeschriebenen Eigenschaften, das männliche und weibliche ›Wesen‹, grundlegend anders bewertet und darüber hinaus moralisch zugespitzt. Zwar definierten die Feministinnen die Frau wieder als Naturwesen, doch ihre Nähe zur Natur galt nun ausschließlich als positiv und bedingte eine natürliche Überlegenheit gegenüber dem Mann. Die sogenannten weiblichen Schwächen haben sich in weibliche Stärken verwandelt. Insbesondere Schwangerschaft und Mutterschaft – zu Beginn der Neuen Frauenbewegung noch als Garanten des Patriarchats geschmäht – wurden nun als zentrale Aspekte des Frauseins dargestellt und mystifiziert. Die Geburt wurde zu einer Art spirituellem Grenzerlebnis stilisiert. Nach dieser Weiblichkeitskonzeption war alles, was mit Frauen in Verbindung steht, positiv, gut und erstrebenswert. Das männliche Wesen war dem weiblichen polar entgegengesetzt und verkörperte infolgedessen negative Eigenschaften, Denkstrukturen und Verhaltensweisen.

Statt der von anderer Seite geforderten sozialen Androgynie oder Abschaffung der Geschlechtlichkeit wurde von vielen Anhängerinnen des Spirituellen Feminismus »die exklusive Bindung von Frauen an Frauen als zentrales politisches Moment betrachtet« (Distler 1989, 36), denn: »Lesbisch sein bedroht die männliche Vorherrschaft im Kern. In politisch bewußter und organisierter Form bildet es den Mittelpunkt der Zerstörung unseres sexistischen, rassistischen, kapitalistischen, imperialistischen Systems.« (Brown/Brunch, zit. n. Menschik 1977, 58) Eine andere Vision von der Zerstörung des Patriarchats hatte Mary Daly, die zu den Theoretikerinnen des Spirituellen Feminismus zählt. Ihr schwebte vor, das patriarchale System durch den Entzug der für es existentiell notwendigen »biophile[n] Energie« der Frauen in eine »Energiekrise« (Daly 1981, 388; 128) zu stürzen und so seinen Zusammenbruch herbeizuführen.

Den Sturz des Patriarchats hielten alle Spirituellen Feministinnen für die Voraussetzung künftigen Überlebens. Die Männer hätten den Planeten an den Rand des Untergangs gebracht. Nur Frauen könnten die drohende Katastrophe abwenden: durch die Rückkehr zu einer weiblich bestimmten Kultur und zur Natur, die trotz allem in weiblicher Obhut über Jahrtausende hinweg bewahrt wurde.

Sowohl für die Rettung der Welt als auch für den Alltag waren okkulte und neureligiöse Praktiken von großer Wichtigkeit, »die als Wiederentdeckung der weiblichen Spiritualität – Wiederentdeckung seit der Zeit der Matriarchate einerseits und der Hexenverbrennungen andererseits – gefeiert« wurden (Distler 1989, 37). Weibliche Spiritualität war der Gegenpol zur männlichen Rationalität. Als nekrophil, destruktiv und den Frauen wesensfremd wurde diese vehement abgelehnt. Demgegenüber eröffnete die weibliche Spiritualität einen weiblich-ganzheitlichen Erkenntnisweg, der u.a. in einer spezifisch weiblichen Wissenschaft (nicht zu verwechseln mit der im Umfeld der Universitäten betriebenen feministischen Wissenschaft und Frauen- und Geschlechterforschung!) verfolgt wurde. Anne Kent Rush verband mit weiblicher Wissenschaft folgendes: »Zur Frauenwissenschaft bzw. zum Studium und zur Praxis der Lehren des Mondes gehören unter anderem: Magie, Hexerei, Göttinnenreligionen, alte Astrologie, frühe Agrikultur und Feminismus.« (1978,

301) Ähnlich wie in der patriarchalen Wissenschaft gab es hier unterschiedliche Disziplinen, auf die sich verschiedene Frauen spezialisiert hatten. Luisa Francia konzentrierte sich auf Rituale und Astralreisen (1982), Starhawk bezeichnete sich als Hexe und schrieb über Hexen und Magie (1985), Monica Sjöö und Barbara Mor interessierten sich für die Göttin (1985) ...

Die Vielfalt der Richtungen und die Vielzahl der im Spirituellen Feminismus aktiven und publizistisch tätigen Frauen ist nicht mehr zu überblicken. Klar erkennen kann man jedoch den allen Strömungen gemeinsamen religiös-okkulten Charakter: Der Spirituelle Feminismus war und ist weniger eine *soziale* als vielmehr eine *religiöse* Bewegung (Distler 1989, 37), eine Art Erlösungsreligion. Er wird deshalb häufig mit dem Anfang der 80er Jahre wiederauflebenden religiösen Bewußtsein in Verbindung gebracht, das sich u.a. darin manifestierte, daß Kirchentage, christlicher Fundamentalismus, Sekten, Spiritismus, Esoterik und die aus den USA in die Bundesrepublik überschwappende New-Age-Bewegung regen Zulauf zu verzeichnen hatten. Speziell das New Age bot viele Berührungspunkte – beispielsweise die Suche nach Ganzheitlichkeit, die Rückbesinnung auf die Wahrheiten früherer Kulturen und nicht zuletzt die »neue weibliche Dreifaltigkeit: Feminismus, Spiritualität und Ökologie« (Rentmeister 1988, 451), in welcher auch Fritjof Capra, Vordenker der New-Age-Bewegung, wichtige *Bausteine für ein neues Weltbild* (so der Untertitel seines Buches *Wendezeit*) sah (1988, 469 f.).

Neben neuer Religiosität und New Age dürfte auch der postmoderne Zeitgeist der 80er Jahre mit seiner Skepsis gegenüber der Vernunft an der Stärkung des Spirituellen Feminismus beteiligt gewesen sein. Vielen erleichterte er die »Rückkehr zum mythischen Denken [...] als Gegenpol zur technischen Rationalität« (Wagner-Hasel 1993, 8) – seit Bachofen ein Dauerthema der Matriarchatsrezeption. Auch der »postmoderne Exotismus und die ihm entsprechende Zivilisationsflucht« (Heinrichs 1987a), die sich u.a. in der Hinwendung zu fremden Ländern und fernen Zeiten äußerten, vertragen sich hervorragend mit Matriarchatsidee und Spirituellem Feminismus. Das gleiche gilt für den Versuch, sich durch Rückwendung neu zu orientieren und angesichts der Endzeitstimmung wieder Hoffnung auf eine lebenswerte Zukunft zu entwickeln.

Vor allem Feministinnen des politischen Flügels der Frauenbewegung haben mehrfach darauf hingewiesen, daß sich die im Spirituellen Feminismus so hochgehaltene Neue Mütterlichkeit, in der manche ein Wiederaufkeimen längst totgeglaubter Mutterideologien sehen, ausgezeichnet in die Ziele konservativer Familienpolitik einpaßt. War in den 70er Jahren versucht worden, Frauen die Doppelrolle von Berufstätigkeit und Familienarbeit zu erleichtern, setzte 1982 mit der Regierungsübernahme durch die CDU/CSU und die FDP eine »Tendenzwende« ein, die »von deutlichen Restaurationserscheinungen in der staatlichen Frauen- und Familienpolitik« begleitet wurde. Die Propagierung Neuer Mütterlichkeit sollte Frauen die Familienarbeit wieder schmackhaft machen, denn in den 70er Jahren hatte sich die berufstätige Frau so weit als Idealvorstellung durchgesetzt, daß ›Nur‹-Hausfrauen schon fast in Rechtfertigungszwang gerieten. Nun sollten Frauen ihre Erwerbstätigkeit wieder aufgeben und sich ganz der »Aufzucht und Erziehung einer möglichst zahlreichen Kinderschar [...] widmen« (Frevert, 1986, 283 f.).

Hinter dieser Empfehlung standen arbeits- und bevölkerungspolitische Ziele: Zum einen lag die Geburtenrate seit 1972 unter der Sterberate, so daß man angesichts der steigenden Zahl kinderloser Ehen und Singles den Generationenvertrag gefährdet sah. Manche beunruhigte sogar die Aussicht auf ein mögliches Aussterben der Deutschen. Zum andern waren die Arbeitsplätze knapp geworden, und die verbliebenen wurden vorzugsweise unter Männern aufgeteilt.

Angesichts der steifen Brise, die Frauen auf dem Arbeitsmarkt ins Gesicht wehte, hatte die im Spirituellen Feminismus mystifizierte Mutterschaft – so auch die These Verena Schusters – kompensatorische Wirkung. Je schwieriger es für Mütter werde,

> das ›Natürliche‹ mit dem Erwerbsleben unter einen Alltagshut zu bringen, desto eher scheinen sie bereit zu glauben, ihr Rückzug ge-

> schehe freiwillig. In einer Welt, in der Geldwert das Sozialprestige bestimmt, läuft das aber nicht ohne Konflikte. Als, im Grunde unfreiwillige, ›Nur‹-Hausfrauen müssen sie möglicherweise Bedürfnisse verdrängen und ihre Gratisleistungen am Kochtopf irgendwie aufwerten. Das Bild der großen, familienbeherrschenden Mutter bietet sich an. (1983, 160)

Neue Mütterlichkeit und Matriarchat als Trost für den Rückzug an den Herd? Zur gleichen Zeit, als Verena Schuster davor warnte, mit dem »Mythos vom Matriarchat« antiemanzipatorischer Frauen- und Familienpolitik zuzuarbeiten, hielt Alice Schwarzer den Zenit des Spirituellen Feminismus bereits für überschritten:

> Die schlimmsten Phasen der biologistischen Argumentation – vom Natur-Mythos bis zur neuen Mütterlichkeit – sind überwunden. Frauen werden wieder kämpferischer, viele haben erkannt, daß wir unsere Rechte, die wir uns mühsam erkämpft haben, nicht mit Hilfe der Mondgöttin verteidigen können. Dennoch bleibt die Sorge [...] vor einem Rückfall in den neuen/alten Weiblichkeitswahn gerade in Zeiten der Millionen-Arbeitslosigkeit und lautstarker Propagierung einer ›heilen Familie‹ und der ›weiblichen Rolle‹ leider hochaktuell. (Zit. n. Nave-Herz 1993, 89 f.)

Wie sich in der Folgezeit zeigen sollte, war Schwarzers Sorge berechtigt, ihr Optimismus dagegen verfrüht, denn die »schlimmsten Phasen der biologistischen Argumentation – vom Natur-Mythos bis zur neuen Mütterlichkeit« standen erst noch bevor.

Eine Göttin wird kommen ...

»Ich brauche die Erinnerung an die Göttin. Ob wir Frauen eine Vergangenheit haben, unsere Geschichte und matriarchale Religion wiederentdecken, beeinflußt unser Selbstbewußtsein, unsere Befindlichkeit in dieser Welt hier und heute« – so Gerda Weiler in ihrem Buch *Ich brauche die Göttin* (1990, 160).

Die Göttin, die Eine, die Vielgestaltige ohne Namen, die »dynamisch auf die Phasen des Mondes, der Jahreszeiten und der Lebensstufen der Menschen bezogen« ist (Sorge 1984, 12), befindet sich auf dem Vormarsch. In ihrer Dreigestalt als junges Mädchen, reife Frau und weise Greisin ist sie für immer mehr Frauen, für die »mittlerweile nur noch die Vorstellung bzw. die Rede von der Göttin akzeptabel« ist (Gummel 1994, 4), eine Alternative zu ihrem christlichen Vorgänger. Die christliche Trias von Vater, Sohn und Heiligem Geist bietet für diese Frauen kaum Identifikationsmöglichkeiten: Eine Frau »kann sich als Gott ähnlich (geschaffen nach dem Bilde Gottes) nur sehen, wenn sie ihre eigene geschlechtliche Identität verleugnet und annimmt, daß Gott kein Geschlecht habe.« (Christ 1985, 8)

Am männlichen Geschlecht Gottes haben die christlichen Kirchen jedoch nie den geringsten Zweifel gelassen – die Frauen mußten sich mit der sittsamen Gottesmutter Maria als Identifikationsfigur begnügen. Erst in jüngster Zeit bemühen sich feministische Theologinnen, ›weibliche‹ Aspekte des christlichen Vatergottes sichtbar zu machen. Auf der Suche nach eigener Geschichte, eigener Identität und eigener Religion oder Spiritualität lehnen die postchristlichen »Göttin-Feministinnen« (Scherzberg 1992, 13) solche halben Lösungen jedoch radikal ab. Sie möchten sich auf Frauen, also auch auf eine weibliche Gottheit beziehen, denn sie sind der Ansicht: »Wenn Gott männlich ist, ist der Mann ein Gott.« (Weiler 1990, 14; in Anlehnung an Mary Daly)

Mit der Wiederentdeckung der »Dreifaltigen Göttin des Matriarchats« (Göttner-Abendroth 1984, 5) haben sich Frauen eine eigene, matriarchale Religion geschaffen. In alten religiösen Schriften, Mythen und archäologischen Funden spüren sie die Belege für die angeblich vom Patriarchat totgeschwiegene Existenz der Göttin in der Vergangenheit auf. Ein kultur- und religionsgeschichtliches Potpourri – »alte Mittelmeer-, vorchristlich-europäische, indianische, mittelamerikanische, hinduistische, afrikanische und andere Traditionen« – bildet die Quelle der Göttinnen-Symbolik. Der Umgang mit ihr ist nach eigener Aussage von Göttin-Feministinnen bzw. Matriarchatsforscherinnen sehr freimütig. Die Überlieferungen werden teils »gefiltert«, teils »selektiv und eklektisch« aufgenommen. »Bestimmte Traditionen von Göttinnen, wie z.B. die einer Unterordnung unter Götter, werden ignoriert.« (Christ 1985, 9)

Ansonsten sehr auf weibliche Autonomie bedacht, stützen sich viele Vertreterinnen dieser spirituellen Bewegung auch auf Vorarbeiten von Erich Neumann und Robert von Ranke Graves aus den 40er und 50er Jahren, die in der Bundesrepublik aber erst mit einiger Verspätung zur Kenntnis genommen wurden. Weiler, die die verborgenen Zeichen der Göttin u.a. im Alten Testament aufgedeckt haben will (1984; 1989; 1990), nähert sich ihrem Forschungsziel auf anderen Wegen:

> Wo alle Spuren ausgelöscht, vom patriarchalen Weltbild verdrängt, zugedeckt und verschüttet worden sind, nehme ich mir das Recht zu kreativer Er-Innerung. Denn wir müssen unsere verlorene Vergangenheit wiederherstellen, damit wir unseren Töchtern nicht mehr die verordneten Vätergeschichten weitergeben müssen, sondern eigene weibliche Ursprungsmythen erzählen können. (1990, 163)

Während manche Frauen beim Wiederentdecken der Göttin in der Vergangenheit den lockeren Umgang mit Quellen sowie »kreatives Er-Innern« nicht nur für gerechtfertigt, sondern zum Teil auch für notwendig erachten – frei nach Monique Wittig: »Und wenn es nicht reicht, dann erfinde!« –, wird Heide Göttner-Abendroth nicht müde, die Wissenschaftlichkeit ihrer Matriarchats- und Göttinnenforschung zu betonen (1984, 11 ff.; 1988, 11 f.; 1989, 10 ff.; 1991, 8 ff.). Andere wiederum kommen gänzlich ohne historische Quellen, archäologische Funde, Mythen und Wissenschaft aus. So berichtet Carol Christ, daß das »Symbol der Göttin« auch »spontan in den Träumen, Phantasien und Gedanken vieler Frauen in den USA während der letzten paar Jahre entstanden« sei (1985, 9).

Ob mit oder ohne Rückgriff auf die Vergangenheit, ob mit wissenschaftlichem Anspruch, mit ›kreativer Quellen- und Erinnerungsarbeit‹ oder durch das ›Spüren‹ der Göttin in der eigenen

Person – ihre Anhängerinnen sind überzeugt, daß sie die älteste Religionsform der Menschheit aus dem Dunkel der Geschichte ans Licht gebracht haben: die Verehrung des vergöttlichten Weiblichen im Matriarchat. Göttner-Abendroth bezeichnet die frühesten Religionen der Menschheit »unumwunden« als matriarchal: »Ich setze damit die Existenz von Matriarchaten voraus, und ich kritisiere die verkürzende Perspektive der Geschichte, welche diese Gesellschaftsform aus ihrem Bewußtsein verdrängt hat.« (1984, 11)

Die Matriarchatsforscherinnen glauben, die von ihnen postulierte Religionsform bis ins Detail mit all ihren Glaubensinhalten, Riten und dem gesamten Weltbild wiederentdecken zu können. Im deutschsprachigen Raum hat sich vor allem Göttner-Abendroth bemüht, »die einzelnen matriarchalen Religionen mit der Integrität, die wir ihnen schulden, wiederherzustellen und sie zugleich in ihren unendlichen Verflechtungen untereinander und mit der Gesellschaftsform, in der sie lebendig waren, zu zeigen« (1984, 10). In ihren Veröffentlichungen entwirft sie ein farbenprächtiges Bild matriarchaler Wiedergeburtsreligionen mit zyklischer Zeitvorstellung samt dazugehörigem Gesellschafts- und Weltbild. Nicht zuletzt durch ihre Bücher wurde die auf der »am höchsten entwickelten Stufe« des Matriarchats auftretende Dreifaltige Göttin (1984, 5) auch hierzulande populär und kann sich kultischer Verehrung erfreuen. In den USA, wo der Spirituelle Feminismus wesentlich früher einsetzte, entstand bereits vor längerer Zeit eine »Erweckungsbewegung der Göttin«, deren Strukturen eine abtrünnige Jüngerin mit denen des fundamentalistischen evangelikalen Christentums vergleicht (McCrickard 1992, 117). In Los Angeles hatten sich bereits in den 70ern Anhängerinnen der Muttergöttin formal als Kirche mit Tempel, Priesterinnen und Ritualen organisiert (Binford 1979, 64). Entsprechendes ist uns hierzulande zwar noch nicht begegnet, doch ist Wagner-Hasel mit folgender Einschätzung sicher recht zu geben: »Die Matriarchatsidee, Mitte der 70er Jahre von den Frauen noch als Versprechen auf Teilhabe zur Macht rezipiert, ist längst Religion, ist religiöse Lebenspraxis geworden.« (1993, 8)

Kehren wir zu den eingangs zitierten Worten Weilers zurück und fragen: Warum brauchen Frauen die Göttin? Was macht die Attraktivität dieser ›Frauenreligion‹ aus, welche psychologische Wirkung hat das Symbol der Göttin auf Frauen? Mit einem verstärkten Bedürfnis nach Spiritualität allein ist die religiöse Matriarchatsrezeption jedenfalls nicht zu erklären.
Für Weiler beeinflußt die matriarchale Religion »Selbstbewußtsein« und »Befindlichkeit« von Frauen »hier und heute« (Weiler 1990, 160). Während Gläubige in der Regel nicht analysieren, welchen Einfluß ihre Religion auf ihre Psyche hat, wird dieser Aspekt in der Literatur über die Göttin sehr ausführlich behandelt. Als programmatisch und richtungweisend erwies sich hierbei ein Artikel Carol Christs mit dem Titel »Warum Frauen die Göttin brauchen«, der Ende der 70er Jahre in den USA erschien und 1985 auch ins Deutsche übersetzt wurde. Ihren Überlegungen schickt sie eine Definition von Religion voraus, die diese ausschließlich funktionalistisch, d.h. in ihrer Funktion und Wirkung innerhalb einer Gesellschaft beschreibt. Knapp resümiert, ist Religion danach ein System aus Symbolen, die eine bestimmte moralische Gesinnung hervorrufen, welche wiederum die »tiefsten Werte einer Gesellschaft und ihrer Mitglieder« festlegt. Dieses Symbolsystem präge nicht nur das Individuum, indem es seine Haltung sich und anderen gegenüber sowie sein Handeln beeinflusse, sondern wirke auch auf die gesamten sozialen und politischen Verhältnisse ein, denn es schaffe »die inneren Bedingungen, die Menschen dazu bringen, soziale oder politische Gefüge zu akzeptieren und sich darin wohl zu fühlen«. Da sich die Wirkung von Symbolen unbemerkt im verborgenen und ohne rationale Zustimmung entfalte, sei sie kaum zu spüren und deshalb um so größer: »Der Grund für die dauernde Wirkung der religiösen Symbole liegt darin, daß der Mensch Leerstellen in seiner Seele vermeidet. Symbolsysteme können nicht einfach abgelegt werden, sie müssen ersetzt werden.« (Christ 1985, 6 ff.)
Und genau um das Ersetzen des patriarchalen Symbolsystems durch eines, das dem Wesen und den Wünschen von Frauen entspricht, geht es den Vordenkerinnen des Göttin-Feminismus.

»Weil Religion eine solch starke Macht über das Unbewußte von so vielen Menschen hat, können Feministinnen es sich nicht länger leisten, sie in den Händen der Väter zu belassen«, schreibt Christ (1985, 7). Weiler sakralisiert den altbekannten Slogan der Neuen Frauenbewegung »Das Private ist politisch« und sagt provokant: »Das Mythologische ist politisch.« (1990, 93)

Was macht die erhoffte politische Sprengkraft der matriarchalen Religion aus? Was hat die Göttin, die Personifikation göttlicher Weiblichkeit, Frauen konkret zu bieten? Wenn sie ihre »Identität vom Symbol der Göttin her definieren« (Christ 1985, 10 f.), dann hätten alle Frauen »als Ebenbild der Göttin« (Sorge 1984, 10) eine utopische Leitlinie zur Entwicklung ihrer weiblichen Identität. Sie könnten zum Befreiungsschlag von patriarchalen Weiblichkeitsbildern und zum Aufbau einer selbstbestimmten Weiblichkeit ansetzen. Insofern unterstützt und legitimiert die Göttin Anliegen der Frauenbewegung, denn sie ist ein Symbol für die »Bejahung weiblicher Macht, des weiblichen Körpers, des weiblichen Willens und der Verbundenheit zwischen Frauen und des Erbes von Frauen« (Christ 1985, 9).

Das Symbolsystem der Göttin soll das patriarchale System ersetzen, das weibliche Macht nicht nur als minderwertig und gefährlich abwerte, sondern auch ein Klima erzeuge, das »Frauen in einem Zustand der psychologischen Abhängigkeit von Männern und männlicher Autorität« halte und gleichzeitig »die politische und soziale Autorität der Väter und Söhne in den Institutionen der Gesellschaft« legitimiere (Christ 1985, 9; 8). Demgegenüber stärke die matriarchale Religion das Gefühl, weibliche Macht sowie das Vertrauen auf die eigene und auf die Macht anderer Frauen in Familie und Gesellschaft sei rechtmäßig. Damit fördere die Matriarchatsreligion weibliche Autonomie.

Alte Mythen, vor allem aber die modernen Vorstellungen, die um matriarchale Göttinnen kreisen, nehmen immer wieder auf den weiblichen Körper Bezug: »Menstruation, Schwangerschaft, Geburt und Nähren werden macht- und lustvoll dargestellt und geben Frauen die Chance, sich selbst als Teil dieser weiblichen und mütterlichen, aber auch sexuell freizügigen und wilden

Gottheiten zu erfahren.« (Frohnhaus 1994, 36) Insbesondere Geburt und Menstruation werden im Umfeld der Göttin nicht mehr »wie eine Krankheit behandelt«, sondern »als ein spirituelles Erlebnis« gefeiert (Christ 1985, 13). Die Menstruation wird mit dem Mondzyklus parallelisiert und dient – zusammen mit dem Lauf der Jahreszeiten – zur Begründung des zyklischen Zeitverständnisses mit den Stadien Wachstum, Tod und Wiederkehr, das mit den matriarchalen Religionen untrennbar verbunden ist. Da der weibliche Körper auch Schauplatz des Kampfes gegen die Frauen und der Unterdrückung ihrer ureigenen Kräfte und Fähigkeiten ist, steht seine Rückeroberung als ein Akt der Befreiung an, denn: »Das Blut, das die Erde und alle Wesen hervorgebracht hat, wird verteufelt, statt dessen werden Mythen hervorgebracht, die zeigen, daß auch Männer gebären. Beispielsweise Zeus, der Athene aus seinem Kopf gebiert. Genauer läßt sich eine mythische und geschichtliche Situation nicht beschreiben: Es kommt die Zeit der Kopfgeburten. Den Frauen wird der Kampf angesagt.« (Francia 1987, 14) Der weibliche Körper muß wieder in Besitz genommen und aus dem Korsett männlicher Schönheitsideale und des Jugendlichkeitswahns befreit werden. Als »direkte Inkarnation der Werdens- und Vergehens-, der Lebens- und Todeszyklen im Universum« wird er zur Quelle neuer Erfahrungen (Christ 1985, 13).

Die traditionell für Frauen angenommene »engere Verbindung zum Körper und zur Natur« kommt auch hier zum Tragen – und die Natur profitiert davon: Wurde sie bislang verunglimpft – was zur heutigen ökologischen Krise geführt habe –, darf sie in der matriarchalen Religion Engagement für ihre Erhaltung und umsichtige Pflege erwarten: »So kann die Göttin als Symbol der Neubewertung von Körper und Natur viele der Themenbereiche zusammenfassen, die in den [...] Sozial- und Ökologiebewegungen getrennt angegangen werden.« (Christ 1985, 14)

Während patriarchale Religionen dafür sorgen, daß der Wille der Männer sich behauptet, werden im matriarchalen Symbolsystem Frauen ermutigt, »ihren Willen zu kennen, zu glauben, daß ihr Wille richtig ist und daß ihr Wille in der Welt durchgesetzt werden kann«. Dies erfolgt mit Hilfe »Göttin-orientierter, ritueller Magie und Zauberei«. Energie ist Macht, und in der »rituellen Magie wird die Energie von der Macht des Willens gelenkt«. Diese Macht kann, so Christ, prinzipiell zum Guten wie zum Bösen eingesetzt werden, denn die »Fähigkeit von Frauen zum Bösen ist selbstverständlich genauso groß wie die von Männern«. Doch Frauen haben in der »Göttin-zentrierten Religion« eine andere Einstellung zum Gebrauch ihres Willens, der sich per se bereits vom männlichen Willen unterscheidet: Er kann nur dann verwirklicht werden, »wenn er in Harmonie mit den Energien und den Willen anderer Wesen ausgeübt wird«.

Im übrigen sind auch die Aussichten auf die Durchsetzung bestimmter Wünsche nicht zu allen Zeiten günstig. Wer sich z.B. verlieben möchte, braucht sich im Winter nicht allzu viele Chancen auszurechnen – der Aufbruch zu neuen Ufern ist im Frühling weit eher von Erfolg gekrönt. »Die Göttin ist ein Zentrum oder Brennpunkt von Macht und Energie. Sie ist die Personifikation der Energie, die zwischen Wesen in der Natur und den menschlichen Welten fließt.« Und da die Göttin jedem Menschen immanent ist, hat zumindest jede Frau Zugang zu diesem Energiestrom. Männer müssen sich mit der Unkenntnis ihrer Lage wohl abfinden: Die Frage, ob sie ihren Willen im Sinne der Göttin durchsetzen können, wird von Christ nicht behandelt (1985, 12 ff.).

Kommen wir zum letzten Punkt, den Christ zur Begründung für das Bedürfnis von Frauen nach der Göttin aufführt: zur »Bejahung [...] der Verbundenheit zwischen Frauen und des Erbes von Frauen«. Mit ersterer meint sie verschiedenartige (Liebes-)Beziehungen zwischen Frauen, darunter die vielleicht wichtigste, die Mutter-Tochter-Bindung, da sie »der Schlüssel zu den anderen« sein könne. Im Patriarchat genießen die Vater-Sohn- und die Mutter-Sohn-Beziehung höchste Wertschätzung, und die Mütter erziehen ihre Töchter zur Unterordnung unter die Männer. Das matriarchale Symbolsystem weist diese patriarchalen Modelle zurück, »in denen die primären Loyalitäten der Mutter und Tochter Männern gelten müssen« (1985, 9; 18 f.). Statt dessen feiert es die Mutter-Tochter-Bindung, über die auch das weibliche Erbe weitergegeben wird.

In der Tat – das »Symbol der Göttin hat Frauen viel anzubieten«, meint Christ am Schluß ihres Artikels. »Da, wo Frauen kämpfen, um eine neue Kultur zu schaffen, in der die Macht von Frauen, ihre Körper, ihr Wille und ihre Bindungen gefeiert werden, scheint es natürlich, daß die Göttin als Symbol der neu gefundenen Schönheit, Kraft und Macht von Frauen wieder entsteht.« (1985, 19)

Doch damit nicht genug – die Göttin hat noch weitaus mehr zu bieten: Laut Weiler ist sie

> Metapher für ein Weltbild, in dessen Zentrum der Wiedergeburtsgedanke und der Glaube an die Kraft des weiblichen Blutes steht, Metapher für die Vollmacht des Weiblichen, den Tod zu überwinden. In überschäumender Lebenslust entläßt die Göttin ›alles‹ aus sich heraus. Sie gebiert die Sonne, den Mond und die Sterne. Der Tod ist weder böse noch das Nichts, er ist der andere Pol des Daseins, Durchgangsstufe zu neuem Leben. (1990, 160)

Die Göttin rettet nicht nur vor dem persönlichen Tod, sie bewahrt die Welt auch vor der drohenden globalen Katastrophe, dem Kollaps, den alle Göttin- und Matriarchatsanhängerinnen über kurz oder lang kommen sehen. Angesichts dieser Endzeitstimmung meint Marie-Theres Wacker: »Nicht zufällig wohl fällt dieses neuerwachte Interesse an der Großen Göttin in die Zeit des Orwellschen Jahrs des Schreckens nineteeneightyfour« (1987, 13) und – könnte man ergänzen – auch in die Zeit der Antiatomkraft- und Friedensbewegung. So gibt Weiler die Parole aus: »Alle Macht den Frauen! ist die einzige Alternative zur Endlösung durch den Atomkrieg.« (1985, 40) (Ob ihr die Endzeitstimmung so im Nacken saß, daß sie sich deshalb mit der Verwendung des Begriffs »Endlösung« vollkommen in der Wortwahl vergriff?) Schuld an der »gegenwärtigen Menschheitskrise« (Weiler 1986, 25) haben jedenfalls ausnahmslos die Männer. »Die Menschheit bedarf der Re-Integration des Männlichen ins matriarchale Umgreifende, um wieder heil zu werden. Sie muß die einseitigen aggressiven Machtbestrebungen der ewigen Ordnung matriarchaler Weisheit anheimgeben, jener Weisheit, die am Urgrund der Dinge war.« (Weiler 1984, 394)

Ähnlich wie Weiler sieht Elga Sorge die »vom Eros getragene Kultur«, die unter der Einwirkung der Göttin entsteht, als »einzige Alternative zur patriarchalen Konkurrenz-, Unterdrückungs- Ausbeutungs-, Verletzungs-, Zerstörungs- und Unterwerfungskultur, wo der ›Sieg‹ des Stärkeren immer die ›Niederlage‹ des Schwächeren zur Voraussetzung hat«. Ihre Vision von der Lebensform der Zukunft ist

> eine Kultur, die keine Gesetze braucht, weil sie keine dualistischen Spaltungen kennt, und auch aggressive und zerstörerische Züge durch die verwandelnde Kraft des Eros ins Ganze integrieren könnte. Es ist eine Kultur, die Jesus m.E. im Sinn hatte und ansatzweise verwirklicht hat: eine, wo alles erlaubt ist, sofern die Menschinnen und Menschen ›in der Liebe bleiben‹ (1984, 11; 13).

Auch Weiler setzt auf die selbstregulierende Kraft matriarchaler Gesellschaften, die sie als »wohlgeordnete soziale Strukturen [...], die ohne jegliche Gesetzgebung und anscheinend ohne Machtausübung funktionieren«, beschreibt (1985, 31). Das Geheimnis scheint darin zu liegen, daß der »matriarchale Mensch« »eingebunden in die Natur« lebte und »sich *bewußt* der Weisheit der matriarchalen Schöpfungskraft überließ« (1984, 28f.). »›Schöpfungskraft‹ meint dabei die Göttin selbst, unter ›Weisheit‹ versteht Weiler das Leben und das Dasein als solches, nicht erst die Frucht irgendwelcher Anstrengungen; Weisheit ist die Ordnung des Kosmos schlechthin, die allem und jedem in dieser Welt seinen festen Platz zuweist, Pflanzen und Tieren ebenso wie Menschen oder Gestirnen. Die Menschen können intuitiv diese Ordnungsweisheit erkennen und danach handeln« – so Marie-Theres Wacker, die sich eingehend mit den Grundpositionen Weilers auseinandergesetzt hat (1987, 17). »Sinn jeden Menschenlebens« (im matriarchalen Ägypten, aber offenbar auch im Matriarchat allgemein) war und ist es laut Weiler, »die Ordnungen der Natur zu respektieren« (1985, 36). Dafür erfährt der Mensch, sofern er nach dieser »matriarchalen Einstellung« (Sorge 1984, 11) lebt, nicht nur Rettung, sondern auch vollkommene Geborgenheit: »Im matriarchalen Weltbild verkörpert das Weibliche die schöpferische, hervorbringende Kraft. Sie umgibt den Menschen von allen Seiten, umschließt ihn wie ein vollkommener Kreis, oben durch den überwölbenden Himmel, unten durch Erde und Unterwelt gebildet.« (Weiler 1985, 33)

Welche Wege führen in diese Zukunft? Auch hier bleiben die Göttin-Feministinnen die Antwort nicht schuldig: »Das befreite Bewußtsein der Frauen ist die Kraft, die den Sprung in eine metapatriarchale Zukunft vorbereiten und erleichtern wird.« (Weiler 1990, 162) Bewußtseinsveränderung ist der Schlüssel zum matriarchalen Göttinnen-Paradies. Sie ermöglicht die rettende Überwindung des nekrophilen patriarchalen Geistes durch das biophile Bewußtsein der Frauen, das »Prinzip des Lebens, das überall in der Welt wirksam ist und im Grunde des eigenen Lebens gefunden werden kann« (Scherzberg 1992, 14). Die Göttin verkörpert dieses Prinzip. »Nur wenn die Göttin wieder ins Licht des Bewußtseins rückt, kann das Patriarchat, diese chronische Krankheit der menschlichen Kultur, überwunden werden.« (Weiler 1990, 161)

Das Symbolsystem der Göttin heilt die Menschheit, indem es den gewünschten Wandel der »tiefsten Werte einer Gesellschaft und ihrer Mitglieder« (Christ 1985, 6) herbeiführt. Die neuen Werte fördern »die weibliche Selbstbejahung, die Affirmation weiblicher Macht und eine friedliche, sozial und ökologisch verträgliche Organisation der Gesellschaft« (Scherzberg 1992, 13). Wenn das Symbolsystem der Göttin das patriarchale vollkommen ersetzt haben wird und damit auch »die inneren Bedingungen, die Menschen dazu bringen, soziale oder politische Gefüge zu akzeptieren und sich darin wohl zu fühlen« (Christ 1985, 7), zu prägen beginnt, dann besteht offenbar die Aussicht, daß Männer sich in dieser neuen Gesellschaftsform ebenfalls wohl fühlen werden. Dies deutet zumindest eine Äußerung Sorges an:

> Männer werden vor allem ihre falschen Überlegenheitsattitüden, frauenfeindliche Haltungen und die Vorliebe für Unterwerfungs-Rituale, mit denen sie sich die Kontrolle und Verfügungsgewalt über Frauen und weibliche Energie sichern wollen, ablegen wie überflüssig gewordene Waffen. Sie werden die Lust eines waffenlosen Lebens entdecken, das von Hingabe und Eros erfüllt ist und von lebendigem Frieden – nicht dem tödlichen patriarchalen, der nur die Abwesenheit von akutem Krieg bedeutet. (1984, 16)

Daß Frauen von den politischen und psychologischen Wirkungen, die »diese starke, neue Beziehung zum Göttlichen in sich selbst« auf sie hat (Christ 1985, 6), nur profitieren, versteht sich von selbst. Und falls ihre eigene Kraft nicht reichen sollte, ihre Wünsche zu verwirklichen, können sie auf die Hilfe und absolute Loyalität der allmächtigen Göttin zählen: »Wir greifen über Jahrhunderte hinweg und fassen die Hände unserer alten Schwestern. Die Große Göttin steht lebendig und heil auf, um den Patriarchen anzukündigen, daß ihre 5000 Jahre um sind – Halleluja! Hier kommen wir!« – frohlockt die Künstlerin Mary Bath Edelson (zit. n. Christ 1985, 10).
Diese Worte, die die Welt erbeben lassen wie ein Schlachtruf im Heiligen Krieg gegen das Patriarchat, mögen bei manchen Angst vor künftiger Frauenmacht unter dem Banner der Großen Göttin aufkommen lassen. Doch sie seien beruhigt, denn »Frauenmacht setzt sich durch im Hinhören auf die innere Ordnung, die von der Natur gesetzt ist – eine Alternative zu Männermacht, die Lösungen durch Krieg und Gewalt anstrebt.« (Weiler 1985, 40) Martialische Konfliktlösungen sind in der weiblich bestimmten Zukunft also nicht zu befürchten, denn »Gewalt hat ein Geschlecht«, »Gewalt ist männlich« – so Weiler (1994; ähnlich 1986, 24), für die der »Umgang des matriarchalen Menschen mit Aggression und Macht« (1985, 35) von zentralem Interesse war. Obwohl es, wie sie selbst sagte, in der Matriarchatsforschung »gerade darum geht, die Festlegungen von ›Männlichkeit‹ und ›Weiblichkeit‹ zu überwinden«, lesen wir in ihren Arbeiten immer von neuem, daß »Aggression eine ›männliche‹ Eigenschaft« sei, die sich »eindimensio-

nal entwickelt« habe, »so daß sie sich zum lebenszerstörenden mörderischen Potential aufblähen konnte« (1986, 24). Die »patriarchale Denknorm« habe »den Krieger zum Mannesideal hochstilisiert, und kein Beruf steht in patriarchalen Gesellschaften in höherem Ansehen als der des Truppenführers« (1985, 38).

Vor diesem Hintergrund erscheint es auf den ersten Blick widersprüchlich, wenn Weiler an anderer Stelle das Bild von der »lieb[en], anpassungsfähig[en] und allzeit kompromißbereit[en]« Frau als patriarchales Klischee bezeichnet. Jedoch gehörten »Aggression und Machtwünsche zur seelischen Grundausstattung jedes Menschen – ob Frau oder Mann – «, ohne die Leben gar nicht bestehen könne (1985, 35). Im Gegensatz zu Männern würden Frauen aber »gezwungen, ihre aggressive Potenz nach innen zu kehren. [...] So pervertiert ihre gesunde Aggressionsfähigkeit, richtet sich gegen sie selbst. Sie werden depressiv« (1986, 24) – und sind, wenn sie denn einmal wütend werden, moralisch aus dem Schneider: Die »Aggressivität von Frauen [ist] grundsätzlich reaktiv. Frauen greifen nur zu Gewalt, wenn sie lange gequält wurden, während Männer völlig unmotiviert brutal werden können.« (1994)

Die Aggressivität von Männern und Frauen unterscheidet sich jedoch nicht nur in ihrer Motivation (»unmotiviert« bzw. »reaktiv«) und in ihrer Kanalisierung nach außen bzw. innen, sondern auch in ihrer Qualität. Die weibliche Aggressivität leitet Weiler von der freundlichen Bedeutungsvariante des lateinischen *aggredior* ab, das sie mit »auf jemanden zugehen, eine Aufgabe angreifen« übersetzt (1986, 24). Diese Form von Aggressivität läßt sie auch für die Menschen im Matriarchat gelten: »Ich sage: Der matriarchale Mensch greift die Lebensaufgaben an – und nicht den Feind.« (1985, 36) Deshalb erschüttert es sie nicht, wenn Elisabeth Burmeister (1985) in Bildern von sogenannten matriarchalen Kulturen Darstellungen von Gewalt findet, die gar nicht zum gängigen Klischee vom ewigen matriarchalen Frieden passen wollen. Weiler hält ihr entgegen: »Ein matriarchales Volk ist aggressiv. Na und? Die differentialdiagnostische Frage lautet doch, *wofür* ein solches Volk seine Aggression einsetzt. [...] In matriarchalen Völkern wird zum Krieg nur aufgerufen, wenn das Volk in Not ist, wenn es angegriffen wird.« Wird hier der matriarchale Verteidigungskampf zum gerechten Krieg stilisiert? Auf welch schmalem Grat sie da munter voranschreitet, ist Weiler offensichtlich nicht einmal bewußt. »Schon Bachofen wußte, daß matriarchale Krieger bessere Krieger waren als patriarchale«, denn für die Selbsterhaltung kämpft man entschlossener als für »Eroberungskriege im Interesse patriarchaler Machtdurchsetzung«. Vor dem Hintergrund dieser Einschätzung von matriarchaler Aggressivität fällt es Weiler nicht schwer, die von Burmeister angeführten Gewaltszenen umzudeuten: Eine Tötung wird zur »Drohgebärde gegenüber potentiellen Feinden«, eine Opferszene zum »Symbol für Tod und Wiedergeburt« (1986, 24 ff.). Weiler ist sicher, den Schlüssel für die richtige Interpretation zu besitzen, da sie für sich in Anspruch nimmt, den »Unterschied zwischen patriarchaler und matriarchaler Psyche« zu kennen. »Und haben wir dieses Unterscheidungskriterium erst einmal deutlich vor Augen, so lassen sich kulturelle Phänomene auch der patriarchalen bzw. matriarchalen Gesellschaftspraxis zuordnen.« (1985, 37) Deshalb ist sie überzeugt, daß sie mit ihren Interpretationen szenischer Darstellungen nicht *deutet*, sondern deren ursprünglichen Bedeutungsgehalt *erkennt*.

Partnerschaft im Zeichen der Göttin

Die Matriarchatsforschung ist im Fluß, die hausgemachte kulturgeschichtliche Forschung ihrer Protagonistinnen trägt Früchte: Die Göttin-Feministinnen haben die Religion bzw. das Symbolsystem der Göttin, das komplette Weltbild und Lebensgefühl matriarchaler Gesellschaften rekonstruiert und wiederentdeckt. Und auch das Problem, was mit der anderen Hälfte der Menschheit anzufangen ist, wurde in Angriff genommen und gemeistert: In der neu erstandenen weiblichen Weltordnung haben nun auch Männer ihren festen, wenn auch nicht sonderlich komfortablen Platz. Für Rentmeister (1988, 450) und Sonja Distler (1989, 165 f.) fällt dieser Aspekt der Matriarchatsrezeption nicht zufällig in die »mütterlich-heterosexuelle zweite Halbzeit« der Frauenbewegung nach 1978 (Rentmeister 1988, 453). Dachte man sich die Welt in der ›ersten Halbzeit‹ gewissermaßen parthenogenetisch, wird nun, nach einer Phase, in der der Mann mit seinem »primäre[n] Invasionsorgan« in radikalen Kreisen als »biologische[r] Aggressor« (Johnston 1977, 134) aus dem feministischen Alltag verbannt worden ist, auf breiterer Ebene die »Suche nach neuen Männern für Liebe und politische Partnerschaft, nach Männern, die bereit sind, im Namen einer neuen Ganzheitlichkeit die patriarchalen Altlasten in ihrem Verhalten zu entsorgen« (Rentmeister 1988, 450), aufgenommen.

Dieser Kurswechsel ist auch in der Matriarchatsliteratur zu spüren. Titel wie *Von der Herrschaft zur Partnerschaft. Weibliches und männliches Prinzip in der Geschichte* (Riane Eisler 1989) oder die Aussage Carola Meier-Seethalers, daß das »eigentliche Thema« ihres Buches *Ursprünge und Befreiungen. Eine dissidente Kulturtheorie* (1988) die »Befreiung zur Partnerschaft« sei (1989, 29), dokumentieren diesen neuen Trend. Gegen Ende der 80er Jahre kommt in den Publikationen unmißverständlich zum Ausdruck, daß der Rückgriff auf die Geschichte zur Entwicklung eines Modells dient, das glücklichere Beziehungen als zuvor in Aussicht stellt. Dies zeigt sich beispielsweise in den Arbeiten Göttner-Abendroths, die für den deutschsprachigen Raum als eine Pionierin der Einbettung des »männlichen Prinzips« ins »weibliche Universum« (Göttner-Abendroth 1984, 6) gelten kann. Ihre Bücher *Die Göttin und ihr Heros* (1980) und *Die tanzende Göttin* (1982) sind Standardwerke zum Thema.

Göttner-Abendroth interessiert sich in ihnen weniger für die Rolle, die ihrer Meinung nach Männer im matriarchalen Alltagsleben der Vergangenheit spielten. Vielmehr geht es ihr um die männlichen und weiblichen Kräfte im Kosmos, in der Gesellschaft und »in der Psyche jedes einzelnen Menschen« damals wie heute (1984, 8). Letztere gilt es in einem »Prozeß komplexer Selbstfindung« (1982, 237) in sich selbst zu ergründen und zu einer »Ganzheit« zusammenzuführen (1984, 8 f.) – ein »Lebensprozeß«, der in die »befreiende Entdeckung des eigenen Selbst« münde (1982, 199). Sie selbst, so sagt sie, sei diesen Weg im Laufe eines Jahres gegangen und zu einem »neuen Bewußtsein« gelangt, das sich auch in ihren Beziehungen zu anderen Menschen spiegele. Deshalb sei die Verbindung des matriarchalen weiblichen und männlichen Prinzips »eine Utopie, eine Leitidee« (1982, 198 f.) für eine »neue Lebens- und Gesellschaftsform, deren utopische Vorwegnahme die Göttin und ihr Heros (wie immer wir sie verstehen wollen) sind« (1984, 9 f.).

Die Göttin und ihr Heros, »wie immer wir sie verstehen wollen« – zwischen den Zeilen läßt Göttner-Abendroth Raum für ein weiter gefaßtes Verständnis der beiden Hauptfiguren der von ihr wiederentdeckten matriarchalen Mythologie. Sowohl in ihren als auch in den Texten anderer Autorinnen (z.B. Sorge 1985; Rush 1978; Weiler 1985) verschwimmen die Grenzen zwischen matriarchaler Vergangenheit und patriarchaler Gegenwart, zwischen mythologischer Symbolebene und heutigem Lebensalltag. So stellt sich beim Lesen der Eindruck ein, daß Göttin und Heros auch als matriarchales Beziehungsmodell der Geschlechter gedacht sind und die »mythischen Vorbilder für Beziehungen zwischen Männern und Frauen in der Gegenwart« (Distler 1989, 160) abgeben sollen. Schließlich gehört es zum erklärten Programm der Göttin-Feministinnen, daß das matriarchale Symbolsystem – oder, mit Göttner-Abendroth, die matriarchale Kunst – als »*befreiendes Spiel der Wirklichkeiten*« den »Charakter der Fiktion durchbricht« und zur »Lebensform« der Gegenwart wird (1982, 250; 87 f.).

Durch »Nachgraben in den untersten Sedimenten unserer Traditionen« hat Göttner-Abendroth die »unverstellten«, d.h. nicht patriarchal verzerrten »Bilder matriarchaler Weiblichkeit und matriarchaler Männlichkeit« ans Tageslicht befördert. »Sie setzen in uns altes Wissen frei über *unsere* Konzeption des Kosmos und der Geschlechter.«

Dieses Wissen beinhaltet u.a. folgende Kenntnisse: »das weibliche Prinzip war das Göttliche, und zwar in all jenen Dimensionen, in denen die Göttin sich selbst präsentiert: die Kraft zur Integration des ganzen Kosmos, die kreative Fähigkeit überhaupt. Das männliche Prinzip war das Heroische: die Kraft zum Selbstopfer, die Fähigkeit zur vollkommenen Integrität.« Auf das matriarchale Beziehungsmodell übertragen, heißt das: Die Frau ist Göttin, der Mann in der Rolle des Heros ist Mensch, denn »männliche Götter gab es nicht« (1984, 8 f.; 17).

Weiler geht hier noch einen Schritt weiter: »Mensch gleich Mann oder Herr sind symbolische Begriffe für das Geschaffene, für die sterbliche Schöpfung, für alles Vergängliche, was der Wiedergeburt durch die große Herrin bedarf. Und in diesem Sinn ist nur der Mann ein Mensch, während jede Frau im Besitz der kosmisch-schöpferischen, hervorbringenden Kräfte ist.« Die gängige Gleichung *Mensch = Mann*, die heute viele Frauen erzürnt, sei deshalb in ihrem Ursprung nicht frauendiskriminierend, da »in der matriarchalen Kultsprache beheimatet« (1985, 33 f.).

Was die Beziehung zwischen Göttin und Heros anbelangt, müßte die Gleichung korrekt eigentlich *Mensch = Sohn* lauten, denn der Mann taucht in der matriarchalen Mythologie ausschließlich in der Rolle des Sohnes auf: »Sie schenkte zu ihrem Vergnügen einem Sohn das Leben und machte ihn zu ihrem Geliebten.« (Rush 1978, 61) Diese inzestuöse Liebesbeziehung stört die Forscherinnen nicht, denn zum einen ist im Matriarchat die »Vereinigung zwischen ›Göttin‹ und Sohn oder Heros [...] heilig und eingebettet in die Gesetze des Kosmos« – also ganz legitim und nur natürlich (Distler 1989, 158). Zum andern betont Göttner-Abendroth, daß »reale Verwandtschaftsbeziehungen [...] damit nicht gemeint« seien (1984, 21). Die Göttin-Heros-Beziehung – »wie immer wir sie verstehen wollen« – ist ja nur eine ›Metapher‹ oder ›Struktur‹. Sorge faßt sie u.a. als »Liebesidee« auf, die nie gekannte erotische Möglichkeiten eröffnet: So können »z.B. sinnvolle Liebes-Spiele, besser: Rituale erfunden und wiederentdeckt werden, die nicht unmittelbar mit Macht und Unterwerfung gekoppelt sind. Solche sinnvollen Liebesrituale können sich natürlich nicht nur zwischen Mann und Frau entwickeln, sondern [...] zwischen allen Menschen, das ist ja das Revolutionäre an dieser Liebesidee.« (1984, 15)

Doch das ist Zukunftsmusik. Kehren wir zurück zur matriarchalen Vergangenheit, zum »Strukturschema matriarchaler Mythologie« bei Göttner-Abendroth, das die Art und die Phasen des mythischen Liebesverhältnisses zwischen der Göttin und ihrem Sohn-Geliebten detailliert beschreibt. Betrachten wir zuerst die Göttin und ihre Rolle im Kosmos, dargestellt in der sogenannten »Göttinstruktur«. Diese umfaßt sowohl das »Dreistockwerk-Weltbild der antiken Völker« (Himmel, Welt der Lebenden auf der Erde und Unterwelt) als auch die mit ihm verbundenen drei Gestalten der Göttin (Mädchen-, Frauen- und Todesgöttin). Die dreifaltige Göttin ist u.a. »Herrin der kosmischen Ordnung und die ewige Weisheit in Person. [...] Die ›Herosstruktur‹ ist weniger stark gegliedert, denn der Mann repräsentiert mit seinen Kräften nicht den Kosmos. Er erscheint in begrenzteren Dimensionen, seine Gestalt ist nur eine und in jeder Phase auf die matriarchale Göttin bezogen. Durch sie gewinnt er überhaupt erst Anteil an Gütern und Würden.« (1984, 16 ff.; 20)
Die Beziehung zwischen Göttin und Heros ist auf die Dauer eines Jahres angelegt und an den Lauf der Jahreszeiten gekoppelt. In den Matriarchaten der Vergangenheit wurde sie laut Göttner-Abendroth in ritueller Form zwischen der Priesterin der Göttin bzw. der sakralen Königin und dem sakralen König vollzogen. Während die Stellvertreterin der Göttin als »gesetzgebende aktive Partnerin« auftrat, war der »sakrale König oder Heros dagegen der Vertreter der Menschen, mit dem sich die Göttin in Gestalt der Priesterin verbindet, um ihrem Volk neues Leben zu schenken. Alle Rituale wurden nicht nur symbolisch, sondern tatsächlich vollzogen.« Im Frühjahr wurde der König von der Priesterin initiiert, d.h., er erhielt aus ihrer Hand die Königswürde. Im Sommer feierten beide öffentlich die Heilige Hochzeit, ein Ritual, das die Fruchtbarkeit als allgemeines Prinzip sichern sollte. Im Herbst wurde der König dann geopfert,

> um die kosmischen Regionen durch sein Blut für das nächste Jahr fruchtbar zu erhalten; seine Wiederauferstehung ist seine Wiederkehr in seinem Nachfolger, wobei von der Idee der Seelenwande-

> rung ausgegangen wird. ›Tod‹ ist in diesem Weltbild nichts Endgültiges, sondern nur ein anderer Zustand, der sich gemäß den kosmischen Gesetzen vollzieht und wieder auflöst. Von männlicher Seite wird ›Tod‹ daher konzipiert als freiwilliges Selbstopfer für Land und Volk, das in eine Apotheose mündet (Urbild des Heroischen). Die weibliche Dominanz kommt am klarsten zum Ausdruck in der Zuordnung des männlichen Symbols zum weiblichen: die Sonne gilt als abhängig vom Mond. [...] Die Sonne durchläuft Untergang und Aufgang im Gegensatz zum ewigen Mond. (1984, 20)

Diesen Ritualzyklus will Göttner-Abendroth in antiken Hochkulturen der Alten Welt, bei Kelten und Germanen, in Zaubermärchen und in der Epik des Mittelalters wiedergefunden haben (1984). Weiler, die von Göttner-Abendroth als »Beispiel für gelungene Laienforschung« gelobt wird (1989, 165), äußerte sich sehr anerkennend über deren »Wiederentdeckung eines matriarchalen ›mattern‹« (1986, 26). Der Begriff »mattern«, in der Matriarchatsliteratur des öfteren verwandt, ist eine Wortschöpfung, die sich an »pattern« (engl. Muster) anlehnt, ohne jedoch dessen patriarchalen Bedeutungsgehalt zu übernehmen, den Weiler in der Herleitung des Wortes »vom mittel-lateinischen ›patronus‹« (1986, 26) (Schutzheiliger) sieht. Sie ist der Ansicht, daß Göttner-Abendroth mit der Entdeckung des »matriarchalen ›mattern‹« ein großartiger Fund gelungen sei: »Eine derartige Struktur kann nur durch die entsprechende Gesellschaftspraxis entstehen. Daher ist es folgerichtig, wenn Heide Göttner-Abendroth von dem immer wiederkehrenden Bild der ›Göttin mit ihrem Sohn in den Armen‹ auf die zugrundeliegende Gesellschaftsform schließt, und es ist – für diese Strukturanalyse – unerheblich, wie rudimentär diese Form in der Praxis nachweisbar ist. Daß sie sich überall erhalten hat, beweist, daß es sie gab.« (1986, 26) Das Motiv der Göttin mit ihrem Sohn in den Armen ist laut Weiler also ein untrüglicher Beweis für das Matriarchat. Wie sich die christliche Darstellungsvariante von Maria mit dem Kind bzw. mit dem Gekreuzigten auf dem Schoß mit diesem Interpretationsschema vereinbaren läßt, bleibt leider offen.

Weitere Details über das Verhältnis von Göttin und Heros erfahren wir u.a. in einer anderen Arbeit Göttner-Abendroths: »Die volle Struktur matriarchaler Mythologie in ihrer Doppelseitigkeit ist wiedergewonnen in einem Gedichtzyklus von *Heide Göttner-Abendroth*, also mir selbst. Ich habe ihn ›Die Göttin und ihr Heros‹ (1977) genannt. [...] Er hat die Form eines Dialogs zwischen ›Göttin‹ und ›Heros‹ und gibt die drei Stadien der Beziehung der Göttin auf ihren Heros wieder, die den drei Mondphasen, den drei Teilen des mythischen Jahres und den drei rituellen Hauptfesten entsprechen: Initiation (Einweihung), Heilige Hochzeit, Tod und Wiederkehr als die Unterweltsfahrt des Heros.« (1982, 188 ff.; 197) Konzentrieren wir uns hier auf die für uns heute wohl bizarrste und befremdlichste Phase dieser Liebesbeziehung, auf die Opferung des Geliebten. Im Gedicht sagt die Göttin:

»ich spanne den
wagen an
jetzt wirst du geschleift
durch die kategorien
deines untergangs
bist du bereit?«

Der Heros ist bereit. In »Ergebenheit und Selbstvergessenheit« (1984, 8) erleidet er seinen Tod. »Er lernt seinen Tod zu ertragen, und was nun in Erscheinung tritt, ist seine seelische Spannweite: nur so tritt das Heroische ans Licht.« Nachdem er gestorben ist, sagt die Göttin:

»so
fühlt sich
der tod an
den ich
dir gab
ohne zögern
habe ich zugestoßen
und schmerzhaft

mich
getroffen
in dir«

Die Göttin, die jetzt wie »ein Stern der größten Klarheit, ihrer eigenen Integrität in der nun vollendeten, geheilten Welt« erscheint, »hat trotz ihrer überlegenen Stärke menschliche Gefühle und erlebt wie eine Frau. [...] So erweist sie sich in aller unnachgiebigen Konsequenz als eine liebende Göttin und erwidert damit seine liebende Ergebenheit.« (1982, 244; 193; 198) »Sie bricht in übergroße Trauer aus und gibt das Bild der Mater Dolorosa ab.« (1984, 130) »Die Göttin weint – ihre Tränen sind die Sterne, die in den Herbstnächten fallen.« (1982, 245)
Ein schönes Bild – und das Happy-End, die Wiedergeburt des Geliebten als Kind, das »sich zu ihrer Rechten setzen« darf, ist ja gewiß.
Dem Gedichtzyklus läßt Göttner-Abendroth persönliche Erläuterungen folgen, die davon handeln, wie die Autorin den Weg zur Großen Göttin fand: Auf »das Leiden im patriarchalen Exil« folgte »der endgültige Aufbruch daraus«, »die Zonen der seelischen Selbstentdeckung, die sich zuletzt zur Erfahrung der universalen Göttin in allen Elementen öffnen«, erweiterten sich »zu dem ganzen Kontinent, der sie selber ist«. Heide Göttner-Abendroth hat entdeckt, daß sie beides ist, »die machtvolle-fühlende Göttin-Frau und der leidende-überwindende Heros-Mann«. Mit diesen »matriarchale[n] Kräfte[n]« trägt sie die »Struktur matriarchaler Mythologie« in sich. Diese hat für sie »den Rang fundamentaler Kategorien der menschlichen Phantasie und ist eine objektive Größe«.
Da Göttner-Abendroth davon ausgeht, daß »fundamentale Kategorien« zeitlos sind, glaubt sie, die matriarchalen Rituale der Vergangenheit, die »lediglich die fundamentalen Kategorien der menschlichen Phantasie verbildlicht haben«, in die Gegenwart integrieren zu können. Das geschieht beispielsweise im »Mondin-Sonnenspiel«, einem von ihr entwickelten Ritual, das den matriarchalen Jahreszeitenzyklus, die Beziehung zwischen Göt-

tin und Heros, thematisiert. Gegenwärtig dient es ausschließlich Frauen zum Zwecke ihrer Selbstfindung. Für die Zukunft, wenn sich der »Bewußtseinsstand« der Männer verändert haben und die »patriarchale Ordnung unserer Gesellschaft« aufgebrochen sein wird, ist auch daran zu denken, »matriarchale Rituale gemeinsam mit einem Mann zu versuchen«. Noch ist diese Möglichkeit »eine Utopie«, »als neue Beziehung von Frauen auf Männer und umgekehrt« wird sie jedenfalls »nur im Rahmen des ganz anderen Wertgefüges der matriarchalen Mythologie realisierbar« sein. (1982, 245; 248; 197; 199; 63; 80; 209 f.; 237 ff.)

Ob Männer dann tatsächlich mitspielen wollen? Wenn auch ›nur symbolisch‹, so wird dem Heros im Spiel immerhin die Haut aufgeschlitzt und abgezogen, dann wird er wie durch Mühlsteine gedreht, zerrissen, auf den Boden geworfen, anschließend gefesselt und schließlich mit dem Kopf nach unten an einem Baum aufgehängt (1982, 243 f.). Ob dieser Horror geeignet ist, einen Mann davon zu überzeugen, sich »in seiner Tiefe als Heros anzusehen« und zu erkennen, was wahres Heldentum ist, nämlich »heroisch notfalls bis zum Heldentod, alle Kräfte für den Erhalt des Lebens und die Entfaltung erotisch-schöpferischer Liebe einzusetzen«?

Der matriarchale, also der zum »wirklichen, d.h. liebes- und hingabefähigen Helden« (Sorge 1984, 14 f.) verwandelte Mann wird wohl noch ein Weilchen auf sich warten lassen. Das um so mehr, als nicht ganz klar ist, ob aus dem Spiel zu guter Letzt nicht doch noch blutiger Ernst werden könnte, denn es »liegt in der Logik von Göttner-Abendroths Überlegungen, daß diese ›Opferung‹ real vollzogen werden müßte, denn erst die Aufhebung des ›Fiktionalitätsprinzips‹ setzt die revolutionäre Kraft der matriarchalen Kunst-Utopie frei«, so Distler, die an anderer Stelle schreibt, daß es relativ lange gedauert habe, bis sie »wahrnehmen konnte, daß Göttner-Abendroth ihre Ausführungen genauso meint, wie sie sie darstellt, daß sie eben nicht Phantasien, sondern ganz konkret zu praktizierende Rituale schaffen wollte. Ich führe dieses ›black out‹ auf die ›Ungeheuerlichkeit‹ ihrer Vorstellungen zurück, die bei mir derartige Widerstände auslösten,

daß ich einfache Tatsachen nicht mehr wahrnehmen konnte.« (1989, 219, Anm. 244; 218, Anm. 234)
Burmeister, die sich darüber wundert, daß Frauen das Herosopfer unbesehen zu übernehmen scheinen, wehrt sich entschieden gegen dessen Legitimation mit Hilfe der Gesetze des Kosmos: »Begründungen dieser Art standen dem Weltbild der Kulturen an, in denen solche Opferreligionen entstanden; heute sind sie schlicht lächerlich.« Allgemein hält Burmeister nichts von der »Rückbeziehung auf archaische Opfer-Kulte« in heutiger Zeit. Speziell zum Göttin-Heros-Mythos schreibt sie: »Ich ziehe damit nicht (unbedingt) die ›Richtigkeit‹ dieser Kulte für ihre damalige historische Situation in Zweifel – für unsere heutige allerdings tue ich es umsomehr!« (1985, 6 f.; ähnlich Rentmeister 1988, 454) Schließlich stellt sie das Göttin-Heros-Schema grundsätzlich in Frage: »*Benötigen* wir überhaupt einen Heros? *Wollen* wir einen? Geht es nicht ohne ihn? Wäre eine Frauenreligion ohne Heros unvollständig?« (1985, 9)
Weiler stimmt in ihrer Antwort auf Burmeisters Anfragen deren Ablehnung des Opfergedankens zu: »An den Grundlagen forschende Frauen stimmen damit überein, daß der sich opfernde ›Erlöser‹ für das matriarchale Bewußtsein unnötig ist, mehr: er steht im Widerspruch zum matriarchalen Weltverständnis.« Sie deutet an, daß die feministische Forschung mit ihrer Deutung einer »patriarchalen Mytheninterpretation« aufgesessen sei, »die behauptet, es sei die Göttin gewesen, die dies Opfer von ihrem Sohngeliebten gefordert habe. [...] Tatsächlich gibt es keinerlei Anhaltspunkte dafür, daß die Göttin je den Heros getötet habe.« Im Mythos sei er vielmehr von wilden Tieren oder anderen Männern umgebracht worden. »Die Göttin aber trauert um ihren Geliebten und erlöst ihn schließlich.« (1986, 24)
Weilers Bemühen, das angeknackste Image der matriarchalen Göttin aufzupolieren, war eigentlich unnötig, denn alle bisher geäußerte Kritik (u.a. Burmeister 1986; Distler 1989; Gläß 1992; Kliewer 1992; McCrickard 1992; Scherzberg 1992; Wacker 1987) hat ihrem Ansehen keinen Abbruch getan. Im Gegenteil – ihre Popularität scheint stetig zu wachsen. Die verschiedentlich ge-

äußerten Zweifel an der Wissenschaftlichkeit des Vorgehens und an der Richtigkeit mancher Aussagen der westdeutschen Cheftheoretikerinnen Weiler und Göttner-Abendroth verhallen offenbar ungehört (Burmeister 1986; Hildebrandt 1990a; Meier 1990; Pahnke 1990; Scathach 1991; Wacker 1987). Auch Fragen wie die von Donate Pahnke an Weiler, woher sie das »fest umrissene Bild vom Erleben und Empfinden matriarchaler Frauen und Männer« habe und ob »die Quellen nicht zu fragmentarisch [sind], um aussagen zu können, wie der matriarchale Mensch gedacht und gefühlt haben könnte und was er geglaubt hat« (Weiler 1985, 35), scheinen kaum jemanden ernsthaft zu beunruhigen. Am Stil mancher Autorinnen wird bemängelt, daß er ihre Werke manchmal »selbst mit religiöser Weihe« umgebe (Wacker 1987, 13).

In diesem Sinn äußert sich auch Barbara Sichtermann (1985) über Weilers Publikation *Ich verwerfe im Lande die Kriege*: »Als Buch über das Matriarchat kam es mir (zuweilen) ein wenig euphorisch vor, ein wenig verzückt, wie selbst ein religiöses Werk.« Auch Göttner-Abendroths Stil ist als ideologieverdächtig bezeichnet worden. Es wurde ihr vorgeworfen, daß ihre Thesen, die sie mit einer »provozierenden ›Ich-aber-sage-euch‹-Diktion« (Pahnke 1990, 34) darlege, »den Eindruck einer Letztgültigkeit entstehen« ließen und »eine schlichte so-und-nicht-anders-ist-es-gewesen-Wahrheit« herstellten (Bindseil 1983, 158). Nichtsdestotrotz – die Göttin-Feministinnen zeigen sich unbeeindruckt und geben in der aktuellen Matriarchatsdiskussion weiterhin den Ton an.

»Money and Mystik«

»Obwohl ich in den siebziger Jahren noch ein Kind war, ist es der Frauenbewegung und außerdem Begegnungen mit einigen bemerkenswerten Geschlechtsgenossinnen zu verdanken, daß ich heute stolz auf mein Frausein bin. Ich assoziiere nun andere Dinge mit Weiblichkeit: Intuition, unterstützende Fürsorge,

Fruchtbarkeit, die Kraft der Göttin, Mutter Erde und den geheimnisvollen Mond« – so Monika Kaminski, Redakteurin der Zeitschrift *Connection*, im Editorial zum Sonderheft *Frauen. Zwischen Auflehnung und Hingabe* von 1993. Unter den Rubriken *Woher wir kommen*, *Wer wir sind* und *Was wir wollen* wird in diesem Frauen-Special Bilanz gezogen. Und so erfahren wir, daß die erste Stufe des von den Matriarchats- bzw. Göttin-Feministinnen ersehnten Umsturzes, ein neues (Selbst-)Bewußtsein und Geschichtsbild der Frauen, in avantgardistischen Kreisen der Szene bereits Wirklichkeit ist. Die Ideen vom Matriarchat als der ursprünglichen Lebensweise der Menschheit sowie vom göttlichen Kern jeder Frau gelten hier schon als Binsenweisheiten. Ganz selbstverständlich schildert eine Autorin beispielsweise, daß sie sich während ihrer Schwangerschaft als »Amazone, Verführerin und Schamanin« gefühlt und die Geburt als »Initiation« erlebt habe:

> Die Fruchtbarkeit der Erde, ihre Kraft, aus einem Trieb einen Baum wachsen zu lassen, hat mich während der ganzen Schwangerschaft magisch angezogen. Ich wollte mich eingraben oder auf einem frisch gepflügten Acker wälzen. Ich habe auf dem Waldboden Liebe gemacht, neben einem Bach, zwischen Farn, umgeben von Glühwürmchen, den Lichtern im Tempel Wald. Mein Partner war ein Medium. Tatsächlich habe ich Liebe gemacht mit ›Ihr‹, mit Doni [= Urmutter, d. Verf.] und der Erde. Diese Verschmelzung hat meine Seele so tief erreicht, wie ich es noch nicht erlebt habe. (Dörflinger 1993, 90 f.)

Die Popularisierung der Göttin wird auch im Editorial zum Februarheft der *Schlangenbrut. Streitschrift für feministisch und religiös interessierte Frauen* von 1994 mit dem Schwerpunkt *Göttin – kein abgeschlossenes Kapitel* thematisiert. Hier lesen wir: Die »›Göttin-Bewegung‹ hat sich im letzten Jahrzehnt eigene Räume, eigene Ausdrucksformen und eigene Netze geschaffen. Viele Ritual- und Jahresfestkreisgruppen sind entstanden, in denen Frauen eine selbstbestimmte, heilende, sinnenfreudige und

energievolle Spiritualität erleben.« In diesen Gruppen, aber auch in vielen Seminaren, besonders in Frauenbildungshäusern, werden die neuen Formen weiblicher Spiritualität und das neu erforschte Wissen über die Göttin »an Basisfrauen weitergegeben« (Gummel 1994, 4). Nicht zuletzt dank dieser Multiplikatoren, die sich auch in der Erwachsenenbildung der Kirchen finden, wächst und gedeiht die Gemeinde der Göttin wie nie zuvor.
Einführungkurse wie *Göttinnen in jeder Frau* – »Vertiefen Sie die Verbindungen zu Ihrem göttlichen Ursprung und gestalten Sie Ihr Frausein reicher und lebendiger« mit Luna [!] Ulrike Müller (Veranstaltungskalender *fittt* = Frauen in Theater Tanz Therapie, Freiburg 1995) erleichtern Anfängerinnen den Einstieg. Echte Lebenshilfe kann frau beispielsweise vom Wochenendseminar *Wiedererwecken der Göttin* im Kurhaus Bad Honnef erwarten: »*Erinnerst Du Dich*, daß Du einmal eins mit Dir warst? Gab es eine Zeit, in der Du die Freude und die Kraft gespürt hast, mit der die Welt verändert werden kann? Merkst Du, daß Dich irgendetwas von anderen trennt? Daß Du Deine Energie für andere hergibst? Kennst Du das Gefühl, daß Du einfach zuwenig bekommst? Dann stell' Dir jetzt vor, daß Du auch mit Beziehung, Familie, Beruf und allen Belastungen eine Göttin bist!« (1994) Weniger problemorientiert, dafür mit tänzerischer Leichtigkeit, wurden die neuen Glaubensinhalte und Weisheiten in der Veranstaltung *Ein Theater mit den Göttinnen*, einem »Tanz- und Erzählabend für Frauen und Männer von und mit Bauchtänzerin Christa Mayerhofer-Derdau«, vermittelt (*fittt* 1995), der im Gedenken an die 1994 verstorbene Gerda Weiler stattfand. Bauchtanz war *der* Tanz im Matriarchat, »und wenn sie [die Göttinnen, d. Verf.] sich in ihrem Tanz offenbaren wollen, dann ist das natürlich Bauchtanz!« (Ebd.)
Ebenfalls im Bereich Freizeit und Kultur ist das Angebot des *Frauenbildungs- und Kommunikationshauses Weiber-Divan e.V.* im Bayerischen Wald zum Jahreswechsel zu werten: *DIE RAUH-, WEIH- UND LOSNÄCHTE 1994, drei Tage der Wünsche, der Orakel, der Mythen und der Spiele mit Salome Stauffer*. Die Referentin wendet sich an Frauen, »die interessiert sind an den

Überlieferungen, Sagen und Bräuchen der Rauhnächte. Frauen, die Lust haben, drei der Tage und Nächte mit anderen auch wünschend, orakelnd und spielend in gemütlicher Atmosphäre zu verbringen.« Die Lage des Tagungszentrums dürfte die Attraktivität der Veranstaltung noch steigern, denn es »liegt unterhalb des Dreisessels, wo die Dreifache Göttin zur Epiphanias erscheint«.
Um »Matriarchatsforschung auf eigenen Beinen« ist die Germanistin Martina Schäfer bemüht, die mit einem einwöchigen Kurs eine theoretische und praktische Einführung in »die Inhalte frauenzentrierter Ur/Frühgeschichtsforschung« mit Exkursion zu matriarchalen Megalithanlagen geben möchte. Bei diesem nach dem ArbeitnehmerInnenweiterbildungsgesetz anerkannten Bildungsurlaub »soll es natürlich nicht nur streng wissenschaftlich und kritisch zugehen! Sowohl ›auf den Steinen‹ als auch z.B. abends möchte ich das Ganze mit lustvoll-kreativen Aktivitäten – Geschichten erzählen, Lesbenliedern, Festen etc. – auflokkern.« (*Frauenbildungs- und Ferienhaus Altenbrücken*, Programm Sommer 1994) Das Spezialgebiet der Referentin ist eine »Art ›matriarchaler Heimatkunde‹« (*Frauenbildungshaus Osteresch*, Programm Sommer 1994). Schäfer liegt daran, zu zeigen, daß es »frauenzentrierte Kulturen [...] nicht nur ›weit weg‹ auf Malta, Kreta oder der Andersweltinsel Irland gegeben [hat]. Auch ›nebenan‹ – in Mitteleuropa – gab es in der Jungsteinzeit differenzierte Ackerbäuerinnenkulturen mit frauenzentrierten gesellschaftlichen Strukturen.« (*Frauenbildungs- und Ferienhaus Zülpich*, Programm Mai-Sept. 1994) Mit Veranstaltungen wie *Das Matriarchat von nebenan. Vorträge und Exkursionen zu Kulturanlagen in der Eifel* (ebd.) oder *Matriarchat konkret – Das Gebiet um Osteresch. Einführung in die matriarchalen Kulturplätze und Sagen* (*Frauenbildungshaus Osteresch*, Programm Sommer 1994) bringt sie Frauen während mehrtägiger, offiziell anerkannter Bildungsurlaube die matriarchale Vergangenheit ihrer Heimat und unmittelbaren Umgebung nahe. Dieser Lernprozeß kann äußerst sinnlich sein, wie der Ankündigung des Wanderurlaubs *Das Wandern ist der Göttin Lust* zu entnehmen ist:

> Wie die feministische Frühgeschichtsforschung (= Matriarchatsforschung), aber auch allgemeine archäologische Ansätze herausgefunden haben, stellten sich die jungsteinzeitlichen Frauenkulturen vor ca. 6000 Jahren ihr Weltbild in Gestalt der Landschaft vor, in der sie lebten. ›Die Brüste der Göttin‹ waren die Berge hinter ihren Siedlungen, von denen herab die Bäche flossen, die ihre Felderchen bewässerten. Wasserscheiden zwischen größeren Flüssen waren die ›Schenkel der Göttin‹, auf deren Höhen die Fußwege von Dorf zu Dorf liefen, und im buschigen ›Schoß‹ dazwischen – im Schilfdreieck – jagten und fischten die Jägerinnen seit Altersbeginn.

Auf den Spuren der Göttin wandernd, lernen die Teilnehmerinnen die »›spirituelle[n] Landschaften‹« der Eifel kennen: »das beschützende Flußtal, dessen Bogen einen ganzen Jahreslauf festhält, die schnurgerade Nord-Südlinie von der Quelle (Schoß) bis zu den ›Brüsten der Göttin‹, die wie viele ›Busenberge‹ in Nordeuropa auf einer Ost-West-Achse angeordnet sind, den spiraligen Weg auf einen heiligen Berg hinauf und andere mehr«. Begleitend dazu gibt es ein breites Angebot an matriarchaler Theorie (*Frauenbildungs- und Ferienhaus Zülpich*, Programm Mai-Sept. 1994).
Doch nicht nur die frauenzentrierte Erwachsenenbildung und Freizeitgestaltung boomt, allmählich kommt auch das matriarchale Reisegeschäft in die Gänge. Während die Besichtigung der matriarchalen Kulttempel auf Malta schon seit langem zu jeder Pauschalreise auf die Mittelmeerinsel gehört, kann die Entdekkung der Türkei »auf den Spuren der Göttin« noch als Geheimtip gelten. In der gleichnamigen Textsammlung werden nicht nur die Eindrücke einer Reise zur einstigen ›Hochburg des Matriarchats‹, der anatolischen ›Steinzeitstadt‹ Çatal Hüyük, frauenzentriert verarbeitet und Reflexionen über die Göttin und die »Göttin-Kultur und ihre Bedeutung heute« angestellt. Auch die moderne Türkei wird – wie der Titel von Heft III ankündigt – »mit weiblichem Blick« unter die Lupe genommen (Strauch 1993). Da die Publikation ein Jahr nach ihrem Erscheinen bereits die zweite Auflage erlebte, ist InteressentInnen zu empfehlen, bald zu

dieser modernen Kultstätte zu fahren, noch bevor sie der frauenzentrierte Massen- und Pilgertourismus erreicht und ihren matriarchalen Charme zerstört hat.
Studien- und Forschungsreisen zu matriarchalen Kultorten bietet auch *HAGIA. Akademie und Coven für kritische matriarchale Forschung und Erfahrung* an. Für 1992 standen beispielsweise eine *Wanderreise Bayerischer Wald/Böhmer Wald/Prag* (Prag liegt auf der Kreuzung zweier Verbindungslinien alter Kultstädte!) und eine *Große Donaufahrt* auf dem »Hauptwanderweg der matriarchalen Kultur vom Schwarzen Meer nach Mitteleuropa« auf dem Programm. Besonders prickelnd und exotisch dürfte die angekündigte *Forschungsreise Südchina. Expedition zu einem matriarchalen Volk in Yünnan* in Begleitung chinesischer EthnologInnen – und natürlich Heide Göttner-Abendroths, der Leiterin der Akademie – gewesen sein. Im wilden Bergland, »das bisher nicht von Touristen besucht werden durfte«, sei noch heute lebendiges Anschauungsmaterial »klassisch matriarchaler Gesellschaftsordnung« zu besichtigen.
Neben den *Akademie-Reisen* hat *HAGIA* Wochenendseminare (z.B. *Feen im Widerstand* und *Ritualtanz im Sommer*) und vollständige »Studiengänge«, z.B. *Logik und Argument. Kleine Schule des klaren Denkens* im Angebot. Letztere sind offenbar ebenso wie die *Matriarchalen Mysterienfeste* Chefinnensache und werden von Göttner-Abendroth persönlich durchgeführt, die, wie sie immer wieder betont, seit mehr als 20 Jahren in der Branche tätig ist. Unter ihrer sachkundigen Anleitung können Frauen eine spirituelle Ausbildung absolvieren – eine langwierige Angelegenheit, die tiefster Überzeugung von der Sache bedarf: »Ein voller Ausbildungsgang dauert vier Jahre, der ›magische Weg‹ nach matriarchaler Tradition und meiner eigenen Erfahrung sieben Jahre. Danach haben manche Frauen ihre Selbständigkeit als Priesterinnen, Heilerinnen oder Schamaninnen erreicht. Eine weise Frau zu werden ist dagegen eine Lebensaufgabe.« Da empfiehlt es sich, vom Angebot des *Frauendorf-Projekts HAGIA* Gebrauch zu machen, das Immobilien in der Nähe der Akademie vermittelt, »welche den Traum vom Leben in der Natur, oh-

ne von Frauenaktivitäten geistiger Art abgeschnitten zu sein, erfüllen können«. Wer kein Geld hat, kann trotzdem einen ›Studienplatz‹ bekommen: Gegen halbtägige Mitarbeit in Haushalt, Hof und Garten bietet die Akademie kostenlose Teilnahme an Kursen sowie Kost und Logis (*HAGIA*, Programm 1992).

Damit sind wir beim jüngsten Aspekt der Matriarchatsrezeption angelangt: beim Geschäft. Die autonome Matriarchats- und Göttinnenforschung hat einen Markt geschaffen, auf dem sie ihre Erkenntnisse in bare Münze umsetzt. Es gibt sogar schon Devotionalien bzw. Göttinnenkunst im Versandhandel: »Göttinnenidole. Kraftquelle und Urwissen. Originalreplikate. Bitte Bildprospekt anfordern!« So wundert man sich, wenn man liest, daß »matriarchale Kunst als Prozeß zwischen allen Beteiligten [...] weder von außen kritisiert und interpretiert werden« noch »als Ware auf dem Kunstmarkt verkauft« werden könne. Rentmeister, die hier Göttner-Abendroth zitiert, fragt im Anschluß daran: »Aber sie kann auf dem Spiritualität-Workshop-Markt verkauft werden?« Und sie bemängelt, daß die »Teilnahme an den Festen [...] mit therapeutisch-hohen Preisen bezahlt« werde.

Unbehagen verursacht ihr nicht nur das Geschäft mit der Spiritualität, sondern auch der bei den Veranstaltungen preisgegebene »Anspruch auf egalitäre Ganzheitlichkeit«. Sie kritisiert, daß bei den Ritualen »dennoch wieder in sakrale und profane Räume, in Teilnehmerinnen und Hohepriesterinnen geschieden wird«. Als Beispiel führt sie die Rangfolge der Spielerinnen bei der »Kosmischen Schlacht« an, die anläßlich der Eröffnung der Akademie *HAGIA* 1986 aufgeführt wurde: »die Mitbegründerinnen der Akademie als neun Planetinnen, die zahlenden Teilnehmerinnen als Ko-Planetinnen, und das ganze Spiel kreist um die Sonne, gespielt von Heide Göttner-Abendroth« (1988, 453 f.). Letztere wird von Friederike Scathach, einer abgefallenen Anhängerin, in einem Artikel mit dem Titel »Money and Mystik. Kritische Auseinandersetzung mit den Folgen der sogenannten Matriarchatsforschung und ihren Projekten« heftig angegriffen. Ihre Vorwürfe kreisen um die Selbstherrlichkeit und das autoritäre Verhalten der ›Pionierin‹ der Matriarchatsforschung, die die Investition an-

derer Frauen von »Geld, Arbeit, Energie und Liebe« als die »Materialisationen« ihrer »Sehnsüchte« nach einer Veränderung der patriarchalen Gesellschaft für sich ausnutze (1991, 29).
Die Erkenntnisse der Göttinnen-Bewegung sind – freilich in trivialisierter Form – längst aus den Szenekreisen in den Alltag des alternativ angehauchten Bildungsbürgertums übergeschwappt. Noch auf einer spirituellen Vorstufe des Göttinnenkultes stehend, wird hier erst einmal dem Mond gehuldigt, dessen geheimnisvolle Kräfte in jeder erdenklichen Lebenslage Heil und Erleichterung versprechen. So wirbt beispielsweise ein *Ambulatorium für funktionelle Diagnostik und ganzheitliche Therapie im Vital Hotel Royal* für eine Schlankheitskur mit dem Slogan: »Fasten mit Hilfe des Mondes [...] macht es Ihnen leichter«. In der selbsternannten »Ökohauptstadt Freiburg« bietet eine »freie Haargestalterin« »Haare schneiden in den Mondphasen« an, und im Bioladen ist beim Kauf von Geliermittel damit zu rechnen, daß man mit strengem Blick darauf hingewiesen wird, daß wir zum Marmelade-Einkochen zur Zeit nicht die richtige Mondphase hätten. Inzwischen gibt es bereits Literatur, die mit knallharten Tips dabei hilft, lästige Hausarbeiten wie z.B. Fenster- oder Schuheputzen durch ihre Anpassung an den Rhythmus des potenten Nachbargestirns zu optimieren (Paungger/Poppe ^{18}1994).
Diese Blüten des modernen Aberglaubens können natürlich nicht alle der Göttin in die Schuhe geschoben werden. Eher sind sowohl die Göttin als auch der Aberglaube als Bestandteile einer Unterströmung unserer Gesellschaft zu sehen, die dem Irrationalen, Mystisch-Magischen und Geheimnisvollen frönt. Die Göttinnen-Bewegung speist – wie andere Bewegungen auch – ihre Symbole und Glaubensinhalte ins verzweigte Netz dieser Strömung ein, wo sie dann nach kräftiger Durchmischung mit anderen Zeiterscheinungen zum Teil an völlig unerwarteter Stelle wieder zum Vorschein kommen. Man darf gespannt sein, mit welcher Inkarnation des Matriarchats wir als nächstes beschenkt werden. Noch tanzen die Göttinnen im Abendrot ...

Das Matriarchat ist tot! Es lebe das Matriarchat!

Was würde Bachofen zu all dem sagen? Rituale wie die Schlachtung des Heros hätte er wohl nicht einmal den von ihm so negativ beschriebenen Amazonen zugetraut. Doch vermutlich hätten nicht nur die Phantasien der heutigen Göttin-Feministinnen sein Mißfallen erregt. Schon die Popularisierung seiner Mutterrechtsidee, die er als wissenschaftlichen Beitrag zur Entwicklungsgeschichte der Menschheit konzipiert hatte, wäre dem elitären Patrizier sicherlich ein Dorn im Auge gewesen. Und daß sich die Neue Frauenbewegung ausgerechnet ihn, einen großbürgerlichen Patriarchen und aktiven Verfechter der Männerherrschaft, als Galionsfigur erkor, könnte er vermutlich nur als Mißbrauch seiner Person und als Vergewaltigung seiner Ideen begreifen.
So wie es heute die MatriarchatsforscherInnen verstehen, scheint das Matriarchat wenig mit Bachofens Mutterrechtsidee gemein zu haben. Der Schein trügt jedoch. Zwar besteht ein entscheidender, augenfälliger Unterschied in der weltanschaulichen Konzeption, die Bachofens Ideen von denen der Göttin-Feministinnen trennt. Darunter gibt es jedoch ein Grundmuster von Themen oder Motiven, die sich seit dem Erscheinen des *Mutterrechts* als Konstante durch die Wirkungsgeschichte des Werkes ziehen.
Kernstück dieses Grundmusters ist das Geschlechterverhältnis. Ausgehend vom biologischen Unterschied zwischen Mann und Frau, diskutieren die Matriarchatsforscherinnen die gesellschaftliche Rollen- und Machtverteilung der Geschlechter und konstruieren einen unüberbrückbaren Gegensatz zwischen ›männlichem‹ und ›weiblichem‹ Prinzip. Noch heute entspricht dieser Gegensatz inhaltlich weitgehend den Geschlechtscharakteren des 18. und 19. Jahrhunderts, die sich auch in Bachofens Werk manifestierten.
Ein weiterer wesentlicher Punkt dieses Grundmusters ist das Geschichtsverständnis, dem die MatriarchatsanhängerInnen seit Bachofen folgen. Mythen, die als authentische Zeugnisse ver-

gangener Gesellschaften betrachtet werden, und vor allem auch die Intuition gelten als Schlüssel zu einer allumfassenden Gesamtschau der Menschheitsgeschichte. Dieser Vorliebe für Totalität steht ein Faible für alles Okkulte gegenüber, mit dem eine ausgeprägte Vernunftfeindlichkeit einhergeht, die sich konstant und konsequent gegen Fortschritt und Modernität richtet und in eine allgemeine Kultur- und Gegenwartskritik mündet. Diese wiederum bildet die Grundlage für den Entwurf von utopischen Paradiesen. Das Bildmaterial dazu liefert die vermeintlich rekonstruierte Geschichte.

Die genannten Aspekte – im Verlauf unserer Ausführungen werden uns noch weitere begegnen – lassen das Erfolgsgeheimnis der Matriarchatsidee bereits erkennen. Aus der Tatsache, daß sie zentrale Fragen des Lebens berührt, mit denen jede/jeder einzelne konfrontiert wird und über die eine Gesellschaft sich verständigen muß, erklären sich auch die große Emotionalität, die Subjektivität sowie der außergewöhnlich starke Gegenwartsbezug, die die Debatte prägen. Ihr Verlauf von Bachofen bis heute legt die These nahe, daß sie eine gesellschaftliche Funktion erfüllt, denn »Konjunkturphasen der Matriarchatsdiskussion korrespondieren in auffallender Weise mit Umbruchphasen und Modernisierungskrisen« (Wagner-Hasel 1992, 305). Es scheint, als fiele das Matriarchatsgebäude in Zeiten gesellschaftlich stabiler Verhältnisse ebenso in sich zusammen wie in wirklich existenzbedrohenden Situationen – um bei der nächsten gesellschaftlichen Krise wie Phönix aus der Asche wiederaufzuerstehen. In diesen Situationen scheint es als Orientierungshilfe zu dienen und eine utopische Wirkung zu entfalten.

Die bereits in Bachofens *Mutterrecht* angelegte Widersprüchlichkeit sowie eine Auswahl von Teilaspekten machen es möglich, daß die VertreterInnen der verschiedensten politischen und weltanschaulichen Strömungen auf die Matriarchatsidee zurückgreifen können: »Friedrich Engels baute auf ihr sein Konzept von einer ursprünglichen Phase urkommunistischer Gleichheit auf, Ideologen einer faschistischen Gesellschaftstheorie zogen mit ihr gegen Individualismus und Materialismus zu Felde.« (Wagner-Hasel 1992, 296) Durch die Umwertung einzelner Gesichtspunkte – so verwandelte sich beispielsweise die Frauenherrschaft aus der apokalyptischen Katastrophe in die einzig denkbare Rettungsutopie – kann das Matriarchat an nahezu jeden Kontext angepaßt werden. Das Konzept hat Freiräume für Erweiterungen, um das Kernstück herum läßt sich in alle Richtungen weiterbauen. So traten auf den Wogen des jeweiligen Zeitgeistes im Laufe seiner Wirkungsgeschichte ständig neue Facetten hervor, so daß das Matriarchat schließlich zu einer »oszillierende[n] Gestalt« (Wagner-Hasel 1992, 305) zwischen Vergangenheit und Zukunft wurde. Dabei trat das rein historische Interesse am Thema immer mehr in den Hintergrund. Während die Neue Frauenbewegung den Begriff überwiegend politisch besetzte, verlieh der Spirituelle Feminismus dem Matriarchat einen deutlich religiösen Charakter. Darüber hinaus zeichnet sich ab, daß die mit der Matriarchatsdebatte von Anfang an verwobenen persönlichen Bedürfnisse, Ängste und Konflikte in jüngster Zeit immer mehr in den Mittelpunkt rükken, so als *bräuchten* manche Frauen Matriarchat und Göttin, um existentielle psychische Bedürfnisse zu erfüllen. Distler hat mit ihrer sozialpsychologischen Analyse der feministischen Matriarchatsdebatte (1989) diesen Aspekt als zentralen Punkt der Matriarchatsrezeption herausgearbeitet. Sie kommt zum Ergebnis, daß das Matriarchat wesentliche Bereiche der Lebens- und Alltagspraxis seiner Anhängerinnen prägt. Dazu zählt sie eine »›neue‹ [...] Realitäts- und Alltagsdefinition«, die »rein weibliche und daher ›matriarchale‹ Muster des Denkens, Lebens und Handelns beinhalten« soll und »als unverzerrtes Abbild kosmischer und naturhafter Prinzipien definiert« wird. Innerhalb dieser Realitätsdefinition spielen laut Distler die Frauenbeziehungen eine zentrale Rolle. Nach den definierten mythischen Vorbildern gestaltet, bergen sie auch die Lösung der Machtfrage. Ebenfalls an mythischen Vorbildern orientieren sich die Versuche, »auch das ›Männliche‹ in eine solcherart entworfene Frauenwelt am ihm zustehenden Platz – dem des Geschöpfes – zu integrieren«. Schließlich sieht Distler in der matriarchalen Lebenspraxis das

Bemühen, »weibliche Körperfunktionen mit Hilfe matriarchaler Vorbilder – und speziell durch die Anrufung der Göttin – zu enttabuieren«. (1989, 102)
Insgesamt deutet Distler das Phänomen der matriarchalen Lebens- und Alltagspraxis als »Regression und Flucht aus der Auseinandersetzung mit der Gegenwart und den ›patriarchalen Institutionen‹. [...] Der Lustgewinn, der aus dieser Form der Auseinandersetzung mit aktuellen Konfliktsituationen resultiert, besteht darin, [...] daß durch die freigesetzten Größen- und Allmachtsphantasien die Illusion der Omnipotenz die Arbeit an realen Machtstrukturen erspart.« So sind für sie die »Versuche, ›matriarchale Praxis‹ in der Gegenwart zu verwirklichen [...], nichts anderes als die Ideologisierung einer extrem regressiven und teilweise irrationalen Bewußtseinshaltung«. Der von den Göttin-Feministinnen immer wieder betonten befreienden Tendenz der Matriarchatsidee steht Distler mit Skepsis gegenüber, da sie in ihr u.a. die unreflektierte »Identifikation der Frauen mit negativen patriarchalen Weiblichkeitsmythen und deren Propagierung als verdrängte weibliche Realität« sieht (1989, 13; 185).
Zur Beantwortung der Frage, wie es nun eigentlich gewesen ist, sind die archäologischen Quellen als einzige konkret faßbare Überreste schriftloser Kulturen der Vergangenheit heranzuziehen. Im Gegensatz zu überlieferten Mythen, auf deren Problematik noch eingegangen wird, sind sie *direkte* Zeugnisse vergangener Gesellschaften, die jedoch bei der Entwicklung der verschiedenen Matriarchatsentwürfe kaum eine Rolle spielten. Daß Bachofen seine Mutterrechtsidee nicht anhand archäologischer Funde aus den schriftlosen Perioden der Menschheitsgeschichte ableitete, ist verständlich, da diese damals nur spärlich vorlagen und kaum in ein zeitliches und räumliches Gerüst eingeordnet werden konnten. Erstaunlicherweise blieb es jedoch dabei, selbst als sich die ›Erforschung der heidnischen Vorzeit‹ bereits längst als wissenschaftliche Disziplin etabliert hatte und Wissen über diese Zeiten zur Verfügung stellte. Archäologische Quellen – wie z.B. der um die Jahrhundertwende ausgegrabene »Palast« von Knossos – wurden allenfalls nachträglich als Illustra-

tion und Bestätigung in eine bereits bestehende Geschichtsvision einmontiert.

Obwohl gerade in der neueren Matriarchatsliteratur immer wieder betont wird, daß archäologische Funde das Matriarchat der Frühzeit ›bewiesen‹ hätten, hat sich an dieser fragwürdigen Praxis nichts geändert. Besonders deutlich ist dies am Beispiel Göttner-Abendroths nachzuvollziehen, die in ihren ersten Büchern *Die Göttin und ihr Heros* (1980) und *Die tanzende Göttin* (1982) die Charakteristika matriarchaler Gesellschaften aufzählt und deren komplettes Weltbild entwirft, die Belege für ihre Thesen aber schuldig bleibt. So schreibt sie, daß sie das »eindrucksvolle Bild des Matriarchats in Frühgeschichte und Geschichte«, das sich aufgrund ihrer Studien vor ihren Augen »entfaltet« habe, »hier nur benennen, aber nicht ausführen und schon gar nicht nachweisen« könne (1984, 12 f.; 14). Die von ihr angekündigten Belege lassen bis heute auf sich warten, denn Band 3 ihres Sammelwerkes *Das Matriarchat*, in dem die Archäologie behandelt werden soll, ist noch nicht erschienen. Allerdings, tröstet uns Göttner-Abendroth, sei in Band 1 über die Forschungsgeschichte »inhaltlich bereits einiges über die matriarchale Gesellschaftsform zu erfahren« (1989, 11).

Nichtsdestoweniger ist das Matriarchat in der Urgeschichte in vielen Kreisen bereits fester Bestandteil des Geschichtsbildes. Interessanterweise gewinnt die Matriarchatsforschung auch an den Universitäten ständig an Terrain – so beispielsweise bei Vertreterinnen der feministischen Soziologie (z.B. Brück u.a. 1992, 88 f.), Psychoanalyse und Psychologie (Frohnhaus 1994, 43; Rentmeister 1988, 451). Eine Hochburg der universitären Matriarchatsrezeption ist zweifelsohne die feministische Theologie, wie u.a. die Theologin Marie-Theres Wacker feststellt: »Auch die neueren bei uns erschienenen Grundlagenwerke bzw. Gesamtentwürfe feministischer Theologie [...] können oder wollen an ›der Göttin‹ nicht vorbei.« (1987, 12; siehe auch Gaube/von Pechmann 1986)

Angesichts der Tatsache, daß das Matriarchat für viele als historische Wahrheit gilt und darüber hinaus zahlreiche sozialpsychologische Funktionen erfüllt, ist es höchste Zeit, die Frage »Was ist dran an ›Mutterrecht‹ und ›Matriarchat‹?« (Laugsch 1990) von seiten der für sie zuständigen Archäologie zu beantworten.

2

Das Matriarchat in der Urgeschichtsforschung

Von den Gelehrten des 19. Jahrhunderts noch als merkwürdige Erscheinung teils skeptisch, teils erwartungsvoll unter die Lupe genommen, scheint das Matriarchat in der Urgeschichte heute zu den wenigen *gelösten* Rätseln der Menschheit zu gehören. Glaubt man den Göttin-Feministinnen, sind inzwischen auch die letzten Details dieser Urform des menschlichen Daseins wiedererinnert. Ob matriarchale Psyche, matriarchales Denken, Zeitpunkt und Liturgie der damaligen Jahreszeitenfeste oder das Wesen der matriarchalen Gesellschaften, die in natürlicher Anarchie, allein durch das Hören auf die Gesetze des Kosmos, funktionierten – das alles ist uns bekannt und wohlvertraut. Das große Zeitalter der Frauen birgt keine Geheimnisse mehr.

Während Bachofens *Mutterrecht* im Laufe seiner Wirkungsgeschichte das Interesse der Öffentlichkeit immer stärker auf sich zog und in fast allen geisteswissenschaftlichen Disziplinen eine rege Forschungstätigkeit provozierte, war aus den Kreisen der UrgeschichtlerInnen dagegen kaum etwas zur Matriarchatsidee zu vernehmen. Obwohl das Matriarchat der Frühzeit in die Zuständigkeit der urgeschichtlichen Archäologie fällt, zählte es für sie niemals zu den als wichtig eingestuften Fragestellungen. Eine Auseinandersetzung mit Bachofen fand sowenig statt wie die grundsätzliche Diskussion der Frage, ob die von ihm postulierte Phase der Menschheitsgeschichte mit urgeschichtlichen Quellen überhaupt zu beweisen oder zu widerlegen ist. In Fachpublikationen wurde und wird das Thema allenfalls gestreift. Gegenüber der Öffentlichkeit hüllt sich die Urgeschichtsforschung jedoch in kanonisches Schweigen – das bisher lediglich in wenigen Ausnahmefällen gebrochen wurde.

Für die heutigen MatriarchatsforscherInnen dürfte die Erklärung dieses Phänomens auf der Hand liegen, denn schließlich werfen sie der Urgeschichtsforschung häufig genug vor, patriarchal verbildet, phantasielos, vor allem aber nicht gewillt zu sein, die Macht der Geschichte aus der Hand zu geben. Allerdings gibt es zumindest in neuerer Zeit auch einige Frauen, die in der Urgeschichtsforschung tätig sind. Sind auch sie pauschal als patriarchal verbildet abzutun? Sind sie alle perfekt patriarchal sozialisiert, unemanzipiert und deshalb nicht gegenüber ihrem ›weiblichen Erbe‹, sondern gegenüber der ›Vätergeschichte‹ loyal? Um herauszufinden, weshalb die Urgeschichtsforschung sich zum Thema »Matriarchat« ausschweigt, muß man etwas tiefer schürfen. Denn wie so häufig, liegen auch hier die Dinge komplizierter. Auch wenn die Vorwürfe, die die Matriarchatsforscherinnen der Wissenschaft machen, in manchen Punkten berechtigt sind, berühren sie nur die Oberfläche des Problems, das es im folgenden zu untersuchen gilt.

Die Frage, ob und wie Urgeschichtlerinnen und Urgeschichtler nach Bachofen zum Matriarchat Stellung bezogen, wurde erst vor kurzem überhaupt gestellt – und zwar in erster Linie von Studentinnen (Fries 1993; Kästner 1993). Einstweilen liegt eine Forschungsgeschichte des Fachs im deutschsprachigen Raum jedoch nur in Bruchstücken vor und kann kaum einer Analyse unterzogen werden. Die Voraussetzungen für eine fundierte und vollständige Rezeptionsgeschichte des Matriarchats fehlen also, und so können wir im Augenblick nur Schlaglichter setzen. Dabei gilt es vor allem, zwei Forschungsrichtungen der deutschsprachigen Urgeschichtsforschung auf ihr Geschichtsbild und Wissenschaftsverständnis hin zu befragen, die das Thema »Matriarchat« behandelt haben: eine kulturhistorische, stark von der Ethnologie beeinflußte Richtung des Fachs, die Oswald Menghin in den 30er Jahren in Wien prägte, sowie die marxistische Urgeschichtsforschung der ehemaligen DDR, die dem Historischen Materialismus verpflichtet war. Beide Richtungen beschreiben die Menschheitsgeschichte universalhistorisch als Abfolge von Entwicklungsstadien, die durch gesellschaftliche und wirtschaftliche Verhältnisse definiert werden. Weder Menghins Ideen noch den Überlegungen der marxistischen Forschung zum Matriarchat wurde längerfristig Aufmerksamkeit zuteil, und man kann sich die Frage stellen, weshalb sämtliche anderen Strömungen des Faches sich nie ernsthaft mit dem Matriarchat auseinandergesetzt haben.

Bis heute ist es für die meisten ArchäologInnen ein diffiziles und fremdes Terrain geblieben. Methodische Unsicherheit und Berührungsängste gegenüber dem Thema treten insbesondere in der deutschen Urgeschichtsforschung auf und sind auf ihre spezielle Geschichte zurückzuführen. Da sich darüber hinaus die Ausrichtung des Faches – selbst innerhalb Europas – aufgrund unterschiedlicher Wurzeln und Forschungstraditionen in den einzelnen Ländern stark unterscheidet, werden wir uns aus Gründen der Übersichtlichkeit auf den deutschen Sprachraum beschränken.

Von der Krone der Schöpfung zur Krone der Evolution: Menschheitsgeschichte im 19. Jahrhundert

Ideengeschichtlich wurzelt der Historische Materialismus einerseits in der Hegelschen Philosophie, andererseits im kulturgeschichtlichen Evolutionismus des 19. Jahrhunderts, einer Forschungsrichtung, die wie kaum eine andere die Säkularisierung der Wissenschaften vorantrieb. Die ersten fossilen Menschenfunde und Darwins Abstammungslehre warfen nicht nur neues Licht auf Alter und Herkunft der Menschheit, sie versetzten auch dem

sich immer noch zäh behauptenden christlichen Geschichtsbild einen entscheidenden Schlag. Geschwächt war es schon seit langem, denn seit der Aufklärung hatte der Glaube, daß Geschichte eine Art göttlicher Planwirtschaft sei, kontinuierlich an Boden verloren. Nun machten sich etliche Forscher daran, auf rationaler Grundlage Erklärungen für die Ursprünge der Welt und der Menschen und für den Fortgang der Geschichte zu suchen.
Am weitesten wagten sich dabei Evolutionisten wie John Ferguson McLennan, John Lubbock, Lewis Henry Morgan, Herbert Spencer oder Edward Burnett Tylor vor: Sie stellten dem christlichen Geschichtsbild Systeme gegenüber, die die Welt ausschließlich aus sich selbst, d.h. ohne Rückgriff auf metaphysische Kategorien erklärten. Geschichte ereignete sich nun nicht mehr zwischen den Polen Schöpfung und Jüngstes Gericht, sie entwickelte sich vielmehr stufenweise von der Menschwerdung zur modernen Zivilisation und damit von einem niedrigen zum hohen Kulturniveau. Wie das traditionelle christliche Geschichtsbild war jedoch auch der Evolutionismus universal konzipiert: Er umfaßte die gesamte Menschheitsgeschichte – weltweit von der Urzeit bis zur Gegenwart.
Zu jener Zeit befand sich die Urgeschichtsforschung noch im Pionierstadium und kämpfte um ihre Anerkennung als wissenschaftliche Disziplin. Das unmittelbar aus archäologischen Quellen gewonnene Wissen über die Urgeschichte war gering und weitgehend auf Europa beschränkt. So konnten die damals bekannten urgeschichtlichen Funde lediglich grob nach dem Dreiperiodensystem der Stein-, Bronze- oder Eisenzeit zugeordnet werden. Wie alt sie tatsächlich waren, wußte niemand, und wann die Menschheitsgeschichte überhaupt angefangen hatte, blieb weiterhin ein Rätsel. Während man ihren Beginn im 17. Jahrhundert anhand der Bibel noch auf das Jahr 4004 v.Chr. festlegte, setzt man ihn heute aufgrund der bekannten fossilen Menschenfunde vor etwa 2 bis 2,5 Millionen Jahren an.
An große Entwürfe zur Menschheitsgeschichte oder an die Beantwortung der drängenden Ursprungsfragen war auf der Grundlage archäologischer Quellen damals also gar nicht zu

denken. Nur auf dem Umweg über überwiegend völkerkundliche Quellen in Form von Berichten über Entdeckungs-, Missions- und Forschungsreisen zu den sogenannten primitiven Völkern konnten die Bausteine für ein neues Geschichtsbild gesammelt werden. Man schloß ganz einfach von Gesellschaften der Gegenwart, denen man ein niedriges Kulturniveau bescheinigte, auf frühere Kulturstufen der Menschheit zurück. Die Informationen, die man bei den »Primitiven« gesammelt hatte, wurden nach bestimmten Kategorien – wie z.B. Familienstruktur, politische Organisation, Religion und Wirtschaftsweise – geordnet und noch einmal systematisiert. Die Familienstruktur beispielsweise differenzierte man anhand der Geschlechterbeziehung (Promiskuität, Gruppenehe, Polygamie oder Monogamie), deren Formen man in eine entwicklungsgeschichtliche Abfolge brachte. Empirische Forschung spielte für weitere Schlußfolgerungen dann kaum noch eine Rolle. Daß Entwicklungen ganz allgemein vom Einfachen zum Komplexen, vom Ungeordneten zum Geordneten, vom Wilden zum Zivilisierten verliefen, schien selbstverständlich.

Doch was verbarg sich hinter den scheinbar neutralen Begriffen »komplex«, »geordnet« und »zivilisiert«? Statt für die Krone der Schöpfung hielt sich die bürgerliche Gesellschaft Europas nun für die Krone der Evolution. Und gleichzeitig verehrte sie das Unzivilisierte als ihren Ursprung: »Was dem ›modernen‹ Menschen, d.h. seinerzeit dem viktorianischen Bürger und seinen Zeitgenossen in anderen ›zivilisierten‹ Ländern, als besonders grob und abscheulich erschien, galt a priori auch als besonders alt: Die Horde mit geschlechtlicher Promiskuität z.B. ebenso wie der Kannibalismus.« (Narr 1974, 95) Die Altersbestimmung kultureller Erscheinungen war damals in erster Linie eine Angelegenheit subjektiver Einschätzung. Und die weltgeschichtlichen Entwürfe der Evolutionisten spiegeln nicht nur ihre Sicht von der Entwicklung der Menschheit, sondern ebenso die Moral- und Wertvorstellungen der bürgerlichen Gesellschaft des 19. Jahrhunderts.

Als einer der bekanntesten Evolutionisten vertrat der amerikanische Jurist und Privatgelehrte Lewis Henry Morgan in seinem 1877 erschienenen Buch *Ancient Society* (dt.: *Die Urgesellschaft*) die Idee, daß der mühselige Weg der Menschheit nur von der Wildheit über die Barbarei zur Zivilisation führen könne. Von der universalen Gültigkeit seines Geschichtsbildes war er überzeugt: »Die Geschichte des Menschengeschlechts zeigt überall die gleichen Anfänge, die gleichen Erfahrungen, den gleichen Fortgang.« Auf der Suche nach den Anfängen schlug er den Weg zu den Müttern ein: Morgan postulierte Matrilinearität als die »ursprüngliche und mehr in Einklang mit der früheren Beschaffenheit der alten Gesellschaft« (1891, XIII; 291) stehende Abstammungsfolge – und folgerte kühn eine weltweite historische Abfolge von Matrilinearität zu Patrilinearität. Bestätigung fand er durch die Arbeiten Bachofens, mit dem er in brieflichem Austausch stand. (Teile des Briefwechsels finden sich in Heinrichs 1987 sowie in Bachofen GW X.)

Der leuchtende Stern des Matriarchats: Archäologie in der DDR

Friedrich Engels griff Morgans Gedankengut auf und lieferte mit seinem 1884 erschienenen Buch *Der Ursprung der Familie, des Privateigentums und des Staats* die theoretische Grundlage für die spätere Archäologie der DDR. Engels spitzte Morgans evolutionistischen Geschichtsentwurf auf den Wandel von der Ur- zur Klassengesellschaft zu. In Anlehnung an Morgan und Engels benutzte die Archäologie der DDR die sozialen Organisationsformen Matriarchat und Patriarchat als Kategorien der Periodisierung. Das Matriarchat galt allgemein als die ältere Organisationsform. Viele Details blieben strittig, so auch, wann der Übergang zum Patriarchat stattgefunden haben sollte. Manche AutorInnen siedelten den Umbruch in der Steinzeit an, andere in den Metallzeiten (Herrmann/Ulrich 1991, 448).
In den 50er Jahren erreichte die Diskussion ihren Höhepunkt. Sie endete mit einem Machtwort der sowjetischen Archäologie,

die enge Verbindungen zur Ethnologie pflegte: Matriarchat und Patriarchat sollten nicht mehr zur Periodisierung der Menschheitsgeschichte herangezogen werden. Aufgrund ihrer Feldforschungen in nicht-industriellen Gesellschaften wagten die EthnologInnen den Analogieschluß von der Gegenwart auf die Vergangenheit: der Status von Frauen und Männern in frühen Entwicklungsstadien der Menschheit müsse weitgehend gleich gewesen sein (Semenow 1979, 818; Fluehr-Lobban 1988).
Dies bedeutete den Abschied von der Vorstellung einer universalgeschichtlichen matriarchalen Epoche, die gekennzeichnet war von Matrilinearität und weiblicher Dominanz: »Zwar hat sich das Patriarchat ohne Zweifel erst sehr spät herausgebildet, doch wird es ein Matriarchat als universalhistorisches Stadium niemals gegeben haben.« (Herrmann/Ulrich 1991, 448; das Buch wurde noch zu Zeiten der DDR konzipiert.) Danach beschränkte sich das Interesse am Matriarchat im wesentlichen auf Teilaspekte, insbesondere auf die Matrilinearität. Vor allem Alexander Häuslers Arbeiten über geschlechtsdifferenzierte Bestattungsweisen im Neolithikum und in der Frühen Bronzezeit, auf die später noch eingegangen wird, sind hier hervorzuheben. Die Forschung hat sich mit seinen Ideen zu weiblicher und männlicher Dominanz bisher kaum auseinandergesetzt, und so sind Matriarchat und Patriarchat als einst »leuchtende Fixsterne am marxistischen Denkhimmel« (Behrens 1993, 372) seit den 50er Jahren im Erlöschen begriffen und heute kaum noch von Bedeutung.

Die letzten Fragen der Menschheit: Oswald Menghin und die Kulturkreislehre

Eine noch kürzere Lebensdauer war den mutterrechtlichen Ideen Oswald Menghins beschieden, die er in seinem 1931 erschienenen Werk *Die Weltgeschichte der Steinzeit* darlegte. Auch er betrachtete das Matriarchat als Charakteristikum bestimmter Epochen der Menschheitsgeschichte. In der Einleitung dieses mehr als 600 Seiten starken Opus formulierte Menghin seinen wissenschaftstheoretischen Standpunkt und sein Geschichtsverständnis. Im Selbstverständnis der westdeutschen Archäologie nach 1945, die sich bisher nur sporadisch mit dem Matriarchat befaßt hat, spielen seine Positionen allerdings keine Rolle.

Menghin ging es um die »letzten Fragen« seiner Zeit; zu ihrer Klärung, so glaubte er, könne die Urgeschichtsforschung als wissenschaftliche Plattform beitragen: »Anfang, Wesen, Berechtigung von Familie, Staat, Eigentum, Kunst, Religion, – Ursprung, Wert, gegenseitiges Verhältnis von Rasse, Sprache und Kultur, – Gesetzmäßigkeit, Bedeutung, Zweck des Geschehens überhaupt«. Ähnlich prätentiös formulierte er denn auch als Ziel der Urgeschichtsforschung die Rekonstruktion der »Geschichte des menschlichen Geistes« (1931, 1; 4).

Nach Menghins Auffassung vergegenständlicht sich der menschliche Geist als Triebkraft des Weltgeschehens in der Kultur: »Immer ist Geist die Kraft, die Kultur schöpft.« Unter Kultur verstand er sowohl die geistige als auch die materielle Ebene einer Gesellschaft. Aus archäologischen Funden und Befunden als den materiellen Hinterlassenschaften vergangener Kulturen erschloß er deren geistige Welt. Menghin zweifelte nicht daran, auf der Grundlage archäologischer Quellen den ältesten Abschnitt der Geistesgeschichte der Menschheit schreiben zu können. Immerhin war ihm bewußt, daß der Schluß von wenigen, im Boden zufällig erhaltenen materiellen Gütern auf die geistige Kultur einer untergegangenen Gesellschaft ein äußerst spekulatives Unterfangen war. Deshalb stilisierte er auf der Suche nach der Antwort auf die »letzten Fragen« die Spekulation zum unerläßlichen Erkenntnisinstrument hoch. Dagegen hatte ein kritisch-rationales Wissenschaftsverständnis, das sich den durch Beobachtung wahrnehmbaren Tatsachen verpflichtet sieht, kaum eine Chance:

> Ich bin zutiefst von der Überzeugung durchdrungen, daß sich auf dem Wege der positivkritischen Forschung allein nichts entscheiden läßt. [...] Erst von einer Ebene aus, auf der sich Fachwissenschaft und Spekulation treffen, kann Wahrheit erblickt werden – freilich noch immer in unbestimmter, trügerischer Ferne. Hier kommt es auf

die Schärfe des Inneren Auges an, ob der Forscher Wahrheit zu schauen vermag.« (1931, 12; 1)

Mit Reflexionen über den Ablauf, die Gliederung und den Sinn des Weltgeschehens stieß Menghin, wie er im Schlußsatz seines Buches eingesteht, an die Grenze zur Metaphysik. Dennoch verließ er sich beim Aufbau seiner Universalgeschichte nicht nur auf die Schärfe des inneren Auges, sondern auch auf eine aus der Ethnologie entlehnte Methodik: die Kulturkreislehre.
Ähnlich wie die evolutionistischen Strömungen des 19. Jahrhunderts versuchte die Kulturkreislehre, die Geschichte der Völker bis zu ihren Anfängen zurückzuverfolgen und vollständig zu rekonstruieren. Seit der Jahrhundertwende arbeiteten mehrere Forschungseinrichtungen im deutschsprachigen Raum mit dieser Methode, u.a. die »Wiener Schule« um Pater Wilhelm Schmidt. Menghin, der in Wien studiert hatte und dort seit 1913 Urgeschichte lehrte, pflegte mit Schmidt einen intensiven Gedankenaustausch, übernahm für seine *Weltgeschichte der Steinzeit* die Kulturkreislehre als methodisches Rüstzeug und wandte ihre Prinzipien konsequent auf die Urgeschichte an. Damit verhalf er ihr zwar zu wissenschaftlichem Aufsehen, beschleunigte aber auch ihren Niedergang. Denn er hatte sich so weit vorgewagt, daß er den Kritikern Argumente für ihre Fragwürdigkeit gleich mitlieferte.
Wie stellten es nun zunächst Ethnologen an, die Völker- bzw. Menschheitsgeschichte mit Hilfe der Kulturkreislehre zu rekonstruieren? Bei der Lektüre ethnographischer Literatur und eigenen Feldforschungen in traditionellen Gesellschaften suchten sie nach weltweit gleichen Kulturelementen: nach gleichen Formen der materiellen Kultur wie z.B. nach bestimmten Geräte- oder Waffentypen ebenso wie nach Formen der sozialen oder politischen Organisation (Mutterrecht, Königtum etc.), der Wirtschaftsweise (Hackbau, Viehzucht etc.) und der spirituellen Welt (Monotheismus, Schamanismus etc.). Fanden sie gemeinsame kulturelle Muster in verschiedenen Gesellschaften, so galt ihnen dies als Beweis für einen inneren Zusammenhang, ja für

den gemeinsamen Ursprung jener Kulturen. Die Bedeutung räumlicher Entfernungen löste sich vor der Historie in Wohlgefallen auf, weil »das Auftreten gleicher, bzw. genetisch zusammengehöriger Formen bei noch so großer räumlicher Trennung nicht auf Zufall beruhen kann, sondern [...] solche Formengesellschaften aus einem gemeinsamen Herde stammen müssen« (Menghin 1931, 6). Über riesige geographische Räume hinweg wurde die Welt neu eingeteilt, in »Kulturkreise« gruppiert und nach Entwicklungsstufen sortiert. Ein System von sogenannten »Urkulturen«, »Grundkulturen«, »Primär- und Sekundärkulturen« gab in aufsteigender Linie die Entwicklungsrichtung der Menschheit an.

Das führte u.a. zu heute grotesk anmutenden Vorstellungen wie jener bekannten These Pater Wilhelm Schmidts, Pygmäen seien – weil kleinwüchsig und im Urwald auf angeblich niedrigstem Kulturniveau vom Sammeln und von der Jagd lebend – die »Kindheitsvölker der Menschheit«. Die Menschheit indessen war männlich: Nach einem zu Anfang des Jahrhunderts weitverbreiteten Bild wurde ihre Geschichte nach den Entwicklungsstadien Kindheits-, Jünglings- und Mannesalter periodisiert. Für Menghin, der dieses Bild konsequent zu Ende dachte, war es eine unerträgliche Vorstellung, daß die Menschheit mit zunehmendem Alter offensichtlich dem Abstieg in die Senilität ins Auge blicken mußte. Deshalb ersetzte er das Bild durch den Begriff »Natur«: Die Entwicklung verlief nun von der »Naturkindschaft« über die »Naturverbrüderung« zur »Naturbeherrschung« (1931, 609).

Der weltgeschichtliche Entwurf der ethnologischen Kulturkreislehre blieb freilich sehr diffus, zumal er ausschließlich auf ethnographischen Daten beruhte. Archäologische Funde und Befunde, also die direkten Quellen für die schriftlosen Zeiten der Menschheit, wurden nicht berücksichtigt. Menghin war der erste, der versuchte, ein universalgeschichtliches System mit Hilfe ethnographischer *und* archäologischer Quellen aufzubauen. Zunächst jedoch erstellte er als fachlicher Außenseiter ein eigenes System ethnologischer Kulturkreise. Es umfaßte »Grundkulturen« sowie »Frühe«, »Mittlere« und »Späte Stammkulturen«, die sich jeweils in mehrere Kulturtypen aufgliederten. Gliederungskriterien waren die Gegenpole Mutterrecht – Vaterrecht, Ackerbau – Viehzucht sowie Dorf – Stadt. Menghin benannte mit Hilfe dieses Rasters beispielsweise »Altpflanzerische«, »Jungmutterrechtliche«, »Rinderhirten-«, »Dorf-«, »Hirtenkrieger-« sowie »Herren-« bzw. »Stadtkulturen«. Mit jedem dieser Kulturtypen verband er bestimmte Merkmale der materiellen und geistigen Kultur, die er jedoch keineswegs systematisch aus dem ethnographischen Datenmaterial ableitete. So bleiben seine Typen Konstrukte, wenig überzeugende Phantasiegebilde mit zweifelhaftem Realitätsgehalt.

Dennoch entwarf er analog den ethnologischen Kulturkreisen ein weltumfassendes Ordnungssystem für die urgeschichtlichen Kulturen. Im archäologischen Fundmaterial suchte er nach Formengesellschaften – der Grundlage für seine Definition der Kulturkreise.

Die Parallelisierung führte zum erwarteten Ergebnis: Archäologische und ethnographische Kulturkreise stimmten weitgehend überein. Sie mußten richtig sein, weil sie sich gegenseitig bestätigten. Weil ihm die Richtigkeit seiner Theorie erwiesen schien, scheute sich Menghin auch nicht, den zuvor definierten ethnographischen Kulturtypen archäologische Kulturen zuzuordnen – so beispielsweise der Jungpflanzerischen Kultur die neolithischen Pfahlbauten der Schweiz (1931, 520). Sein Kurzschluß zwischen materieller und geistiger Kultur führte zu Aussagen über Lebensbereiche urgeschichtlicher Gesellschaften, die aus heutiger Sicht anhand archäologischer Quellen allein nicht zu erschließen sind.

Vor diesem Hintergrund sind auch Menghins Äußerungen über das Mutterrecht bzw. Matriarchat zu sehen (er verwendet die Begriffe synonym). Wie wir noch sehen werden, ist das Matriarchat eines jener Kulturphänomene, die sich nach heutigem Wissenschaftsverständnis aus archäologischen Quellen nicht rekonstruieren lassen, sondern diese lediglich interpretieren.

Menghin scheint das Vaterrecht für die normale, natürliche Form des menschlichen Zusammenlebens gehalten zu haben: »In der Familie herrscht die naturgemäße patria potestas« (die Gewalt des Vaters). Das Mutterrecht dagegen entpuppte sich als »seltsame Erscheinung«, als Skurrilität, die es zu enträtseln galt. Dabei kam Menghin auf die Deutung Pater Wilhelm Schmidts zurück, denn sie »räumt mit einem Schlag alle die abstrusen Vorstellungen über die Ursprünge und Ausdehnung des mutterrechtlichen Systems hinweg, die man früher ausgeheckt hat, um diese seltsame Erscheinung zu erklären.« (1931, 610; 498) Schmidts Hauptthese lautete: Das Mutterrecht ist von einem ganz bestimmten Kulturkreis ausgegangen, in dem Frauen aufgrund der Erbfolge das Ackerland besaßen, den Bodenbau betrieben und so die gesamte Gesellschaft dominierten. (1955) Auch Menghin verknüpfte das Mutterrecht mit bestimmten Ackerbaukulturen, sprach aber darüber hinaus von »mutterrechtlichen Zügen« auch bei vaterrechtlich organisierten Gesellschaften, insbesondere bei Viehzüchtern. Was er unter Matriarchat verstand, geht aus seinen Äußerungen zur Altpflanzerischen Kultur hervor: »Das soziologische Charakteristikum dieser Kultur ist das Matriarchat, d.h. der Mann tritt in die Familie der Frau ein, die Rechtsnachfolge geht nach der mütterlichen Seite. Dieser besonderen Stellung entspricht teilweise auch eine politische Machtfülle und weitgehende Vorberechtigung.« (1931, 498)

Es wäre müßig, die archäologischen Kulturen, die Menghin als mutterrechtlich bezeichnete oder denen er mutterrechtliche Züge zusprach, im einzelnen aufzuführen, denn mit der Zunahme archäologischen Wissens erwiesen sich seine Theorien bald als überholt. Auch macht es seine eigenwillige Nomenklatur nahezu unmöglich, die von ihm behandelten Kulturen in die heute gängigen Gerüste urgeschichtlicher Kulturen einzupassen. Deshalb mag hier der zusammenfassende Hinweis genügen, daß Menghin das Matriarchat in erster Linie mit den bäuerlichen Kulturen des frühen Neolithikums verband.

Die methodische Fragwürdigkeit seiner Arbeitsweise wurde seinerzeit besonders heftig im Zusammenhang mit der ethnologischen Kulturkreislehre kritisiert. Dieses System sei zu künstlich, zu systematisch und werde der kulturellen Vielfalt der Welt in keiner Weise gerecht. Schmidt warf man darüber hinaus vor, er habe seine Kulturkreise am Schreibtisch konstruiert und dann als Leiter des Steyler Missionsordens seine Patres zu Feldforschungen ausgeschickt, um die Kulturkreise im nachhinein bestätigen zu lassen. Immerhin regte dieses Verfahren seine Kritiker auch zu zahlreichen Feldforschungen an, die häufig zu gegensätzlichen Ergebnissen führten. Doch letztlich konnte sich die Kulturkreislehre in der Ethnologie nicht durchsetzen. Nach der Veröffentlichung von Menghins *Weltgeschichte* geriet sie vollends ins wissenschaftliche Abseits, da nun ihre methodischen Schwächen deutlich zutage traten.

Künstlich und schematisiert wirkte insbesondere die Übertragung ethnologischer auf archäologische Kulturkreise: Die Überlieferung archäologischer Quellen hängt von einer Vielzahl kaum abzuschätzender Faktoren ab und ist so lückenhaft, daß an eine einheitliche Datengrundlage, die urgeschichtliche Kulturen im ganzen vergleichbar macht, nicht zu denken ist. Menghin behalf sich, indem er die Lücken mit Vermutungen schloß, die ihm sein System nahelegte. Er postulierte Kulturabfolgen, die durch spätere Ausgrabungen widerlegt wurden, und interpretierte beispielsweise die paläolithischen Frauenstatuetten als Ergebnis einer »Geisteswelle von irgendeinem altpflanzerischen Zentrum« (1931, 507) – der Nachweis steht bis heute aus. Frauenstatuetten waren für Menghin generell nur im Kontext einer bäuerlichen, mutterrechtlichen Gesellschaft denkbar. Daß sie möglicherweise auch in eiszeitlichen Wildbeutergesellschaften entstanden sein könnten, schloß er aus – und damit auch die kulturelle Vielfalt urgeschichtlicher Gesellschaften. Seine Folgerungen waren kurzsichtig, seine Methode, »von der Eigentümlichkeit der materiellen Kultur auf das Vorhandensein eines bestimmten Komplexes der geistigen Kultur zu schließen« (Birkner 1927, 9 f.), mehr als gewagt. Bis heute stellt die Verknüpfung von materieller und geistiger Kultur eines der ungelösten Probleme archäologischer Forschung dar.

Welche Auswirkungen Menghins *Weltgeschichte der Steinzeit*

auf die Urgeschichtsforschung hatte, ist wegen der kaum aufgearbeiteten Forschungsgeschichte schwer abzuschätzen. Fest steht, daß die Kulturkreislehre als methodischer Ansatz im Fach auf Ablehnung stieß. Lediglich bestimmte Einzelergebnisse sowie Teilaspekte von Menghins Methodik wurden akzeptiert, wie beispielsweise die Zusammenfassung archäologischer Kulturen zu Kulturkreisen. Sie ist, wenn auch in veränderter Form, bis heute gebräuchlich.

Eine umfassendere Rezeption der Kulturkreislehre erfolgte dagegen in den 50er Jahren in der Geschichtswissenschaft. Im ersten von zehn Bänden einer von Fritz Kern konzipierten *Historia Mundi* finden sich Beiträge von Pater Wilhelm Schmidt, Oswald Menghin und Karl Narr. Narr hatte sich intensiv mit der Kulturkreislehre auseinandergesetzt, ohne sie jedoch als Ganzes zu übernehmen; er gehört zu den wenigen Urgeschichtsforschern, die sich zum Thema Matriarchat geäußert haben.

Auf welche Resonanz Menghins Ansichten über das Matriarchat stießen, ist noch schwieriger zu beurteilen, denn in den wenigen archäologischen Arbeiten, die sich nach 1945 mit der Thematik befassen, wird meist auf Bachofen und Schmidt Bezug genommen.

Interessanterweise wurde auch Menghins Idee, soziologische Kriterien wie Mutterrecht und Vaterrecht als Ordnungsfaktoren für archäologische Kulturen heranzuziehen, von seinen Kollegen nicht aufgegriffen. Das mag damit zusammenhängen, daß sozialhistorische Aspekte als Periodisierungskriterien ausschließlich in universalgeschichtlichen Forschungsrichtungen eine Rolle spielten.

Daß sich das Matriarchat als fester Bestandteil des Geschichtsbildes ausschließlich in den historischen Entwürfen des Evolutionismus, des Marxismus und der Kulturkreislehre findet, ist kein Zufall. Mit ihrem Anspruch, Menschheitsgeschichte schreiben zu können, unterscheiden sich diese Forschungsrichtungen grundsätzlich von den zahlreichen anderen Strömungen, die die Urgeschichtsforschung seit ihrer Entstehung im 19. Jahrhundert prägten. Auch ihr hehres Ziel, mit der Geschichtsschreibung zugleich Welterklärung und Sinnstiftung zu betreiben, trennt sie von vielen anderen, profaneren Richtungen der Archäologie. Ähnliches gilt für Wissenschaftsverständnis und Methodik. Die Diskrepanz zwischen den universalgeschichtlichen und den anderen Strömungen des Faches ist grundsätzlicher Natur und hat weitreichende Folgen. So zeichnet sich hier bereits ab, weshalb das Matriarchat in universalen Geschichtsbildern fest integriert ist, während es in anderen überhaupt nicht existiert.

Innerhalb der deutschsprachigen Urgeschichtsforschung blieb der Einfluß universalhistorischer Ansätze auf ein Minimum beschränkt. Auch die Wirkung englischer und US-amerikanischer Evolutionisten des 19. Jahrhunderts ist in den Arbeiten deutschsprachiger Archäologen kaum spürbar. Das Morgansche Geschichtsbild fand durch seine Umsetzung im Historischen Materialismus von Marx und Engels erst nach 1949 – und zwar ausschließlich in der DDR – Eingang in die Archäologie. Vorübergehend war damit zwar die Verankerung einer matriarchalen Epoche in der Geschichte gesichert – ein knappes Jahrzehnt später bereits wurde sie jedoch kurzerhand wieder aus der Forschung hinauskatapultiert. Als jeweils kurzfristige Ausnahmeerscheinung verschwand das Matriarchat weitgehend folgenlos von der Bühne der Forschung.

Von der bürgerlichen Wissenschaft zum politischen Kampfinstrument: Mainstream-Urgeschichtsforschung von 1900 bis 1945

Im bürgerlichen Bildungsschatz ist das Matriarchat dennoch fest verankert. Dieser Tatsache ist es denn auch zu verdanken, wenn das Thema selbst in Publikationen der nicht universalgeschichtlich arbeitenden Urgeschichtsforschung wenigstens angerissen wird. Wie zu erwarten, fallen die wenigen Beispiele dafür in die nach 1890 einsetzende Zeit der Bachofen-Renaissance. Im Umfeld der Urgeschichte befaßte sich von wissenschaftlicher Seite bis in die 20er Jahre hinein vor allem die Indogermanenforschung mit dem Matriarchat. Methodisch in erster Linie sprachwissenschaftlich orientiert, stützte sich ihre Auseinandersetzung mit dem Mutterrecht bei den (Indo-)Germanen jedoch nicht auf archäologische Quellen, sondern überwiegend auf antike Schriften wie Tacitus' *Germania*. Der mutterrechtliche Zug bei den Germanen wurde dabei allein aus der herausragenden Stellung abgeleitet, die Tacitus dem Mutterbruder zubilligte. Auch die Beiträge der ersten urgeschichtlichen Fachlexika zu den Stichwörtern »Mutterrecht«, »Mutterfolge«, »Mutterbruder« etc. berufen sich nicht auf archäologische, sondern lediglich auf ethnologische Quellen.

Da das Matriarchat also überwiegend fachfremd erörtert wurde, stößt man in der Urgeschichtsforschung auf eine Lücke, die bis heute nicht geschlossen werden konnte: Zwar ist das Thema den meisten ForscherInnen aus der Lektüre Bachofens oder aus der Ethnologie durchaus bekannt, doch gilt es nicht als genuin urgeschichtliches Thema, zählt nicht zu den drängenden Fragen, die an urgeschichtliche Quellen unter allen Umständen zu stellen sind. Es wurde nie der Versuch unternommen, eine Methodik zu entwickeln, um das Matriarchat als Ganzes oder in Teilaspekten an eben jenen archäologischen Quellen nachzuweisen. Allenfalls bei der Interpretation besonders anstößiger Funde wie z.B. den urgeschichtlichen Frauenstatuetten kommt es ins Spiel, denn irgendwie müssen diese auffallenden Kulturerscheinungen ja erklärt werden. In solchen Situationen wird Bachofens Mutterrechtsidee salonfähig – allerdings nicht als politisches Konzept, das für Frauenherrschaft steht, sondern in entschärfter Form als Konglomerat vereinzelter mutterrechtlicher Züge, z.B. »weibliche Fruchtbarkeit«, »Mutterverehrung« und »Mutterkult«. Exemplarisch dafür ist das 1898 erschienene und in seiner Zeit avantgardistische Werk *Urgeschichte der Bildenden Kunst* in Europa von Moritz Hoernes, Professor für Urgeschichte in Wien und Lehrer Menghins. Ein weiteres Beispiel für verzagten Forscherschneid ist der allerdings erst viel später veröffent-

lichte Beitrag Karl Narrs über *Mutterrechtliche Züge in Çatal Hüyük*, mit dem wir uns im Zusammenhang mit dieser für die Matriarchatsdiskussion so wichtigen Siedlung noch befassen werden. (Narrs Artikel erschien 1969, als sich die Neue Frauenbewegung gerade formierte. Ob er auf etwas reagierte, das in der Luft lag, oder ob dieses Zusammentreffen auf einem Zufall beruht, geht aus seinem Beitrag nicht hervor.)
Weniger zaghaft ist dagegen der Zeitbezug eines Festvortrages über *Die Frau in der Vorgeschichte Mitteleuropas*, den Gustaf Kossinna 1910 zur Eröffnung der zweiten Hauptversammlung der *Deutschen Gesellschaft für Vorgeschichte* in Erfurt hielt. In dem zwar kurzen, aber aufschlußreichen Bericht über diesen Vortrag heißt es: »Der Redner knüpfte in humorvoller Weise an die Bestrebungen eines Teils der heutigen Frauenwelt nach politischer Gleichstellung mit dem männlichen Geschlecht an. Er wies dann auf den Gegensatz hin, den die Stellung der Frau in älterer, namentlich in vorgeschichtlicher Zeit zu derartigen Bestrebungen einnehme.« (Kossinna 1911, 2)
Spätestens nach der sich anschließenden »Beschreibung der vorgeschichtlichen Verhältnisse« dürfte der überwiegend männlichen Zuhörerschaft unmißverständlich klargeworden sein, was Kossinna von diesen Bestrebungen hielt:

> Mann und Weib hatten in vorgeschichtlicher Zeit scharf getrennte Wirkungskreise. Der Mann widmete sich hauptsächlich dem öffentlichen Leben und war der Familie fast nur Schutz und Schirm gegen Feindesgefahr. Sonst sorgte er für sie nur hie und da durch Beschaffung animalischer Kost in Ausübung der Jagd. Seine Hauptbeschäftigung war jedoch vornehmes Nichtstun, unterbrochen zuweilen von Sport. Auf den Schultern der Frau dagegen lastete die volle Bürde der täglichen Arbeit, deren jede Familie zu ihrer Erhaltung bedurfte: die Arbeit der Ernährung und der Kindererziehung.

Da war es tröstlich, wenn Kossinna im folgenden die Verdienste der Frau als Schöpferin der menschlichen Arbeit, des wirtschaftlichen Besitzes und des Getreideanbaus rühmte. Geradezu mitfühlend schilderte er die Mühsal ihres Alltags, wenn er darauf verwies, daß sie als »schöne Müllerin« täglich auf einer primitiven Handmühle das Korn habe mahlen müssen, oder das Szenario der Arbeit auf dem Feld entwarf: »Wie heute noch die Negersfrau mag sie oft, das jüngste Kind auf dem Rücken, im Sonnenbrande ihrer harten Feldarbeit obgelegen haben.« Gegen Ende seines Vortrages kam Kossinna auf die Stellung der Frau bei den Germanen zu sprechen: »Rechtlich war zwar die Frau das Eigentum des Mannes, das er in zwingendster Not sogar verkaufen konnte; tatsächlich aber genoss sie bei ihm hohes Ansehen und besass einen grossen Einfluss« – vor allem als Seherin und Heilerin von Männern, wenn sie im Krieg Blessuren erlitten hatten. Kossinnas Ausführungen über die angesehene Stellung der Germaninnen gipfelten in dem lakonischen Hinweis, daß die Witwenverbrennung nur als Ausnahme bei einigen »nach Südosteuropa versprengten Stämmen, die diese Unsitte von ihren dortigen Nachbarn übernommen haben dürften«, vorgekommen sei. »Bei den Germanen des Tacitus aber war die Witwe so frei gestellt, dass sie bei manchen Stämmen sogar eine Wiederverheiratung eingehen konnte.« (1911, 3 f.)

Die Reaktionen des bürgerlichen Publikums auf diesen Festvortrag können wir nur erahnen: Die Damen konnten sich über die Gnade ihrer späten Geburt freuen, die ihnen das insgesamt doch recht elende Dasein in der Vorzeit erspart hatte. Die Herren werden sich erleichtert zurückgelehnt haben, denn schließlich war ihre seit Urzeiten vorgegebene, quasi natürliche Rolle gerade bestätigt worden. Und sie durften sich rühmen, nicht wie die Männer der Vorzeit nur dem Nichtstun und Sport zu frönen, sondern in ehrlicher Arbeit ihre Familie zu ernähren und dadurch ihrer Frau ein im Vergleich zu früheren Zeiten doch ausgesprochen angenehmes Leben zu ermöglichen.

Weitaus erstaunlicher als der Tenor dieser Ausführungen, den man vor dem zeitgeschichtlichen Hintergrund beurteilen muß, ist die Tatsache, daß Kossinna die Stellung der Frau in der Urgeschichte überhaupt zum Thema für seinen Eröffnungsvortrag machte. Denn in erster Linie ging es ihm – wie vielen Wissenschaftlern seiner Zeit – darum, mit missionarischem Eifer das Selbstbewußtsein des deutschen Volkes wieder aufzupäppeln und zu diesem Zweck die »Nationale Vorgeschichte« fest im Bewußtsein der Menschen zu verankern. Dazu benutzte er die von ihm selbst gegründete *Deutsche Gesellschaft für Vorgeschichte* als Plattform. Zug um Zug verwandelte sich die »Nationale« schließlich in eine »Völkische Vorgeschichte«, die im Nationalsozialismus ihren Höhepunkt finden sollte. Kossinna, der bereits 1931 starb, war nicht der einzige, aber einer der bekanntesten und einflußreichsten Akteure, die die Entwicklung der Urgeschichtsforschung von einer um die Jahrhundertwende noch »›normalen‹ bürgerlichen Wissenschaft zu einem politisch-ideologischen Kampfinstrument« (Fetten im Druck) im »Dritten Reich« vorantrieben. Dem Sog allgemeiner rassistisch-nationalistischer Verblendung verfallen, sah er in der deutschen Vorgeschichtsschreibung eine »hervorragend nationale Wissenschaft«. Sein in diesem Tenor verfaßtes Buch über die deutsche Vorgeschichte aus dem Jahre 1912 erreichte bis 1937 sieben Auflagen. Unverdrossen verfolgte er den Plan, die deutsche Nationalgeschichte auf den ihr gebührenden Thron zu hieven, sie anhand archäologischer Quellen bis in die Vorzeit hinein nachzuweisen und damit den »reichen Funden aus heimischem Boden gleichsam ihre Subjektlosigkeit zu nehmen« (1896, 1), sprich: ihnen eine nationale Identität zu verschaffen.

Ermöglicht wurde das nur durch einen methodischen Kunstgriff, mit dem archäologische Kulturen zum materiellen Niederschlag von Völkern und Stämmen erklärt wurden: Kulturgrenzen deckten sich mit Bevölkerungsgrenzen, und »Eroberung« konnte zum Schlüsselwort kulturellen Wandels avancieren. Geschichte erscheint vor diesem Hintergrund als Abfolge unzähliger Völkerwanderungen, als unendliches Siegen und Unterliegen. Daß die letzten Sieger die Deutschen sein sollten, deren Herkunft Kossinna über die Germanen bis zu den Indogermanen der Vorzeit zurückverfolgte, verstand sich für ihn und viele andere Zeitgenossen von selbst. Sein nationaler Dünkel trieb ihn auch zu politischen Stellungnahmen: Als nach dem Ersten Weltkrieg darüber verhandelt wurde, welche Gebiete Deutschland an Polen abzutreten hatte, sandte Kossinna seine Bemerkungen über *Die deutsche Ostmark, ein Heimatboden der Germanen* nach Versailles, um diese für Deutschland zu reklamieren.

Was hat nun Kossinna, was haben Nationale und Völkische Vorgeschichte mit dem Matriarchat zu schaffen? Auf den ersten Blick wenig. Bei näherem Hinsehen erkennt man jedoch Mechanismen, die erklären, weshalb das Matriarchat in der deutschen Urgeschichtsforschung nie ernsthaft diskutiert wurde, denn ganz drastisch wird hier die ideologische Vereinnahmung historischer Forschung deutlich: »Das nationalsozialistische Weltbild war ein Geschichtsbild – es wurde erst möglich durch die Interpretation der Geschichte als eines Ringens der naturgegebenen Völker und Rassen, als eines Kampfes der Höher- mit den Minderwertigen.« (Werner 1967, 9) Die Urgeschichte als das »Alte Testament des deutschen Volkes« (Alfred Rosenberg) hatte die »nationale Aufgabe«, die »überragende Bedeutung der Deutschen in der Vorzeit« (Heinrich Himmler) herauszustellen. Viele Urgeschichtsforscher betrachteten es als Ehrensache, an der »Regermanisierung« und am Wiederaufbau des nach dem verlorenen Ersten Weltkrieg darniederliegenden Selbstbewußtseins der Deutschen mitzuwirken. Kein Wunder, daß angesichts dieser ebenso gigantisch wie existentiell empfundenen Aufgabe niemand Interesse am Matriarchat entwickelte.
Nun ist die ältere Urgeschichtsforschung in Deutschland nicht auf Nationale, nach 1933 Völkische Vorgeschichte zu reduzieren, denn selbst im »Dritten Reich« gab es Forscher, die sich am nationalistischen Wahn nicht beteiligten, sondern sich um eine ideologiefreie, objektive Forschung bemühten. Im 19. Jahrhundert war die Urgeschichtsforschung ein Sammelbecken für alle, die sich für die ältere Geschichte der Menschheit interessierten. Da sie als Disziplin damals noch nicht existierte, fanden sich hier die unterschiedlichsten Persönlichkeiten aus den verschiedensten Berufssparten. Die Vielfalt der Fragestellungen wurde

durch das gemeinsame Interesse an der »heidnischen Vorzeit« gebündelt. Da gab es Einzelpersonen – häufig Pfarrer, Lehrer oder Förster – und Geschichtsvereine, die aus Heimatliebe, Interesse an Heimatgeschichte oder Abenteuerlust auf Schatzsuche gingen. Die archäologischen Funde wurden gesammelt, archiviert und landeten in den Heimatmuseen, wo sie dann, nach Größe sortiert, in den Vitrinen zu bestaunen waren. Das Publikum staunte tatsächlich, denn noch nicht allzulange hatte sich die Erkenntnis durchgesetzt, daß es sich bei den ausgestellten Keramikgefäßen nicht etwa um durch geheimnisvollen Zauber im Boden gewachsene Zwergentöpfe handelte und daß die Steinbeile keine Donnerkeile waren, sondern die Hinterlassenschaften menschlicher Vorfahren. Andere – darunter viele Angehörige des Militärs – konzentrierten sich zunächst ganz auf die Römer und suchten die Überreste römischer Militäranlagen im Gelände. Erst mit der Zeit entwickelte sich auch ein Interesse für die einheimischen Gegner der Römer, die Kelten und Germanen.

Weitaus tiefer schürften Geologen in der Geschichte. Bei ihrer Arbeit fanden sie immer wieder Steingeräte, gelegentlich auch fossile Menschenknochen in sehr alten geologischen Schichten, und so sahen sie sich mit der Frage nach der Entstehung und Entwicklungsgeschichte des Menschen konfrontiert.

Ähnliche Fragen stellten auch die Anthropologen, die die »Völker« der Vergangenheit und der Gegenwart stets im Blick behielten. In der 1869 gegründeten *Deutschen Gesellschaft für Anthropologie, Ethnologie und Urgeschichte* wurde Anthropologie im weitesten Sinne betrieben: als universale Wissenschaft vom Menschen. Doch auch hier war das Matriarchat kein Thema. Darum und um Sozialgeschichte überhaupt kümmerten sich lediglich, wie bereits erwähnt, die englischen und US-amerikanischen Evolutionisten und die Marxisten.

Die deutsche Forschung bemühte sich dagegen, das Alter und die physische Entwicklung der Menschheit zu ergründen, die archäologischen Fundbestände zu datieren und ethnisch zu verorten. Im Zeitalter des Nationalitätenkampfes, seit der Reichsgründung 1871 mit dem Aufbau einer nationalen, ›deutschen‹ Identität beschäftigt, dachten fast alle Historiker und historisch interessierte Laien nahezu ausschließlich in ethnischen und nationalen Kategorien. Wie sich mit wachsendem Nationalismus aus dem ursprünglich vorhandenen Spektrum an Forschungsrichtungen die Nationale, später dann Völkische Vorgeschichte als die bestimmende herauskristallisierte, wurde bereits beschrieben.

Kossinna als einer der Protagonisten dieser Entwicklung war jedoch auch in anderer Hinsicht für den weiteren Fortgang der Urgeschichtsforschung von großer Bedeutung. Mit seiner außerordentlichen Professur für Deutsche Archäologie, die er 1902 an der Universität Berlin erhielt, begann die Etablierung des Faches an den Universitäten. Da erst 1928 der erste ordentliche Lehrstuhl für Urgeschichte in Marburg hinzukam, prägte Kossinna die ersten Generationen von Urgeschichtsforschern und damit auch das Selbstverständnis der sich gerade ausbildenden Disziplin. Seine Selbstinszenierung, die von ihm konsequent betriebene Popularisierung seiner Ideen und die Pflege einer treu ergebenen Schülerschaft machten ihn so bekannt, daß sein Einfluß über seinen Tod hinaus wirkte. Als das Fach Urgeschichte von den Nationalsozialisten zwischen 1933 und 1939 mit der Schaffung 16 weiterer Lehrstühle erstmals an den Universitäten verankert wurde (freundl. Auskunft W. Pape, Freiburg), schwebte sein Geist über der jungen Disziplin und drückte ihr seinen Stempel auf. Neben der rassistisch-völkischen Komponente steht Kossinna für einen Methodenapparat und bestimmte Erklärungsmuster, die den kommenden Forschergenerationen als Rüstzeug mitgegeben wurden. Dazu gehören u.a. die Ethnisierung archäologischer Kulturen und die Erklärung von Kulturwandel durch Eroberung – beide Aspekte werden uns bei Marija Gimbutas wiederbegegnen, die in dieser Zeit ihre Ausbildung erhielt und 1946 in Tübingen promovierte.

Die Popularisierung der Urgeschichte in großem Stil trieb Kossinna vor allem in seiner Funktion als Vorsitzender der – dem Zeitgeist entsprechend – 1913 in *Gesellschaft für Deutsche Vor-*

geschichte umbenannten Vereinigung voran. Mit ihr verfügte er über ein Instrument, seine Ideen buchstäblich unters Volk zu bringen. Die hauseigenen Publikationsorgane *Mannus* und *Mannus-Bibliothek* nutzend, ersetzten er und andere Wissenschaftlichkeit immer mehr durch Gesinnung. Zur Zeit des Nationalsozialismus fühlte sich dann nahezu jeder Laie kompetent und berufen, sich zu urgeschichtlichen Themen, die gesellschaftlich relevant erschienen, zu Wort zu melden.

Da das nationalsozialistische Weltbild in erster Linie ein Geschichtsbild war, wurden weltanschauliche Diskussionen in großem Umfang über die Geschichte ausgetragen. Das gilt auch für die äußerst zwiespältige Auseinandersetzung über die Rolle der Frau zwischen Diskriminierung und kultischer Überhöhung. Bei der Frauenfrage überließen die Fachleute das Feld komplett dem Laienpublikum. Auf diese Weise konstituierte sich außerhalb des Faches ein vermeintliches Wissen über die Frau in der Urgeschichte, das nicht historische Tatsachen, sondern persönliche Ansichten widerspiegelte.

Ähnliches ist auch heute zu beobachten: In guter alter Tradition breiten die meisten Fachleute den Mantel des Schweigens über die Frau in der Urgeschichte und zwingen somit interessierte Laien, sich die Antworten auf ihre Fragen auf eigene Faust zu beschaffen. Ohne methodisches Rüstzeug und ohne fundiertes Fachwissen werden archäologische Quellen interpretiert und historische Szenarien bis hin zur kompletten Weltgeschichte entworfen, die über Workshops, Vorträge, Bücher etc. als vermeintlich gesicherte Erkenntnisse verbreitet werden. »Urgeschichtsforscher« oder »-forscherin« ist leider keine geschützte Berufsbezeichnung und steht hier in den meisten Fällen weniger für *Kompetenz für* als *Interesse an* Urgeschichte.

Verbarrikadierung hinter positivistischen Mauern: Urgeschichtsforschung nach 1945

Die Machtergreifung der Nationalsozialisten 1933 stellte für die deutsche Urgeschichtsforschung keine Zäsur dar; durch die massive staatliche Förderung wurde lediglich eine Entwicklung gefördert, die bereits in vollem Gang war (Fetten im Druck; Werner 1967, 96 ff.). Einen jähen Einbruch erlebte das Fach dagegen mit dem Ende der nationalsozialistischen Herrschaft. Wie das Kaninchen auf die Schlange starrte man nach 1945 zunächst gebannt und bewegungslos auf die eigene völkische Vergangenheit. Anstatt Geschichte zu *schreiben*, wurde nun plötzlich gefordert, Geschichte zu *bewältigen* – und zwar die eigene.
In der DDR war das relativ einfach, denn durch den Übertritt zum Sozialismus war auch in der Urgeschichtsforschung die Stunde Null eingetreten. Mit der Übernahme des Historischen Materialismus vollzog das Fach einen radikalen Bruch mit seiner Vorgeschichte, die jede weitere Auseinandersetzung mit ihr unnötig erscheinen ließ.
In der Bundesrepublik setzte die vermeintliche Vergangenheitsbewältigung auf personeller Ebene an. Offenbar stellvertretend für das ganze Fach wurden einige wenige Einzelpersonen zu Tätern, Opfern und Helden stilisiert, Gustaf Kossinna und sein Schüler Hans Reinerth (»Führer« des *Reichsbundes für deutsche Vorgeschichte*, der eng mit dem Amt Rosenberg verquickt war) in diesem Zusammenhang zu Hauptsündenböcken erklärt. Ihre Namen sind seither Synonyme für die Verfilzung von Urgeschichtsforschung und NS-Ideologie.

Inhaltlich zog sich das Fach auf ideologisch unverdächtiges Terrain, d.h. auf das Fundmaterial zurück. Man flüchtete in einen »nur noch ordnenden und registrierenden Positivismus« (Narr 1964, 400) – eine alte Nebenrichtung des Faches, die in dieser Situation erstmals voll zum Zuge kam. Das Ergebnis waren beispielsweise aufwendige Materialeditionen von reinem Katalogcharakter oder bis an den Rand der Absurdität verästelte Chronologiesysteme. Typologie, Chorologie und Chronologie der archäologischen Funde wurden zu den drei Säulen der bundesrepublikanischen Archäologie – »All the rest was evil.« (Klejn 1993, 53) Das Pendel schlug ins andere Extrem aus: Es zählten nur noch Fakten, Material, das man in den Händen hielt. Historische Interpretationen archäologischer Quellen waren tabu, die Entwicklung von Theorien war ideologieverdächtig und deshalb verpönt. Die Forschung verbarrikadierte sich in positivistischen Stellungen gegen jede ideologische Versuchung – eine Haltung, die Günter Smolla als »Kossinna-Syndrom« bezeichnete (1979/80). Sie steht für eine Art von Vergangenheitsbewältigung, an der das Fach heute noch krankt.

Der Rückzug in Positivismus und Theoriefeindlichkeit hatte seinen Preis. Zu zahlen hatten ihn diejenigen, die archäologische Funde nicht nur verwalten, sondern als Geschichtsquelle nutzen wollten. Das aber ist nur möglich durch Interpretation. Für Interpretationen wiederum benötigt man theoretische Grundlagen, die nach der Absage an die Völkische Vorgeschichte jedoch nicht mehr vorhanden waren. Angesichts der deutschen Theorie-Einöde verlagerte sich die in den 70er Jahren einsetzende Suche nach theoretischen Ansätzen folgerichtig ins Ausland, und dort wurde man auch fündig. Das schmerzlich empfundene Theorie-Defizit wurde zunächst durch den Import von Theorien, methodischen Ansätzen und Fragestellungen aus den USA, Großbritannien und den skandinavischen Ländern überwunden. Allerdings war der zeitliche Vorsprung des Auslandes allen Anstrengungen zum Trotz nicht aufzuholen. Denn während sich bei uns »New« bzw. »Processual Archaeology« made in USA und GB in avantgardistischen Kreisen gerade mühsam zum Dernier cri gemausert hatte, war man dort bereits bei der »Post-Processual Archaeology« angelangt ...

Auch wenn die deutsche Archäologie es nur schwer verkraften konnte, im internationalen Theorie-Wettlauf unter dem milden Lächeln der Sieger immer auf einem der letzten Ränge zu landen, waren diese Niederlagen äußerst heilsam. Sie lösten die positivistische Erstarrung, in die das Fach nach 1945 verfallen war, und schufen Freiräume für Theorie und neue Fragestellungen, die auf die historische Interpretation der archäologischen Quellen zielten. Neuerdings beackert auch die Mainstream-Archäologie Forschungsfelder, um die sich früher allenfalls Außenseiter kümmerten. Dazu gehören beispielsweise ökologische Probleme wie Landschaftsraubbau, Übernutzung, Abfallverhalten oder Umweltverschmutzung an Verhüttungsplätzen. Auch sozialgeschichtliche Fragen, die in der deutschen Urgeschichtsforschung immer ein Schattendasein fristeten, haben inzwischen Hochkonjunktur. Langsam, aber sicher macht sich Aufbruchsstimmung breit. Es ist ihr so viel Rückenwind zu wünschen, daß sich das Fach jenseits von Völkischer Vorgeschichte und Positivismus ein neues Selbstverständnis erarbeiten kann.

Trotz dieser hoffnungsvollen Ausblicke gibt es einige positivistische Bastionen, in denen das alte Wissenschaftsverständnis sich hartnäckig hält – eine davon ist der Bereich der Geschlechterverhältnisse. Während Frauengeschichte in der Geschichtswissenschaft bereits in den 70er Jahren zum Thema wurde und inzwischen zusammen mit der Geschlechtergeschichte auch an den Universitäten fest verankert ist, hinkt die Urgeschichtsforschung der Entwicklung in den historischen Nachbarwissenschaften sowohl inhaltlich wie personell weit hinterher. Es wird noch eine Weile dauern, bis »Geschlecht« als historische Kategorie in den Köpfen der Urgeschichtsforscherinnen und -forscher verankert sein wird.*

---

* Vorangetrieben wird die Entwicklung, ähnlich wie in den Geschichtswissenschaften (Frevert 1992, 114), auf Initiative von Studentinnen in Arbeitsgruppen oder im Rahmen von Magister- und Doktorarbeiten, die mit Ansätzen der Frauen- oder Geschlechtergeschichte archäologische Quellen bearbeiten. Zur Förderung dieser neuen Forschungsrichtung existiert bereits ein Netzwerk, das einen Rundbrief herausgibt und jährlich eine Tagung organisiert. Kontaktadresse: »Netzwerk archäologisch arbeitender Frauen«, c/o Frauen-AG, Institut für Ur- und Frühgeschichte der Christian-Albrechts-Universität, 24098 Kiel.

Bis heute scheint die aktuelle, etablierte Urgeschichtsforschung klare, über Allgemeinplätze hinausgehende Stellungnahmen zum Thema »Geschlechter« oder »Frauen« geradezu bewußt zu vermeiden. Warum? Neben den bereits genannten Gründen, die mit der Geschichte und Tradition des Faches zusammenhängen, hat dieses Verhalten wohl auch Wurzeln im persönlichen Bereich der Forschenden, über die wir nur spekulieren können. Patriarchale Denkstrukturen, »Angst-Grenzen« (Rentmeister 1985, 33ff.), »persönliche Verunsicherung« (Frevert 1992, 117) mögen hier ebenso mitspielen wie die Tatsache, daß die Ausbildung sich noch fest in männlicher Hand befindet und somit auch unter männlichem Blickwinkel erfolgt. »Matriarchat« ist nach wie vor ein Reizwort. Vielleicht, weil ihm als ehemaligem Kampfbegriff der Frauenbewegung der Geruch von Ideologie anhaftet? Manchen Vertreterinnen und Vertretern des Faches ist anscheinend auch der Feminismus äußerst suspekt. Das muß man zumindest aus der Tatsache schließen, daß jüngst ein Professor das Korreferat für eine feministisch ausgerichtete Magisterarbeit wegen der »großen Nähe des Feminismus zum Nationalsozialismus« ablehnte. »Kossinna-Syndrom« oder/und Chauvinismus? Auch über den Hintergrund dieser Äußerung kann man nur spekulieren ...

Geschichte wird von Männern gemacht. Frauen kommen darin vor.

Trotz der weitgehenden Abstinenz des Faches gegenüber Fragen der Frauen- und Geschlechtergeschichte sind in der Urgeschichtsforschung Stellungnahmen zu diesem Thema dennoch an der Tagesordnung. Eher beiläufig, häufig wohl unbeabsichtigt, werden mit großer Selbstverständlichkeit Aussagen über Frauen und Geschlechterverhältnisse gemacht. Mit »Selbst-Verständlichkeit« im ursprünglichen Sinn des Wortes wohlgemerkt, denn es wird suggeriert, daß archäologische Quellen, d.h. Artefakte und Befunde, ihre historische Bedeutung in sich trügen.

Was hier auf der Hand zu liegen scheint, ist jedoch nicht historische Wahrheit. Vielmehr handelt es sich um Interpretationen, die aus dem Fundus persönlicher Erfahrungen und aus dem Repertoire der Rollenklischees und Weiblichkeitsbilder *unserer* Gesellschaft geschöpft werden. Ohne die Kontrolle durch einen methodischen und theoretischen Bezugsrahmen fließt so unreflektiert der persönliche Hintergrund der Forschenden in die Interpretation archäologischer Quellen ein. Geschieht dies einigermaßen dezent, erhalten individuelle Einschätzungen, Wertvorstellungen oder Ansichten über die Entwicklung der Geschlechterverhältnisse auf diese Weise nicht selten den Anstrich von Wahrheit, gesicherter Erkenntnis und Wissenschaftlichkeit. Obwohl sie es dank ihrer Ausbildung besser wissen müßten, unterläuft manchen UrgeschichtlerInnen so derselbe Fehler wie den MatriarchatsforscherInnen.

Es ist nicht Anliegen dieses Buches, diesem Phänomen auf den Grund zu gehen. Wir möchten uns auf einige Kostproben beschränken, die illustrieren, in welcher Form Aussagen auch dann über Frauen und Geschlechterverhältnisse getroffen und androzentrische Geschichtsbilder aufgebaut werden, wenn dies nicht das erklärte Ziel der betreffenden Studie ist. So äußert sich z.B. ein Kollege mit folgenden Worten über die Geschichte: »Fast immer in der überschaubaren jüngeren Geschichte sind es die Männer gewesen, die den größten Einfluß auf die gesellschaftliche Strukturierung genommen haben und so das soziale Zusammenleben bestimmten. [...] Damit hängt auch eine Vormachtstellung des Mannes in den ›geistigen‹ Institutionen der jeweiligen Gesellschaft zusammen.« Und so kommt der Autor einige Zeilen später zum Schluß: »Soweit wir das heute feststellen können, ist der größte Teil aller Kunst von Männern produziert worden.«

Eine erstaunliche Erkenntnis, wenn man bedenkt, daß die meisten Kunstobjekte, die im Laufe der Menschheitsgeschichte entstanden, nicht signiert sind, es also völlig offen ist, wer sie gestaltet hat. Nichtsdestotrotz wird aus dieser ›Erkenntnis‹ dann abgeleitet, daß auch die paläolithische Kunst, um die es in diesem

Text eigentlich geht, das Produkt von Männern sei (Albrecht 1987, 50 f.).

Die zitierten Äußerungen veranschaulichen die verbreitete Geschichtsauffassung, der zufolge Geschichte von Männern gemacht wird und Frauen (allenfalls) darin vorkommen. Darüber hinaus erhält das Klischee von den Männern als dem politisch, sozial und geistig aktiven und überlegenen Teil der Menschheit neue Nahrung. Der Mann als Macher der Geschichte ist ein Topos der archäologischen Fachliteratur – daß Frauen ebenfalls als Drahtzieherinnen der Weltgeschichte agiert haben, dagegen eine wenig verbreitete Einsicht. Höchstens bei der Entwicklung der Landwirtschaft wird den Frauen als ›Erfinderinnen des Bodenbaus‹ eine innovative Rolle zugestanden. Angesichts von mindestens zwei Millionen Jahren Menschheitsgeschichte, die in der Urgeschichtsforschung zur Debatte stehen, handelt es sich allerdings um ein äußerst kurzes Intermezzo in der ansonsten männerzentrierten Darstellung.

Mit derselben Regelmäßigkeit, mit der der Anteil von Frauen an der Kulturentwicklung heruntergespielt bzw. erst gar nicht in Betracht gezogen wird, begegnen einem Textpassagen, in denen die Verdienste des weiblichen Geschlechts um Heim und Herd und die Kindererziehung gewürdigt werden. Ob als Hüterin des Feuers im Paläolithikum, als (ab und an auch töpfernde) Bäuerin im Neolithikum oder als mit der Textilproduktion und anderen Hausarbeiten befaßte (Ehe-)Frau in der Eisen- und Bronzezeit – stets werden Frauen auf den häuslichen, familiären, privaten Bereich festgeschrieben. Handel, professionelles Handwerk, Politik und Krieg – kurz alles, was mit kommerzieller Güterproduktion, Öffentlichkeit, Macht- und Gewaltausübung zu tun hat, ist die Domäne der Männer.

Ausnahmen bestätigen hier nur die Regel. Dazu gehört beispielsweise ein überaus prunkvolles Grab mit reichen Beigaben aus keltischer Zeit, das bei Vix in Burgund gefunden wurde. Der anthropologischen Geschlechtsbestimmung des Skelettes zufolge wurde es wahrscheinlich für eine Frau angelegt. Dieser Befund irritierte einen Teil der Fachwelt dermaßen, daß ein anson-

sten sehr wortgewandter Kollege sogar sprachlich ins Straucheln geriet: »Der Tote – vielmehr [...] wahrscheinlich eine junge Frau«. Nach diesem Lapsus fing er sich wieder und sprach im folgenden von der »Dame von Vix« oder gar von der »Fürstin« und der »Herrin Burgunds«. Allerdings relativiert sich dieser avantgardistische Vorstoß durch die Tatsache, daß jener Kollege wieder mit größter Selbstverständlichkeit vom »Mont Lassois und seinen Herren« sprach, sobald es um den in der Nähe von Vix vermuteten Herrschaftssitz ging (Fischer 1982, 45; 47; 49).
Andere Urgeschichtler drücken sich elegant davor, sich über eine eventuell politische Rolle der »Dame von Vix« Gedanken zu machen. Sie erklären sich die reiche Grabausstattung ganz einfach mit der (postulierten) außerordentlichen Schönheit der Bestatteten. Damit erliegen sie dem im Fach verbreiteten Topos von mächtigen Männern und ihren schönen Ehefrauen. Es ist nur zu bedauern, daß der Interpretationsansatz *Reichtum der Grabbeigaben = Schönheit der Bestatteten* von der Forschung nicht analog auf Männergräber angewandt wird. Sonst hätten wir beispielsweise für die Eisenzeit statt einer Periode mächtiger Fürsten eine Periode schöner Ehemänner zu verbuchen – eine für Frauen durchaus reizvolle Vorstellung.
Spaß beiseite – auch dieses Beispiel zeigt, wie schwer sich die Forschung damit tut, Frauen als eigenständige Individuen zu akzeptieren oder ihnen gar eine aktive Rolle in der politischen Geschichte und der Kulturentwicklung zuzutrauen und zuzugestehen. Selbst Archäologinnen fällt das schwer. Viele Kolleginnen scheinen sich am Frauenbild in der Fachliteratur nicht zu stören und arbeiten ihm unter Umständen noch zu. Androzentrische Geschichtsbetrachtung und Rollenklischees sind eben auch in Wissenschaftlerinnen fest verankert und müssen durch mühsame (Selbst-)Reflexion und kritische Wachsamkeit erst einmal geknackt werden. Die männerdominierte Ausbildung sowie das an diesen Themen wenig interessierte Fach schaffen ein Klima, in dem Frauen nicht die geringste Ermutigung finden, diesen Weg zu beschreiten. Dabei käme etwas mehr Nachdenken über androzentrische Geschichts- und traditionelle Rollenbilder auch

dem wissenschaftlichen Niveau der Urgeschichtsforschung zugute. So scheinen nur wenige KollegInnen die Tatsache, daß bei der Interpretation archäologischer Quellen die Gefahr besteht, den eigenen Rollenklischees aufzusitzen, überhaupt als Problem wahrzunehmen. Nur so ist es zu erklären, daß Rollenzuweisungen, die im Archäologenjargon dann beispielsweise als »geschlechtsspezifische Arbeitsteilung« rangieren, selten aus dem archäologischen Befund heraus begründet und diskutiert werden. Die meisten ArchäologInnen empfinden die traditionellen Geschlechterrollen und die Weiblichkeits- und Männlichkeitsbilder unserer Gesellschaft offenbar als so natürlich und allgemein menschlich, daß sie sie diskussionslos auf urgeschichtliche Verhältnisse übertragen. Ignoriert wird dabei, daß damit – ähnlich wie in der Matriarchatsforschung – Vorstellungen als universal gesetzt werden, die in Westeuropa erst im 18. Jahrhundert im Rahmen der bürgerlichen Gesellschaft entwickelt wurden.

Still und leise schleichen sich unsere modernen Vorstellungen von den Geschlechtern durch die Hintertür des allgemeinen Konsenses in die Fachliteratur ein. Hier sind sie dann häufig nur noch anhand des Sprachgebrauchs zu fassen. Formulierungen wie »Darstellungen des prähistorischen Menschen oder zumindest seiner Frau« (Leroi-Gourhan 1971, 109) gewähren tiefe Einblicke ins patriarchale Rollenverständnis.

Aufschlußreich ist auch die folgende Passage über Keramikverzierungen, die im Fach durchaus als Überlegung zur geschlechtsspezifischen Arbeitsteilung durchgehen könnte: »Die [...] erwähnte Sorglosigkeit beim Dekorieren, insbesondere das unkorrekte Aufteilen der Schmuckabschnitte und Zierzonen, könnte man auch als ein Kennzeichen spezifisch weiblicher Handarbeit hier anführen. Das genaue Messen, Ordnen und Aufteilen liegt dem Manne näher.« (Grohne 1953, 100, Anm. 154) Ähnlich abstrus muten die Vorbemerkungen zu einem Artikel an, in denen der Autor – frau lese und staune – das Vorherrschen des weiblichen Prinzips in der archäologischen Forschung beklagt. Das Staunen hält nicht lange an, denn gemeint ist das Vorherrschen von Keramik im archäologischen Fundgut, die der

Autor »als Hohlformen symbolisch dem Weiblichen als dem Empfangenden« zuordnet. Zum Ausgleich widmet er sich deshalb den »Spitzen und Schneiden«, die »das Männliche als das Zeugende naheliegend ausdrücken«. Mit seinem »Beitrag zur Geschichte des Beils« – so der Titel des Fachartikels – beabsichtigt er, dem männlichen Prinzip in der Menschheitgeschichte ein wenig mehr Beachtung zu verschaffen, indem er »einer weiblich betonten Archäologie eine männlich ausgerichtete Betrachtungsweise« gegenüberstellt (Winiger 1981, 161).

Lösen solche männlichen Heldentaten im Kampf für die ausgleichende Gerechtigkeit allenfalls Heiterkeit und ironische Kommentare aus, gehen sexistische Äußerungen direkt unter die Haut. Dafür bietet sich in besonderem Maße die Beschreibung nackt dargestellter Frauen an, die offensichtlich teils als sexuell attraktiv, teils – da sie nicht immer dem heutigen Schönheitsideal entsprechen – als eher abstoßend empfunden werden.

In der Regel ist der Umgang mit dem Thema »Frau« in der archäologischen Fachliteratur jedoch weitaus weniger spektakulär, als es die zitierten Beispiele vermuten lassen. Der Normalfall ist, daß Frauen überhaupt kein Thema sind.

Dieses Phänomen ist sicher zu einem guten Teil auf das vorherrschende androzentrische Geschichtsverständnis zurückzuführen. Das Desinteresse an Fragen der Frauen- und Geschlechtergeschichte dürfte jedoch auch andere Gründe haben. Hierzu zählt die allgemeine Scheu, die rein beschreibende, materielle Ebene der Funde und Befunde zu verlassen und sich auf die der Interpretation zu begeben. Solange methodisch fundierte sozialgeschichtliche Deutungen archäologischer Quellen nicht die Regel sind, ist es utopisch, daß der Aspekt des Geschlechts von der archäologischen Forschung wahrgenommen und als sozialgeschichtliche Kategorie etabliert wird.

Einstweilen begegnen uns Frauen im Gros der Fachliteratur meist als eine Art Kleiderständer, an dem in Gräbern gefundene Schmuckstücke und Trachtbestandteile sowie mehr oder weniger phantasievolle Kleidungsstücke malerisch drapiert werden, um deren Tragweise zu demonstrieren. Dies verraten zuweilen

schon die Abbildungsunterschriften von Rekonstruktionszeichnungen. Besonders schön ist hier ein Beispiel von 1901, das mit »Kleidung der ersten Eisenzeit« unterschrieben ist (Abb. 1). Darüber hinaus zeigt es in drastischer Weise, wie Zeitbezug und individuelle Vorstellungen von ZeichnerInnen und WissenschaftlerInnen in die Gestaltung einfließen. So erinnert die Darstellung an eine christliche Madonna, die schützend ihren Mantel ausbreitet: Die Nadeln, die in Gräbern im Kopfbereich gefunden wurden, sind zu einer Art Strahlenkranz angeordnet, und der (frei erfundene) weite Umhang hat den Charakter eines Schutzmantels. Heutzutage fallen Rekonstruktionszeichnungen nach Grabbefunden weitaus profaner aus und muten häufig wie Bilder aus einem Versandkatalog für Schmuck und Damenkonfektion oder Szenen einer Modenschau mit gestylten Models an. Ob züchtig in wallende Gewänder gehüllt, ob mit eher figurbetonter Kleidung oder gar sexy, haben die dargestellten Frauen eines gemeinsam: Sie sind als solche nebensächlich. Rekonstruktionsversuche, die Frauen in ihrer Lebenswelt – zusammen mit Männern und Kindern – thematisieren (Abb. 2), sind dagegen äußerst selten und überwiegend Museumsleuten zu verdanken.
Diese zufällige Blütenlese, die weder vollständig noch repräsentativ sein kann, wirft ein Schlaglicht auf den Umgang mit dem Thema »Frau« bzw. »Geschlechterverhältnisse« in der Urgeschichtsforschung. Im Regelfall legen die ForscherInnen ein ausgeprägtes Desinteresse daran an den Tag. Ruft man sich die tiefsitzende Scheu des Faches vor sozialgeschichtlichen Interpretationen in Erinnerung, wird deutlich, daß dies kein günstiges Klima für Matriarchatsforschung ist.

Ansätze zur Matriarchatsforschung

Ein Grund dafür, daß die meisten UrgeschichtlerInnen das Matriarchat möglichst großräumig umgehen, ist die methodische Unsicherheit, die mit diesem Thema – wie überhaupt mit allen Fragen der Frauen- und Geschlechtergeschichte – verbunden

1 Die Frau als Demonstrationsobjekt für die Tragweise von rekonstruierter Kleidung, Schmuck und Trachtbestandteilen.

ist. Einige KollegInnen haben das heiße Eisen dennoch angepackt, und zwar auf je sehr unterschiedliche Weise.

Mit äußerster Vorsicht tastet sich Günter Smolla, der die gesellschaftliche Diskussion über das Matriarchat offenbar verfolgt, an das Thema heran. Er warnt vor »unbedachtem Gebrauch von Begriffen wie ›Mutterrecht‹ bzw. ›Matriarchat‹ [...], die wohl jedes Gespräch zur heftigen Diskussion werden lassen. Hier gibt es keine Neutralität im Sinne einer eindeutigen ›dritten Position‹, erst recht keinen Pluralismus.« Sich gegen die »zum Teil ganz phantastischen« Inhalte der beiden Reizwörter absetzend, versucht er dennoch, diese dritte Position jenseits der Frage »Matriarchat ja/nein?« (1982, 563) aufzubauen. Die Gedanken, die er sich zum »Verhältnis der Geschlechter« sowie zur »Rolle der Frau-

2 Rekonstruktion einer Szene aus dem Alltagsleben in einem Dorf der späten Bronzezeit auf der Grundlage archäologischer Quellen.

en und zur Mädchenerziehung in der menschlichen Frühzeit« (1982; 1990) macht, bleiben allerdings recht allgemein. Sie kreisen um Einzelheiten, die man aus archäologischer Sicht als Indizien für die Gestaltung des Geschlechterverhältnisses werten könnte – wie z.B. eine geschlechtsspezifische Arbeitsteilung – und die mit ethnologischen Beispielen illustriert werden. Allerdings stecken Smollas Überlegungen eher den Rahmen des Themas ab, als daß sie Fragen beantworten.

Während Smolla in erster Linie kulturgeschichtlich argumentiert, setzt Hermann Behrens ganz auf die biologische Beweisführung. In mehreren Beiträgen (1971; 1976/77; 1978; 1982; 1991) verfolgt er das Ziel, »auf die entwicklungsgeschichtlichen, also naturgeschichtlichen Wurzeln der typisch menschlichen Sozialphänomene Mutterrecht und Patriarchat aufmerksam zu machen« (1976/77, 71). Diesen möchte er mit Hilfe der Primatenforschung, speziell mit Untersuchungen über das Verhalten von Menschenaffen, auf die Spur kommen. Er glaubt, daß die Verhaltensformen heutiger Menschenaffen den frühesten menschlichen Sozialformen näherstünden als diejenigen zeitgenössischer Wildbeutergesellschaften. So schließt er vom Verhalten unserer haarigen Vettern auf das unserer haarigen Vorfahren. Überzeugt, auf diese Weise das »biologische Ausgangsmaterial« (1982; wiederabgedruckt in: 1993, 235 f.; 236 f.) für die menschliche Sozialentwicklung gefunden zu haben, fällt es Behrens dann nicht schwer, zu einem unumstößlichen Urteil zu kommen. Für das Geschlechterverhältnis seien zwei Faktoren von zentraler Bedeutung: erstens die Matrilinearität, »welche ein wesensbestimmendes Merkmal des Matriarchats ist« und »ihre entwicklungsgeschichtliche Wurzel in der Bindung der Jungtiere an die Muttertiere während des Säuglingsstadiums und des ersten Kindheitsstadiums« habe; zweitens die »Dominanz der männlichen Individuen in den urmenschlichen Gemeinschaften, welche ein wesensbestimmendes Merkmal des Patriarchats« sei. Die entwicklungsgeschichtliche Wurzel der männlichen Dominanz sieht Behrens in der »physischen Überlegenheit und Führungsrolle der Männchen in den Primatengruppen«. Da er davon ausgeht, daß beide Phänomene – Matrilinearität und männliche Dominanz – quasi naturbedingt in jeder Gemeinschaft gleichzeitig existieren, »erledigt« sich für ihn die Annahme »eines historischen Folgeverhältnisses von ursprünglichem Matriarchat und nachfolgendem Patriarchat« von selbst: »Eine solche Abfolge gab es in der Menschheitsgeschichte nicht.« (1991, 12) Darüber hinaus erscheint es ihm wegen der »von Anfang des Menschseins an bestehenden Dominanz der Männer« ausgeschlossen, daß es überhaupt jemals Matriarchat im Sinne von Herrschaft der Mütter bzw. der Frauen »als allgemeines Prinzip in der Geschichte der Menschheit« gegeben habe (1976/77, 67). Vielmehr sei die Frau »über weite Strecken der steinzeitlichen Entwicklung dem Manne in ihrer sozialen Rangstellung untergeordnet« gewesen (1978; wiederabgedruckt in: 1993, 225). Es ist hier nicht der Platz, Behrens' einseitige biologistische Argumentation detailliert zu zerpflücken. Sein Analogieschluß vom Sozialleben heutiger Menschenaffen auf das früherer menschlicher Gesellschaften ist jedenfalls sehr gewagt und deshalb nicht geeignet, die Idee eines Matriarchats in der Frühzeit der Menschheit vom Tisch zu wischen. Behrens' Thesen zur menschlichen Sozialentwicklung haben weder in der DDR, wo er bis zu seiner Pensionierung lebte, noch in der BRD großen Anklang gefunden.

Für Alexander Häusler – ebenfalls ein Kollege aus der ehemaligen DDR – bilden geschlechtsdifferenzierte Bestattungssitten den Ausgangspunkt seiner Überlegungen hinsichtlich Matrilinearität, Patrilinearität und gesellschaftlicher Dominanz eines der Geschlechter. Unter diesem speziellen Totenbrauchtum versteht er eine geschlechtsspezifische Niederlegung der Toten nach einer bestimmten Himmelsrichtung und/oder deren Bettung auf eine bestimmte Körperseite. Häusler hat für die Spätphase des Neolithikums und die Frühe Bronzezeit in Europa einen Horizont verschiedener Kulturen herausgearbeitet, die ihre Toten geschlechtsdifferenziert bestattet haben. Dabei fällt auf, daß jahrhundertelang Männer auf der rechten, Frauen dagegen auf der linken Seite niedergelegt wurden. Eine Erklärung für die-

ses Phänomen versucht Häusler mit Hilfe der Ethnologie und der Sprachwissenschaft zu geben: In vielen Kulturen werde *rechts* mit dem Mann, *links* mit der Frau verbunden. Die Bedeutung der rechten Seite trete insbesondere bei patrilinearen, die der linken bei matrilinearen Gruppen hervor (1990, 344 f.). Für Häusler ist die Entwicklung der Bestattungssitten im Verlauf des Neolithikums eine Bestätigung für die Übertragbarkeit dieser Phänomene auf die Urgeschichte. So hätten die frühen Ackerbaugesellschaften Europas unabhängig vom Geschlecht die Toten auf die linke Körperseite gebettet, woraus man auf eine »höhere Wertung des weiblichen Elementes« schließen könne. Später sei es umgekehrt gewesen, so daß nun von einer zentralen Rolle des männlichen Elementes auszugehen sei. Häusler sieht darin die Bestätigung für die von ihm postulierte »Korrelation zwischen der zunehmenden Bedeutung des Mannes in der Gesellschaft und der Dominanz der rechten Hockerlage«. In der geschlechtsdifferenzierten Bestattungsweise der Folgezeit sieht er eine »Kulmination der Wertung der rechten Seite«, da nun »gemäß der gewachsenen Rolle des Mannes diesem die rechte Seite exklusiv« zugeordnet worden sei (1990, 345 f.).
Wie ist nun aber mit Häuslers These von einem Prozeß zunehmender Patriarchalisierung in Einklang zu bringen, daß sich danach die Rechts-Links-Polarität noch einmal umkehrte? Der Autor bietet gleich zwei Lösungen an: Zum einen könne die Umstellung der Bewaffnung von Streitaxt auf Pfeil und Bogen diese Umwertung bewirkt haben. Zur Untermauerung dieser Deutung führt Häusler als völkerkundliche Parallele eine Ethnie an, bei der »die linke Hand als die den Bogen haltende das männliche Geschlecht« symbolisiere. Zum anderen könne aber auch das ebenfalls ethnologisch belegte Phänomen der ›verkehrten Welt‹, »das die Umkehrung aller geltenden Zustände bezeichnet«, eine denkbare Erklärung liefern (1990, 347). Daß die Frauen eine dominante Rolle erlangt haben könnten, steht für Häusler offensichtlich nicht zur Debatte.
Doch lassen wir die Diskussion seiner Thesen einmal ruhen und wenden uns seiner Methodik zu. Vor allem das Verfahren, die

Entwicklung der Geschlechterverhältnisse nahezu ausschließlich an der Niederlegung der Toten im Grab festzumachen, ist fragwürdig. Daß Bestattungssitten, zumal wenn sie nach Geschlecht differenzierten, eine Bedeutung hatten, soll nicht bestritten werden. Allerdings erscheint die Interpretation Häuslers sehr konstruiert. Darüber hinaus sind einzelne ethnologische Beispiele, die er zu ihrer Untermauerung bemüht, kein Beleg für ihre Richtigkeit: Sie haben lediglich illustrativen Charakter, jedoch keine Beweiskraft. Auch dieser Ansatz wirft mehr kritische Fragen auf, als er plausible Antworten liefert.

Nicht unwidersprochen blieb auch der Versuch Ludwig Paulis (1972), für die keltische Gesellschaft in Nordwürttemberg eine matrilineare Erbfolge nachzuweisen. Wie Häusler setzte auch er beim Totenkult an, wählte jedoch die Beigaben – vor allem Schmuck, Trachtbestandteile, Amulette und Waffen – als Ausgangspunkt seiner Erörterung. Von ihrer Zusammensetzung in den einzelnen Gräbern ausgehend, definierte er verschiedene Beigabengruppen, die er mit sozialen Gruppen korrelierte. Eine davon ist die Gruppe der verheirateten Frauen – nach Pauli die Hoferbinnen und Traditionsträgerinnen der Gemeinschaft. Für jede Hoferbin sei nach ihrem Tod ein Grabhügel errichtet worden, in dessen Zentrum sie bestattet worden sei und der in der Folgezeit als Familiengrablege gedient habe. Paulis Thesen machten in der Eisenzeitforschung, die die keltische Gesellschaft im allgemeinen als männerdominiert darstellt, Furore und riefen die Kritik auf den Plan (u.a. Kilian-Dirlmeier 1974; Fischer 1984; Parzinger 1986). Die Einwände richteten sich vorwiegend gegen Widersprüche in Paulis Argumentation sowie gegen Unstimmigkeiten zwischen seinen Aussagen und den überprüfbaren Fakten. So wurde u.a. bemängelt, daß die Skelette einiger angeblich verheirateter Frauen anthropologisch als männlich bestimmt wurden oder daß lediglich in einigen der untersuchten Grabhügel tatsächlich Frauen im Zentrum lagen. Die Liste der Kritikpunkte ließe sich verlängern, so daß Paulis These, die sich deutlich von den sonstigen, männerzentrierten Interpretationsmustern unterscheidet, kaum zu halten ist.

Und wie gehen Frauen in der Urgeschichtsforschung mit dem Matriarchatsthema um? Es mag Zufall sein, doch es scheint, daß sich in erster Linie jene Wissenschaftlerinnen damit befassen, die sich allgemein für Frauen- und Geschlechtergeschichte interessieren. Damit reicht ihre Fragestellung von vornherein über die ihrer männlichen Kollegen hinaus, sieht man einmal von Smolla ab. Das Matriarchat ist für diese Forscherinnen nur ein Gesichtspunkt unter vielen. Besonders deutlich wird das am Buch der englischen Archäologin Margaret Ehrenberg, das 1992 unter dem Titel *Die Frau in der Vorgeschichte* in deutscher Übersetzung erschien. Ehrenberg versucht, die Geschichte der Frau vor dem Hintergrund der allgemeinen Kulturentwicklung in der europäischen Urgeschichte nachzuzeichnen. Ihr Schwerpunkt liegt dabei auf dem Alltagsleben. Ehrenberg legt ihre Position zum Matriarchat zwar nicht klar dar, doch sie geht davon aus, daß es diese Lebensform heute nicht gibt und sie in der Vergangenheit allenfalls im Paläolithikum existiert haben könnte. Die paläolithischen Frauenstatuetten und das minoische Kreta – beides Ikonen der Matriarchatsforschung – hält Ehrenberg jedenfalls nicht für beweiskräftig (75 ff.; 73; 126 ff.).

Auch Sabine Rieckhoff ist ein aufs Matriarchat fixierter Blick fremd. Sie schneidet das Thema in ihrem Buch *Faszination Archäologie. Bayern vor den Römern* (1990) an, in dem sie versucht, die Urgeschichte Bayerns für ein breiteres Publikum darzustellen. Unter anderem geht es ihr dabei um die Entwicklung der Geschlechterverhältnisse. Anders als Ehrenberg betrachtet Rieckhoff das frühe Neolithikum als potentielle Epoche von Mutterrecht bzw. Matrifokalität, die sie durch die »Rolle der Mütter im ›Brennpunkt‹ des religiösen Denkens und gesellschaftlichen Handelns« charakterisiert sieht. Ein Matriarchat im Sinne einer ›Herrschaft der Mütter‹ schließt sie für die gesamte Urgeschichte dagegen kategorisch aus. Den Grund dafür kann man nur vermuten. Möglicherweise liegt er in Rieckhoffs Annahme, daß der soziale Status der Geschlechter mit ihrem Anteil an der Nahrungsbeschaffung korreliert habe und Frauen die Ernährung nie ausschließlich oder überwiegend alleine bestritten hätten.

Dieses ›Leistungsdenken‹, das sich noch dazu speziell auf den wirtschaftlichen Bereich bezieht, mutet recht modern an und ist deshalb mit Skepsis zu betrachten. Andere Faktoren – z.B. die zentrale Rolle im religiösen Bereich, die Rieckhoff Frauen in den frühen, von ihr als matrifokal eingestuften Ackerbaukulturen zuschreibt – begründeten vermutlich ebenfalls den sozialen Status einer Person (1990, 37; 39).
Interessant ist nun, daß Rieckhoff sich bei den Ausführungen zu den postulierten matrifokalen Ackerbaukulturen auf Göttner-Abendroth stützt und deren ›matriarchale Mythologie‹ aufgreift. Da letztere jedoch erst noch zu belegen wäre, erscheint es nicht angemessen, sie zur Interpretation archäologischer Quellen heranzuziehen. Darüber hinaus besteht die Gefahr eines interdisziplinären Zirkelschlusses: Die Matriarchatsforscherin Göttner-Abendroth bleibt die archäologischen Belege für ihre Thesen schuldig – die Urgeschichtlerin Rieckhoff argumentiert mit diesen Thesen freimütig, läßt sie in die Interpretation archäologischer Quellen einfließen und scheint sie somit zu bestätigen. Damit ist der Kreis geschlossen und die ›matriarchale Mythologie‹ für die frühen Ackerbaukulturen scheinbar bewiesen.
Weitaus kritischer setzen sich dagegen Sibylle Kästner und Sigrun Karlisch mit den Argumenten der Matriarchatsforschung auseinander. In einem Artikel über »Frauen in der menschlichen Frühzeit« (1993), an dem auch Smolla mitgearbeitet hat, greifen sie Ergebnisse der Matriarchatsforschung auf und stellen sie archäologischen Quellen sowie den Aussagemöglichkeiten der Urgeschichtsforschung gegenüber. Sie hinterfragen jedoch auch Thesen und Ideen von ArchäologInnen – z.B. die Vorstellung, daß Frauen nicht auf die Jagd gingen und Männer sich nicht an der Sammelarbeit beteiligten –, so daß ihr Bemühen, sich unvoreingenommen und methodisch fundiert der Rolle der Frau in der Urgeschichte anzunähern, offenkundig ist.

Auch wenn die genannten AutorInnen teilweise durchaus positive Ansätze präsentieren, so haben doch alle angesprochenen Arbeiten eines gemeinsam: Der Mangel an archäologischer

Grundlagenforschung zum Komplex Matriarchat/Geschlechterverhältnisse ist ihnen deutlich anzumerken. So versuchen die AutorInnen, sich nach eigenem Gutdünken von verschiedenen Seiten an das Thema heranzutasten. In manchen Fällen führt das zu bizarren Biologismen oder luftigen, mit Fakten leicht zu demontierenden Theoriegebilden, die die Ansätze zur Matriarchatsforschung innerhalb des Faches mehr in Verruf bringen, als ihre Anerkennung als legitimes Forschungsziel voranzutreiben. Genau das wäre jedoch die Voraussetzung für den Beginn einer breit angelegten Grundlagenforschung, die das theoretische und methodische Rüstzeug für eine Frauen- und Geschlechtergeschichte – oder auch für eine in dieses Umfeld eingebettete Matriarchatsforschung – in der Archäologie erarbeiten könnte. Daß ein solches Unterfangen nicht nur wegen des gesellschaftlichen Interesses an diesen Themen längst überfällig, sondern darüber hinaus auch fachlich lohnend und vielversprechend ist, belegen u.a. die zum Schluß angeführten Arbeiten von Ehrenberg, Rieckhoff sowie von Kästner, Karlisch und Smolla. Obwohl sie im einzelnen kritisch zu beurteilen sind und etliche Fragen offenlassen, gehen sie das Thema Matriarchat in einer Weise an, die richtungsweisend sein könnte: nämlich als Teil eines Fragenkomplexes, der um die Rolle und das Verhältnis der Geschlechter in der Urgeschichte kreist und dabei die allgemeinen Lebensbedingungen im Auge behält.

3

Der archäologische Alltag

Als Oswald Menghin in den 30er Jahren die »letzten Fragen« der Menschheit klären wollte, verteidigte er die Spekulation als legitimes Erkenntnismittel, da sie allein es ermögliche, die geistige Kultur einer Gesellschaft zu erschließen.
Ähnlich spekulativ – wenn auch in ganz anderer Weise – arbeitet die Matriarchatsforschung: Aus den materiellen Relikten der Vergangenheit werden historische Szenarien entworfen, bis hin zu einer kompletten Weltgeschichte, in der die Frauen das Sagen hatten. Den ForscherInnen erscheinen die archäologischen Quellen offenbar nicht sonderlich fremdartig; sie lösen daher auch keinen Kulturschock aus, sondern eher den angenehmen Schauder reinen Entdeckerglücks.
Und so profitiert die Matriarchatsforschung nicht zuletzt davon, daß die archäologischen Quellen auch den phantasievollsten Interpretationen keinen Widerstand entgegenzusetzen vermögen: Das Material der Archäologie ist in der Tat lediglich in sehr geringem Maße selbstevident. Daher muß die wissenschaftliche Deutung zwangsläufig auf einer sehr niedrigen Ebene einsetzen. Auch die Verknüpfung stummer Fundgegenstände mit dem darin verborgenen geistigen Überbau einer Gesellschaft liegt bei weitem nicht so offen auf der Hand, wie die Matriarchatskundigen ihr staunendes Publikum glauben machen wollen.

Unter dem Oberbegriff »Archäologie« werden heute all jene Wissenschaftsdisziplinen zusammengefaßt, die sich mit Ausgrabungen und der Interpretation der zutage geförderten Funde beschäftigen. Die Urgeschichtswissenschaft ist davon nur ein Teilbereich. Fragen nach dem Menschen als sozialem Wesen, nach seinen kulturellen Wandlungen und Veränderungen sowie seiner Anpassung an die jeweilige Umwelt und deren Nutzung stehen im Vordergrund des archäologischen Interesses. Erst die Zusammenschau vieler Details ermöglicht die systematische Erkundung und kulturgeschichtliche Deutung jener Gesellschaften, die durch archäologische Quellen erschließbar sind.

Die Archäologie ist also in erster Linie eine historische Wissenschaft, deren Quellen die materiellen, d.h. also die nichtschriftlichen und nichtmündlichen Hinterlassenschaften der Menschen vergangener Zeiten bilden. Aber auch für spätere Zeitabschnitte der Menschheitsgeschichte, aus denen literarische oder epigraphische (inschriftliche) Dokumente vorhanden sind, leistet die Archäologie einen nicht geringen Beitrag zur Erforschung der Vergangenheit: Oft sahen die antiken oder mittelalterlichen Chronisten nämlich keinen Anlaß, über bestimmte Fakten, Zustände oder Entwicklungen zu berichten, weil sie sie für nebensächlich oder selbstverständlich hielten. Häufig beziehen sich die literarischen Dokumente auch nur auf eine soziale Oberschicht oder verfolgen bestimmte politische Interessen. Und über technische Fortschritte, Tendenzen im Geschmack und in der Mode, Bevölkerungsentwicklungen etc. werden günstigstenfalls Andeutungen gemacht. Die materiellen Hinterlassenschaften dagegen verraten uns schon mehr über das Alltagsleben vergangener Gesellschaften – und bei der Erschließung dieser Informationen ist die Archäologie auch keineswegs auf den spekulativen Blick in die Vergangenheit angewiesen: Vor allem durch die Einbeziehung diverser naturwissenschaftlicher Verfahren hat sich das Methodenspektrum heute enorm erweitert. Bevor wir also in den folgenden Kapiteln die These von der matriarchalen Vergangenheit auf ihre Standfestigkeit hin überprüfen, scheint ein kurzer Blick auf die Art der archäologischen Quellen und die Methoden der Urgeschichtsforschung angebracht.

Dörfer, Gräber, Warenlager: Die archäologischen Quellen

Seit Generationen differenziert die Archäologie Quellen nach ihrer Funktion in verschiedene Gattungen: Siedlungen, Gräber, Kultanlagen und sogenannte Depotfunde. Jede Gattung liefert andere Informationen über die Vergangenheit und läßt unterschiedliche Teilaspekte der Kulturgeschichte sichtbar werden.
Unter Siedlungen versteht die Archäologie ganz allgemein ein breites Spektrum von Wohnplätzen: Lager- oder Rastplätze in Höhlen oder unter Felsvorsprüngen (»Abris«); Einzelgehöfte, Weiler oder Dörfer bis hin zu komplexen Festungsanlagen (z.B. Burgen), Palästen oder Städten.
Wo auch immer Menschen sich niederließen, geschah das nicht zufällig: Die jeweilige Lage der Niederlassungen auf Anhöhen, an See- oder Flußufern oder auf dem flachen Land verrät bereits, ob Vorteile für den Lebensunterhalt, für Verkehr, Verteidigung, Handwerk oder Handel die ausschlaggebenden Gründe für diese Wahl waren. Die beim Siedlungsbau verwendeten Materialien geben uns eine Vorstellung von der Nutzung der Umwelt, wobei die Skala der Baustoffe von Mammutzähnen in der Altsteinzeit bis zu Holz, Stein (z.B. beim Bau des »Palastes« von Knossos eingesetzt) oder luftgetrockneten Lehmziegeln (z.B. in Çatal Hüyük) reicht. Die unterschiedlichen Bauweisen der Häuser lassen auf technische Fähigkeiten, aber auch auf die Wirtschaftsweise (Viehwirtschaft oder Ackerbau) oder soziale Komponenten (Groß- oder Kleinfamilien) schließen. Häufig sind auch genauere Aussagen über die Struktur einer Gemeinschaft aufgrund der Größe und des Bauplans der gesamten Siedlungsanlage möglich: Anzeichen für soziale Stratifizierung oder gemeinschaftliche Aktivitäten liegen vor, wenn einzelne Häuser

außergewöhnlich plaziert oder ausgestattet wurden. Räumlich begrenzte Ansammlungen von Produktionsabfällen oder -anlagen können Hinweise auf eine mögliche Arbeitsteilung liefern. Sogar separate Handwerkerviertel lassen sich so aufspüren. Auch charakteristische Merkmale des Alltagslebens werden bei einer Siedlungsgrabung offenbar: Vorrats- und Abfallgruben weisen darauf hin, wo und wie die Nahrungsmittel gelagert und der Müll entsorgt wurde, Feuerstellen und Backöfen verraten, wo und wie man kochte und buk. Ansammlungen von Webgewichten (Abb. 3) signalisieren, wo einmal ein Webstuhl stand und wie die Textilherstellung vor sich ging.

Waren in einem begrenzten Gebiet und im gleichen Zeitraum mehrere kleinere Dörfer, Weiler oder Einzelhöfe um eine größere Örtlichkeit herum gruppiert, kann von einem komplexen Siedlungssystem ausgegangen werden, in dem die zentrale Siedlung den politischen, wirtschaftlichen und/oder religiösen Mittelpunkt bildete. Für das neupalastzeitliche Kreta (1700–1500 v.Chr.) beispielsweise wurde eine derart ausgeprägte Siedlungshierarchie rekonstruiert. Auf diese Weise gewinnt die Archäologie Anhaltspunkte für das Siedlungsbild einer ganzen Region, das Siedlungsverhalten einzelner Gruppen sowie für die politische Organisation – wie wir im Kapitel über Kreta sehen werden.

Die meisten Funde, die bei einer Siedlungsgrabung geborgen werden, sind allerdings Gegenstände, die von den ehemaligen Bewohnern keineswegs absichtlich in die Erde gelegt wurden: Gerätschaften und Werkzeuge, die nicht mehr brauchbar oder reparabel waren und daher weggeworfen wurden – z.B. zerbrochene Tongefäße oder schadhafte Steinbeile –, Nahrungsabfälle oder auch Überreste von Herstellungsprozessen. Das jeweilige Abfallverhalten der Siedler liefert der Archäologie wertvolle Informationen über das Alltagsleben der Menschen.

Naturwissenschaftliche Untersuchungen über Wirtschaft und Umwelt schließlich geben weiteren Einblick in das Leben und die Tätigkeiten der Siedlungsbewohner. Ob die Menschen die Rohstoffe vor Ort gewannen oder von weit her holten, ob sie

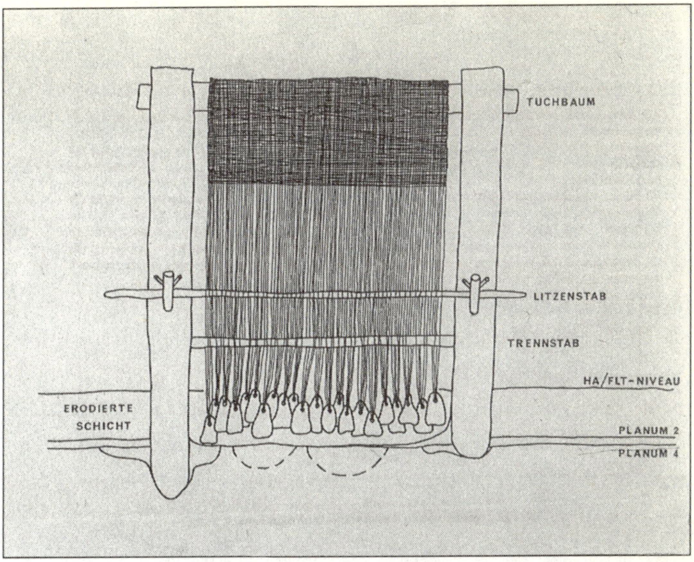

3 Oben: *Rekonstruktion eines Gewichtwebstuhles.*
Unten: *Webgewichte und Keramikscherben, wie sie bei der Ausgrabung einer vorgeschichtlichen Siedlung gefunden wurden.*

Gegenstände selbst produzierten und verhandelten, läßt sich durch die Identifizierung der natürlichen Lagerstätten von Gesteinen, Feuersteinen, Tonen, Metallen etc. feststellen. Geologische, limnologische (seenkundliche) oder bodenkundliche Analysen der anstehenden Bodenschichten geben Aufschluß über das Klima und die unmittelbare Umwelt: War in der Nähe des Fundplatzes vielleicht ein See oder ein Flußlauf, den es heute nicht mehr gibt? Siedlungen auf eher kargen und unfruchtbaren Böden verraten z.B., daß die Siedler wohl eher Viehwirtschaft als Ackerbau betrieben. Botanische Untersuchungen etwa von Blütenpollen oder Hölzern geben Auskunft über die klimatisch bedingte natürliche Vegetation der frühen Siedlungslandschaft, aber auch über das Artenspektrum der angebauten Pflanzen und genutzten Bäume.
Weitere Aussagen über die Wirtschaftsform sind mit archäozoologischen Verfahren möglich: So werden Tierknochen in einer Siedlung meist als Werkzeuge, Essensabfälle (zerschlagene Knochen) oder Absplitterungen, die bei der Geräteherstellung anfielen, gefunden. Durch die Bestimmung von Art und Alter, Geschlecht und Größe der Tiere kann die Archäozoologie das Spektrum der genutzten Tierarten und deren Zucht und Verwendung nachzeichnen. Legten die Menschen z.B. großen Wert auf Fleisch, sind viele Jungtierknochen zu finden; brauchte man das Vieh eher als Woll- und Milchlieferanten, sind Reste von ausgewachsenen Tieren stärker vertreten. Aus den knöchernen Überbleibseln von Jagdtieren und Fischen läßt sich rekonstruieren, ob eine Auswahl bei der Jagd getroffen wurde und welche Tierarten wann in dem jeweiligen Gebiet lebten.

Neben Siedlungen sind Gräber eine der Hauptquellen der Archäologie. Die WissenschaftlerInnen haben es hier direkt mit dem einzelnen Individuum bzw. seinen Überresten zu tun und können durch die Untersuchung der Gräber erstaunlich genaue Hinweise auf Lebensumstände und Sozialstrukturen früher Gemeinschaften gewinnen. Auch bei den Begräbnisstätten werden mehrere Formen unterschieden: Dabei reicht die Spanne von einfachen Erdgräbern und besser ausgekleideten Schächten, Hügelgräbern aus Erde oder Steinen, unter denen sich ganze Grabkammern verbergen können, komplizierten Grabkonstruktionen aus tonnenschweren Findlingen (Megalithgräber) über gemauerte Kuppelgräber und Felskammergräber bis hin zu den ägyptischen Pyramiden. Neben Einzelbegräbnissen finden sich ebenso Doppel- und Mehrfachbestattungen, ja sogar regelrechte Massengräber.

Häufig wurden den Toten verschiedene Beigaben in das Grab mitgegeben, z.B. einfache Geräte, Schmuck, Waffen, Speisen, gelegentlich auch Tiere oder ganze Wagen. Im Gegensatz zu den vor allem aus ›Abfall‹ bestehenden Siedlungsfunden wurden hier ausgewählte Objekte bewußt in die Erde gelegt. Viele dieser Beigaben geben wichtige Aufschlüsse über die Kleidung, die jeweils modischen Schmuckvarianten, die Bewaffnung oder auch die Jenseitsvorstellungen der Menschen. So waren offenbar manche Gemeinschaften davon überzeugt, daß ihre Toten auch auf ihrer letzten Reise noch Proviant benötigten.

Die Lage von Gräbern innerhalb einer Nekropole, die Ausrichtung und Niederlegung der Verstorbenen im Grab, Qualität und Menge der Beigaben und der Arbeitsaufwand für den Grabbau lassen Schlüsse auf die Sozialstruktur zu. Manche Gemeinschaften bestatteten ihre Toten gesondert nach Geschlecht, Alter oder sozialer Stellung. So gab es, wie bereits erwähnt, in Mittel- und Osteuropa während der ausgehenden Jungsteinzeit und frühen Bronzezeit Gemeinschaften, die Frauen ausschließlich auf die eine (meist die linke), Männer auf die andere Körperseite zur letzten Ruhe betteten. In einer derartig differenzierten Behandlung der Geschlechter im Ritual könnten sich Alltagsstrukturen gespiegelt haben. Außerdem lassen sich im spezifischen Umgang einer Gemeinschaft mit ihren Verstorbenen auch Andeutungen religiöser Vorstellungen finden.

Anthropologische Untersuchungen der menschlichen Überreste – vollständig erhaltene gefrorene, getrocknete, im Wasser konservierte oder mumifizierte Körper, Skelette oder Reste einer Brandbestattung – liefern weitere wichtige Hinweise. Bei Indivi-

duen, die nicht älter als 30 Jahre wurden, kann das Alter recht genau festgestellt werden. Danach sind allerdings nur noch Schätzungen möglich, denn jenseits des 30. Lebensjahres treten Alterungsprozesse auf, die von physiologischen und physischen Faktoren abhängen (z.B. von Hormonen und dem Grad der körperlichen Belastung) und daher individuell recht unterschiedlich verlaufen. Die deutlichsten Geschlechtsunterschiede zwischen Männer- und Frauenskeletten zeigen sich am Becken und am Schädel. Aber da auch im knöchernen Körperbau Übergangsformen und Kombinationen auftreten – ›männliche Frauen‹ oder ›frauliche Männer‹ –, ist das Geschlecht nicht in allen Fällen mit endgültiger Sicherheit zu bestimmen.
Auch Krankheiten können, sofern sie Veränderungen an den Knochen oder Zähnen hervorriefen, durch anthropologische Untersuchungen des Skelettmaterials festgestellt werden: Parodontose und Karies, Arthritis, Rachitis, Skorbut, schwere Ansteckungskrankheiten wie Lepra oder Syphilis, Mangelernährung und Verletzungen. Manchmal verraten die knöchernen Überreste auch, daß eine ärztliche Versorgung stattgefunden hat. In bestimmten Fällen kann sogar die Todesursache diagnostiziert werden.
Anthropologische Untersuchungen liefern außerdem Daten zur Demographie, geben also Aufschluß über die tatsächliche Größe einer Gemeinschaft und die Verteilung der Geschlechter, die durchschnittliche Lebenserwartung von Männern und Frauen, die Sterblichkeitsrate bestimmter Altersstufen und nicht zuletzt auch über das Erscheinungsbild und die Konstitution der Menschen. Innerhalb eines Gräberfeldes heben sich manchmal einige Skelette in Statur und Aussehen von anderen ab, was auf Unterschiede in der Ernährung, der körperlichen Belastung und der Verletzungshäufigkeit zurückzuführen ist und damit auch auf soziale Unterschiede, eventuell auch auf die Existenz verschiedener gesellschaftlicher Gruppen schließen läßt (Wahl 1985). Gelegentlich ist es sogar möglich, biologische Verwandtschaftsbeziehungen zu rekonstruieren: Ein Vergleich der Zahnmerkmale liefert hier derzeit die besten Anhaltspunkte, in neue-

ster Zeit sind aber auch schon vereinzelt DNA-Extraktionen an Skeletten gelungen. Durch diese Analysen des menschlichen Erbgutes lassen sich auch Fragen nach Bevölkerungsvermischungen oder Wanderungen beantworten (Grupe 1991). Prinzipiell ließe sich auf diese Weise auch feststellen, ob für eine Gemeinschaft das Prinzip der Matrilokalität galt.

Neben Siedlungen und Gräbern gibt es Fundgattungen, deren Funktion weniger klar ist. Dazu zählen die sogenannten Heiligtümer einer Gemeinschaft. Außer den Tempeln der Hochkulturen Vorderasiens, Ägyptens, der Griechen und der Römer gehören dazu auch weit mysteriösere Orte auf Anhöhen oder in Höhlen, die als »Kultplätze« gelten, weil die Gegenstände, die man dort fand, offensichtlich Opfergaben waren. Ähnlich ungeklärt ist die Funktion der Henge-Rundbauten in Großbritannien (Stonehenge, Avebury u.a.) sowie die der bretonischen Stein-Alleen.
Rätsel geben auch bestimmte, wohl absichtliche Deponierungen im Boden auf: Dabei handelt es sich meist um vollständige oder zerbrochene Kupfer-, Bronze- oder Edelmetallgegenstände wie Waffen, Beile, Gefäße, Schmuckstücke, Pferdegeschirr und Wagenteile, aber auch Steingeräte und Tongefäße. Diese sogenannten Depot- oder Hortfunde finden sich vor allem in Seen, Flüssen, Mooren, Quellen oder an Paßübergängen, was vermuten läßt, daß sie als Opfergegenstände in der Erde vergraben wurden. Aber auch andere Erklärungen sind denkbar: So kennt die Archäologie auch Verstecke, die in Kriegszeiten angelegt wurden, Grenzmarkierungen oder auch eindeutige »Verwahrfunde« wie frisch produzierte Gegenstände und Halbfabrikate, die Händler im Boden deponierten – eine frühe Form des Warenlagers. Durch die Kartierung dieser Fundplätze können frühe Handelswege rekonstruiert werden.
Schließlich verfügt die Archäologie auch noch über Quellen, die sich keiner der bisher erwähnten Gattungen von Siedlungen und Gräbern, Heiligtümern oder Depotfunden zuordnen lassen: Bergbauanlagen, in denen Feuerstein, Metall oder Salz gewonnen wurde, Wasserfahrzeuge vom Einbaum bis zum Schiff und

Verkehrswege, also gepflasterte Straßen, hölzerne Bohlenwege oder Reste von Brücken. Auch Befestigungsanlagen, z.B. Erdwälle, oder auch Einritzungen, Zeichnungen und Malereien an Felswänden sind häufig mit keiner der genannten Fundgattungen in Verbindung zu bringen.

Für die Urgeschichtsforschung können noch die kleinsten Hinweise und Indizien von großem Wert für die Rekonstruktion vergangenen Lebens sein. Denn trotz der außerordentlichen Vielfalt der heute noch vorhandenen Relikte hat kaum etwas, was Menschen produzierten, überhaupt Spuren hinterlassen. Bereits die urgeschichtlichen Menschen wirkten unbewußt an der Selektion der uns heute zur Verfügung stehenden Funde mit: Die Siedlungsfunde z.B. enthalten in der Regel nur das, was die Einwohner beim Verlassen ihres Wohnortes nicht mitnahmen oder als Abfall zurückließen. Wenn die Siedler in Ruhe alles einpacken konnten, was für sie noch Wert hatte, ist die archäologische Ausbeute dementsprechend mager und in der Regel auf Topfscherben, Pfostenlöcher und Abfallgruben beschränkt. Größer pflegt der Ertrag für die Wissenschaft zu sein, wenn eine Siedlung plötzlich verlassen werden mußte. Bei Bränden, feindlichen Überfällen oder auch Naturkatastrophen entging doch manches wertvolle oder nützliche Stück der Aufmerksamkeit.
Ganz anders sind die Gräberfunde und Deponierungen zu bewerten. Sie wurden von den Hinterbliebenen bewußt und subjektiv, vielleicht bestimmten religiösen Sitten oder Rechtsnormen folgend, aus dem Bestand ausgesucht. Ähnlich subjektiv wurden die Gegenstände für Deponierungen zusammengestellt. Gräber- und Depotfunde geben also keinen Querschnitt aller Gerätschaften, die in einer bestimmten Zeit und Gegend in Umlauf waren. Sie zeigen aber eine positive Auswahl, während die Funde der Siedlungen eine negative Auswahl repräsentieren, weil dort nur das erhalten ist, was die Menschen gerade *nicht* auswählten (Eggers 1986, 266 f.).
Auch die Zufälligkeiten der Konservierung wirken sich auf die

archäologische Forschung aus, denn nicht alles, was angefertigt und hinterlassen wurde, ist gleich gut erhalten. Die Konservierung eines Gegenstandes hängt weitgehend von seinen physikalischen und chemischen Eigenschaften ab und wird zusätzlich von Klima- und Bodenfaktoren sowie vom Alter der Fundstelle beeinflußt. Am besten konserviert sind die verschiedenen Arten von Stein, aus denen man Werkzeuge und Schmuck herstellte und die man als Baumaterial nutzte. Auch Scherben von Tongefäßen und einige Metalle wie Gold, Silber und Blei erhalten sich gut. Gegenstände aus Kupfer, Bronze oder Eisen dagegen sind oft oxidiert, und Knochen werden nur in kalkreichen Böden vor dem Zerfall bewahrt. Andere organische Materialien wie Textilien, Leder oder Holz überdauern nur bei extremer Trockenheit, bei Dauerfrost, unter Luftabschluß oder im feuchten Milieu, etwa in Gewässern, Sümpfen, Mooren oder im Grundwasserbereich. Fundorte an Seeufern oder in Torfmooren bieten daher besonders günstige Voraussetzungen für archäologische Forschungen, da hier selbst organisches Material weitgehend erhalten ist. Aber auch in trockenen Mineralböden können noch Verfärbungen im Boden verraten, wo einst die Pfostenlöcher oder Fundamente von Holzbauten waren.

Für besonders gute Konservierungsbedingungen haben gelegentliche Unglücksfälle gesorgt. Das sicher bekannteste Beispiel ist der Ausbruch des Vesuv 79 n.Chr., der die Städte Pompeji und Herculaneum luftdicht unter vulkanischer Asche bzw. Lava begrub und auf diese Weise nicht nur den ›Abfall‹, sondern fast das gesamte Spektrum der materiellen Hinterlassenschaften der Nachwelt erhielt. Auch der jüngst berühmt gewordene »Ötzi«, der im Sommer 1993 gefundene »Mann aus dem Eis« der Ötztaler Alpen, zeigt eine solche außerordentliche Konservierungsleistung der Natur: Zwar schrumpfte das Gewebe durch den Dauerfrost und verfärbte sich, aber die Gestalt blieb – inklusive Tätowierungen – ebenso erhalten wie Teile von Kleidung und Gepäck.

Genauso aufschlußreich wie die Funde selbst ist der jeweilige archäologische Befund, sprich: die unmittelbare Umgebung des gefundenen Gegenstandes. Das kann eine Vorrats- oder Abfallgrube, die Ausschachtung eines Grabes, eine Schicht oder auch ein ganzer Hausgrundriß sein. Meist zeigen Bodenverfärbungen, um welche Art von Befund es sich handelt. Vorratsgruben z.B. verfüllten sich mit der Zeit auf natürliche Weise oder wurden absichtlich zugeschüttet. Diese Verfüllung setzt sich heute durch Farbe, Struktur und Zusammensetzung von ihrer Umgebung ab. Die Befunde erlauben auch Aussagen über bestimmte funktionale Zusammenhänge und Verhaltensweisen der jeweiligen Siedlungsbewohner. Findet sich etwa eine Frauenstatuette an den Rand einer Grube gelehnt, wurde sie gewiß nicht achtlos weggeworfen, sondern mit Absicht – aus welchen Gründen auch immer – in dieser Grube deponiert.

Bei Ausgrabungen werden diese Fundumgebungen zwangsläufig abgetragen und somit zerstört. Sie sind vergleichbar mit einem geheimen Text, der nur einmal gelesen werden darf und anschließend vernichtet wird. Aus diesem Grunde dokumentiert man heute die Fundumgebungen samt den darin liegenden Antiquarien mit Hilfe moderner systematischer Grabungs- und Dokumentationsmethoden zeichnerisch, photographisch und beschreibend. Bis hin zu Steinen, Knochen und Holzkohleresten – die für Laien vielleicht Banalitäten darstellen – wird bei einer Ausgrabung sowohl in der Fläche als auch in der Höhe über dem Meeresspiegel alles eingemessen und in maßstabsgetreue Pläne übertragen. So kann die exakte Herkunft der Fundstücke, ihre Verteilung, ihre Häufigkeit und ihre Gruppierung im Kontext der Fundstelle präzise registriert werden.

Solche Sorgfalt war allerdings nicht immer angesagt: Grabungen, die im letzten und zu Beginn unseres Jahrhunderts durchgeführt wurden, suchten oft eher unsystematisch vor allem nach vermuteten Schätzen und ästhetischen Kostbarkeiten. Weder hielt man es für nötig, die weniger glanzvollen Funde aufzubewahren, noch verschwendete man Zeit auf die Dokumentation der Fundstellen. Viele der heute bekannten altsteinzeitlichen Frauenstatuetten wurden bei derartigen Altgrabungen geborgen. In welcher Schicht und in welcher Lage sich die Figürchen befanden – die Archäologie nennt das »Befundzusammenhang« –, kann deshalb heute leider nicht mehr festgestellt werden. So weiß man etwa von der berühmten »Venus von Willendorf« kaum mehr, als daß sie 1908 bei Willendorf in Österreich gefunden wurde.

Inwieweit es gelingt, ein möglichst genaues Bild der Vergangenheit zu rekonstruieren, hängt nicht zuletzt vom jeweiligen Forschungsstand eines Gebietes ab. Ausschlaggebend sind hier vor allem die archäologische Infrastruktur eines Landes und die Finanzierungsmöglichkeiten für Forschungsvorhaben. In Deutschland zählt die gezielte Aufnahme und Katalogisierung der Fundstellen heute zu den Hauptaufgaben der für die Bodendenkmalpflege zuständigen Behörden.
Neue Fundplätze werden meist zufällig bei Baumaßnahmen angeschnitten, aber auch immer öfter mit Hilfe moderner Verfahren zur systematischen Erkundung des Geländes aufgespürt: Durch Luftbildarchäologie und geophysikalische Methoden wie Magnet- und Erdwiderstandsmessungen lassen sich Lage, Größe und Art oberflächlich nicht sichtbarer Fundplätze ermitteln. Planmäßige Begehungen ›verdächtiger‹ Äcker führen ebenfalls häufig zum Erfolg. Oft werden Tonscherben, Knochen und anderes Material durch landwirtschaftliche Tätigkeiten an die Oberfläche gepflügt. So erhöht sich die archäologische Dichte ständig, und die Fundstreuung wird immer umfangreicher.
Will man sich jedoch nicht mit einer simplen Beschreibung der Funde und Befunde bescheiden und damit zufrieden sein, daß man etwa einen ›Gegenstand aus Bronze‹ ausgegraben hat, ist man auf Analogien, auf Vergleiche mit schon bekannten Gegenständen und Kulturen angewiesen – ein Verfahren, ohne das der archäologische Erkenntnisprozeß letztlich nicht denkbar wäre.

Schwert oder Grabstock, das ist hier die Frage: Mit Analogien die Vergangenheit rekonstruieren

Die materiellen Hinterlassenschaften, mit denen die Archäologie arbeitet, standen in einem bestimmten Verhältnis zu ihren Herstellern und Benutzern und sind als »Sachaltertümer« Ergebnisse vergangener, uns zunächst fremder kultureller Prozesse, die wir nicht mehr teilnehmend beobachten können. Diese Prozesse werden nun rekonstruiert, indem, ausgehend von den Dingen, auf die Menschen und ihr Verhalten in Raum und Zeit geschlossen wird. Zunächst muß aber die Frage geklärt werden, wie sich derartige nicht-materielle Abläufe im Material niederschlagen – oder anders formuliert: Welche Informationen über menschliches Handeln können uns tote Gegenstände überhaupt liefern? Bei der Beantwortung dieser Frage sind wir auf Analogien angewiesen.

Analogien sind ganz allgemein eine Form des Informationstransfers von einem Objekt zum anderen, wobei verbindende Vergleichbarkeiten vorhanden sein müssen (Hodder 1982, 16). Jede analoge Schlußfolgerung ist an die sozialen und historischen Umstände der interpretierenden Person gebunden und spielt sich grundsätzlich vor dem Hintergrund des jeweiligen persönlichen Wissens und der individuellen Überlegungen über die Welt und die Menschen ab, wobei diese Beschränkungen den Interpreten nicht immer bewußt sein müssen. Ein besonders bemerkenswertes Beispiel für solch subjektives Forschen ist der englische Archäologe Sir Arthur Evans, der Ausgräber des berühmten »Palastes« von Knossos auf Kreta, den wir in einem späteren Kapitel noch kennenlernen werden.

Grundsätzlich schließt sich auch hier der hermeneutische Zirkel: Es kann nur das gefunden werden, was dem Interpreten oder der Interpretin bekannt ist. Schon allein die Feststellung, daß es sich bei dem oben erwähnten Bronzeobjekt um ein Schwert handelt, ist eine Analogie auf dem Hintergrund heutigen Wissens. Letztlich kann nämlich nicht mit endgültiger Sicherheit ge-

sagt werden, ob ein solcher Gegenstand, nur weil er eine Form aufweist, die uns als »Schwert« vertraut ist, wirklich als Waffe benutzt wurde (Sangmeister 1967, 202): Vielleicht diente er ja als Grabstock oder als Webschwert?
Analogien können also Interpretationen nicht beweisen, sie können sie aber plausibel machen. Sie sind der einzige Weg, über einen archäologischen Befund und über die Funktion von Gerätschaften Hypothesen zu bilden und den Blick auf Aspekte oder Strukturen zu lenken, die die Quellen von sich aus nicht verraten. Eine Interpretation, die auf Analogien basiert, sollte allerdings immer für kritische Einwände offenbleiben, um Revisionen zu ermöglichen.

Zunächst verfügt die Archäologie über genuin archäologische Möglichkeiten des analogen Schließens von der Gegenwart auf die Vergangenheit, wie sie beispielsweise die experimentelle Archäologie bietet. Außerdem kann die interdisziplinäre Zusammenarbeit mit anderen Wissenschaften, etwa der Ethnologie, Analogien nahelegen.
Bei der experimentellen Archäologie werden, ähnlich wie bei naturwissenschaftlichen Versuchen, durch systematische und wiederholbare Experimente Hypothesen überprüft – hauptsächlich aus dem Bereich der Herstellung und Funktion gefundener Gerätschaften: Wie wurden die ausgegrabenen Töpferwaren hergestellt (Abb. 4)? Wie verhüttete man Eisenerz? Wie benutzte man urgeschichtliche Ackergeräte oder Jagdwaffen? Wie wurde an einem Gewichtswebstuhl gewebt, und wie baute man einen bestimmten urgeschichtlichen Haustyp? Außerdem werden Versuche zu Anbauformen von Getreide durchgeführt, Tiere und Pflanzen rückgezüchtet, Möglichkeiten des Transports von Megalithsteinen erprobt oder rekonstruierte Kleidung auf ihre Tragbarkeit hin überprüft.
Auch Computersimulationen gehören in das weite Feld der experimentellen Archäologie. Mit ihrer Hilfe lassen sich z.B. Siedlungsentwicklungen innerhalb eines abgegrenzten Gebietes während einer bestimmten Zeit nachzeichnen (Fansa u.a. 1990).

4 Experimentelle Archäologie: Das Brennen von Keramik in einer Grube.

Wenn die vergangene Realität auch prinzipiell unbekannt ist und bleibt, können mit Hilfe des Experiments doch Vermutungen überprüft und unsinnige oder falsche Deutungen verworfen werden.

Die Untersuchung heutiger Gesellschaften »mit dem Ziel, hieraus Erklärungsmodelle und Interpretationshilfen archäologischer Funde abzuleiten« (Göbel 1993, 416), ist Gegenstand der Ethnoarchäologie. Als ein zentraler Bereich dieses Fachgebiets wurde in den USA und Großbritannien in den 70er und 80er Jahren die räumliche Mobilität heutiger sozialer Gruppen aus nichtindustriellen Gesellschaften untersucht – etwa der turnusmäßige Wechsel der Wohnorte –, um ein differenzierteres Bild der verschiedenen Ausprägungen von Mobilität und der damit verknüpften Wirtschaftsweisen und Siedlungssysteme zu erarbeiten. Auf dieser Grundlage können präzisere Modelle und Hypothesen für die Interpretation archäologischer Daten erstellt werden. Ein anderer Schwerpunkt ethnoarchäologischer Pro-

jekte ist die Frage nach der Entstehung von Fundgesellschaften und Befunden: Wie kommt z.B. Abfall in den Boden, und welche weiteren Verhaltensmuster lassen sich daraus erschließen? Die konkrete Herstellung und Nutzung von Geräten wirft Fragen auf – Fragen nach der Rohstoffbeschaffung und Herstellungstechnik, nach sozialen oder regionalen Unterschieden in der Form und Dekoration von Gerätschaften und nach der Organisation der Anfertigung.
Darüber hinaus werden Austausch und Handel zwischen Gruppen und die damit zusammenhängende räumliche Verbreitung bestimmter Waren untersucht, ebenso wie Anwendung, Verschleiß, Reparatur und Recycling von Gegenständen. Interessant ist auch die Frage, ob Güter existieren, die ausschließlich von bestimmten Gruppenmitgliedern, z.B. nur von Männern bzw. Frauen, verwendet werden.
Zur Interpretation archäologischer Funde werden je nach Fragestellung weitere Disziplinen als Analogiequellen herangezogen: z.B. Modelle aus dem Bereich der Siedlungsgeographie oder aus dem durch Schriftquellen belegten historischen Kontext. Dabei gilt stets, daß ein Analogieschluß um so plausibler ist, je mehr ähnliche Merkmale vorhanden sind.

Die »archäologische Kultur« und das Problem der kulturellen Einheit

Eine der wichtigsten und für alle weiteren Interpretationen maßgebliche erste Stufe der archäologischen Tätigkeit ist das Ordnen des Materials durch den Vergleich eines Fundes oder Befundes mit anderen Quellen. Durch dieses systematische Ordnen erhält man Gruppierungen von Gegenständen mit ähnlichen Merkmalen und kann so Typen benennen. Ein sicheres Kennzeichen für die Zugehörigkeit zu einer solchen Gruppierung ist z.B. die Verzierung und die Form von Keramikgefäßen, da sich deren Ausprägung zum einen klar definieren läßt, zum andern stark genug variiert. Wurden Funde früher durch bloßes

Betrachten der Objekte, also weitgehend ›impressionistisch‹ geordnet und typisiert, so bedient die Archäologie sich heute – nicht zuletzt wegen der meist unüberschaubar großen Datenmenge – verschiedener computergestützter statistischer Verfahren.

Trifft man eine bestimmte Kombination verschiedener Typen häufig an, spricht man von einer »Fundgesellschaft«, die wiederum als Ausgangspunkt für weitere Vergleiche dient: Andere Fundstellen, die die gleichen Fundgesellschaften aufweisen, können auf diese Weise eingeordnet werden. So kann ein Typenspektrum, das zunächst nur für eine Siedlung (oder ein Gräberfeld) charakteristisch ist, auf zahlreiche Siedlungen (oder Gräberfelder) ausgeweitet werden.

Alle diese Fundstellen werden anschließend kartiert, um so ihre Verbreitung feststellen zu können: Man erhält einen sogenannten »Formenkreis«, an den sich andere Fundgattungen anschließen lassen. Bildeten beispielsweise die Keramikfunde einer Siedlung den Ausgangspunkt eines Formenkreises, können jetzt auch Keramikgefäße aus Gräbern in diesen Kreis mit aufgenommen werden, wenn sie dem typischen Bestand an Keramikformen und -verzierungen der Siedlung entsprechen. Mit Hilfe dieses Verfahrens ist es möglich, auch weit abseits gelegene Depotfunde oder Kultplätze zu integrieren.

Ein Formenkreis läßt sich schließlich durch die Zuordnung weiterer typischer Merkmale zu einer »archäologischen Kultur« erweitern, die durch ein ganzes Set von charakteristischen Merkmalen gekennzeichnet ist: die Verbreitung gleicher Typen von Gerätschaften und Werkzeugen, Kleidungsbestandteilen, Hauskonstruktionen, Siedlungs-, Grab- und Bestattungsformen über eine größere Region. Eine archäologische Kultur setzt sich also aus solchen charakteristischen Elementen zusammen, die in der gleichen Kombination in einem räumlich begrenzten Gebiet während einer bestimmten Zeitspanne wiederkehren.

Während ein Formenkreis archäologische Quellen rein formal zusammenfaßt, sind in der Darstellung einer archäologischen Kultur bereits erste Deutungen enthalten. So lassen bestimmte

Siedlungsfunde und Siedlungstypen auf die dafür typische Wirtschaftsform schließen; spezifische Bestattungssitten signalisieren kultische und soziale Besonderheiten. Meist werden archäologische Kulturen nach einem ihrer hervorstechendsten formalen Merkmale benannt: etwa nach dem Verzierungstyp der Keramik (z.B. »Linearbandkeramische Kultur«), nach Art der Bestattungsweise (z.B. »Einzelgrabkultur«), nach dem Fundort, an dem ein bestimmter Formtypus zum ersten Mal auftauchte (z.B. »Horgener Kultur« nach dem Ort Horgen am Zürichsee), oder nach dem Verbreitungsgebiet (z.B. »Saône-Rhône-Kultur« in der Westschweiz und in Ostfrankreich).

Wie diese Beispiele zeigen, ist der Kulturbegriff in der Archäologie sehr eingeschränkt. Er dient in erster Linie als Arbeitstitel zur fachinternen Verständigung und ist als Sammelbezeichnung für räumlich-zeitlich übereinstimmende archäologische Quellen zu verstehen, wobei der Grund der Übereinstimmung jeweils zu klären ist (Wotzka 1993, 25 ff.). Eine archäologische Kultur ist strenggenommen eine »tote Kultur« (Eggers 1986, 258). Da die Archäologie ausschließlich über die materiellen Hinterlassenschaften einer Gemeinschaft verfügt, betrachtet sie lediglich einen Ausschnitt der ehemals »lebenden Kultur«, ein Begriff, mit dem z.B. in der Ethnologie gearbeitet wird. Die »lebende Kultur« einer Menschengruppe umfaßt alles, was dort erdacht und geschaffen sowie sozial akzeptiert oder geduldet ist. Materielle Gegenstände, z.B. Werkzeuge, gehören ebenso dazu wie nichtmaterielle Inhalte, etwa religiöse Vorstellungen, Rechtsnormen oder geschlechtsspezifische Verhaltensregeln (Rudolph 1988, 43).

Für die Matriarchatsforschung dagegen besteht »Kultur« offensichtlich nur aus der ideellen Ebene einer Gesellschaft. Im Mittelpunkt stehen dabei Vererbungs- und Wohnfolgen, politische Regelungen, Rechtsnormen und Verhaltensweisen. Dies ist um so erstaunlicher, als die ForscherInnen auf archäologischem Terrain operieren und sich auf dieselben archäologischen Quellen berufen müssen wie die Urgeschichtsforschung. In gewisser Weise setzen die VerfechterInnen des urgeschichtlichen Matriarchats damit auf dem höchsten und schwierigsten Niveau der Interpretation an – der geistigen Ebene der archäologischen Kulturen –, allerdings ohne die Quellenbasis zu berücksichtigen. Ob die Menschen einer archäologischen Kultur, wie etwa Marija Gimbutas annimmt, sich selbst als Gemeinschaft verstanden, eine gemeinsame Sprache benutzten, die gleichen religiösen Vorstellungen hatten – kurz: ob sich die einzelnen Gruppenmitglieder als ein ›Volk‹ subjektiv zusammengehörig fühlten, darüber sagt der archäologische Kulturbegriff nichts aus.

Im Laufe der Zeit ändern sich Formenbestand und Typenspektrum einer archäologischen Kultur. Ist der Unterschied zu den vorausgegangenen oder den nachfolgenden Kulturen sehr groß, wird in der Archäologie von einem »Kulturbruch« gesprochen. Von einem allmählichen »Kulturwandel« geht man aus, wenn der Kontrast eher schwach ist.
Diesen zeitlichen Verlauf der archäologischen Kulturen zu bestimmen gehört zu den wichtigsten und grundlegendsten Aufgaben der Archäologie. Denn nur wenn wir über eine verläßliche Chronologie verfügen, können wir historische Entwicklungen rekonstruieren.

Datierungsmethoden

Zur Datierung ihrer Funde stehen der Archäologie zunächst fachinterne Verfahren zur Verfügung: Hier ist in erster Linie die Untersuchung von Schichtabfolgen des Bodens zu erwähnen, die sogenannte Stratigraphie. Mit ihrer Hilfe kann das relative Alter der Funde und Befunde untersucht, d.h., es kann festgestellt werden, ob sie jünger, gleich alt oder älter als andere sind.
Darüber hinaus werden seit den 50er Jahren auch verschiedene naturwissenschaftliche Datierungsmethoden angewandt, um das absolute Alter der archäologischen Quellen zu ermitteln. Mit Verfahren wie der Radiokarbon- oder ^{14}C-Datierung und der Dendrochronologie können so Alter und Dauer einer archäolo-

gischen Kultur bis auf Jahre, Jahrzehnte oder Jahrhunderte genau bestimmt werden.

Schichten bilden sich meist durch natürliche Faktoren wie Sedimentation, Humusbildung oder Staubeinwehungen, können aber auch durch menschliche Tätigkeiten entstehen. Wo etwa mit Lehm gebaut und die eingestürzten Häuser nicht weggeräumt, sondern nur planiert wurden, wie in Anatolien (z.B. Çatal Hüyük) oder Südosteuropa, entstanden Schichten von erheblicher Stärke. Ganze Wohnhügel (sogenannte »Hüyüks« oder »Tells«) bildeten sich so aus. Auch bei Siedlungen an Seeufern lagerten sich gelegentlich mächtige Kulturschichten ab, weil der Müll, den die Siedler zurückließen, im Wasser kaum oder nur langsam verrottete.

Das Prinzip der Stratigraphie erscheint zunächst einfach: Die untersten Schichten bildeten sich früher, sind also älter als die darüberliegenden. Entsprechend müssen die Funde, die in den obersten Schichten liegen, jünger sein als die aus den darunterliegenden. Fundfreie Schichten deuten darauf hin, daß der Wohnplatz nicht ununterbrochen genutzt wurde. Allerdings sind nicht alle Funde derselben Schicht zwangsläufig auch gleich alt: Wie schnell es zu einer Ablagerung kommt, ist nämlich von unterschiedlichen Faktoren abhängig – unter bestimmten Umständen beträgt die Entstehungsdauer mehrere tausend Jahre (z.B. in Höhlen).

Daß die in einer Schicht gefundenen Gegenstände auch wirklich zur gleichen Zeit in den Boden gekommen und damit auch gleichzeitig benutzt worden sind, kann nur bei einem sogenannten geschlossenen Fund als sicher gelten: Darunter versteht man »die Summe aller Gegenstände, welche unter solchen Verhältnissen gefunden worden sind, daß sie als ganz gleichzeitig niedergelegt betrachtet werden müssen« (Montelius, zit. n. Eggers 1986, 91), was beispielsweise für die in einem Einzelgrab gefundenen Gegenstände gelten würde. Allerdings könnte ein Objekt bereits sehr lange in Gebrauch, ein anderes ganz neu gewesen sein, als es in den geschlossenen Fund kam.

Selbst wenn keine Schichten ausgebildet wurden, etwa weil die Materialien schnell verwitterten, oder wenn die Straten im Laufe der Zeit durch Erosion oder andere natürliche Prozesse abgetragen wurden, können noch Bodenverfärbungen sichtbar sein und auf Konstruktionen hindeuten, die tief in den Untergrund einschnitten – z.B. die schon erwähnten Häuserpfosten oder auch die Gruben einer Siedlung. Horizontale oder vertikale Überschneidungen der Schichten oder Verfärbungen geben Aufschluß über das zeitliche Verhältnis der diversen Strukturen (und der in ihnen liegenden Funde) zueinander. So kann mit stratigraphischen Methoden sowohl die relative zeitliche Entwicklung einer archäologischen Kultur als auch das relative zeitliche Verhältnis zwischen verschiedenen archäologischen Kulturen festgestellt werden.

Noch bis in die 50er Jahre waren die Stratigraphie und der geschlossene Fund auch die einzigen Möglichkeiten, die schriftlosen archäologischen Kulturen absolut zu datieren. Freilich waren dazu die bereits erarbeiteten Chronologiegerüste der Hochkulturen Ägyptens, Griechenlands und Roms erforderlich. Für Ägypten hatte man beispielsweise mit Hilfe schriftlicher Quellen (Pharaonenlisten auf Papyrus oder antike Schriften) schon zu Beginn unseres Jahrhunderts eine Chronologie entwickelt, die bis zur Mitte des 3. Jahrtausends v. Chr. zurückreichte. Datierbare ägyptische Funde fanden sich auch im ägäischen und kleinasiatischen Raum. Tauchten diese ›Importe‹ nun in einem geschlossenen Fund zusammen mit heimischen Waren auf, konnten die dortigen Kulturen ebenfalls chronologisch eingeordnet werden. Aufgrund dieses antiken Gütertauschs gelang es beispielsweise, die mykenische Kultur Griechenlands zu datieren. Außerdem konnte man aus den so datierten Fundkomplexen wiederum ein Element herausgreifen, dem Funde in einem noch weiter von Ägypten entfernt gelegenen Kulturbereich entsprachen. Schritt für Schritt versuchte man nun, eine Brücke von Ägypten über Makedonien und den Balkan nach Mitteleuropa zu schlagen, indem man Ähnlichkeiten in geschlossenen Funden benachbarter archäologischer Kulturen oder auch Kontaktfunde als Indizien für

Gleichzeitigkeit benutzte. So konnte allmählich auch für schriftlose Kulturräume ein Chronologiegerüst erarbeitet werden, das – was die grobe Abfolge der Kulturen betrifft – heute noch weitgehend gültig ist. Die absolute Datierung hingegen wurde in den letzten 50 Jahren mit Hilfe der obengenannten naturwissenschaftlichen Verfahren zur Altersbestimmung stark modifiziert.
Am bekanntesten und auch am häufigsten benutzt wird die ^{14}C-Methode, durch die organische Substanzen wie Holz, Knochen, Pflanzenreste, Haare, Muscheln, Leder oder verkohltes Material datiert werden können (Rauert 1978). Allerdings dürfen die Funde nicht älter als 40 000 Jahre sein. Diese Methode macht sich die Tatsache zunutze, daß alle Lebewesen über die Nahrungskette radioaktives ^{14}C aufnehmen, ein natürliches Kohlenstoff-Isotop, das in der Atmosphäre gebildet wird. Nach dem Tod eines Lebewesens nimmt der ^{14}C-Gehalt durch radioaktiven Zerfall stetig ab. Nach 5730 Jahren ist nur noch die Hälfte der ursprünglichen ^{14}C-Menge vorhanden (Halbwertszeit). An einer Probe wird nun der verbliebene Rest gemessen und auf das Todesdatum des Lebewesens hochgerechnet. Eine stillschweigende Voraussetzung für diese Berechnungen, die Annahme, der ^{14}C-Gehalt der Atmosphäre sei durch die Jahrtausende gleich geblieben, erwies sich aber bald als falsch: Tatsächlich unterliegen die ^{14}C-Werte starken Schwankungen.
Die dadurch entstandenen Ungenauigkeiten der Radiokarbon-Daten ließen sich bald mit Hilfe der Dendrochronologie, der Baumringdatierung, korrigieren. Diese Methode beruht auf einem einfachen Prinzip (Grosser 1978): Je nachdem, ob ein Baum in einem sehr warmen und feuchten oder eher kalten und trockenen Jahr wächst, bilden sich die im Querschnitt des Stammes sichtbaren Wachstumsringe unterschiedlich stark aus. Da kaum ein Jahr dem anderen gleicht, zeigen die unregelmäßigen Abfolgen von schmalen und breiten Ringen sehr charakteristische Muster des Wachstumszeitraums. Die Breiten gleichzeitig gebildeter Jahresringe an verschiedenen Baumstämmen einer Art entsprechen sich augenfällig und stimmen sogar über größere Gebiete hinweg miteinander überein. Durch vergleichende

Untersuchungen der Jahresringe – ein zeitaufwendiges Puzzlespiel, das heute mit Computern durchgeführt wird – kann nun das Alter der Holzfunde bestimmt werden. Wurden z.B. zwei Bäume im Abstand von 50 Jahren gefällt und für den Bau der Häuser A und B verwendet, enthalten sie für die Zeit des gemeinsamen Wachstums übereinstimmende Muster der Wachstumsringe. Da das Wachstumsmuster des später gefällten Baumes aber genau 50 Jahresringe über das Ringmuster des zuerst geschlagenen Baumes hinausgeht, läßt sich der zeitliche Abstand zwischen beiden Bauten eindeutig feststellen. Ist die Bauzeit des Hauses B bereits bekannt, läßt sich auf diese Weise auch das absolute Datum der Erstellung von A errechnen.
Nach diesem Prinzip der Synchronisierung der Jahrringfolgen ist ein allmähliches Rücktasten in der Zeit möglich. Wenn etwa die inneren Jahrringmuster heute noch lebender und daher problemlos zu datierender Hölzer mit den äußeren Teilen von Holzbalken alter Gebäude übereinstimmen, gelingt die zeitliche Verknüpfung der Proben bekannten mit denen unbekannten Alters (Abb. 5). Der so ermittelte Jahrringkalender wird in einer Standardkurve dargestellt, die für Süddeutschland und die Schweiz zur Zeit bis ins Jahr 8022 v.Chr. zurückreicht. Die dabei verwendeten Holzproben stammen aus Häusern unserer Zeit, mittelalterlichen Häusern, archäologischen Fundstellen und aus Kies- und Flußbetten. Durch Vergleiche zwischen ^{14}C-Bestimmungen und Jahrringdatierungen an ein und derselben Holzprobe wurden auch die Schwankungen der ^{14}C-Konzentration offenkundig. Meist liegt das durch die dendrochronologische Analyse errechnete wirkliche Alter höher als das durch die Radiokarbon-Methode ermittelte ^{14}C-Alter – die Abweichungen können hier bis zu 1000 Jahre betragen. Gleichzeitig wird so die Korrektur der ^{14}C-Daten möglich (Kalibration): Mit Hilfe der Kalibrationskurve – einer Art Eichungsverfahren – kann das wirkliche Alter auch derjenigen ^{14}C-Proben bestimmt werden, die sich nicht dendrochronologisch datieren lassen. Wie genau die Ergebnisse dendrochronologischer Forschung sind, zeigt die Tatsache, daß archäologische Bauhölzer aus Siedlungen oder Grä-

bern zum Teil auf das Fällungsjahr genau datiert werden können. Wenn z.B. hölzerne Bauteile aus Seeufersiedlungen erhalten sind, läßt sich der genaue Siedlungsverlauf von der Gründung des Dorfes über Hauserneuerungen bis zur Auflassung nachzeichnen.
Zur absoluten Datierung stehen inzwischen weitere naturwissenschaftliche Verfahren zur Verfügung, beispielsweise die Kalium-Argon-Methode, die wie das ^{14}C-Verfahren ebenfalls auf der Grundlage von Radioaktivitätsmessungen arbeitet und zur Bestimmung anorganischer Funde und Befunde herangezogen wird, die in vulkanischen Schichten eingelagert sind. Mit diesem Verfahren lassen sich viele Proben aus der Altsteinzeit datieren. Bei der Datierung von Überresten aus gebranntem Ton (Keramik, Feuerstellen) findet auch die Messung der sogenannten Thermolumineszenzstrahlung Anwendung. Allerdings ist die Entwicklung dieser Methode für den Bereich der Ur- und Frühgeschichte noch nicht so weit fortgeschritten, daß sie bei der Bestimmung der absoluten Zeitstellung eine tragende Rolle spielen könnte. Gegenwärtig wird sie vor allem eingesetzt, um die Echtheit vorgeblich archäologischer Funde zu überprüfen, z.B. antiker chinesischer Vasen oder anderer keramischer Kunstwerke.
In der Praxis werden immer möglichst viele Datierungsmethoden zur Altersbestimmung herangezogen. Die durch naturwissenschaftliche Verfahren gewonnenen Ergebnisse müssen dann mit der stratigraphisch ermittelten relativen Datierung übereinstimmen. So entsteht schließlich ein immer engmaschigeres Chronologiesystem, das verläßliche Aussagen über die Dauer und Zeitpunkte der Veränderung archäologischer Kulturen gestattet.

Nadeln, Schwerter, goldene Zepter: Zustandsbilder und Entwicklungen

Daß das archäologische Material verschiedener Zeiten auch jeweils unterschiedliche Beschaffenheiten und Zusammensetzungen aufweist, hat natürlich gesellschaftliche Ursachen. Aufgabe

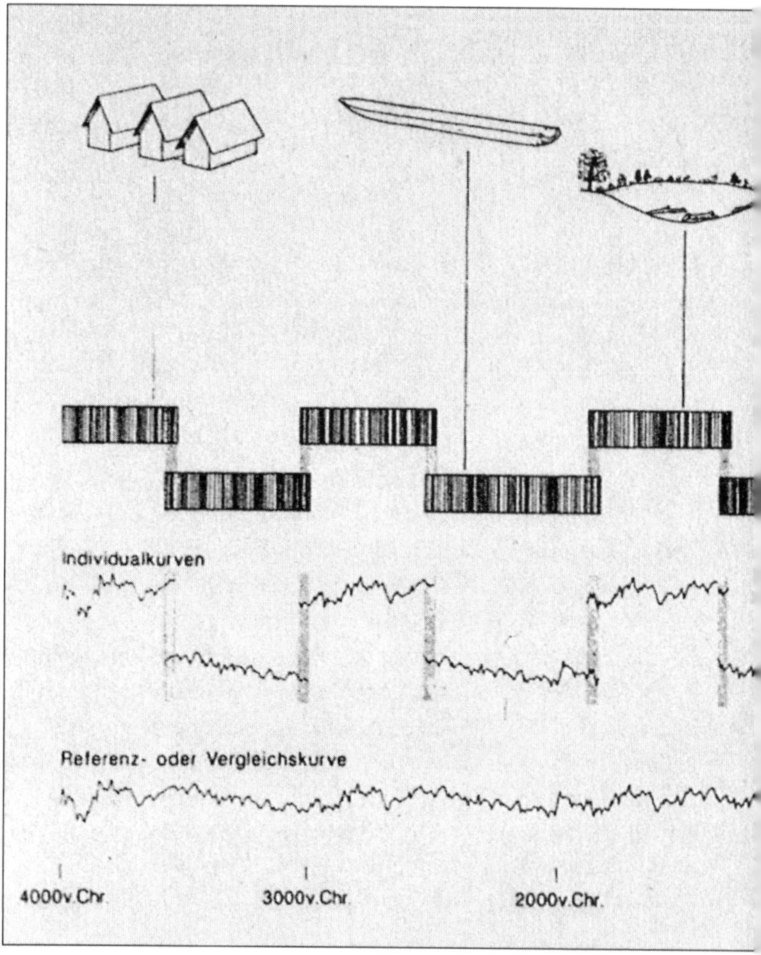

5 Dendrochronologie: Schematische Darstellung des Überbrückungsverfahrens von der Gegenwart in die Vergangenheit.

der Archäologie ist es nun, derartige Erscheinungen zu erklären. Warum und wie kam es zu solchen Veränderungen?
Am deutlichsten schlagen sich technische Neuerungen in den materiellen Hinterlassenschaften nieder. So tritt der rasante technische Fortschritt seit Beginn des 2. vorchristlichen Jahrtausends in Mitteleuropa besonders augenfällig am Formenwandel der

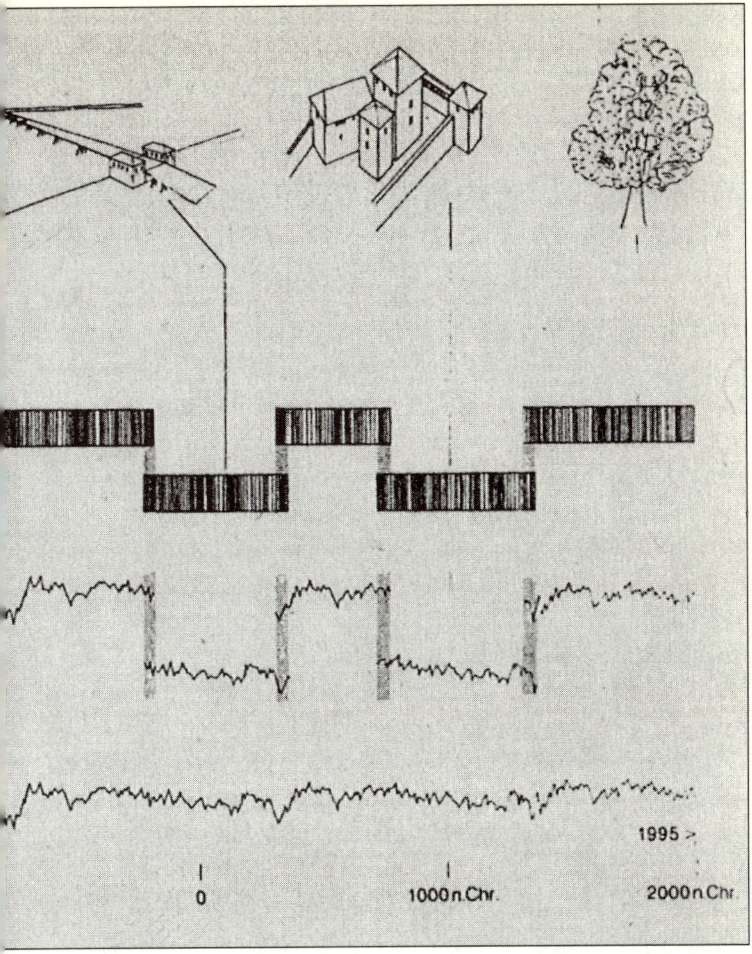

Metallobjekte zutage: Ein neues Kapitel der Menschheitsgeschichte hatte begonnen, die Bronzezeit. Im 16. Jahrhundert v.Chr. verstand man sich bereits darauf, Schwerter zu schmieden, und bald folgten dekorative Metallgriffe, die komplizierte Guß-, Niet- und Punztechniken erforderten. Bronzeschwerter, im 15. und 14. Jahrhundert v.Chr. noch ausgesprochene Stoßwaffen mit bis zu 60 cm langen und spitz zulaufenden Klingen, wurden im 12. Jahrhundert v.Chr. allmählich durch Hieb- und Stichschwerter ersetzt, deren Klingen sich im unteren Drittel verbreiterten (wohl um die Schlagwucht zu erhöhen). Möglicherweise hatte ein neuer Kampfstil, also ein funktionaler Wandel, die älteren Formen verdrängt.

Auch der jeweilige Modegeschmack hatte Einfluß auf die Formen. So wurden etwa die bronzenen Ziernadeln, die hierzulande Frauen- und Männergewänder an den Schultern zusammenhielten, vom 15. bis zum 13. vorchristlichen Jahrhundert zu immer längeren, sperrigeren Trachtgegenständen: Nadeln mit bis zu 43 cm Länge waren keine Seltenheit. Während des 12. Jahrhunderts v.Chr. schrumpften die meisten Nadeln wieder, bis sich schließlich im 11. und 10. Jahrhundert v.Chr. ein neuer Typ der Gewandschließen durchsetzte: die Fibel oder Brosche, eine Art Sicherheitsnadel, die zunächst zweiteilig gearbeitet war, aber bald durch die einteilige Drahtfibel ersetzt wurde. In Zentraleuropa blieb dieses Konstruktionsprinzip in mancherlei Variationen bis ins hohe Mittelalter in Gebrauch.

Nicht zuletzt sind aber auch geänderte politische oder religiöse Vorstellungen für einen solchen Formenwandel ausschlaggebend. Gesellschaftliche Umwälzungen zeigen sich besonders auffällig in religiösen Riten. Ein Musterbeispiel sind die Grabbeigaben, die die Entstehung einer hierarchischen Gesellschaft im 5. und 4. Jahrtausend v.Chr. veranschaulichen. In diesem Zeitraum finden sich in Osteuropa und im östlichen Mitteleuropa erstmals Metallgegenstände in einigen offenbar ›reichen‹ Gräbern, während eher ›arme‹ Gräber lediglich Feuerstein, Keramik und Tierknochen oder schlicht gar nichts enthalten. Einer der in dieser Hinsicht eindrucksvollsten Friedhöfe liegt bei Varna in Bulgarien. Hier wurden einige wenige Verstorbene mit goldenen Diademen, Ohrringen, Perlen oder auch Zeremoniewaffen, deren Schäfte mit Gold umwickelt waren, ausgestattet. Das Grab eines 40–50jährigen Mannes enthielt nicht weniger als 1011 Objekte aus Gold mit einem Gesamtgewicht von 1,5 kg – doch über Varna später mehr.

Ebenso entscheidend für eine Änderung der Lebensweise und damit auch der entsprechenden materiellen Hinterlassenschaften sind natürliche Faktoren wie etwa Klimaveränderungen, die die Menschen zur Verlagerung ihrer Siedlungsplätze, zur Abwanderung oder zur Umstellung der Wirtschaftsweise zwangen. Außerdem lebte keine Gesellschaft isoliert, sondern stand in ständigem Austausch mit benachbarten Kulturen. Auch dies konnte einen kulturellen Wandel hervorrufen – z.B. durch friedliche oder feindliche Vermischung oder einfach durch Ideenübernahme, wie die Einführung der Geldwirtschaft durch die Kelten anschaulich zeigt: Die keltischen Münzprägungen, die um 300 v.Chr. begannen, ahmten griechische Vorbilder nach. Zu Tausenden hatten die Kelten als Söldner an Schlachten rund um das Mittelmeer teilgenommen und auf diese Weise vermutlich auch die praktischen Vorteile einer Besoldung in Form von Münzen kennengelernt. Die heimkehrenden Söldner brachten dann neben einer ganzen Reihe anderer kultureller Neuerungen auch die Idee des Geldes mit nach Hause. Sie verfolgten damit wohl zunächst den gleichen Zweck wie ihre griechischen Vorbilder: die Bezahlung der Krieger in handlicher Form.

Festzuhalten bleibt, daß Kulturveränderungen nie auf einen einzigen Faktor wie eine technische Neuerung, eine Funktionsänderung der Gerätschaften, einen Wechsel der Mode, auf neue politische oder religiöse Vorstellungen, fremde Einflüsse oder Veränderungen in der natürlichen Umwelt zurückgeführt werden können. Meist ist ein ganzes Bündel von Ursachen für einen kulturellen Wandel verantwortlich. Neue Ideen und Entwicklungen wurden überdies nicht überall gleichzeitig und übergangslos aufgegriffen: Manche Gesellschaften hielten länger an überkommenen Traditionen fest, andere waren offenbar aufgeschlossener für Neues.
Aufgrund ihrer komplexen Ursachen lassen sich Kulturveränderungen auch nicht mit einer generalisierenden Theorie deuten, wie sie beispielsweise Marija Gimbutas zugrunde legt, wenn sie den Anlaß des kupferzeitlichen Kulturwandels zwischen matri-

archaler und patriarchaler Ära auf dem Balkan allein mit der Invasion und feindlichen Überlagerung kriegerischer Horden zu begründen versucht und andere wesentliche Faktoren wie etwa den neuen Werkstoff Metall vollkommen außer acht läßt.
Statt dessen muß sich die Archäologie zunächst an den Einzelfall halten, wobei vorab zu klären ist, welche Kulturelemente genau sich änderten und wie stark die jeweiligen Veränderungen waren. Wurde eine Entwicklung fortgeführt, die vielleicht schon viel früher ihren Anfang genommen hatte? Oder entstand etwas ganz Neues, vorher nicht Gekanntes?
Durch die genaue Analyse des Einzelfalls kann eine Kultur mit ihren Veränderungen in Momentaufnahmen oder Zustandsbildern beschrieben werden. Diese Zustandsbilder lassen sich dann mit Hilfe komplexer hypothetischer Modelle, die durch Analogieschlüsse aus historischem oder aktuellem Kontext formuliert und an den materiellen Hinterlassenschaften überprüft werden, aneinanderreihen, so daß man eine Vorstellung des kulturhistorischen Ablaufs erhält. Dies gelingt um so besser, je größer die Zahl der Zustandsbilder ist und je geringer die Zeitabstände dazwischen sind. Schließlich zeigt sich eine Kette von Veränderungen, bei der – in groben Umrissen jedenfalls – auch Ursachen und Wirkungen der kulturhistorischen Menschheitsentwicklung in ihren frühen Epochen erkennbar werden.

Die Matriarchatsforschung allerdings glaubt darüber schon Bescheid zu wissen: Sie versichert uns, daß diese Entwicklung von ihren Anfängen bis zum bedauerlichen »patriarchalen Unfall« (Göttner-Abendroth 1988, 105) von Frauen bestimmt wurde. Als Beweise für die Existenz der matriarchalen Frühzeitwelt dienen den ForscherInnen zahlreiche, an den verschiedensten Fundorten ausgegrabene Kunstobjekte aus der Alt- und Jungsteinzeit – insbesondere anthropomorphe Statuetten und diverse Symbole. Außerdem glaubt die Matriarchatsforschung, ja immerhin über zwei komplette Siedlungen zu verfügen: das jungsteinzeitliche Çatal Hüyük in Anatolien und den bronzezeitlichen »Palast« von Knossos auf Kreta. Da sich die ForscherInnen ihren visionären

Blick auf diese ›Beweise‹ allerdings von keiner Überlegung über die spezifische Aussagefähigkeit der archäologischen Quellen trüben lassen, kann eine Kollision zwischen universitärer und außeruniversitärer Archäologie nicht ausbleiben. Was bleibt vom Goldenen Zeitalter unserer Vergangenheit im Schoß der Großen Mutter übrig, wenn man den matriarchalen Funden und Siedlungen wissenschaftlich auf den Zahn fühlt?

4

Frau Willendorf in Raum und Zeit

Glaubt man der Matriarchatsliteratur, so gehört die Jüngere Altsteinzeit zu den geheimnisvollsten Epochen der menschlichen Geschichte. In dieser Zeit seien die ersten künstlerischen Entwürfe der Menschheit entstanden – frühe Plastiken, die in Erstaunen versetzen, weil sie über Jahrtausende hinweg nahezu ausschließlich das Immergleiche dargestellt hätten: Frauen – weibliche, nackte Körper. Diese dienen den Matriarchatsanhängerinnen seit langem zur Bestätigung ihrer Thesen. Für die Archäologie jedoch liegt die Bedeutung der Statuetten längst nicht so klar auf der Hand.

Die Auseinandersetzung mit den MatriarchatsforscherInnen wird nicht allein dadurch geschürt, daß diese die knapp drei Prozent eindeutig männlichen Darstellungen wie historische Mauerblümchen behandeln, sprich: gar nicht beachten. Auch das außergewöhnliche Aussehen der Frauenstatuetten wird in der Urgeschichtsforschung heftig diskutiert. Vor allem bei der männlichen Forscherzunft – und die ist bekanntermaßen noch immer stark in der Überzahl – hat ihr Erscheinungsbild zu den wildesten Spekulationen geführt. Einer ihrer Vertreter, Louis-René Nougier, philosophierte beispielsweise über Masse und Maße einer Dame von Welt:

> Maße, die gewiß wenig damit zu tun haben, was die Maßschneider heute eine ›Figur‹ nennen. Am Strand würde die Dame keinen Andrang auslösen: die sehr kurzen Beine sind beim Fußgelenk abgeschnitten, was die Zahlenverhältnisse noch verschärft; der runde Kopf versteckt sich unter einer dichten Haarpracht, die die Stirn bedeckt und die Augen verbirgt; ihr Rumpf ist kurz und dick, die halbkreisförmigen Brüste fallen schwer auf den Bauch; die großen verkrümmten Arme ruhen verschränkt auf den Brüsten; der Bauch ist schwer und massiv, das Gesäß üppig, überbordend, und zeigt eine häufige, aber hier sehr ausgeprägte Verfettung. (1989, 305)

Es handelt sich hier um die ›wissenschaftliche‹ Beschreibung einer plastischen Frauenfigur aus Kalkstein (Abb. 6). Zu besichtigen ist das Figürchen im Wiener Naturhistorischen Museum. Kaum größer als 11 cm, ist es doch zu einiger Berühmtheit gelangt. Seit seiner Entdeckung im Jahr 1908 in der Nähe des kleinen oberösterreichischen Dorfes Willendorf melden sich Fachleute wie Laien zu Wort, um über die Figur zu urteilen, wenn auch nicht immer so lästerlich wie Herr Nougier. Sie wird – von Frauen wie von Männern – durchaus bewundert, von manchen sogar angebetet. Ihr Domizil ist schon seit längerem zu einem kleinen Wallfahrtsort geworden. Manche Schwärmer kommen immer wieder.

Ob sie die Figur aus sicherer Distanz betrachten oder vorgebeugt aus nächster Nähe vielleicht gar mit ihr sprechen: Fast alle Besucher sind emotional berührt, wenn sie der nackten, dicken Frau gegenüberstehen. Die Reaktionen auf diese Provokation sind freilich recht unterschiedlich. Männer halten oft mit scheinbar unbeteiligtem Blick, ausschließlich wissenschaftliches Interesse heuchelnd, ungewohnt sittsam Abstand von der Vitrine. Allenfalls wenn sie sich allein im Raum wähnen, treten sie schnell auf sie zu, um aus der Nähe einen Blick auf die dicke Nackte – vielleicht sogar auf ihre Vulva? – zu erhaschen. Bei Frauengrüppchen hingegen geht es oft recht lustig zu, wenn sie lachend und schwatzend vor der Vitrine stehen und ihre Begeisterung kundtun: »Schaut doch, ihre Brüste! – Guckt mal, die Vulva!

6 Frau Willendorf als Animierdame, Plakatwand in Wien 1991.

– Wie schön sie ist.« Im Gegensatz zur Prominenz der archäologischen Wissenschaft sind sich viele Besucherinnen einig darüber, was schön ist – und Frau Willendorf wird eingehend bestaunt.

Doch was kann uns die Figur von ihrer uralten Geschichte erzählen? Sie und andere Frauenstatuetten bewohnen die Museen zwischen französischer Atlantikküste und sibirischer Taiga und ziehen Jahr für Jahr Publikum und Gelehrte an. Man streitet nicht nur über die Schönheit der Skulpturen, sondern auch über ihre Bedeutung – und dafür gibt es Anlaß genug, denn die Anhaltspunkte für eine Interpretation sind dünn gesät. Um so mehr Raum bleibt der Phantasie, die selbst in der Wissenschaft – wie wir sehen werden – manch kuriose Blüte treibt. Denn daß es damals bewegte Zeiten waren, die zur Entstehung der fast ausnahmslos weiblichen Figuren führten, nimmt man – und auch frau – gerne an.

Die Entstehung der Frauenstatuetten fällt in die Zeit des Paläolithikums bzw. der Altsteinzeit, wie die Epoche im Deutschen bezeichnet wird. Die Archäologie setzt den Beginn dieses ältesten Abschnitts der menschlichen Geschichte und Kulturentwicklung mit dem erstmaligen Vorkommen von Werkzeugen an, in Europa etwa vor einer Million Jahren, d.h. eine Million Jahre später als in Afrika. Aus dieser Zeit sind an materiellen Hinterlassenschaften vor allem die Steingeräte (deshalb auch die Bezeichnung »Steinzeit«) überliefert. Nach deren Entwicklung und Herstellungstechnik wird das Zeitalter feiner gegliedert. Der jüngste Abschnitt, das Jungpaläolithikum oder die Jüngere Altsteinzeit, unterteilt sich weiter in das Aurignacien (40 000–30 000 v.Chr.), das Gravettien (30 000–20 000 v.Chr.) und das anschließende Magdalénien im Westen bzw. Epigravettien im Osten Europas. Klimatisch war das Paläolithikum geprägt durch Kaltzeiten, in denen sich wärmere und kältere Perioden abwechselten.

Im Gravettien, in das auch die »Venus von Willendorf« datiert, war es zunächst gemäßigt kalt und feucht, dann sanken die Temperaturen auf durchschnittliche Jahreswerte von 10–14 Grad Celsius. Die mittleren Wintertemperaturen lagen um bis zu 24 Grad niedriger als heute. Amerika und Eurasien vereisten. Die nördlichen Inlandeismassen bedeckten ganz Nordeuropa und einen großen Teil der Mittelgebirge. Arktische Steppenlandschaft breitete sich aus, nur an geschützten Stellen wie z.B. Flußläufen konnten noch Baumarten wie Kiefer oder Birke gedeihen.

An solchen geschützten Talhängen in der Nähe von Wasserläufen finden sich dauerhafte Siedlungsplätze im offenen Gelände. Vermutlich ernährten sich die Menschen vom Jagen und Sammeln: Großsäuger wie das Mammut und das Wollhaarige Nashorn sind in den Speise- und Werkresten der Siedlungen gut belegt. Aber auch Rentiere, Vögel, Fische, Hasen, Wolf, Fuchs und Höhlenbär wurden gejagt. Man kannte Messer, Bohrer, Sägen und Schaber aus Silex (Feuerstein) und stellte tödliche Wurfspeere mit Silexspitzen sowie Speerschleudern her. Die verwandten Rohmaterialien stammten überwiegend aus der engeren Umgebung; Schmuckschnecken deuten auf einen Tauschhandel über weite Strecken hin.

Kunstgegenstände wie z.B. Tier- und Frauenstatuetten, Schmuck sowie Höhlenmalereien (überwiegend Tierdarstellungen) sind uns erstmals aus dem Jungpaläolithikum überliefert. Ihre Materialien, Formen und Motive sind äußerst vielfältig. Weiche Gesteine, Knochen, Elfenbein, Geweih und gebrannter Lehm wurden phantasievoll gestaltet, Höhlenwände bemalt oder eingeritzt. Kleine, tragbare Figuren (z.B. Skulpturen und Ritztäfelchen) oder Schmuck (z.B. Anhänger) zeugen von den künstlerischen Fähigkeiten der Steinzeitmenschen. Die Motive reichen von Menschen und Tieren (z.B. Raubtiere, Mammute, Pferde, Bisons, Vögel, Fische) bis hin zu abstrakten Zeichen.

Die plastischen Frauendarstellungen stammen überwiegend aus dem Gravettien. Aus der nachfolgenden Epoche, dem Magdalénien, sind zwar vollplastische, jedoch stark schematisierte Skulpturen bekannt, die kaum Ähnlichkeit mit denen aus dem Gravettien aufweisen. In der Diskussion über die Bedeutung der Frauenstatuetten wurde ihnen keine wichtige Rolle zugesprochen. Aufmerksamkeit erregte einzig und allein der Star unter den Statuetten: die wohlgeformte und beleibte Frau Willendorf, die als ausschließliche Repräsentantin der paläolithischen Frauenstatuetten gilt.

Bisher kennen wir rund 200 Frauenfiguren aus dieser Epoche, von denen jedoch nur ein Drittel vollständig geborgen werden konnte. Die restlichen Figuren sind lediglich als Bruchstücke erhalten. Ihre Fundorte liegen in einem breiten Korridor, der sich von Frankreich über Norditalien, Süddeutschland, Tschechien, die russische Ebene bis hin nach Sibirien erstreckt. Insgesamt kennt man in dieser weitgespannten Region allerdings nur 30 Fundorte mit Frauenstatuetten (Abb. 7).

In einer neuen Untersuchung wurden nun die individuellen Daten der Statuetten erfaßt, d.h. ihre Maße notiert, Angaben zu ihrer Gestalt, zum Material und zum Fundkontext gemacht (Kunz 1995). So erhielt jede Figur – soweit möglich – ein persönliches Profil mit mehr als 40 beschreibenden Merkmalen. Deren Auswertung läßt deutliche regionale Unterschiede hervortreten. So sind z.B. die Figuren der russischen Ebene mit durchschnittlich 13 cm am größten, diejenigen aus Sibirien und Westeuropa da-

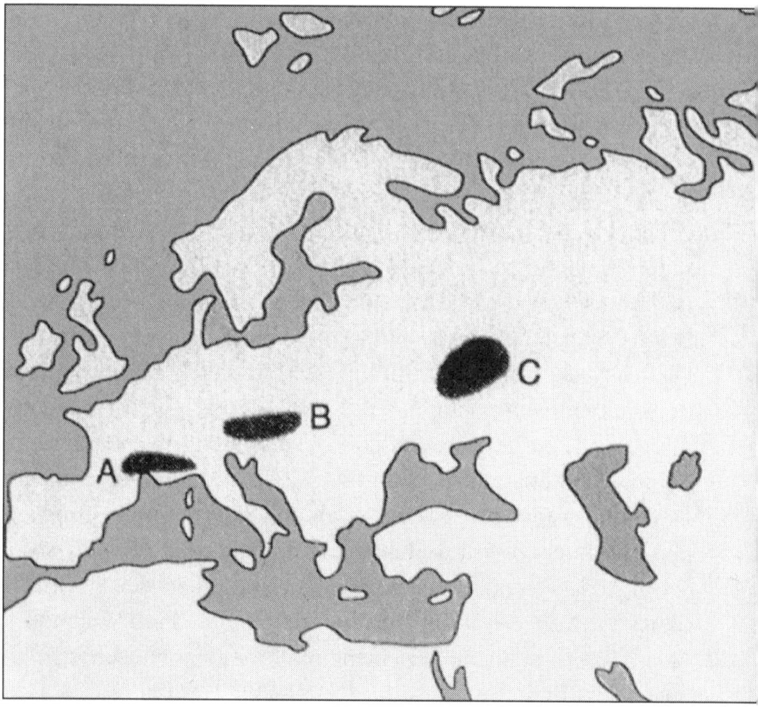

7 Verbreitung der Frauenstatuetten zwischen 30 000 und 20 000 v. Chr. A: Westeuropa (Brassempouy, Lespugue, Monpazier, Pechialet, Tursac, Sireuil, Laussel, Pataud, Trou Magrite, Mentone); B: Mitteleuropa (Mainz-Linsenberg, Mauern, Willendorf, Dolní Vestonice, Pavolov,

gegen nur halb so groß. Die Figuren aus Mitteleuropa liegen mit durchschnittlich 8 cm dazwischen. Bezieht man die Breite der Hüften und den Gesäßumfang in den Vergleich mit ein, zeigt sich, daß dicke Formen sich in Westeuropa und dünne sich in Sibirien konzentrieren. Auch in der Materialwahl zeigen sich deutliche Präferenzen: In Rußland und Westeuropa bevorzugte man Kalkstein und Elfenbein, in Sibirien nur Elfenbein, in Mitteleuropa hingegen zum erstenmal gebrannten Lehm (Abb. 8; 9). Doch was bedeuten diese Unterschiede? Spiegeln sie den ästhetischen Kanon einer Kultur oder sozialen Gruppe oder vielleicht historische Abläufe wider? Tatsächlich ist es immer noch schwie-

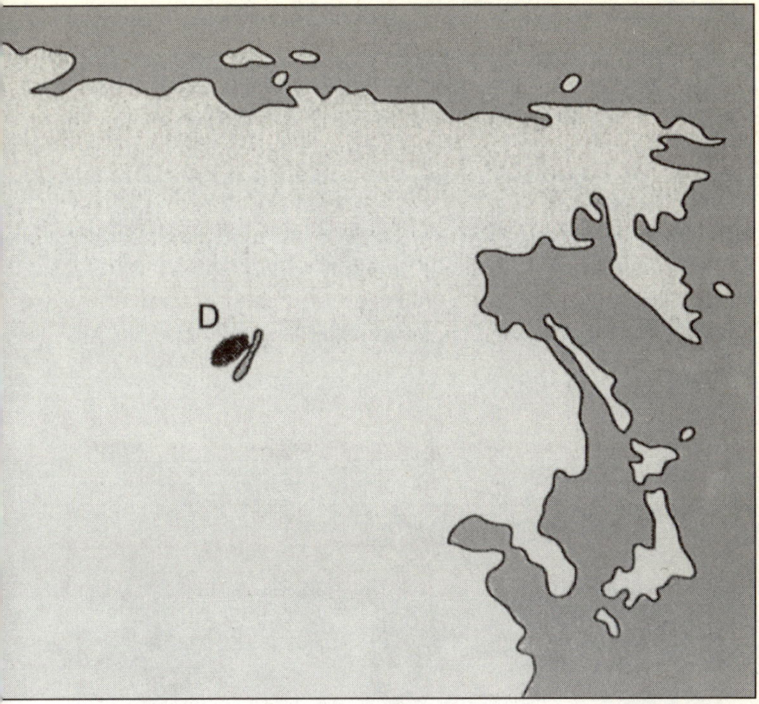

Petrkovice, Predmost, Brno, Moravany, Moldova 5); C: Rußland (Khotylero, Avdeevo, Gagarino, Kostenki I, Kostenki XIII, Eliseevitchi); D: Sibirien (Malta, Buret).

rig, Funde aus dem 10 000 Jahre währenden Gravettien so genau zu datieren, daß sie in eine gesicherte zeitliche Reihenfolge zu bringen sind. Es läßt sich lediglich sagen, daß die Frauenstatuetten in Mitteleuropa – und mit ihnen die »Venus von Willendorf« – die ältesten sind. Sie wurden in einer Zeitspanne von 26 000 bis 23 000 v.Chr hergestellt und in den Siedlungen zurückgelassen.

Lange Zeit herrschte in der Forschung die Meinung, alle Frauendarstellungen des Gravettien folgten der Einen – der Dicken aus Willendorf. Obwohl einige Forscher schon früh versuchten, die Figuren in dicke und dünne zu klassifizieren, fanden sie kein

Gehör. Es blieb bei der Vorstellung von den dicken Skulpturen des Gravettien.

Die meisten reizte es wesentlich mehr, sich den Kunstwerken direkt zu widmen und an der Entschlüsselung ihrer Botschaften zu arbeiten, als sich mit dem mühsam zu erschließenden Fundkontext auseinanderzusetzen. Nicht nur die universitäre Forschung stand lange im Bann dieser ›geistigen‹ Hinterlassenschaften der Jüngeren Altsteinzeit, auch die heutige Matriarchatsforschung pflegt die Sehnsucht nach einer utopischen Vergangenheit. Zwei Motive aus der vielfältigen künstlerischen Palette der Alt-

8 Frauenstatuetten aus Avdeevo, Rußland; Dolní Vestonice, Tschechien; Avdeevo, Rußland.

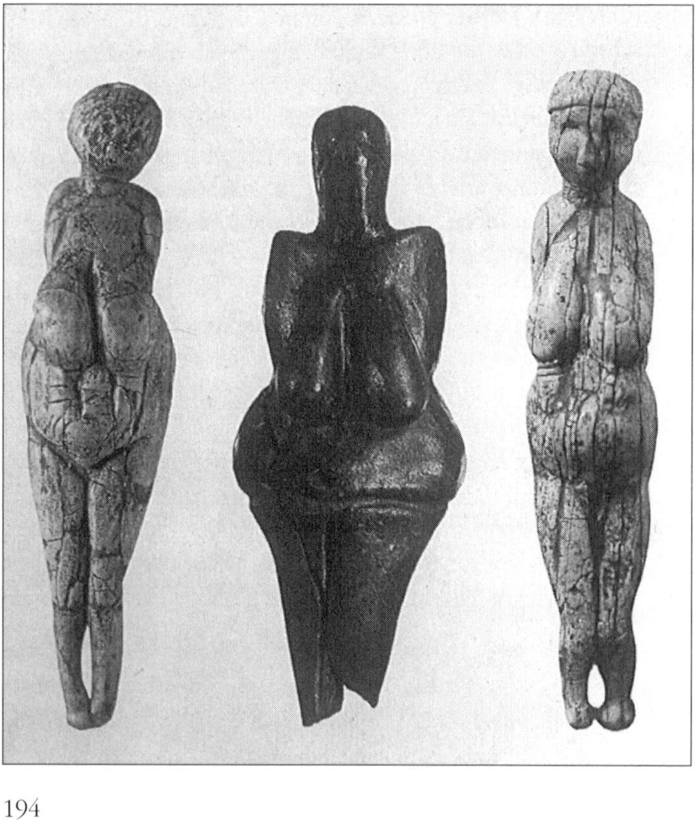

steinzeit hat sie sich auserkoren: die Frauenstatuetten und die abstrakten Zeichen, die im Zusammenhang mit den Felsbildern vorkommen.

Die Wissenschaft brachte den jungpaläolithischen Frauenstatuetten erst seit Beginn des 20. Jahrhunderts reges Interesse entgegen. Als der Archäologe Edouard Piette sich 1895 zum erstenmal in einer Publikation über ›seine‹ Frauen aus Brassempouy (Frankreich) äußerte, mochten nicht alle an deren Echtheit glauben. Erst Frau Willendorf konnte die Fachwelt überzeugen: Hier

9 *Frauenstatuetten aus Dolní Vestonice, Tschechien; Kostenki I, Rußland; Dolni Vestonice, Tschechien; Predmost, Tschechien.*

handelte es sich um einen bahnbrechenden Fund. Die Frauenfiguren aus Rußland, die dann in den 40er Jahren im Westen Furore machten, festigten die Ansicht, daß »Die Venus von Willendorf« keine Einzelerscheinung war. Danach blieb es lange still um die Frauenstatuetten. Angeregt durch neue Funde, erwachte erst wieder in den 70er Jahren das Interesse daran.

Doch die Fragen blieben die alten. Welche Bedeutung hatten die Figuren für den damaligen Alltag? Waren sie als naturalistische Abbildungen zu interpretieren oder eher als Phantasiedarstellungen? Und wieso handelte es sich fast ausschließlich um weibliche Statuetten? Vergleicht man die Forschungsergebnisse, fällt eine starke Diskrepanz zwischen den konkreten Antworten und einer meist sehr nachlässigen Beweisführung auf, mit der einige ArchäologInnen der geneigten Leserschaft ihre Thesen glaubhaft machen wollen. Inzwischen haben sich konkurrierende Schulen gebildet, die sich über die richtige Interpretation der Frauenstatuetten leidenschaftlich streiten ...

Schönheit als Charaktereigenschaft der Steinzeitfrau

Was mag in dem archäologisch interessierten Marquis von Vibraye vorgegangen sein, als er im Jahr 1864 bei Ausgrabungen in der Höhle von Laugerie-Basse plötzlich einen länglichen Gegenstand in der Hand hielt, der sich nach der Reinigung von Erde und Staub als elfenbeinerne Darstellung einer nackten Frau entpuppte? Und was mag er gedacht haben, als sich später herausstellte, daß er erst eine von vielen altsteinzeitlichen Frauenstatuetten gefunden hatte? Der Forscher war über die nackte kleine Frau in seiner Hand so bestürzt, daß er die Figur »Vénus impudique« taufte: »unzüchtige Venus«. Mit diesem Namen legte er den Grundstein zu einer bis in die Gegenwart nachwirkenden Deutung, die so sehr von überholten Rollenklischees geprägt ist, daß sie den offenen Blick auf die Jüngere Altsteinzeit verstellt. Obwohl viele ForscherInnen mit der Bezeichnung »Venus« nicht zufrieden sind, hat sie sich in der Archäologie als Fachbegriff durchgesetzt. Unter diesem Namen sind die jungpaläolithischen Frauenstatuetten dem wissenschaftlichen wie dem Laienpublikum bekanntgeworden. Der im Begriff angelegte Vergleich mit der antiken Liebesgöttin entbehrt jedoch jeder wissenschaftlichen Grundlage. Er resultiert vor allem aus einer Kunstrezeption, die in Europa seit der Renaissance bis ins 20. Jahrhundert hinein Frauenakte in der Tradition antiker Darstellungen betrachtete. Doch gibt es keinerlei Hinweise darauf, daß die antiken und die paläolithischen Darstellungen, die immerhin etwa 20 000 Jahre trennen, in irgendeinem Zusammenhang stehen. Im Gegenteil. Die nackten und häufig dicken Frauenstatuetten des Jungpaläolithikums zeigen Schamdreieck und Vulva. Die grazilen Venusdarstellungen der Antike hingegen wenden den ohnehin nur schwach angedeuteten Schambereich von den Schauenden ab, wenn er ihnen nicht gar durch eine schüchterne Hand oder den zufälligen Faltenwurf eines Kleidungsstücks gänzlich vorenthalten wird. Ihr Körper ist durch strenge, klassische Formgestaltung der Wirklichkeit weit entrückt. Die jungpaläolithischen Frauenstatuetten zeigen sich dem Publikum dagegen offen und frontal.

Dieser auffällige Kontrast regt zur Vermutung an, daß »Venus« als Bezeichnung für die Frauenstatuetten ironisch gemeint sein könnte. Man rufe sich z.B. die verräterische Beschreibung von Nougier (1989) ins Gedächtnis, der sich über die fehlende »Figur« der Figur mokiert und behauptet, »am Strand würde die Dame keinen Andrang auslösen«. Die dicke »Venus« ist ein Widerspruch in sich, eine groteske Erscheinung, die offensichtlich heute zu anzüglichen Spötteleien anregt – nicht anders, als würde sie einem auf der Straße begegnen.

Es sei dahingestellt, ob der Name ernst oder ironisch gemeint ist, er zeigt jedenfalls, daß manche Forscher bei der Beurteilung von Frauendarstellungen – und seien sie aus der Steinzeit – nur eines im Auge haben: die Schönheit. Kunst ist für sie, vereinfacht gesagt, *das* Ausdrucksmittel, mit dem Männer dem ›schönen Geschlecht‹ huldigen.

Einige Archäologen schließen – unterstützt von anderen wissenschaftlichen Disziplinen wie der Soziobiologie und der Verhaltensforschung – aus der Nacktheit der meisten Figuren, daß die Statuetten als sexuelle Symbole gedient hätten. Sie gehen davon aus, daß sie von Männern hergestellt wurden. Der Mediziner Hermann Klaatsch z.B. führte Anfang dieses Jahrhunderts (1913) die Produktion von Frauenstatuetten auf die Ernährungslage der eiszeitlichen Jäger zurück: der verhältnismäßig hohe Fleischkonsum hätte einerseits zur Erhöhung der Denkfähigkeit und andererseits zur Verstärkung des männlichen(!) Geschlechtstriebes geführt, ohne daß dieser sich jedoch hätte frei entfalten können. Laut Klaatsch wurde er sublimiert in eine Kunstproduktion, die ein erotisches Ideal – das der Frauenstatuetten – erfand. Klaatschs Argumentation erfuhr wiederholt Widerspruch, geriet aber nie ganz aus der Mode.
1984 machte sich der amerikanische Anthropologe Dale Guthrie für eine ähnliche Deutung stark. Er postulierte eine erotische Signalwirkung von Fettpolstern und berief sich dabei auf die anatomischen Unterschiede zwischen Frauen und Männern, die aufgrund ihrer körperlichen Entwicklung und ihres Alters verschieden stark Fett einlagern. Bei Frauen bilden sich im zeugungsfähigen Alter vor allem im Hüft- und Oberschenkelbereich Fettpolster. Nach Guthrie erfüllen sie zwei verschiedene Aufgaben: Erstens stellen sie Nahrungsreserven für Schwangerschaft und Stillzeit dar, und zweitens fungieren sie als sexuelle Stimulanzien für Männer. Beides meint Guthrie als universalgültig aus Verhaltensforschung und Soziobiologie ableiten zu können. Deshalb wundern ihn auch die dicken Statuetten der Eiszeit nicht. Obwohl nicht alle wirklich dickleibig sind, verallgemeinert er ihre Proportionen, um letztlich nur eine Erklärung dafür geben zu können: Es mußte sich um erotische oder gar pornographische Darstellungen handeln. Nach eingehendem Studium von Herrenmagazinen wie dem *Playboy* gelangte Guthrie sogar zu der Überzeugung, daß die Körperhaltung der Photomodelle

mit der der Figuren aus der Eiszeit übereinstimme. In diesem Sinn erkannte er in den vertieften Einschnitten am Übergangsbereich zwischen Hüfte und Oberschenkel einer Frauenstatuette aus Dolní Vestonice im heutigen Tschechien den Abschluß von Strümpfen und verglich die Haltung dieser Figur mit der lasziven Pose einer Frau, die sich auf einem *Playboy*-Photo gerade Strümpfe anzieht (Abb. 10). Auch zahlreiche Toiletten hat Guthrie offensichtlich mit Hingabe studiert, denn er glaubte sogar, eine Ähnlichkeit zwischen den paläolithischen Frauendarstellungen und pornographischen Kritzeleien in Männerklos feststellen zu können. Für ihn waren diese scheinbaren Übereinstimmungen der Beweis, daß Männer die Urheber der gesamten eiszeitli-

10 *Frauenstatuette aus Dolní Vestonice, Tschechien, und geritzte Frauendarstellungen des Magdalénien im Vergleich mit Darstellungen aus dem* Playboy *nach Guthrie 1984.*

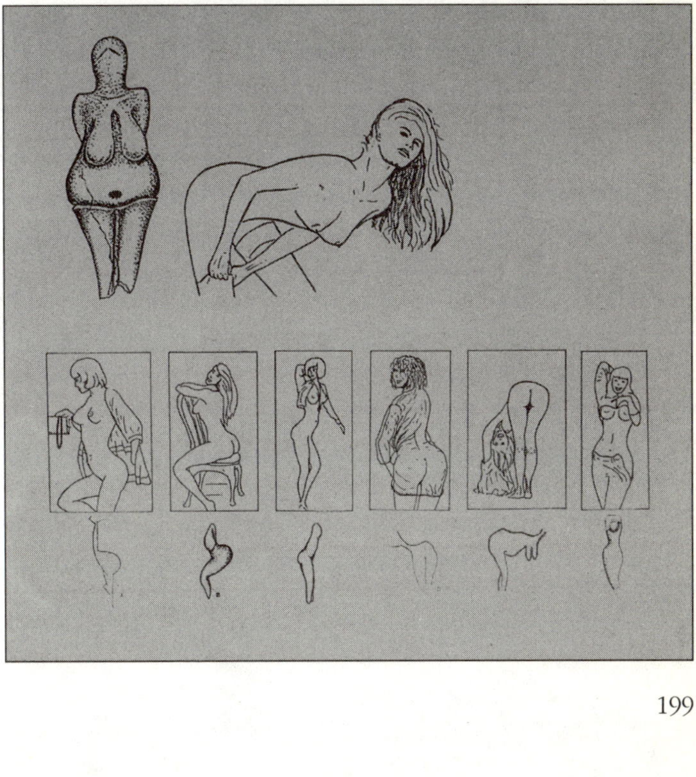

chen Kunst gewesen sein mußten – nicht nur der Frauen-, sondern auch der Tierfiguren.
Gegen Guthries bizarre Vorstellungen läßt sich zweierlei einwenden: Zum einen geht er von einer Erotik aus, die für alle Menschen und in allen Zeiten gleich bleibt. Damit behauptet er, heutige und hiesige erotische Vorstellungen seien universalgültig, und überträgt sie auf Menschen, die vor 20 000 Jahren gelebt haben. Zum anderen – und das ist insbesondere gegen ihn vorzubringen – kommen Frauen in Guthries Entwurf einer sozialen Gemeinschaft nicht vor, sie existieren einzig als Objekte der Begierde. Nur der männliche Blick macht sie überhaupt sichtbar – in der Geschichte bleiben sie ein Anhängsel, auf Ewigkeit zu Passivität und Reproduktion verdammt.
Aber auch die Männer der Steinzeit sind zu bedauern, denn sie bevölkern Guthries Phantasie lediglich als triebgeplagte Ladykiller. Seine grundsätzliche Festschreibung der Bilder von Mann und Frau verschiebt die möglichen Forschungsinteressen und Interpretationen von der Frage: »Wer war der/die Kulturschaffende im geschichtlichen Prozeß?« zur obligaten Antwort: »Die Frauen waren es nicht.« Guthrie und andere Autoren, die mit Hilfe von einseitig gewählten Ergebnissen aus Verhaltensforschung und Soziobiologie argumentieren, vergessen, daß das Frau-Mann-Verhältnis weit mehr ein kulturelles als ein biologisches Phänomen ist.
Der Streit um die nackten Dicken führte so weit, daß sich in den letzten 100 Jahren ein Bild von den paläolithischen Frauenstatuetten etablieren konnte, das immer wieder dieselben Merkmale ins Feld führt: fette Bäuche, schwer fallende Brüste, überquellende Hüften und voluminöses Gesäß. Abgesehen davon, daß man den männerorientierten, oft sexistischen Interpretationen ihre Voreingenommenheit anmerkt, werden die dünnen und insbesondere auch die bekleideten Figuren, auf die wir noch zurückkommen werden, einfach unterschlagen.

Schwangerschaft: Steinzeitliche Mütter kommen zu Ehren

Die fette »Venus« führt aber auch auf eine andere Spur. Und wiederum fällt der typische Blick auf die Frau auf: Für Klaatsch lediglich Augenweide, für Guthrie Sexobjekt, durfte sie bei einigen Forschern auch Mutterfreuden entgegensehen. Sie kamen zu dem Ergebnis, die Überrepräsentanz an weiblichen Darstellungen sei Zeichen eines Schwangerschaftskultes. Die »Venus von Willendorf« und ihre Schwestern wurden zum Ideal des »nackten, vollerblühten Weibes« (Hancar 1940, 144), denn »in der Leibesfülle dieser Figuren kommt eine beglückende Freude an der natürlichen Körperlichkeit und Fruchtbarkeit zum Ausdruck« (Müller-Karpe 1966, 217). Um ihre These zu belegen, griffen manche Forscher auf dieselben Charakteristika zurück wie Guthrie: Nacktheit, Körperfülle und betonte Geschlechtsmerkmale. Unterschiede zwischen den einzelnen Figuren wurden kaum wahrgenommen.

Es liegt auf der Hand, daß hier weniger die historische Wahrscheinlichkeit als vielmehr die kulturelle Prägung der Forscher zum Ausdruck kommt. Sie beschwören in den schwellenden Formen ein Mutterbild und Fruchtbarkeitssymbol (Torbrügge o.J., 15). Wurde zu Beginn unseres Jahrhunderts noch behauptet, die Frauenstatuetten dienten dem Fruchtbarkeits*zauber*, so sind sie heute bereits zuständig für das Prinzip Leben: »Die beschriebenen Venusfiguren symbolisieren die weibliche Fruchtbarkeit. Es ist das Prinzip der lebenserhaltenden Frau wiedergegeben, das durch die Darstellung schwangerer Frauen unterstrichen wird. Die stets in ähnlicher Weise wiederkehrenden Merkmale der Venusstatuetten lassen an die Darstellung einer Muttergottheit denken.« (Bosinski 1994, 82)

Noch in den letzten Jahren hat z.B. Jean-Pierre Duhard, der als Arzt und Gynäkologe ein besonderes Interesse für dieses Sujet entwickelte, sich für die Deutung der Frauenstatuetten als Schwangere stark gemacht. Seiner Meinung nach sind über 55 Prozent der Figuren schwanger dargestellt (1989). Zu einem ähnlichen Ergebnis war bereits zehn Jahre früher der deutsche Anthropologe Wolf Günter Haensch gekommen, der die Statuetten aufgrund persönlicher Betrachtung und Einschätzung anhand der Beleibtheit als Schwangere klassifiziert hatte. Eine Frau, die die Arme vor ihrem dicken Bauch verschränkt, muß ganz einfach schwanger sein. Und weiter: »Der Zusammenhang mit Fruchtbarkeitsvorstellungen ist offenkundig, und es besteht kein Zweifel, daß die Venus-Figuren Ausdruck der Wertschätzung der Frau als Urmutter des Lebens und des Stammes sind.« (Klima 1987, 38)

Diese Überlegungen werden von ForscherInnen angezweifelt, die die ökonomischen Lebensbedingungen von Jäger- und Sammlergruppen berücksichtigt wissen wollen. Entscheidend ist hierbei die Frage, ob die Menschen im Jungpaläolithikum ausreichend mit Nahrung versorgt waren oder am Rande des Existenzminimums lebten und welchen Aufwand sie für die Nahrungsbeschaffung betreiben mußten. In der Forschung überwiegt die Ansicht, daß die Wildbeuter nur durch Wanderschaft überleben konnten, wobei Kinder mit ihrem intensiven Pflegebedürfnis eine Belastung darstellen mußten. Unter diesen Umständen erscheinen Mutterschaft und Fruchtbarkeit kaum darstellenswert (Luquet 1934; Rieckhoff 1990), und bisher wurden auch keine Mutter-Kind-Plastiken gefunden.

Nicht allein deshalb erweist es sich als unsinnig, nackte und dicke Frauendarstellungen unreflektiert mit Schwangerschaft und Fruchtbarkeit in Verbindung zu bringen. Es fragt sich auch, ob wir als Westeuropäer überhaupt in der Lage sind, bei nackten, dicken Frauenkörpern an etwas anderes als an Schwangerschaft zu denken. André Leroi-Gourhan, eine Kapazität auf dem Gebiet der Paläolithikumforschung, weist auf die Gewöhnlichkeit dieser Vorstellung hin:

> Was man über die Fruchtbarkeitsgöttinnen gesagt hat, ist völlig banal und erklärt gar nichts: daß Fruchtbarkeit als wünschenswerte Erscheinung angesehen wird, gilt für alle oder fast alle Religionen, und wenn die Frau zu deren Symbol gemacht wird, so ist daran

> nichts besonders Originelles. Ein Vergleich zwischen den paläolithischen Figuren und den Statuetten aus Mesopotamien oder Nicaragua vermag allenfalls die Existenz von Frauen an drei verschiedenen Orten dieser Erde zu belegen. (1981, 139)

Nicht nur die Kunstausübung ist Männersache, auch die Kunstinhalte spiegeln den männlichen Blick auf eine männliche Welt. Bedauerlicherweise lasse sich nicht mehr nachweisen, ob es so etwas wie Frauenkunst gegeben habe, da Frauen ausschließlich vergängliche, weiche Materialien wie Felle, Pflanzen und Hölzer bearbeitet hätten (Guthrie 1984, 71). Elke Heidefrau Christmann (1995) ist eine der wenigen ArchäologInnen, die eine weibliche Urheberschaft der Statuetten in Betracht ziehen. Sie interpretiert die auffällige Betonung des Oberkörpers und die verhältnismäßig schmale Ausformung der Arme, Hände, Beine und Füße als perspektivische Darstellung einer an sich selbst hinunterschauenden Frau. Ihrer Meinung nach haben sich hier die paläolithischen Frauen selbst porträtiert.

Um ihre Theorien einigermaßen plausibel zu machen, scheren die Forscher gewöhnlich alle Statuetten über einen Kamm. Sie picken sich diejenigen heraus, die ihre Thesen illustrieren, und verschweigen die Existenz aller ›Abweichlerinnen‹. So wurde beispielsweise bis in die 50er Jahre hinein die Überzeugung vertreten, daß den jungpaläolithischen Frauendarstellungen dieselbe Verdickung des Pobereichs (Fettsteiß) eigentümlich sei, wie sie bei bestimmten afrikanischen Ethnien vorkommt. Erst genauere Untersuchungen an den Figuren ergaben, daß nur bei zweien diese Merkmale eindeutig nachzuweisen sind. Auch stößt man in populärwissenschaftlichen Publikationen zum Thema »Jungpaläolithikum« mit fast hundertprozentiger Sicherheit ausschließlich auf die Abbildung der Statuette aus Willendorf. Hier wird als typisch hingestellt, was nur eine Variante ist. Auch Leroi-Gourhan beschwört die Einheitlichkeit der Darstellungen: »Die vollständigsten Beispiele tragen auf dem Kopf denselben Haarschmuck, haben dieselben auf den Brüsten liegenden oder zum Bauch gerichteten Arme, dieselben bis zur Taille

herabhängenden Brüste und dieselben Schenkel, die in winzigen oder gar nicht vorhandenen Füßen enden.« (1971, 116)
Tatsächlich weist aber ein Drittel der 200 Frauenfiguren keine üppigen Formen auf. Ein weiteres Drittel ist von so grob geschnitzter Gestalt, daß die Proportionen nicht ins Verhältnis zum menschlichen Körperbau gesetzt werden können. Auch sind längst nicht alle Statuetten völlig nackt. Fast ein Viertel von ihnen trägt irgendeine Art von Bänderschmuck. Dies können Armbänder sein, wie bei der Statuette aus Willendorf, oder aber Körperbänder im Brust- oder Hüftbereich. Eine Figur aus Kostenki I (Rußland) (Abb. 11) trägt ein V-förmiges Band um den Hals, das durch eine körperumspannende Verzierung oberhalb der Brüste abgeschlossen wird. Zusätzlich ist die Skulptur noch mit Bändern an den Oberarmen und Handgelenken geschmückt. Die Struktur der Bänder läßt an ein Flechtwerk denken. Sechs Figuren aus Sibirien sind von Kopf bis Fuß mit kleinen Kerben verziert, wodurch der Eindruck von ganz in Fell gehüllten Menschen entsteht.

Wenn man schon nach etwas sucht, das für alle Statuetten typisch ist, so kann dies einzig ihr weibliches Geschlecht sein. Und selbst hier ist Vorsicht geboten: Zwar sind von den 200 Statuetten nur zwei unmißverständlich Männer, aber von den restlichen Figuren hat mindestens die Hälfte keine eindeutigen Geschlechtsmerkmale. Ihre Gestalt ist unterschiedlich weit abstrahiert.

Es gibt sie also gar nicht, *die* typische Frauenstatuette des Jungpaläolithikums. Bereits der Steinzeitmensch hat Differenzen dargestellt. Unsere Aufgabe ist es, sie auch wahrzunehmen.

Bildnisse aller Frauen?

Die US-amerikanische Archäologin Patricia Rice versuchte 1981, durch genaue Betrachtung die sehr unterschiedliche Ausgestaltung der Statuetten zu ergründen. Mit Hilfe eines Beobachtungsbogens ließ sie von vier unabhängigen Personen die Formen der

11 *Frauenstatuetten.*
Oben: *Aus Kostenki I, Rußland.*
Unten: *Aus Malta und Sibirien.*

Figuren beurteilen. Grundlage bildete die Annahme, daß die Statuetten Frauen verschiedenen Alters darstellten: die jeweils unterschiedliche Gestaltung von Brüsten und Bauch, von Hüften und Gesäß spiegle den Alterungsprozeß des weiblichen Körpers wider, fest und prall in der Jugend, schlaff im Alter. In ihrer Untersuchung teilte Rice deshalb den Körper in fünf Regionen auf (Kopf, Brüste, Bauch, Hüfte und Gesäß) und unterschied drei Altersklassen (junges Mädchen, reife Frau und alte Frau). Nach der formalen Beurteilung aller Figuren mit Hilfe der Beobachtungsbögen kam sie zu folgender Verteilung: 23 Prozent der Figuren seien als junge Mädchen, 55 Prozent als reife Frauen, darunter 17 Prozent als Schwangere, und 22 Prozent als ältere Frauen zu interpretieren.
Doch in welchem Verhältnis stand diese prozentuale Verteilung zu der Altersstruktur der Frauen im Jungpaläolithikum? Als Vergleichsbasis benutzte Rice eine Alterspyramide, die alle Daten heutiger Wildbeutergesellschaften mit einbezog. Es ergab sich eine erstaunliche Übereinstimmung: 23 Prozent junge Mädchen, 58 Prozent reife Frauen, darunter 17 Prozent Schwangere, und 19 Prozent ältere Frauen leben heute in einer idealtypischen Jäger- und Sammlerkultur. Für Rice stand fest, daß die Frauenstatuetten die Gesamtheit der damaligen weiblichen Bevölkerung in ihren unterschiedlichen Lebensabschnitten repräsentierten. Mit Beispielen aus der Ethnographie versuchte sie darüber hinaus zu belegen, daß die Frauen je nach Alter für die Gruppe verschiedene wichtige Aufgaben übernommen hätten, die ihnen Prestige eintrugen. Dabei sei es vor allem um soziale und wirtschaftliche Aufgaben der Frauen gegangen: Frauen aus Wildbeuterkulturen organisieren den häuslichen Bereich mit seinen vielfältigen sozialen Pflichten, die vor allem um Kinder, Reproduktion und Nahrungsbeschaffung kreisen. Zudem sammeln sie einen großen Teil der Nahrung für die Gemeinschaft. Für Rice stand deshalb außer Frage, daß die Frauenfiguren zu Ehren der paläolithischen Frauen und ihres Beitrages zum Überleben der Gruppe geschaffen wurden.
Wie die anderen Interpretationsversuche erfuhr auch ihr Ansatz

Kritik, vor allem hinsichtlich ihrer Methode. So ist grundlegend zu bemängeln, daß die ganze Untersuchung mit Abbildungen und nicht mit den Figuren selbst durchgeführt wurde. Immerhin versuchte Rice, den subjektiven Forscherblick durch die Sichtweise anderer zu relativieren bzw. zu stützen. Somit scheint sie zumindest der Lösung des Problems, *wie* die Statuetten von der individuellen Betrachtung gelöst werden können, einen Schritt näher gekommen.
Inwieweit die verallgemeinerte Datengrundlage heutiger Wildbeutergesellschaften jedoch die Lebensverhältnisse paläolithischer Gesellschaften widerspiegelt, bleibt umstritten. Aufgrund anthropologischer Analysen der jungpaläolithischen Bestattungen zeigt sich, daß es die Gruppe der älteren Frauen kaum gab. Wird das Durchschnittsalter aller über 15jährigen berechnet, so ergibt sich für Frauen eine Lebenserwartung von 29 und für Männer von 35 Jahren (Nemeskéri 1989, 342). Unsere Visionen von der alten, weisen Steinzeitfrau, deren Lebenserfahrung man schätzte, entpuppen sich als modernes Märchen.

Das archaische Zeitalter der Kommunikation

Ganz anders interpretierte der britische Archäologe Clive Gamble (1982) die Unterschiedlichkeit der Statuetten. Seine Untersuchungen beziehen sich auf den Symbolgehalt von künstlerischen Äußerungen. Er geht davon aus, daß Symbole willkürlich gewählte Zeichen sind, die nicht aus sich selbst heraus erschlossen werden können, sondern auf Absprachen beruhen. Sie enthalten Mitteilungen, die eigentlich nur von Menschen, in deren zeitlichem und kulturellem Kontext sie entstanden sind, entziffert werden können. Symbole werden geschaffen, um die Zusammengehörigkeit verschiedener Menschen und Gruppen zu signalisieren und darzustellen – nach Gamble vor allem in schweren Zeiten benötigt, um über weite Räume hinweg Gemeinschaft herstellen bzw. aufrechterhalten zu können. Im Verlauf des Gravettien, als es zunehmend kälter wurde, die Tier-

und Pflanzenwelt sich änderte und die angestammten Jagdbereiche verlassen werden mußten, suchten die Menschen sich dafür nach Gambles Meinung die Frau aus. Nun sollten die Figürchen helfen, überlebenswichtige Kontakte zu anderen Gruppen herzustellen, die die Bedeutung der Statuetten kannten. Doch welche konkrete Botschaft übermittelten sie dann ihren damaligen Betrachtern?
Bei Gambles These bleiben vor allem die Verbreitung über eine Distanz von 10 000 km und das zeitliche Kontinuum von 10 000 Jahren ein Rätsel, das nicht durch die Abwanderung von Gruppen erklärt werden kann. Abgesehen vielleicht von einigen, die in der Nähe des Eisschildes lebten und mit dem allmählichen Vorstoß des Eises weiter nach Süden wandern mußten, scheinen die Jäger- und Sammlerkulturen kein unstetes Leben geführt zu haben. Das liebgewonnene Bild von ziellos umherschweifenden Wildbeutergruppen, die die Figürchen auf ihren Wanderungen verbreiteten, muß aufgrund neuer archäologisch-ethnologischer Forschungen aufgegeben werden. Heute geht man davon aus, daß die Gemeinschaften ein größeres Gebiet in jahreszyklischer Wanderung bejagten, aber immer wieder in ihr Basislager zurückkehrten. Wie also soll man sich die Kommunikation über so gewaltige Räume hinweg vorstellen, wenn gar keine ausgedehnten Wanderungen stattgefunden haben?

Trotz aller wissenschaftlicher Erklärungsversuche befinden wir uns – immer noch auf der Suche nach der Bedeutung der Frauenstatuetten – am Ende unseres Gedankenspaziergangs wieder bei Frau Willendorf im Museumssaal. Sie, neben der alle anderen Frauenfiguren verblassen und vergessen werden, steht greifbar nahe ruhig in ihrer Vitrine. Es kann doch nicht sein, daß ihre Botschaft nicht zu verstehen ist. Liegt das Versagen aller Erklärungsversuche allein am männlichen Blick der Wissenschaft? Wie interpretieren Frauen die Figürchen? Wir werden unsere Erkundung fortsetzen und ins Lager der MatriarchatsforscherInnen wechseln.

Während viele Forscher noch darüber philosophierten, ob sie die Frauenstatuetten als ein schönes und betörendes oder eher als abstoßendes Abbild der Frau auffassen sollten, wurden die Figuren unversehens von der Frauenbewegung adoptiert:

> Ginger. Flinke kleine dunkle Augen. Haut von buttercremiger Karamelfarbe und ein Körper wie die Venus von Willendorf. Ginger war auf prachtvolle Weise dick, und ihre Bewegungen verrieten eine offene, zarte und präzise Vertrautheit mit ihrem Körper. Ihre Brüste waren hoch und voll. Sie hatte feste Fettpolster auf ihren Schenkeln und Grübchen in den runden Knien. Ihre flinken, spitz zulaufenden Hände und die kleinen Füße hatten ebenfalls tiefe Grübchen. Ihre hohen, pummeligen Backen und das große, übermütige Lächeln waren von einem breiten Pony und einem kurzen Pagenschnitt umrahmt, der manchmal geglättet war und sich manchmal fest über ihren Ohren wellen durfte. (Lorde 1993, 190)

Nicht nur der amerikanischen Feministin Audre Lorde diente die Statuette aus Willendorf als bildliche Vorlage für die poetische Beschreibung der Geliebten. Auch Barbara Wilson verwandte die Skulptur in einem ihrer Krimis, um die geistige Begleiterin der Globetrotterin Cassandra Reilly darzustellen.

Manche Feministinnen fühlen sich durch die unverhüllte Präsentation des Frauenkörpers ebenso angezogen wie viele männliche Wissenschaftler. Und doch gibt es einen wesentlichen Unterschied: Fasziniert die Männer die Nacktheit als klassisches Thema, das den Moralvorstellungen ihrer Zeit widerspricht, so sind die Frauen von Körperformen eingenommen, die jeglichen Schönheitskriterien unserer Zeit zuwiderlaufen. Heutzutage, wo Frauenzeitschriften ihre wahre Aufgabe darin sehen, unter dem Motto »Auch Ihr Typ hat was« Diät- und Schönheitskuren zu verordnen, scheint die als pure, nicht ästhetisiert wahrgenommene Körperlichkeit einen eigenartigen Reiz auszuüben. Die Frauenfigürchen symbolisieren für viele Frauen eine nicht-okkupierte

Weiblichkeit. Ihre Rundungen dürfen in jegliche Richtung schwellen, sie werden nicht versteckt, sondern hervorgehoben. Die Scham wird als selbstverständlicher Teil des Körpers offen gezeigt.
Im Gegensatz zu den zitierten Schriftstellerinnen geht es den Matriarchatsanhängerinnen jedoch nicht um Körperlichkeit als solche. Sie dient ihnen lediglich als Ausgangspunkt für religiöse Überhöhung: Sprachlich stilisiert, wird der Körper zum Träger philosophischer Ideen. Die »Venus von Willendorf« und andere dickleibige Frauendarstellungen gelten den Matriarchatsforscherinnen als »Äußerungen eines kosmischen Gedankens«, der den Frauenkörper zum Symbol des Alls erhebt (Weiler 1994, 86): die paläolithischen Menschen hätten ihre Beobachtungen zu einem ersten Weltbild, dem All, zusammengefügt und sich selbst als dessen Mittelpunkt gefühlt. Nach Meinung der Forscherinnen wurden die Frauenstatuetten als Repräsentantinnen dieser Kosmologie verstanden und auch in diesem Sinne hergestellt. Ihre runden Formen, die kugeligen Bäuche, Brüste und Köpfe spiegelten das Halbrund des gewölbten Himmels und den Kreis des Horizonts. Die Statuetten werden so nicht nur zum Symbol eines kosmischen Weltverständnisses erklärt – mehr noch: Die Kosmologie gilt darüber hinaus per se als zutiefst weiblich (Rentmeister 1985, 68). Frau Willendorf und ihre Schwestern bildeten den Nabel der paläolithischen Welt.

Konfrontiert mit so viel kosmischer Energie, haben die Herren Forscher mit ihren Thesen keine Chance mehr. Mit harschen Worten wird ihnen vorgeworfen, die Figürchen entweder zu »obszönen männlichen Sexualobjekten« zu degradieren oder als »sündige männliche Imagination« zu verkennen (Eisler 1989, 32; 38). Vor allem die Wissenschaften sind Angriffsziel der Frauen, die sich um ihren Anteil an der Geschichte der Menschheit betrogen sehen: »In der Tat: 20 000 Jahre Göttinnenverehrung und frauenzentrierte Gesellschaften, nachweisbar durch immer weiter vordringende archäologische Forschung, das ist es, was uns die patriarchale Geschichtsschreibung verschweigt, welche die

ungefähr dreitausend Jahre patriarchaler Geschichte für die Ewigkeit ausgibt.« (Göttner-Abendroth 1988, 108)
Je weiter die Matriarchatsforscherinnen in der Geschichte zurückschreiten, je diffuser also die Zusammenhänge werden, desto deutlicher scheinen ihnen ihre Ahninnen aus dem Zeitkontext heraus entgegenzutreten. Der männliche Anteil an der Geschichte wird in der Jüngeren Altsteinzeit sogar unsichtbar; im Zentrum der künstlerischen Darstellung steht die Frau – nicht nur als Motiv, sondern auch als Schöpferin.
Nach Ansicht der Matriarchatsforscherinnen beschränkten sich die künstlerischen Äußerungen der Frauen jedoch nicht nur auf den eigenen Körper. Auch die abstrakten Zeichen, die über das gesamte Jungpaläolithikum hinweg überwiegend an Höhlenwänden angebracht wurden, sind für sie Ausdruck der weiblichen kosmologischen Vorstellungen. Diese runden oder länglichen Formen wurden, so wird behauptet, von Frauen auf die Wände gemalt oder in sie eingeritzt.
Die Matriarchatsliteratur widmet sich der Analyse dieser Symbole und Bilder und dem Enträtseln ihrer Bedeutung. Der Chor der Frauenforscherinnen bedauert, daß dem modernen Denken die Beziehung zu sinnhaltigen Symbolen verlorengegangen sei und diese letztlich zu rein kommunikativen Zeichen verflacht seien (Meier-Seethaler 1994, 9), zu Zeichen, die – wie bei Gambles Deutungsversuch – zufälliger Natur sind und auf Absprache beruhen. Demgegenüber plädieren die Forscherinnen für ein ganzheitliches Erfassen der Symbole. Sie sind der Meinung, daß deren Sinn intuitiv erkannt werden könne, weil sie nicht willkürlich gestaltet seien, sondern in innerer Entsprechung mit realen Formen. Denn worauf »es aber mindestens ebenso ankommt, das ist individuelle Intuition: jenes ganzheitliche Systemgedächtnis, das besonders den Frauen von jeher und wohl mit Recht zugeschrieben wird« (Rentmeister 1985, 30).
Unter Intuition verstehen die Matriarchatsanhängerinnen ein Wissen, das die eigene Erfahrung umfaßt und auch umfassend erinnert werden kann. Wenn wir heute mit den urgeschichtlichen Symbolen wieder den ›weiblichen Blick‹ und die ›weibli-

chen Interessen‹ verknüpfen, werden die Zeichen zu sprechen beginnen und die Rekonstruktion andersgearteter Kulturen, einer anderen Geschichte erlauben, die eine schillernde Vielfalt von Möglichkeiten verheißt, anders Frau zu sein (Rentmeister 1985, 16). Verfügen Frauen also über Gedächtniskapazitäten, die den Umfang historiographischer Lexika einnehmen?
Die Matriarchatsforscherinnen fanden mit den ersten Frauenstatuetten und den vielfältigen Zeichen des Jungpaläolithikums den Anfang allen Kulturschaffens. Doch irgendwie hätten sich dann die traditionellen weiblichen Symbole in patriarchale verwandelt, wie wir sie heute noch in Religion und Kunst entdekken können.

Der weibliche Kosmos

Die allgemeine religiöse und kulturelle Wertschätzung der Frau ist für die Matriarchatsforschung zum erstenmal in den plastischen Darstellungen des Gravettien, den sogenannten »Fat ladies« verkörpert. Marie König (1954; 1973), Riane Eisler (1989) und Helmut Uhlig (1992) gehören zu der großen Zahl von MatriarchatsanhängerInnen, die die jungpaläolithischen Statuetten an den Beginn der matriarchalen Entwicklung setzen. Uhligs Deutungen stellen ein Kuriosum in der Matriarchatsforschung dar, da er als Mann die Existenz eines vorgeschichtlichen Matriarchats mit religiösen, fast spirituellen Argumenten verficht. Für ihn war die Frau im Bewußtsein der damaligen Menschen »etwas Übernatürliches, etwas Göttliches« (1992, 74). Ernest Borneman (1975) hingegen, der einen universalhistorischen Geschichtsbegriff vertrat und die Entwicklung der menschlichen Liebesverhältnisse ergründen wollte, sah in den jungpaläolithischen Jäger- und Sammlergesellschaften die letzte Bastion des Matriarchats.
Zwischen Matriarchatsforschung und Urgeschichtsforschung lassen sich gewisse Parallelen erkennen: Wie bereits ihre meist männlichen Kollegen aus der Archäologie beziehen sich die Ma-

triarchatsforscherInnen fast ausschließlich auf dicke Frauenstatuetten, als deren Prototyp wiederum die »Venus von Willendorf« herhalten muß. Auch hier spielt der Aspekt der Fruchtbarkeit eine zentrale Rolle für die Interpretation. Dennoch gibt es gravierende Unterschiede: Die Matriarchatsforschung sieht in den Körperrundungen nicht nur konkrete Zeichen für Fruchtbarkeit und Schwangerschaft – sie erhebt sie vielmehr zur metaphysischen Botschaft aus dem All, zum Symbol für Wiedergeburt.

Uhlig z.B. konzentriert seinen Blick vor allem auf runde Bäuche und damit auf die seiner Meinung nach herausgestellte Gebärfähigkeit der Frau. Die Figuren »sind ganz einfach Signen des Lebens und des Überlebens. In ihrer stark betonten Körperlichkeit drücken sich Fruchtbarkeit, Gebärfähigkeit und robuste Gesundheit aus. [...] Wir müssen im Phänomen der Frauen- und Mutterfiguren einen zentralen Ausdruck des Lebensgefühls und der religiösen Vorstellungswelt des Steinzeitmenschen sehen.« (1992, 44)

Uhlig schreibt dem Mysterium des Geborenwerdens im religiösen Weltbild des jungpaläolithischen Menschen eine außerordentliche Bedeutung zu. Demnach galt auch die Fähigkeit zu gebären als etwas Heiliges. Die Frau sei Ausdruck und Teilhaberin der göttlichen Mächte gewesen, da sie Leben aus sich selbst hervorbrachte. Der männliche Anteil an der Zeugung scheint laut Uhlig unbekannt gewesen zu sein. »Insofern ist auch die älteste Kunst, wer immer sie hergestellt hat, entstanden aus der Tiefe, aus dem Geheimnisvollen der Frau. Darin besteht die Ursache ihres Wandels zur Göttin, zumal sie im Bewußtsein der Gruppe schon immer etwas Übernatürliches, etwas Göttliches war.« (1992, 74) »Eine zentrale Rolle innerhalb der Glaubenswelt in prähistorischer Zeit nehmen die offenkundige Ehrfurcht und das Staunen über das Wunder der Menschwerdung ein – das Wunder der Geburt, inkarniert durch den Leib der Frau.« (Eisler 1989, 35)

Die Fruchtbarkeit, so scheint es, erfüllt das weibliche Geschlecht in besonderem Maße mit magischen Kräften, die je nach Interpretation eine etwas andere Ausdeutung erfahren. Gemeinsam ist den Deutungen die Erhöhung der Frauendarstellung zum Bild der Göttin, zur Erdmutter: »Mutter Erde hat die Menschen hervorgebracht; erscheint sie ihnen in Menschengestalt, dann tut sie das natürlich als Frau. Und jede einzelne Menschenfrau ist als Abbild des göttlich Prokreativen nicht bloß Symbol der Göttin, sondern ein Teil von Mutter Erde selbst.« (Bleibtreu-Ehrenberg 1990, 14)

Das verbindende Glied zwischen Frau und Erde wird in der kreativen Fähigkeit des Hervorbringens von Leben gesehen. Doch die Erde zeichne sich nicht nur durch Fruchtbarkeit aus, sondern auch durch Ruhephasen und Tod. Eine ausschließlich auf Fruchtbarkeit basierende Deutung lehnen die meisten MatriarchatsforscherInnen ab. Nicht der dicke Bauch als Zeichen von Schwangerschaft ist für sie von Bedeutung, sondern die Rundungen der Brüste und Hüften als Symbole des Kreatürlichen. In Analogie zur Mutter Erde thematisieren sie die Gegensätze von Geburt und Tod, vom Leben, das aus dem »Schoß« der Erde entspringt und dorthin zurückkehrt. Vor dem Hintergrund der schon seit den Neandertalern (100 000 – 35 000 v.Chr.) bekannten Bestattungen schmieden sie die beiden Themen »Tod« und »Geburt« zu einem komplexen Weltbild zusammen. Die Frau rückt mit ihrem Körper ins Zentrum dieser Philosophie. Der weibliche Körper gilt als der Ort, aus welchem allein das Leben hervorgeht und an den es zurückkehrt, um wiedergeboren zu werden – der Ort der Selbstreflexion des menschlichen Kommens und Gehens in der Welt.

So wird in der Diskussion der häufige Gebrauch von roter Farbe in der Jungsteinzeit verknüpft mit dem Monatsblut der Frau, ihr Zyklus mit dem Mondlauf bzw. dem kosmischen All und ihre inneren Geschlechtsorgane mit den unterirdischen Höhlen. Für den matriarchatsfreundlichen Helmut Uhlig ist die Gebärfähigkeit von solch gravierender Bedeutung, daß er sich ausmalt, wie Frauen nach der Menopause einen schauerlich anmutenden Scheintod starben:

> Und wenn das Monatsblut nicht mehr floß, gebar die Frau nicht mehr, war sie, obwohl noch am Leben, tot für die Zukunft. Sie war nur noch Hegende, nicht mehr Gebärende. Sie war aus dem Blutstrom gefallen. Nur so, aus der Ganzheit kosmischen Erlebens, können wir uns den Anfang menschlicher Erkenntnis und menschlichen Kulturbeginns vorstellen. (1992, 47)

Wird bei Uhlig – salopp gesagt – die Gebärfähigkeit zur Obsession, gewinnt bei einigen Matriarchatsforscherinnen die Vorstellung, die körperlichen Rundungen seien als erweiterter Ausdruck einer kosmischen Religion zu verstehen, eine herausragende Bedeutung:

> Den Vergleich vom All mit dem Leib der Mutter kannte schon der Jungpaläolithiker. Er gab seinen Frauengestalten meist einen auffallend gerundeten Leib mit tiefem Nabel. Das führte zu der Annahme, daß damit nur eine schwangere Frau gemeint war, doch die Deformierungen der Figur beweisen, daß es sich nicht um eine alltägliche Erscheinung, sondern um eine Idee handelt, der Gestalt verliehen wurde. (König 1973, 206)

Die Körperrundungen der Frau werden zum Symbol für die Welterkenntnis des Menschen, die auf den kosmischen Raum ausgerichtet sei. Das All, das den Menschen wie ein Halbkreis überwölbe, sei eingeschrieben in den Frauenkörper, welcher wiederum einen sakralen Ort der Weihe brauche. Die Höhle als allgemeine Kultstätte des Jungpaläolithikums wird gleichgesetzt mit dem Mutterschoß. Sie ergänzt die religiöse Weltdeutung um den sakralen Ort:

> Denn einst war – davon bin ich überzeugt – die Höhle tabu; der unterirdische Kultraum war ebenso heilig und unantastbar wie der Innenraum des Frauenkörpers. Ein Mann durfte ebensowenig ungefragt in die Tiefe der Erde vordringen, wo das Mysterium von Geburt und Tod von den Frauen gefeiert worden ist, wie er Sexualität mit einer Frau erzwingen durfte. (Weiler 1994, 31)

Aus archäologischer Sicht kann man über die schwindelnden Höhen, in die sich hier die Deutung urgeschichtlicher Sachverhalte verstiegen hat, nur resigniert die Schultern zucken. Die Matriarchatsforschung interessiert sich nicht für die vielen archäologischen Quellen, sondern einzig und allein für die Frauenstatuetten und, wie wir noch sehen werden, für das Symbol der Vulva. Aber auch die Figuren an sich gelten den meisten Göttin-Feministinnen lediglich als Symbolträgerinnen, die den Weg in den unendlichen Kosmos weisen.
Mit der Frau als Hüterin und Wächterin der runden Formen bot sich den MatriarchatsforscherInnen die Möglichkeit, die weltberühmten Höhlenbilder des Magdalénien (z.B. bei Lascaux, Frankreich) in Besitz zu nehmen. Aus scheinbaren Männerdomänen, jagdkultischen Orten, zu denen Frauen keinen Zugang hatten, wurden Frauenräume. Die Gesamtheit der Höhlenmalerei vermittelt denn auch nach Weiler die Botschaft von weiblicher Wiedergeburtskraft:

> Der Weg des Wassers folgt im allgemeinen zunächst einem unterirdischen Bett, müht sich durch einen engen Siphon, bei dem sich die Höhlendecke fast in den Untergrund einsenkt, und öffnet sich dann in ein großes Becken [...]. Der enge Siphon suggeriert – man braucht dazu kaum viel Phantasie – einen weiblichen Muttermund. Wer diese Schmalseite passiert hat, erreicht die eigentliche Höhle, den Uterus der großen Göttin. (1994, 173)

Daß diese Interpretation ihre Berechtigung hat, ergibt sich für die MatriarchatsforscherInnen aus den symbolischen Darstellungen, die an den Höhlenwänden zu sehen sind. Dabei rückt ein Detail ins Zentrum der Betrachtung: die Vulva.

Die kosmischen Zeichen

Drückt man sich die Nase an der Vitrinenscheibe der »Venus von Willendorf« platt oder – besser noch – entdeckt eine der zahlrei-

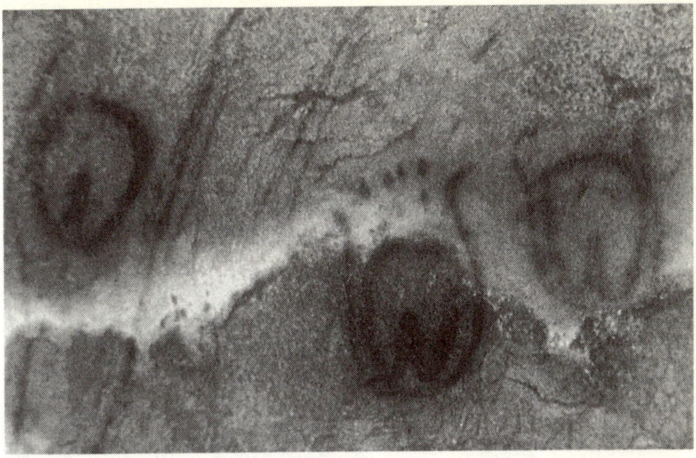

12 Gemalte Vulvazeichen auf der Wand eines kleinen Saals in Tito Bustillo, Spanien.

chen Vergrößerungen in einer Publikation, tritt es klar zutage: Frau Willendorf besitzt eine Vulva. Und nicht nur sie. Weit häufiger noch begegnet uns die Vulva in Höhlen und Grotten, und zwar als Zeichen – ohne den dazugehörigen Körper: ein Dreieck oder Oval mit einem kleinen mittigen Einschnitt (Abb. 12). Dieses Zeichen steht nach Meinung der Matriarchatsforschung nicht nur als Pars pro toto für die Frau, sondern versinnbildlicht wiederum das gesamte Universum. Es gilt als Symbol für den universellen Schoß, die unerschöpfliche Quelle, zu der der tote Mensch zurückkehrt, um wiedergeboren zu werden (König 1979). Die matriarchal-religiöse Weltdeutung stützt sich nicht nur auf das naturalistische Abbild der Frau, sondern wird noch um ein abstraktes Kürzel für das Weiblich-Göttliche ergänzt. Seine Bedeutung zerfällt in einen leiblichen und einen kosmischen Bereich:

> In der Kunst der Eiszeit steht dem Dreieck als Pars pro toto für den kreativen weiblichen Körper das Lunare, d.h. das mondbezogene Dreieck zur Seite, das, als eine der möglichen bildhaften Gestaltungen der Zahl drei (neben drei Punkten oder drei Parallelstrichen),

> den Ablauf der drei Mondgestalten bzw. der Mondphasen symbolisiert. Die innere Verbindung zwischen dem Bedeutungsgehalt des Schoßdreiecks und dem des Monddreiecks ist über die Erfahrung der weiblichen Lebenskreativität herzustellen. Zum einen teilt die Frau ihren Menstruations- und damit ihren Fruchtbarkeitszyklus mit den Gezeiten des Mondes, zum anderen ist sie als Schwangere von ihrer Gestalt her ›mondverwandt‹. (Meier-Seethaler 1994, 78)

Verstanden? Also noch mal: ... zuerst das Dreieck, dann der Mond, dann die Vulva und schließlich die Schwangere.

Die Verfechterinnen des Matriarchats entwerfen ein kompliziertes und komplexes Gesamtweltbild, das unwillkürlich die Frage provoziert: Woher wissen sie das alles eigentlich? Diese Frage ist ketzerisch, wenn die Existenz des Matriarchats mit allen Mitteln bewiesen werden soll. Aber auch die Matriarchatsforschung muß – wie die Wissenschaft – die Quellen ihres Wissens preisgeben. Eine Arbeit, auf die in diesem Zusammenhang immer wieder zurückgegriffen wird, ist Marie Königs *Am Anfang der Kultur*. König, die von den Matriarchatsanhängerinnen als Archäologin und Höhlenforscherin bezeichnet wird, machte sich nach vielen anderen in den 60er und 70er Jahren daran, das Bild vom unintelligenten, primitiven Menschen der Vorzeit zurechtzurücken. Dabei fand sie den Beginn allen begrifflichen Denkens im symbolischen Schaffen des Jungpaläolithikums. Die Zeichen, die aus dieser Zeit erhalten sind, interpretierte sie als Ursymbole, die Jahrtausende überdauert hätten und auch heute noch in unserer westlichen Kultur verständlich seien. Sie hielt es für möglich, Linien und Punkte in der Anzahl von eins, zwei, drei etc. in bedeutende kosmische Erklärungszusammenhänge zu überführen. Der Mond in seiner Wandelbarkeit bildete dafür die Basis: »Von den Beobachtungen [des Mondes, d. Verf.] her wurde am Anfang menschlichen Nachdenkens über Zeit und Raum das Grundprinzip der DREI gefunden und gedacht.« (1979, 148)
Diese »DREI« findet sich ebenso im Dreieck des Mutterschoßes. Die »VIER« hingegen repräsentiert nach König den Weltplan als

Viereck mit den vier Kardinalpunkten, den vier Richtungen, vier Ecken oder vier Seiten. Das Symbol des Pfeiles soll gar – entweder als weibliches Todes- oder als Sexualsymbol – aus der Dreiecksform der Vulva abgewandelt worden sein (Rentmeister 1985, 87).

Grundlage dieser Interpretation bildet ein Verständnis von Religion, das die Welt mit Hilfe immer differenzierterer Zeichen erklärt. In der Matriarchatsliteratur dient sie dazu, das All, die kosmische Erfahrung zu beschreiben. Ihre Untersuchungen stützen sich auf nicht genauer datierbare Einritzungen aus verschiedenen Jahrtausenden, mit denen die Höhlen der Ile-de-France übersät sind.

Hatten die MatriarchatsforscherInnen die kosmische Erfahrung und Erkenntnis anfänglich noch als allgemein menschliche beschrieben, sahen sie sie nun ausschließlich im weiblichen Körper repräsentiert. Er allein wurde zum Spiegelbild des Kosmos, an dem sich die Erfahrungen manifestierten. Mit seinem Symbol, der Vulva, habe er das Zentrum der paläolithischen Welterkenntnis gebildet.

Marie König und ihre KollegInnen waren nicht die ersten, die auf die Zeichen und Symbole des Paläolithikums aufmerksam wurden. Auch in der archäologischen Fachwissenschaft hat sich seit längerem eine Diskussion über die Bedeutung der Zeichen entwickelt. Das Deutungssystem von Leroi-Gourhan beispielsweise unterscheidet sich jedoch, wie zu erwarten, deutlich von dem der Frauen: Es ist dualistisch aufgebaut. Gestützt auf die Erforschung und statistische Auswertung von 100 Höhlen mit Bildern und Zeichen, filterte Leroi-Gourhan anhand der Zeichen Gegensätze zwischen weiblich und männlich heraus. Er war nicht nur von der Bedeutung jedes einzelnen Zeichens überzeugt, sondern auch von seiner bewußten Plazierung in der verwirrenden Abfolge der Gänge und Säle. Ebenso nahm er an, daß die Anordnung der Zeichen eine bestimmte Bedeutung habe. Als Ergebnis seiner Untersuchungen präsentierte er ein zweigliedriges System, mit dem er die Zeichen in zwei unterschiedliche Gruppen aufteilte: in lineare Zeichen aus Punkten oder Linien, die sich – vor allem im Zusammenhang mit Bisondarstellungen – im zentral gelegenen Teil der Höhlen finden, und in flächige Zeichen, die – hauptsächlich in Verbindung mit Pferdedarstellungen – in den Randbereichen angebracht sind. Leroi-Gourhan interpretierte, wie auch schon andere Forscher vor ihm, einen Teil der flächigen Zeichen als Darstellungen von Vulva oder Scham. In den linearen Zeichen hingegen sah er – anders als Marie König – Repräsentationen des Phallischen. Die Zweiteilung der paläolithischen Welt, die sich seiner Ansicht nach aus den unterschiedlichen Bildprogrammen herleiten ließ, erklärte er mit einer dualistischen Geschlechterordnung.

So unterschiedlich Archäologie und Matriarchatsforschung auch argumentieren – über eines zumindest scheinen sie sich einig zu sein: Die flächigen Zeichen stellen offensichtlich Vulven dar. Doch könnte es sein, daß der Schein trügt? Mit der kritischen Frage, woher wir denn überhaupt wissen, daß die Zeichen (rundes Oval und Dreieck mit Einschnitt) tatsächlich die Vulva meinen, verunsichern jüngere ForscherInnen heute die Fachwelt. Sicherlich kann man formale Ähnlichkeiten nicht leugnen, aber bestehen sie nicht auch zu anderen Dingen? Die »›Vulva‹ von Laussel« beispielsweise kann – so abstrus das zunächst für die MatriarchatsforscherInnen klingen mag – laut Paul Bahn »auch einen Hufabdruck eines Pferdes wiedergeben, und die eingravierte ›Vulva‹ von Comarque kann ebenso eine Vogelspur darstellen« (1986, 117).
Die These, daß bestimmte Zeichen Vulven bedeuten sollen, ist fast so alt wie die Urgeschichtsforschung selbst. Abbé Breuil war der erste, der im Jahr 1910 in den Zeichen ohne irgendeinen Zweifel Vulven wiederzuerkennen glaubte. Diese Deutung ist in den letzten 85 Jahren zu einem unhinterfragten Gemeinplatz geworden. Gerade in ihren Anfängen interpretierte die Urgeschichtsforschung relativ unbekümmert drauflos. Die Matriarchatsforschung, auch wenn sie sich selbst für revolutionär hält, ist keineswegs unabhängig von der wissenschaftlichen Forschungstradition. Ihre Interessen und Standpunkte beziehen

sich wie ein Kontrastprogramm auf die Etablierten: »Es erscheint absurd, wenn Wissenschaftler heute behaupten, die Kultbilder in den Höhlen seien von Männern geschaffen worden. Die Höhlen sind Heiligtümer der Frauen gewesen. In keiner Höhle fehlt das Symbol der Vulva.« (Weiler 1994, 175)

Es erweist sich als schwierig, die Interpretationen der MatriarchatsforscherInnen zu belegen, da ihre Deutungsvorschläge ausschließlich im religiösen, kultischen Bereich angesiedelt sind. Doch gerade dieser Bereich entzieht sich am nachhaltigsten den archäologischen Bemühungen. So kann die Archäologie zwar bestimmte Detailfragen beantworten, etwa in welche Richtung der Ocker auf der Reibtafel zerrieben wurde, um Wandfarbe anzurühren, doch endet ihr Wissen in dem Augenblick, wo sich die Hand des Künstlers zum Malen hebt (Leroi-Gourhan 1971). Dem imaginierten Kosmos der MatriarchatsforscherInnen fehlt jede Bodenhaftung: Ihr Goldenes Zeitalter bevölkern göttliche Frauen, die mit den Niederungen der Archäologie – Abfallgruben und Steinwerkzeugen – nichts zu schaffen haben.

Aus archäologischer Sicht arbeitet die Matriarchatsforschung mit antiquierten Hypothesen, die heute so nicht mehr vertretbar sind. Die Höhlen gelten längst nicht mehr pauschal als Zentrum des jungpaläolithischen Lebensalltags. Für den eng begrenzten Raum Südfrankreichs und Nordspaniens mit den berühmten Höhlenmalereien mag diese Deutung berechtigt sein – doch was haben die Menschen in den Freilandsiedlungen Mitteleuropas gemacht, wo weit und breit keine Höhle zu finden war?

Der engen, aus früheren Tagen stammenden Bindung an die Deutungen der französischen Forscher versuchen WissenschaftlerInnen mit gezielten regionalen Studien zu begegnen. Und plötzlich ist es möglich, vielfältige Unterschiede in den künstlerischen Äußerungen des Jungpaläolithikums wahrzunehmen – auch in der Gestalt der Frauenstatuetten. Denn es erscheint heute nicht nur problematisch, daß die Interpretationen ausschließlich auf den Typ Willendorf begrenzt waren, sondern auch, daß die Figuren ohne jegliche Berücksichtigung der

Fundumstände betrachtet wurden. Ist Frau Willendorf in ihrer halogenbeleuchteten und mit blauem Samt ausgeschlagenen Vitrine wirklich noch dieselbe wie jene, die zwischen Fellen und Steinen lag und nur vom flackernden Licht der Herdstelle beleuchtet wurde?
In ihrer Vitrine hat sie einen Ehrenplatz. Wir setzen uns mit ihr auseinander wie mit einem modernen Kunstgegenstand, sind davon überzeugt, daß sie etwas zu sagen hat, eine Botschaft in sich trägt, die wir nur noch entschlüsseln müssen. Doch worauf beruht die Gewißheit vieler ForscherInnen? Wird nicht allein auf die Gestalt und auf eine fragwürdige Symbolik gebaut?
Es besteht der Verdacht, daß wir mit der Vielzahl der Interpretationen die »Venus von Willendorf« immer mehr in unser modernes Leben holen und für unsere Zwecke benutzen, weil wir nichts über sie selbst zu sagen wissen. Sie bietet uns eine Projektionsfläche, um über Frau, Erotik, Fruchtbarkeit oder den Ausschluß der Frauen aus der Geschichte nachzudenken. Dabei wird sichtbar, welche Fragestellungen gerade en vogue sind – doch Frau Willendorf hüllt sich weiter in Schweigen.
Dieses Schweigen hat vor allem einen Grund: Es ist nichts über die Fundumstände der Figur bekannt.

Als 1908 in Willendorf das berühmte Frauenfigürchen bei Grabungen zum Vorschein kam, speisten die leitenden Archäologen leider gerade im Nachbardorf zu Mittag. In der Aufregung über den spektakulären Fund vergaßen die Beteiligten, die Befundlage genau aufzuzeichnen, so daß wir heute nur noch grob rekonstruieren können, aus welcher Fundschicht die Figur stammt. Über den Ort des Geschehens, d.h. über ihre genaue Lage und die Funde in nächster Nähe kann nichts mehr ausgesagt werden.
Die anderen Statuettenfunde sind meist nicht besser dokumentiert. Der größte Teil der Grabungen fand um die Jahrhundertwende statt, als man eher an sensationellen Funden als an der möglichen Rekonstruktion vergangener Welten interessiert war. Die Geschichte zweier Ausgrabungen an recht unterschied-

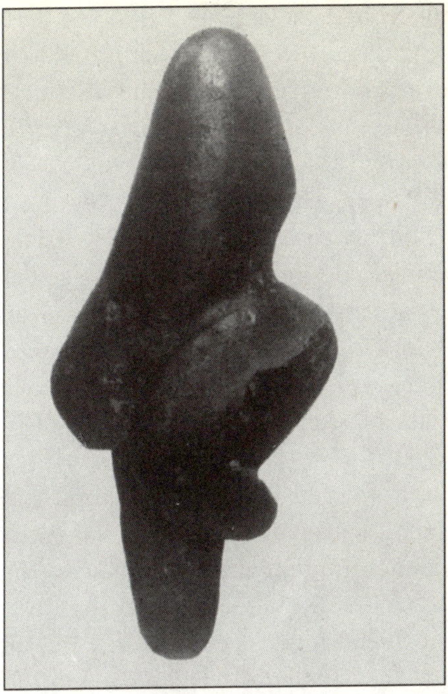

13 Frauenstatuette aus Tursac, Frankreich.

lichen Fundorten kann jedoch Auskunft darüber geben, wie genaue Fundumstände auf die Interpretation rückwirken.

Heiliger Schrein oder Massenware?

1959 wurde im Abri Facteur in Tursac (Dordogne, Frankreich) bei Grabungen eine kleine stilisierte Frauenstatuette gefunden (Abb. 13). An diesem Ort blieb sie die einzige. Ihre Fundstelle war äußerst rätselhaft: Die Figur lag nicht innerhalb der Siedlung, wo zurückgebliebene Werkzeuge, Knochen und diverser Abfall ausgegraben wurden, sondern etwas abseits, direkt vor einer Felswand, wo sie innerhalb einer Gruppe von Kalksteinen geborgen wurde, die teilweise rote Farbspuren trugen. Vor der

Skulptur fand sich ein skelettiertes Bisonbein. Es zeigte direkt auf die Statuette. Dieses Bein, das noch im anatomisch korrekten Knochenverband erhalten war, muß als Stück eines frisch geschlachteten Tieres dort niedergelegt worden sein. – Zufall oder Absicht?

Der Ausgräber Henri Delporte meint letzteres: Ihm zufolge wurde das Figürchen mit Absicht außerhalb der Siedlung aufgestellt und mit Sinnbildern des religiösen Lebens ausgestattet, z.B. mit Bisonknochen und roter Farbe. Handelte es sich also um einen heiligen Schrein? Ein Vergleich mit anderen Abris zeigt, daß die Randlage der Figur in der Nähe der Felswand durchaus bewußt gewählt worden sein kann. Das ist in der Tat aber auch schon alles.

Frauenstatuetten wurden nur in Westeuropa in Höhlen und Abris gefunden. Der weitaus größte Teil stammt aus Fundplätzen in den offenen Landschaften Mitteleuropas und der russischen Ebene – allein 50 Statuetten z.B. aus Kostenki I, einer Siedlung am rechten Ufer des Don, in der Nähe der Stadt Woronesch (Abb. 14). Zwar sind die Figuren zum größten Teil nur partiell erhalten, doch zehn von ihnen konnten weitgehend vollständig aus dem Boden geborgen werden.

Efimenko, ein russischer Archäologe, grub Kostenki I zwischen 1923 und 1936 aus und legte seine Ergebnisse 1958 in einer Publikation vor, der einzigen überhaupt, die eine so große Siedlung dokumentiert. Außer vielfältigen Geräten, Stein- und Knochenabfällen, Frauen- und Tierfiguren sowie plastischen Objekten fand er auch Strukturen der Siedlungstätigkeit, z.B. Feuerstellen und Gruben verschiedenster Art und Größe. Die Siedlungsfläche besteht aus einem 15 x 36 m großen, länglichen Oval, in dessen Mitte sich elf Feuerstellen aneinanderreihen. Durch die dichte Ansammlung von Steingeräten, eine rötliche Färbung des Erdreiches und große Gruben in den Randzonen kann der Siedlungsraum relativ klar abgegrenzt werden. Dennoch ist gegenwärtig noch nicht klar, ob die Siedlung als ein längliches, die gesamte Fläche umspannendes Zelt oder als Ansammlung kleiner und eingetiefter Einzelzelte zu rekonstruieren

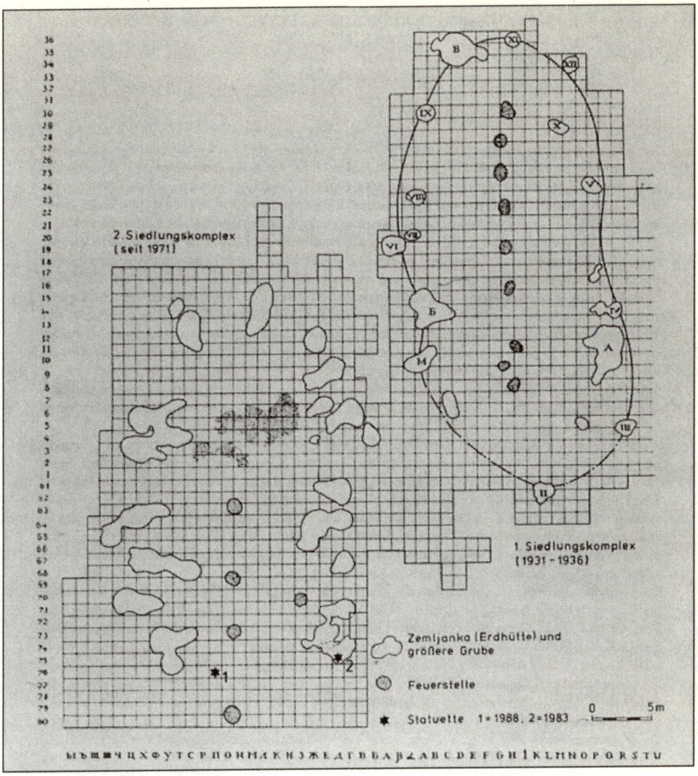

14 Grabungsplan Kostenki I, Rußland.

ist. Eine Untersuchung, bei der man versuchte, anhand der Verteilung der verschiedenen Geräte und Kunstgegenstände die Bewegungsräume der Menschen herauszufinden, verlief ergebnislos. Die Frauen- und Tierstatuetten sind beispielsweise ohne erkenntliche Häufung über das ganze Areal verstreut. Es gibt hier keinen separaten religiösen Ort. Stehen die über 50 Statuettenbruchstücke also in religiösem Kontext, oder waren sie für ihre damaligen Betrachter ein ganz gewöhnliches Massenprodukt? Einzig das Material liefert brauchbare Hinweise. Im Hinblick darauf zeigen die Skulpturen eine eigentümliche Verteilung: Efimenko fand in Gruben überwiegend Elfenbeinstatuet-

ten, auf der ehemaligen Siedlungsfläche dagegen vor allem zerbrochene Kalksteinskulpturen.
Erneute Grabungen (seit 1973), bei denen neue archäologische Verfahren angewendet wurden, um aussagekräftigere Ergebnisse zu erhalten, schienen diese Verteilung zu bestätigen. In einer kleinen Grube wurde eine vollkommen erhaltene Elfenbeinstatuette entdeckt. Sie lehnte mit dem Rücken an der Wand der Eintiefung. Ein Mammutschulterblatt deckte sie ab. Außer ihr lagen noch drei Knochenkohlestücke in der Grube. Sie war gänzlich mit Lehmboden angefüllt, der mit roter Farbe vermischt war. Nikolai Praslov, der Leiter dieser Grabungen, interpretierte die Grube daher zunächst als »Behausung« der Statuette, als eine Art Puppenstube, die ihr auf den Leib geschnitten war: »Knochenkohle wurde in Kostenki I gewöhnlich zur Beheizung von Wohngruben verwandt. Damit drängt sich folgende Analogie auf: Diese Grube war speziell für die Statuette eingetieft worden wie die Wohngruben für die Menschen, wurde wie diese beheizt und besaß ein eigenes Dach in Gestalt des Mammutschulterblattes. Sie war die Behausung der Statuette.« (1986, 15)
Waren die Gruben mit Elfenbeinstatuetten also eventuell Kulträume? Inzwischen hat man auch zerbrochene Kalksteinstatuetten in ähnlich eingetiefter Lage entdeckt, allerdings meist nur einzelne Fragmente. Möglicherweise sind die Statuetten zufällig, durch Wind, Bodenbewegungen und andere Umwelteinflüsse, in die Gruben gelangt. Elfenbeinstatuetten könnten diese harte Umlagerung aufgrund ihres Materials besser überstanden haben als die leichter zerbrechlichen Kalksteinfiguren. Die Vertiefungen boten ihnen Schutz – ein optimales Klima, um zu überdauern. Daß diese Hypothese durchaus plausibel ist, zeigt eine Kalksteinstatuette, deren Torso einige Meter von dem zugehörigen Kopf entfernt in der Siedlungsschicht gefunden wurde. Im Verlauf weiterer Grabungen büßte die These von der bewußt unterschiedlichen Verteilung der Elfenbein- und Kalksteinstatuetten noch mehr an Überzeugungskraft ein. Doch wiesen zwei der Kalksteinstatuetten rote Farbspuren auf, wie sie bereits bei anderen Figuren bemerkt worden waren. Hergestellt aus pulve-

risiertem Hämatit, ist rote Farbe hauptsächlich aus dem sakralen Bereich der Begräbnisse bekannt. Insbesondere in der Matriarchatsliteratur wird auf den roten Farbstoff im Zusammenhang mit dem Menstruationsblut der Frau häufig hingewiesen. Im rituellen Gebrauch des Paläolithikums spielte die rote Farbe sicherlich eine wichtige Rolle, doch darf ihre Präsenz hier auch nicht überbewertet werden. Zu Recht weist Praslov darauf hin, daß die Statuetten in rot gefärbter Erde lagen. Inzwischen ist man davon überzeugt, daß die eisenhaltige Farbe nicht nur sakral verwandt wurde, sondern auch als Schleifmittel bei der Herstellung von Steinartefakten sowie zum Färben von Fellen diente. Nur so läßt sich auch die intensive Rotfärbung des Erdreiches im Wohnbereich der Siedlung erklären. Sind die roten Farbspuren möglicherweise ein Hinweis auf die Herstellung der Statuetten, Reste des letzten Schliffs?

Einige Kalksteinfiguren zeigen auch Schlagspuren, ein Kuriosum, das bisher am allerwenigsten mit religiösen oder profanen Gebräuchen erklärt werden konnte. Absplitterungen und Kerben können nur von bewußten Schlägen mit einem harten Gegenstand herrühren – einem Akt der Zerstörung. Von diesen Figuren kennen wir nur einzelne Teilstücke. Die Fragmente sind weit zerstreut; man kann deshalb auch nicht davon ausgehen, daß die Statuetten zerschlagen und gleich danach deponiert worden sind. Niemand kann sich bisher die kulturellen oder religiösen Hintergründe für einen solchen archäologischen Befund vorstellen. Was mag die Menschen bewogen haben, ihre kunstvoll hergestellten Frauenfiguren zu zerstören?

Aufgrund der bisherigen Hinweise ist zu vermuten, daß die Frauenfigürchen sich über die gesamte Siedlung verteilten. Sie wurden sicherlich nicht (nur) in Gruben aufbewahrt. Daß die Fragmente wahllos herumliegen, ist eher ein Zeichen dafür, daß die Statuetten sichtbar in und an den Zelten befestigt und aufgestellt waren.

Die Wohnplätze selbst besaßen zwar feste Strukturen, waren jedoch vermutlich nur den Winter über bewohnt. Im Sommer, zur Jagdzeit, wurden sie wahrscheinlich aufgegeben, bis im Herbst die Gruppe zu ihnen zurückkehrte, um gemeinsam den Winter zu verbringen. Deshalb ist Nougiers Auffassung, die Frauenfigürchen tauchten ausschließlich »in der Hütte des Jägers« »als seine treue Gefährtin« (1989, 308) auf, ein Irrtum.

Doch auch die neuen Grabungen, mit Akribie durchgeführt, lieferten bisher bedauerlicherweise nicht die erhofften eindeutigen Ergebnisse. Die Befunde sind widersprüchlich und schwer zu interpretieren. Weiterer Spekulation bei der Interpretation der Frauenstatuetten kann daher vorerst kein Riegel vorgeschoben werden. Lediglich die Forderung nach klarer Argumentation und Offenlegung bewußter oder unbewußter Ziele ist möglich. Warum wollen wir heute, daß die Figürchen erotische Stimuli oder eben Göttinnen sind?

Und so werfen wir einen letzten, etwas traurigen Blick in die Vitrine von Frau Willendorf und schreiten weiter in der Zeit, immer noch auf der Suche nach dem historisch realexistierenden Matriarchat.

5

Çatal Hüyük: Wie die ersten Bäuerinnen ihre Männer aus dem Sumpf der Wildheit zogen

Rund 50 km südöstlich von Konya, der Hauptstadt der gleichnamigen türkischen Provinz im Innern der anatolischen Hochfläche, erheben sich am Flußufer eines Altarms des Çarsamba Çayi zwei Hügel, die nach einer nahe gelegenen Straßengabelung »Çatal Hüyük« heißen (das türkische »Çatal« bedeutet im Deutschen soviel wie »Gabel« und »Hüyük« etwa »Hügel«). Diese Bodenerhebungen sind allerdings nicht auf natürliche Weise entstanden: Sie bestehen aus Schuttschichten von Siedlungen, die vor rund 9000 Jahren an dieser Stelle erbaut wurden. Weil die Bewohner dieser Siedlungen immer neue Häuser auf den Ruinen der alten errichteten, wuchsen die Halden nach und nach in die Höhe.

Zunächst bewohnten die Menschen von Çatal Hüyük etwa 870 Jahre lang das östliche Areal. Mindestens zwölf Wohnschichten, die sich zu einer stattlichen Höhe von 17,5 m übereinander türmen, sind heute noch davon übrig. Dann verlagerte sich der Siedlungsbau, aus welchen Gründen auch immer, in westliche Richtung, wo sich ein neuer, etwas flacherer Hügel bildete.

Der östliche Siedlungsplatz von Çatal Hüyük ist in der Konya-Ebene die bei weitem größte Fundstelle ihrer Zeit. Die Überreste der Siedlung sind nicht nur außergewöhnlich vielfältig, sondern auch überraschend gut konserviert; so fand man z.B. noch Holzgefäße und Korb-, Leder- und Textilreste. Viele der Rohstoffe, die die Siedler nutzten, wurden von weit hergeholt, und ihre Werkzeuge verraten eine hohe handwerkliche Geschicklichkeit. Manche der Mauern sind noch vollständig erhalten – eine sogar in ihrer ursprünglichen Höhe von 3,30 m –, was Çatal Hüyük einen Eintrag im *Guinness Buch der Rekorde* unter der Rubrik »früheste Mauern« einbrachte. Schließlich finden sich hier auch die bisher ältesten Nachweise für kunstvolle Dekorationen an Häuserwänden.

FrauenforscherInnen auf der Suche nach dem urgeschichtlichen Matriarchat stoßen hier nicht nur auf ein Zentrum mutterrechtlicher Entfaltung: Für manche von ihnen markiert Çatal Hüyük gar den zeitlichen Anfangspunkt einer matriarchalen Epoche, die erst mit dem Zerfall der minoischen Kultur auf Kreta endet. Die Zeitspanne zwischen der Besiedlung von Çatal Hüyük und dem Untergang des »Palastes« von Knossos gilt ihnen als »5600 Jahre hochentwickeltes städtisches Matriarchat .... Demgegenüber sind ungefähr 3000 Jahre Patriarchat in Europa relativ kurz, manchmal erscheinen sie uns wie ein geschichtlicher Unfall.« (Göttner-Abendroth 1988, 105)

Aber auch weniger enthusiastischen Forschern bietet Çatal Hüyük einen einmaligen Einblick in den Beginn eines Zeitabschnittes, der von den Archäologen heute als Neolithikum oder Jungsteinzeit bezeichnet wird. Der Übergang von der aneignenden Ökonomie der altsteinzeitlichen Jäger und Sammler zur produzierenden Landwirtschaft der Jungsteinzeitbauern (»Neolithisierung«) veränderte auch die Lebensweise der Menschen von Grund auf. Wie kam es dazu?

Die »neolithische Revolution«

Von allen Neuerungen der Geschichte war der Beginn von Akkerwirtschaft und Haustierhaltung sicherlich eine der tiefgreifendsten und einschneidendsten. Verschiedene, für den Anbau geeignete und besonders ertragreiche, lagerfähige Pflanzen wie

Weizen, Gerste und Hülsenfrüchte wurden kultiviert, andere eßbare Wildpflanzen zugunsten dieser wenigen Nahrungspflanzen verdrängt. Als erste Viehzüchter der Geschichte domestizierten die frühen Bauern vor allem fleischliefernde Tiere wie Schafe, Ziegen, Schweine und Rinder und bekämpften Raubtiere und andere Arten, die die Ernte und den hauseigenen Viehbestand schädigten. Kurz: Durch die Produktion von Nahrungsmitteln begann man, in die Natur einzugreifen und den eigenen Lebensraum auf einschneidende Weise zu verändern. Zum erstenmal wurde durch die gezielte Auswahl und Züchtung sehr weniger Pflanzen- und Tierarten der natürliche Genpool manipuliert.

Um Ackerland für den Anbau dieser ausgewählten Pflanzen urbar zu machen, mußten Wälder gerodet werden, nachwachsendes Jungholz fiel den Viehherden zum Opfer. Bald konnte sich Wald nur noch auf Standorten halten, die für die damalige Form der Landwirtschaft nicht geeignet waren. Langfristig veränderte sich auf diese Weise das Artenspektrum der Bäume. Mühsam und arbeitsaufwendig war die neue Wirtschaftsweise auch: Gepflügt, gesät, gejätet und geerntet wurde von Hand, als einzige Werkzeuge benutzte man vermutlich Grabstöcke und Messer mit Feuersteinklingen.

Mit der Zeit dienten Pflanzenanbau und Tierhaltung aber nicht nur der Nahrungsgewinnung. Rinder konnten zum Ziehen oder Tragen schwerer Lasten eingesetzt werden, Schafe und Ziegen lieferten Wolle. Flachs baute man wegen seiner Fasern an, die zu Kleidung und anderen Textilien versponnen, gewebt oder geflochten wurden, ebenfalls Errungenschaften der Jungsteinzeit. Andere Kulturpflanzen wurden zu Heilzwecken genutzt.

Die Vorratshaltung von Getreide gewährleistete eine einigermaßen kontinuierliche Nahrungsversorgung und bildete gleichzeitig die Grundlage für einen weiteren neuen Produktionszweig: die Herstellung von Tongefäßen, die in großer Zahl zur Aufbewahrung und Zubereitung des Korns benötigt wurden. Stein blieb weiterhin der wichtigste Rohstoff für Werkzeuge und Waffen. Durch neue Bearbeitungstechniken wie Schleifen und Bohren konnten aus diesem Material aber nun bessere Werkzeuge hergestellt werden, z.B. Äxte und Beile mit scharfen Klingen zum Fällen der Bäume.

Die neue Seßhaftigkeit führte dazu, daß die Bevölkerung wuchs und die Landschaft dichter besiedelt wurde. Erstmals bewohnte man ortsfeste Häuser. Der einzelne lebte von nun an als Mitglied in einer Dorfgemeinschaft, die völlig neue soziale Verhaltensweisen forderte. Das ungewohnt enge Zusammenleben hatte vermutlich auch zur Folge, daß der soziale Streß zunahm und Mechanismen entwickelt werden mußten, um Spannungen und Streitigkeiten innerhalb der Gruppe zu lösen. Möglicherweise wurden vermehrt Rituale durchgeführt, mit deren Hilfe Konflikte kanalisiert und in einem kontrollierten Rahmen abgebaut werden konnten. Außerdem gab es wahrscheinlich Regelungen darüber, wer welche Ressourcen – insbesondere die mühsam angelegten Felder – nutzen durfte. Dies sind jedoch Spekulationen, die bislang archäologisch kaum belegbar sind. Als sicher darf aber gelten, daß durch das dichtere Zusammenleben der Menschen in festen Gruppen auch infektiöse Krankheiten zunahmen. Ebenso ist ein verstärkter Parasitenbefall durch vermehrten Kontakt mit den neuen Haustieren als potentiellen Zwischenwirten anzunehmen. Ob die neue Wirtschaftsform vor diesem Hintergrund tatsächlich als reiner Fortschritt bezeichnet werden kann, bleibt also zweifelhaft.

Offenbar nahm auch die geschlechtsspezifische Arbeitsteilung zu: Skelette von Frauen zeigen allgemein ab dem Neolithikum weniger Blessuren als die knöchernen Überreste der Männer. Frauen scheinen also seit dem Neolithikum einer geringeren Verletzungsgefahr ausgesetzt gewesen zu sein, was mit unterschiedlichen Rollen im Alltag und bei gewaltsamen Auseinandersetzungen erklärt werden kann. Der weibliche Knochenbau wurde außerdem, wie die gefundenen Skelette beweisen, zunehmend zierlicher; eine robuste körperliche Konstitution war für das Überleben der Frauen wohl immer weniger von Bedeutung (Grimm 1973).

Für diesen historischen Wandel in der Menschheitsgeschichte prägte der Archäologe V. Gordon Childe in den 50er Jahren den Begriff »neolithische Revolution«. Als überzeugter Marxist vertrat Childe eine materialistische Geschichtsphilosophie, in der er der technologischen Entwicklung eine Schlüsselposition einräumte. In seinem 1951 erschienenen Werk *Soziale Evolution* differenzierte er das bekannte Schema von Wildheit, Barbarei und Zivilisation durch technologische Kriterien zur Kennzeichnung der Übergänge zwischen diesen drei Entwicklungsstufen: Die Barbarei ließ er mit dem Aufkommen der Nahrungsmittelproduktion beginnen und nannte diesen Übergang »neolithische Revolution«. Die Einführung der Schrift und die »städtische Revolution« standen dann am Anfang der Zivilisation. Beiden »Revolutionen« maß Childe eine ebenso immense historische Bedeutung zu wie dem Übergang von der Agrar- zur Industriegesellschaft im 19. Jahrhundert, der sogenannten industriellen Revolution.
Der von Childe verwendete Begriff »Revolution« für den Prozeß der Neolithisierung ist, was die Tragweite der Veränderungen betrifft, sicherlich treffend und angemessen, vernachlässigt aber den langwierigen zeitlichen Ablauf. Im Deutschen assoziieren wir beim Wort »Revolution« in der Regel gewaltsame politische Umbrüche, die von einer oppositionellen Elite initiiert, von breiten Volksschichten getragen und in relativ kurzen Zeitspannen vollzogen werden. Die »neolithische Revolution« allerdings vollzog sich nicht geplant und von einem Tag auf den nächsten, sondern führte in einem sehr komplexen Entwicklungsprozeß und über Tausende von Jahren ganz allmählich zu einer vollständig neuen Daseinsform.
Erstaunlicherweise nahm die »neolithische Revolution« an verschiedenen Orten der Alten und Neuen Welt nahezu gleichzeitig ihren Anfang, nämlich etwa vor 12 000 bis 9 000 Jahren. Eins ihrer Zentren, das für die Entwicklung der Landwirtschaft im Nahen und Mittleren Osten und in Europa ausschlaggebend werden sollte, ist der von Geographen als »fruchtbarer Halbmond« bezeichnete sichelförmige Streifen im Vorderen Orient, der von der Levante im Westen hinaufreicht bis zum Oberlauf des Tigris

und sich von dort entlang der türkisch-iranischen Gebirgsketten nach Südosten bis fast zum Persischen Golf erstreckt. In diesem Gebiet lebten die Wildformen früher Haustiere (Wildschafe, Wildziegen, Wildschweine und Wildrinder), und hier waren auch die Wildformen verschiedener wichtiger Kulturpflanzen wie Emmer und Einkorn, beides Vorformen des heutigen Weizens, und Gerste sowie einige Gemüsearten verbreitet.

Die erste Phase der neolithischen Entwicklung, am besten in Israel und Jordanien belegt, muß in etwa so verlaufen sein: Vor rund 13 000 Jahren streiften sogenannte Erntekulturen, die weitgehend vom Sammeln und Jagen lebten und sich dabei auf bestimmte Tier- und Pflanzenarten spezialisiert hatten, durch den westlichen fruchtbaren Halbmond und sammelten wildwachsenden Emmer, den sie schließlich auch zu lagern begannen. Diese Vorratshaltung machte es ihnen möglich, länger an einem Ort zu verweilen. Es entstanden erste kleine Siedlungen mit Rundhäusern, in denen man wohl zunächst nur zu bestimmten Jahreszeiten wohnte. Durch Jagd auf die reichlich vorhandenen Gazellen konnte der Speiseplan ergänzt werden. Die ersten voll domestizierten und bereits durch Zucht veränderten Getreidearten mit größeren Körnern und Ähren tauchten aber erst rund 2000 Jahre später, also vor etwa 11 000 Jahren in den Siedlungen auf. Die Fleischgewinnung wurde zu diesem Zeitpunkt nach wie vor überwiegend durch Jagd bestritten. Erst vor rund 10 000 Jahren wurden domestizierte Tiere, zunächst vor allem Schafe und Ziegen, in den Siedlungen des fruchtbaren Halbmondes gehalten, wie Knochenfunde belegen (Uerpmann 1990). Im anatolischen Çatal Hüyük hielt man vor 9000 Jahren bereits Rinder, zur selben Zeit wurden in anderen Gebieten auch Schweine domestiziert.

Kurz und gut: Vor etwa 8600 Jahren existierten im gesamten Gebiet des fruchtbaren Halbmondes und bis nach Pakistan im Osten und Süd-Anatolien im Westen voll entwickelte bäuerliche Siedlungen, wie der östliche Hügel von Çatal Hüyük mit seinen gesamten zwölf Schichten beweist (der westliche ist um einiges jünger und datiert in die frühen Metallzeiten).

Noch heute ist die zentrale Frage, aus welchen Gründen die Wildbeutergesellschaften eigentlich damit begannen, Häuser zu bauen, Feldwirtschaft zu betreiben und Vieh zu halten, nicht befriedigend zu beantworten. Wahrscheinlich gab es mehrere auslösende Momente und verschiedene Abläufe der Seßhaftwerdung. Die Archäologie hat im Laufe der Zeit verschiedene Erklärungsmodelle entwickelt (Fetten 1993), die die Neolithisierung aber letztlich alle auf zwei Hauptursachen zurückführen, nämlich auf einen Klimawandel nach der letzten Eiszeit und einen Bevölkerungsanstieg. Eins dieser Modelle beschreibt diese Vorgänge für die Levante folgendermaßen: Das kühle und trockene Klima früherer Zeiten wich allmählich steigenden Temperaturen und üppigeren Niederschlägen. Durch die so verbesserten Umweltbedingungen breiteten sich die Wälder der Levante, die bisher auf die küstennahen Gebiete beschränkt gewesen waren, aus, und die Vielfalt der Pflanzen- und Tierarten nahm zu (Moore 1989). Die Bewohner der Levante fanden jetzt reichlich Nahrung. So wuchsen z.B. neben anderen Grasarten nun auch Ährengräser mit großen Körnern, die nahrhafter und leicht zu speichern waren. Dank dieser günstigen Ernährungssituation konnten die Menschen länger am selben Siedlungsplatz bleiben, und die Bevölkerung wuchs.

Ein neueres Modell der Neolithisierung besagt, daß im Laufe dieser Entwicklung immer mehr Nahrung vor Ort beschafft werden konnte und mußte, wodurch sich die Menschen allmählich an die Getreidekost gewöhnten, zumal das bisher gejagte Großwild durch Überjagung und Abwanderungen nach Norden immer mehr abnahm. Als die reichhaltigen Niederschläge wieder nachließen, drangen die Wüstenzonen weiter in die Steppe vor, und die Waldgebiete versteppten allmählich. So waren die Menschen gezwungen, auf immer kleinerem Raum immer mehr Nahrungsmittel für immer mehr Menschen zu produzieren.

Der Übergang vom wildbeuterischen Dasein zum seßhaften Bauerntum kann also in seinen Anfängen als Krisensituation aufgefaßt werden. Aber ob es die wachsende Bevölkerungsdichte in den wenigen bewohnbaren Landstrichen war, die schließlich zu neuen Methoden der Nahrungsgewinnung führte, oder ob Ackerbau und Viehzucht erst den Anstoß zur Überbevölkerung gaben, bleibt so ungelöst wie das berühmte Dilemma von Henne und Ei. Fest steht allein die Tatsache, daß mit der neuen Landwirtschaft mehr Menschen auf weniger Raum ernährt werden konnten als zuvor.

Auch die Matriarchatsforschung hat, wie wir gleich sehen werden, eine Antwort parat. Sie ist in den Rahmen der Theorien einzuordnen, die von der Spielernatur des Menschen ausgehen: die Umstellung der Wirtschafts- und Lebensweise, so die Argumentation, sei einzig das Resultat menschlichen Erfinder- und Entdeckergeistes.

Von kultivierten Frauen, die ihre Männer aus der Wildheit retteten

Der »Sachbuch-Autor« und studierte Philosoph, Literaturwissenschaftler und Kunsthistoriker Helmut Uhlig (1991, 35), der uns schon in Zusammenhang mit Frau Willendorf begegnete, schildert die Vorgänge folgendermaßen: unter den auslösenden Faktoren für die Neolithisierung sei vor allem die Bevölkerungszunahme bei gleichzeitigem Rückgang der Wildbestände zu nennen. Dadurch hätten die Männer weitaus mehr Zeit mit der Jagd auf Tiere verbringen müssen, die Frauen dagegen seien weniger beschäftigt gewesen und hätten infolgedessen mehr Möglichkeiten gehabt, neue Nahrungsquellen zu erschließen bzw. zu erfinden. Heide Göttner-Abendroth stimmt ihm zu: »Alle Erfindungen, die zum Ackerbau und den damit verbundenen Dauersiedlungen geführt haben, wurden von Frauen gemacht. Sie schufen damit das, was die ›neolithische Revolution‹ [...] genannt wird.« (Göttner-Abendroth 1992, 37) Mit der neuen Wirtschaftsform habe sich, so die These, automatisch auch die matriarchale Sozialform und Kultur entfalten können. Çatal Hüyük ist für die Matriarchatsforschung eine besonders eindrucksvolle – und die auf weiter Flur einzige erhaltene – Siedlung, in der Frauen die jungsteinzeitliche Kultur bestimmten. Davon würden insbesondere die zahlreichen Wanddekorationen und Statuetten, die gefundenen Bestattungsformen und ein technisch hochentwickeltes Kunsthandwerk zeugen.

Die archäologischen Forschungsergebnisse schienen weitere Belege für die These von einem jungsteinzeitlich-matriarchalen Menschheitsparadies zu liefern und wurden mit entsprechender Begeisterung aufgenommen: Çatal Hüyük, so die Archäologen, sei nicht etwa ein armseliges Dorf gewesen, sondern bereits als Stadt zu bezeichnen, die Bewohner hätten offenbar eine Große Göttin verehrt, und Frauen hätten eine hervorragende soziale Position eingenommen. Die Matriarchatsforschung schließt daraus auf eine ausschließlich von Frauen geprägte jungsteinzeitliche Kultur, die ausdrücklich in keinster Weise »primitiv«, sondern bereits hoch »zivilisiert« gewesen sei, wie Göttner-Abendroth in ihrer *Geschichte der Erforschung des Matriarchats* hervorhebt (1988, 104). Letztendlich sei der Prozeß der Neolithisierung also bewußt initiiert worden, gewissermaßen als Ausdruck jungsteinzeitlich-weiblichen Kulturwillens. Und, wenig überraschend: Natürlich waren Frauen die »Promoterinnen« (Meier-Seethaler 1988, 155) dieser »Kultur-Revolution«, die Steinzeitfrau ist damit also nichts geringeres »als Subjekt und Handlungsträgerin der Geschichte« (Göttner-Abendroth 1988, 107). Die Männer kommen in diesem historischen Szenario denkbar schlecht weg und müssen sich mit der undankbaren Rolle begnügen, passiv dem segensreichen Treiben der Frauen zuzuschauen, denn, so die erschütternde Diagnose, »tatsächlich zogen die Frauen den um sich schlagenden und schreienden Mann aus dem Zustand der Wildheit in die Neusteinzeit« (Davis 1977, 33).

Çatal Hüyük ist also gewissermaßen der Trumpf im Ärmel der Matriarchatsforschung, gilt es ihr doch als eindeutiger Beweis, daß die »Anfänge der Kulturentwicklung in direktem Zusammenhang mit einem Matriarchat gestanden haben« (Gaube/Pechmann 1986, 120). Schließlich sei in Çatal Hüyük der »Übergang von der matrizentrischen Agrarkultur zur matrizentrischen Stadtkultur zum ersten Mal greifbar« (Meier-Seethaler 1988, 147).

Die den jungsteinzeitlichen Frauen zugeschusterte heroische Rolle als glückbringende und rettende Erfinderinnen hält einer kritischen Überprüfung allerdings nicht stand: Die geistigen Leistungen einzelner dürften bei dem sehr komplexen Entwicklungsprozeß von den ersten Anzeichen einer Wildgetreidenutzung in der Späteiszeit zur Haustierhaltung der frühen Nacheiszeit kaum eine Rolle gespielt haben. Diese »Erfindungen« sind keine Errungenschaften aus eigener Kraft, sondern vielmehr eine Verkettung von Umweltfaktoren und menschlichen Verhaltensweisen (Uerpmann 1990, 34). Außerdem verrät das Jonglieren mit den Begriffen »Kultur« und »primitiv« eine Gesinnung, die – nebenbei bemerkt – weit entfernt ist von den immer wieder proklamierten Friedens- und Toleranzidealen des gelebten Matriarchats: Kultur gilt grundsätzlich als wertvoll, während Primitivität den Beigeschmack des Minderwertigen trägt. Kultur wird zwar nie eindeutig definiert, meint aber offensichtlich die Beherrschung der Natur durch den Menschen: nur durch die Landwirtschaft, die das Lebensnotwendige sicherte (Eisler 1989, 46), habe Kultur entstehen können. Diese sei wiederum die Voraussetzung für die Verwirklichung jener utopischen Phantasien und spirituellen Bewußtseinsinhalte gewesen, die schließlich zur Zivilisation geführt hätten.
Mit ihrer Verwendung des Begriffspaars Kultur/Primitivität zeigt die heutige Matriarchatsforschung allerdings eine ebenso anachronistische wie arrogante Geisteshaltung gegenüber den nicht-industriellen Bevölkerungsgruppen außerhalb der sogenannten Ersten Welt. Zweifel an dem matriarchalen Paradies der Menschheitsgeschichte sind allerdings nicht nur aus diesen Gründen angebracht, wie ein genauer Blick auf die Forschungsgeschichte der neolithischen Siedlung Çatal Hüyük zeigen wird.

15 Ansicht der Ausgrabungsfläche von Çatal Hüyük, 1992.

WIE JAMES MELLAART DIE NEOLITHISCHE WELT SAH

Steht man heute auf dem östlichen Berg von Çatal, kann man am westlichen Hügelfuß deutlich einige Löcher erkennen – Hinterlassenschaften der archäologischen Ausgrabungen (Abb.15), die unter der Leitung des Engländers James Mellaart in den 60er Jahren stattfanden. Mellaart, 1925 geboren und bis 1991 Dozent für anatolische Archäologie an der Universität von London, studierte Alte Geschichte und Ägyptologie in London und Leiden. In den 50er Jahren reiste er als Mitglied des Britischen Archäologischen Instituts nach Anatolien, um dort archäologische Feldaufnahmen und Ausgrabungen durchzuführen.
An einem kalten Novembertag des Jahres 1958, kurz vor Einbruch der Dunkelheit, erreichte Mellaart zum ersten Mal den Doppelberg von Çatal Hüyük. Der östliche Hügel war zwar von Gras und Steppenraute überwuchert, aber an der Oberfläche, die der vorherrschende Südwestwind kahlgefegt hatte, blitzten hier und da »unverkennbare Spuren eines von einer Feuersbrunst rotgebrannten, sich von grauen Aschenflecken abhebenden Luftziegelgemäuers, von zerbrochenen Knochen, Keramik-

scherben sowie Geräte und Waffen aus Obsidian« (Mellaart 1967, 40).

Drei Jahre später begannen Mellaart und sein Team – darunter viele Naturwissenschaftler – mit den Ausgrabungen. 1966, nach der fünften Grabungskampagne, hatten sie etwa ein Dreißigstel des insgesamt 17,5 m hohen Osthügels freigelegt, der immerhin von Nord nach Süd 450 m und von West nach Ost 300 m mißt, also über 13 ha bedeckt – die Fläche von ungefähr 30 Fußballfeldern (Abb. 16). Im westlichen ›Gabelberg‹ wurden lediglich einige Sondierungsgräben gezogen.

Parallel zum jährlichen Fortschreiten der Grabungen veröffentlichte Mellaart vier Vorberichte in einer Fachzeitschrift. Schnell wurde der Ort in der Fachwelt berühmt: Die erstaunlichen Neuigkeiten aus einem bis dahin nahezu fundleeren Gebiet rückten in den Mittelpunkt des internationalen Forschungsinteresses. 1967 folgte dann eine sich an breitere Kreise wendende Monographie, die umgehend auch ins Deutsche übersetzt wurde: *Çatal Hüyük – Stadt aus der Steinzeit*, eine sehr plastische Schilderung der ersten drei Grabungskampagnen, in der Mellaart besonders auf die künstlerischen Hinterlassenschaften und die Religion der Jungsteinzeitmenschen einging. Zahlreiche Rekonstruktionen der Architektur und der bildnerischen Kunstwerke in Form von Strichzeichnungen sowie einige Photographien garnieren das Werk, vermögen aber nicht über einen entscheidenden wissenschaftlichen Schönheitsfehler hinwegzutäuschen: Mellaart versäumte es, einen ausführlichen Katalog vorzulegen, in dem sämtliche Funde exakt dargestellt und mit ihrem Auffindungsort verzeichnet sind. Wer nach Indizien zum Alltagsleben in Çatal Hüyük sucht, wie sie z.B. weniger spektakuläre Knochen- oder Steingeräte liefern könnten, wird in *Çatal Hüyük – Stadt aus der Steinzeit* nicht fündig. Auch die dem Fachpublikum präsentierten Forschungsergebnisse enthüllen in dieser Hinsicht wenig und widersprechen einander sogar in einigen Punkten. So wird es wohl weiterhin allein den Ausgräbern vorbehalten bleiben zu wissen, wie viele Statuetten wo gefunden wurden und an welcher Stelle genau man welche Bestat-

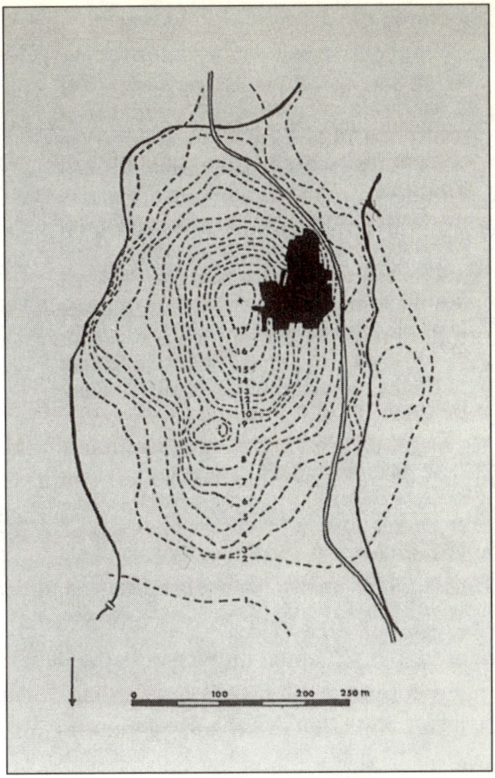

16 Plan von Çatal Hüyük und Umfang (schwarze Fläche) der unter der Leitung von James Mellaart in den 60er Jahren ausgegrabenen Fläche.

tung entdeckte. Ohne die Kenntnisse dieser Details wird aber jede Interpretation der Gesellschaftsstruktur von Çatal Hüyük zur blinden Spekulation.

Die Faktenbasis von Mellaarts sozialen Rekonstruktionen ist also undurchsichtig und unüberprüfbar, zu würdigen bleibt seine Leistung, aus der Fülle seiner Erfahrung und seines Wissens ein sehr anschauliches Bild des Lebens in Çatal Hüyük geschaffen zu haben. Die aufsehenerregende Neuheit der Funde und die Größe der Siedlung veranlaßten ihn vermutlich, ›seinen‹ Hügel kurzerhand »Stadt« zu nennen (Pittioni 1968, 149), denn schon die Bauweise der Siedlung, die an einen Bienenstock erinnert, war anders als alles, was die Archäologie bis dahin zutage gefördert hatte: Die zumeist rechteckigen Häuser hatte man lückenlos, Mauer an Mauer, aneinandergebaut, so daß manche der Gebäude auf allen vier Seiten von Nachbarbauten umgeben waren. Der Zugang ins Innere erfolgte wohl mittels Leitern über das Dach, erst ab Schicht IV (vor ca. 9100 Jahren entstanden) fanden die Ausgräber auch ebenerdige Eingänge. Die defensive Natur dieser Bauweise ist zwar eindeutig, aber ob sich die Bewohner gegen Hitze, Feinde oder periodische Überschwemmungen des nahe gelegenen Flusses schützen wollten, ist bis heute unklar. Besonders wasserfest war das Baumaterial allerdings nicht, denn man benutzte luftgetrocknete, ungebrannte Lehmziegel, die mit Mörtel verklebt wurden. In den älteren Bauschichten hatte man dieses Mauerwerk mit einem anscheinend selbsttragenden Holzfachwerkgerüst kombiniert (Eichmann 1991, 43).

Der Grundriß änderte sich in den einzelnen Siedlungsphasen über all die Jahrhunderte wenig. Meist wurden die neuen Häuser über mehrere Bauschichten hinweg auf den Mauerstümpfen der Vorgängerbauten errichtet. Gelegentlich gab es im Bebauungsplan Lücken von der Größe aufgegebener Gebäude. Vor allem die Ausmaße der Siedlung – Mellaart rechnete mit 5000 Einwohnern – und der dichte Aufbau waren für den Autor ausreichende Kriterien für eine Klassifizierung der Siedlung als Stadt.

Obwohl Çatal Hüyük sicherlich eine auffällige Bevölkerungskonzentration in der Konya-Ebene aufwies, läßt sich anhand des bisher ausgegrabenen Areals, das gemessen an der Gesamtgröße des Platzes als sehr klein bezeichnet werden muß, aber nicht feststellen, ob der gesamte Hügel gleichzeitig bewohnt wurde, die Bevölkerung also wirklich so zahlreich war.

Andere, strukturelle Merkmale einer Stadt fand Mellaart zwar nicht, setzte sie aber, ohne zu zögern, voraus: zum Beispiel, daß ein wesentlicher Teil der Bewohner nicht in der Landwirtschaft tätig war, sondern, typisch für eine Stadt, handwerklichen und kaufmännischen Tätigkeiten nachging. Mellaart konstatierte sogar eine vollständige Spezialisierung, in der nur Vorratsbuchhaltung, Schrift und Musik fehlten (Mellaart 1967, 271).

Darüber hinaus hielt er seine »Stadt« auch für das Handelszentrum und den Verwaltungssitz der Region – auch wenn innerhalb des erforschten Gebietes keinerlei Hinweise auf öffentliche Gebäude, Werkstätten oder gar Handwerkerviertel gefunden wurden. Da Andeutungen einer ausgeprägten beruflichen Arbeitsteilung oder einer Administration fehlten, blieb ihm nichts anderes übrig, als sich mit der Vermutung, gewerbliche Betriebe würden sich zwangsläufig in dem noch unausgegrabenen Teil des Hügels finden lassen, elegant aus der Affäre zu ziehen (1967, 87).

Wie stellte sich Mellaart nun den Alltag in seiner ›Stadt‹ vor? Er entwarf das idyllische Bild eines ruhigen und friedlichen Lebens. Die Menschen von Çatal Hüyük schilderte er als typische jungsteinzeitliche Bauern und Bäuerinnen. Tatsächlich wurden vor allem Rinder gehalten (Todd 1976, 120) und Emmer, Einkorn, Nacktgerste und Erbsen angebaut. Zusätzlich ging man auf die Jagd nach Rothirschen, Wildschweinen und Onagern (Perkins 1969) und sammelte eine große Vielzahl wildwachsender Pflanzen. Dennoch, glaubte Mellaart, blieben viel Zeit und Energie für ästhetische und metaphysische ›Hobbys‹: »Die Leute von Çatal Hüyük bemalten, was sie konnten, und sie malten, wann immer sie konnten.« (1967, 157) Für Mellaart wiesen die gefundenen Wandmalereien, Skulpturen und Textilien und die vielen exotischen (d.h. von weiter hergeholten) Güter wie z.B. Obsidian und Farbpigmente das Grabungsareal als ›gehobenes‹ Wohnviertel eines voll urbanisierten Platzes aus. Räume mit aufwendigen Dekorationen erklärte er zu »Heiligtümern«, gab aber zu: »In Plan und Bauweise unterscheiden sie sich von den üblichen Wohnstätten nicht.« (1967, 95)

Tatsächlich variierten zwar Anzahl und Gestalt der für alle Häuser typischen Einrichtungen je nach Größe der Bauten, die zwischen 11 und 48 m2 betragen konnte, aber die Standardeinrichtung war immer die gleiche: Herd- und Ofenkonstruktionen im Südteil des Gebäudes, erhöhte Lehmplattformen

(nach Mellaart übrigens die Urformen des türkischen Sofas oder Diwans; 1967, 74) in den Ecken und rechteckige, aus Lehm gemauerte Behälter zur Lagerung von Getreide. Die Fußböden und Mauern besaßen Putzschichten aus weißem Schlamm, die oft erneuert wurden – eine Wand wurde nachweislich ganze 120mal überstrichen. Meist besaßen die Häuser lediglich einen Raum, nur gelegentlich wurde ein zweiter angelegt.
Betrachtet man die von Mellaart veröffentlichten Grundrisse der verschiedenen Bauschichten, so fällt wachsamen LeserInnen ein merkwürdiger Wechsel zwischen der Bestimmung eines Hauses als »Wohnhaus« in der einen und der Bestimmung desselben Hauses als »Heiligtum« in der nächsten Schicht auf (Heinrich/Seidl 1969, 118). Diese Unbeständigkeit ist um so erstaunlicher, als Mellaart den Bewohnern von Çatal Hüyük »eine ausgeprägte Neigung« attestierte, »am Herkommen festzuhalten«, was die zahlreichen Neubauten, die alle in strenger Anordnung demselben Plan folgten, und die »Tatsache, daß sich während einer Periode von fast 900 Jahren nur sehr wenige Änderungen dieser Kultur beobachten lassen« (1967, 271), belegen sollten. Obwohl die Unterscheidung zwischen »Heiligtümern« und »Wohnhäusern« so schwierig zu sein scheint, daß er nur schwankende und widersprüchliche Angaben darüber machen konnte, glaubte Mellaart doch dank der aufwendigen Dekorationen der »Heiligtümer« einen grundsätzlichen Unterschied zwischen beiden Gebäudetypen zu erkennen: »Von den 139 in den Schichten II bis X [...] ausgegrabenen Räumen dienten [...] nicht weniger als vierzig (und wohl noch mehr) der neolithischen Religion.« (1967, 95) Damit käme auf etwa zwei »Wohnhäuser« jeweils ein sakrales Gebäude – eine überraschend hohe Anzahl. Da die Mauern der Häuser vielfach samt Malereien neu verputzt wurden, war die Lebensdauer der Bildwerke, die die Sakralbauten ausgezeichnet haben sollen, allerdings sehr begrenzt. Leider vermochten die Archäologen bislang auch nicht festzustellen, wie viele Gebäude zur gleichen Zeit mit einer derartigen Dekoration ausgestattet waren.
Mellaart vermutete, daß die an die »Heiligtümer« angrenzenden

17 Bank mit Tierhörnern aus dem Haus VI.61 in Çatal Hüyük.

Häuser von Priestern beiderlei Geschlechts und ihren Familien bewohnt wurden. Die ›plebejische‹ Mehrheit der Siedler lebte dann zwangsläufig außerhalb dieses »Priesterdistrikts« in den noch unausgegrabenen Nachbargebieten, wie Mellaart feststellte. Aber nicht nur ein Priesterviertel, auch eine ganze neolithische Priesterklasse, eine »auserwählte Körperschaft von Priestern« will Mellaart ausfindig gemacht haben, die sogar in ranghohe und rangniedere Geistliche gegliedert gewesen sein soll (1967, 87; 208; 99). Obwohl tatsächlich in manchen Räumen der profan-alltägliche Gebrauch einzelner Lehmbänke durch die Anbringung von Tierhörnern (Abb. 17) unmöglich gewesen sein dürfte, scheint die These einer grundsätzlichen Trennung von Wohn- und Kulthäusern angesichts der dem täglichen Leben dienenden Einrichtungen in *allen* Gebäuden ebenso gewagt wie Mellaarts gesamte, auf unvollständigen Befunden beruhende Rekonstruktion einer komplizierten neolithischen Gesellschaftsordnung mit besonderem Priesterstand (Heinrich/Seidl 1969, 116).

Brust, Nabel, Schwangerschaft: James Mellaarts »Weib-Symbolik«

Für Mellaart stand außer Zweifel, daß die Menschen von Çatal Hüyük die direkten Nachfolger der jungpaläolithischen Wildbeutergesellschaften waren, die eine neue Wirtschaftsweise »erfanden«, sich somit vom »Hunger befreien« und seßhaft werden konnten. Auch Kunst und Religion der Jungsteinzeitmenschen stünden in direkter Tradition zum »Jagdzauber« des Paläolithikums. Hier habe im Mittelpunkt die Große Göttin gestanden, »deren Vorhandensein [...] schwerlich abgestritten werden konnte«. Dieses Zentralthema der altsteinzeitlichen »komplexen, sich in Sinn- und Tierbildern ausdrückenden Weib-Symbolik« (1967, 32) wollten laut Mellaart auch die BewohnerInnen von Çatal Hüyük nicht missen und fertigten ihre Kultartikel dementsprechend an. Allerdings verzichteten sie bei sämtlichen Objekten konsequent und hartnäckig auf die Darstellung der primären Fortpflanzungsorgane Vulva und Phallus – interessanterweise hielt Mellaart beide für den Ausdruck von »männlicher Erregung und männlichem Verlangen« –, was ihn zu der Feststellung veranlaßte, daß in Çatal Hüyük, verglichen mit der Altsteinzeit, eben eine »andere Symbolsprache« geschaffen worden war, in der »Brust, Nabel und Schwangerschaft für das weibliche Prinzip stehen, Hörner und Köpfe gehörnter Tiere für das männliche« (1967, 237).

Werfen wir also einen genaueren Blick auf diese Objekte der Forscherphantasie: Gefunden wurden zunächst verschiedene Halbreliefs, hergestellt aus einer Mischung von Gips und Schilf, und zwar in jenen Häusern, die Mellaart als »Heiligtümer« identifiziert hatte. Darunter waren auch acht in den Schichten VI und VII entdeckte Menschendarstellungen, die sich stets aus einem fast geradlinigen Körper, gelegentlich mit einer deutlichen Verdickung um den Bauch, und rechtwinklig abstehenden Armen und Beinen zusammensetzten (Abb. 18). Der füllige Nabelbereich bei einigen dieser Reliefs genügte Mellaart zu einer Geschlechtsbestimmung. Es mußte sich um Frauen, genauer: um

18 Halbrelief einer menschlichen Gestalt aus dem Haus VII.21 in Çatal Hüyük: »Schwangere Göttin in Gebärhaltung«.

die schwangere Göttin in Menschengestalt handeln – allerdings ließen die Reliefs sonstige, eindeutigere weibliche Geschlechtsmerkmale vermissen.

Neben oder unter diesen Menschendarstellungen wurden in fünf Räumen Kopfreliefs von gehörnten Tieren gefunden, und für Mellaart stand fest, daß es sich hier nur um Zeichen männlicher Fruchtbarkeit handeln könne, denn »als Sinnbild [...] nahm sich ein Auerochs oder ein großer Widder eindrucksvoller aus als ein Mann selbst« (1967, 215). Die so symbolisierte »männliche Fruchtbarkeit« werde, da unterhalb der Göttin angebracht, von der Großen Göttin geboren und sei ihr damit deutlich untergeordnet. Allerdings scheinen die Bewohner von Çatal Hüyük bei aller Göttinnenverehrung das männliche Prinzip wohl trotz allem künstlerisch bevorzugt zu haben: Gehörnte Tiere sind, einzeln oder in Gruppen, weitaus häufiger abgebildet als der feminine Gegenpart. Oder sollte es sich bei den vermeintlichen Stieren etwa um Kühe handeln?

Aber glücklicherweise hinterließen die Siedler von Çatal Hüyük noch andere Zeugnisse ihrer Religion bzw. das, was Mellaart als solche identifizierte: kleine, manchmal bemalte Figuren aus Stein oder Ton. Ein besonders beliebtes Material waren Tropfsteine aus Höhlen. Die frühen KünstlerInnen modellierten Frauen, Männer und Tiere in einem breiten Stilspektrum von sehr schematischen bis zu ausgesprochen naturalistischen Wiedergaben. Die »rohen Tonfigurinen, die besonders Tiere darstellen, zu denen jedoch auch plumpe [...] Menschendarstellungen gehören« (1967, 214), fand man, so die vage Fundortangabe des Ausgräbers, niemals im Innenraum der »Heiligtümer«, sondern in deren Mauern eingelassen oder grüppchenweise in Gruben daneben. Die realistisch modellierten Figuren – etwa 50 an der Zahl – will Mellaart ausschließlich innerhalb seiner »Heiligtümer« entdeckt haben. Für ihn war damit klar, daß die plumpen Figürchen bestenfalls als Opfergaben gedient haben konnten; die naturgetreuen Darstellungen waren hingegen Kultstatuen, welche »die verschiedenen Gottheiten oder deren Aspekte verkörperten, die von der neolithischen Bevölkerung verehrt wurden« (1967, 214).

Diese verschiedenen Gottheiten glaubte Mellaart mit Hilfe von Altersunterschieden bei den Statuetten identifizieren zu können: der »grimmige Gesichtsausdruck« mancher weiblicher Figuren lasse sie als Alte erkennen, während Töchter an ihren fehlenden Brüsten zu erkennen seien und männliche Skulpturen verschiedene Manifestationen des Gottes als Knabe, als Jäger (mit »Leopardenmütze«) und als Ehegefährte (»bärtig«) bedeuteten. Dank Mellaarts Scharfblick können wir uns in Çatal Hüyük an einer ganzen Götterfamilie erfreuen, die noch dazu dem Muster der menschlichen folgt: Mutter, Tochter, Sohn und Vater – in der Reihenfolge ihrer Wichtigkeit. Wahrscheinlich, so Mellaarts Vermutung, seien aber nur zwei wirkliche Hauptgottheiten vorhanden gewesen: die Große Göttin und ihr Sohn und Liebhaber (1967, 236).

Wie es sich für eine Große Göttin gehört, hatte sie auch in Çatal Hüyük zahlreiche Betätigungsfelder: Als Beschützerin des Wildes, der Nahrungsquelle einer Jägerbevölkerung, gestalteten die jungsteinzeitlichen Ackerbauern und Viehzüchter sie zwar nur genau achtmal während des etwa 800jährigen Bestehens von Çatal Hüyük – fünf Frauen- und drei Männerdarstellungen, jeweils zusammen mit katzen- oder stierähnlichen Tieren (Abb. 19) –, aber Mellaart war überzeugt: In der Großen Göttin hatte die konservative Bevölkerung Çatal Hüyüks weiterhin ihre alte Jagdgottheit angebetet.
Die neuen Zeiten hatten jedoch auch neue Verpflichtungen für die Große Göttin mit sich gebracht: die Oberaufsicht über die Pflanzenwelt und den Ackerbau, wie Mellaart aus den Funden von Statuetten zusammen mit Getreide und Kreuzblütlern schloß. Im symbolischen Gehalt der zahlreichen Wandmalereien sah er seine Theorien über die göttlichen Funktionen bestätigt und ergänzt. Möglicherweise hatte die Göttin auch noch über die Weberei geherrscht: Mellaart entdeckte nämlich in den bunten Wandmustern – parallele Linien, Dreiecke, Kreuze, blumenähnliche oder netzartige Malereien und verschiedene andere Dessins – nicht nur die Ursprünge der anatolischen Kelim-Motive, sondern auch eindeutige Symbole für weibliche Fruchtbarkeit, denn Blütensymbole und Kelims, für ihn Sinnbilder des Ackerbaus und der Weberei, gehörten natürlich zum Leben der Frau. Manchmal schienen die Maler oder Malerinnen, laut Mellaart »fromme Beter«, einfach ihre Hände in rote oder schwarze Farbe getaucht und an die Mauern gedrückt zu haben. Diese Handabbildungen in Verbindung mit netzartigen Mustern verstand er als Erntesymbole (1967, 233; 208; 102).
Gegenstücke zu diesen ›weiblichen‹ Malereien fand er in drei Bildern, die er als »Jagdszenen« bezeichnete (Abb. 20): Überdimensionale Stiere, Hirsche oder Wildschweine, um die herum häufig Strichmännchen, gelegentlich auch Strichweibchen – das Geschlecht ist in diesen Fällen durch betonte Brüste angedeutet – angeordnet sind. Nach Mellaart handelt es sich hier um die Darstellung von Jagdriten, die von der »auserwählten Körper-

19 *Verschiedene anthropomorphe Statuetten aus Çatal Hüyük.*
Oben: *Die »Thronende Göttin« als »Herrin der Tiere« in Begleitung von zwei katzenartigen Tieren aus Schicht II.*
Unten: *Drei Statuetten aus Kalkstein, gefunden in Haus VI.A.10. Sie sollen den doppelten Aspekt der Göttin als Mädchen und als von ihrem göttlichen Kind begleitete Mutter zeigen.*

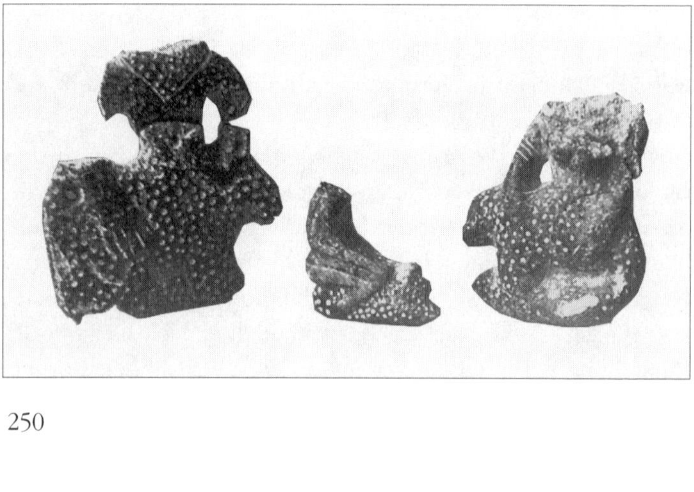

20 Wandmalerei aus Çatal Hüyük, Haus F.V.1, »Jagdszene«: Ein überdimensional großer Stier wird von »Jägern« oder »Priestern« und Tieren umkreist.

schaft der Priester« durchgeführt wurden und an der die gesamte »jagdtüchtige Jungmannschaft von Çatal Hüyük teilnahm«. Und so ist es nur folgerichtig, daß Mellaart die Häuser, in denen diese Malereien gefunden wurden, prompt zu »Jagdheiligtümern« erhob (1967, 208).

Als Große Göttin mußte die spirituelle Herrscherin von Çatal Hüyük aber nicht nur mit dem Leben, sondern auch mit dem Tod in Verbindung stehen. Da kamen Darstellungen von Geiern – den »aasfressenden Gesundheitspolizisten« – wie gerufen: In zwei Szenen waren kopflose menschliche Gestalten auf den Putz gemalt, über denen große Vögel schwebten (Abb. 21). Mellaart glaubte, daß hier die vorbereitenden Maßnahmen für ein Bestattungsritual wiedergegeben waren (1967, 196).

Die Beerdigungspraxis in Çatal Hüyük war in der Tat merkwürdig, denn die Siedler hatten die Eigenart, ihre Toten in den Häusern zu bestatten, wie die mehr oder weniger gut erhaltenen Begräbnisstätten direkt unter den Fußböden zeigen. Mellaart nahm an, daß die Verstorbenen »aus hygienischen Gründen« nicht sofort in ihre häusliche Ruhestätte gebettet wurden, sondern daß

21 *Wandmalerei aus Çatal Hüyük, Haus E.VII.23, »Geierszene«: Ein kopfloser menschlicher Körper wird von zwei an Vögel erinnernden Wesen flankiert.*
Oben: *Der Originalfund.*
Unten: *Die Umzeichnung.*

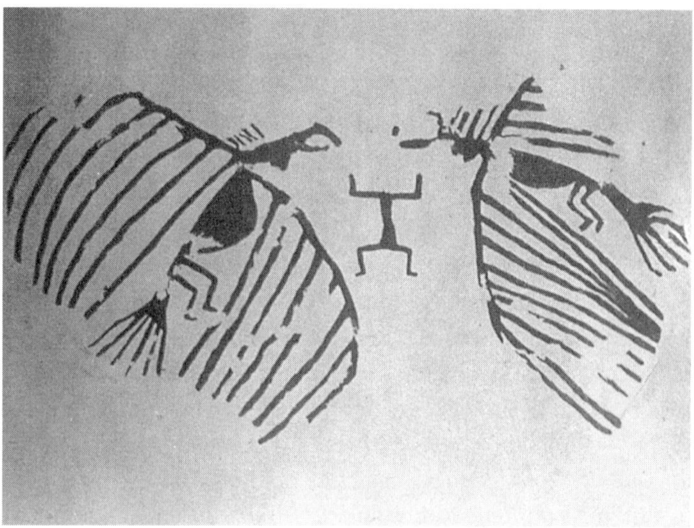

die Beisetzung erst stattfand, wenn die Körper zumindest teilweise entfleischt waren. Dazu könne der in Anatolien heimische Gänsegeier einen wichtigen Beitrag geleistet haben. Die beerdigten Personen seien, da im Gottesviertel der »Stadt« begraben, zweifellos Priester und Priesterinnen gewesen, die es »selbstverständlich bevorzugten, auf geweihtem Grund bestattet zu werden« (1967, 244).
Den Todesaspekt der Göttin fand Mellaart auch plastisch repräsentiert: in einzeln oder paarweise senkrecht oder waagerecht an die Wände modellierten halbkugelförmigen bis länglichen Gipsgebilden, in die man Schädel und Knochen von Geiern, Füchsen und Wieseln eingearbeitet hatte – für Mellaart natürlich weibliche Brüste (1967, 234 f.).
Er schloß aus all diesen Hinweisen auf einen von Frauen getragenen Fruchtbarkeitskult, denn die Religion ziele auf die »Erhaltung des Lebens in all seinen Formen, [und] die Verbreitung einer solchen Religion und die Mysterien ihrer Kulte, die mit Leben und Tod, Geburt und Auferstehung verknüpft waren, gehörten daher eher offensichtlich [zum Bereich der Frau, d. Verf.] als zu dem des Mannes« (1967, 240).

Das Konzept einer Unterscheidung von weiblichen und männlichen, Leben und Tod symbolisierenden Zeichen der Urgeschichte wurde schon 1964 vom Altmeister der französischen Altsteinzeit-Symbolik, André Leroi-Gourhan, in seinen Studien über die Höhlenmalerei in Frankreich und Spanien angewandt (Jesus 1985, 128).
Nun gehört zwar das Denken in Polaritäten schon spätestens seit Aristoteles zu unserem abendländischen Erbe, doch werden Leroi-Gourhans Interpretationen bis heute erstaunlich heftig kritisiert: sein symbolisches System der Höhlenkunst, zentriert zwischen den Geschlechtern auf der einen, zwischen Leben und Tod auf der anderen Seite, dümpele im trüben Wasser bloßer Spekulation, die sich lediglich aus ethnozentrischen und tiefenpsychologischen Verallgemeinerungen à la Jung oder Freud speise, und es sei kein Wunder, daß Leroi-Gourhan selbst seine

Schlußfolgerungen später eher zurückhaltend beurteilt habe (Trigger 1991).
Mellaart, konfrontiert mit den für uns absonderlichen, aber wohl irgendeinen Sinn tragenden künstlerischen Äußerungen von Çatal Hüyük, hielt es offenbar für naheliegend, diese Zeichen ebenfalls einer Dualität zu unterwerfen und in Gegensatzpaare zu ordnen, und so interpretierte er – vermutlich in Anlehnung an Leroi-Gourhan – die Symbole der neolithischen Siedlung im Sinne des Prinzips ›männlich versus weiblich‹, ›Tod versus Leben‹. Dabei stellte er niemals in Frage, daß die gefundenen Wanddekorationen ausschließlich rituellen Zwecken gedient hatten.

Ein Chaos aus Knochen: Die Gräber von Çatal Hüyük

Mellaart verlangte den jungsteinzeitlichen Siedlern von Çatal Hüyük also einen Fruchtbarkeitskult ab. Offenbar war ihm die Religion neolithischer Ackerbaugesellschaften nicht anders als auf der Basis einer Fruchtbarkeitsverehrung denkbar, in der die Göttin den Platz einer Hochgottheit einnahm (1967, 271).
Auch die irdisch-realen Frauen von Çatal Hüyük profitierten laut Mellaart von der besonderen Wertschätzung des Weiblichen als Lebensquelle: Sie wurden »mit dem Arbeitsvorgang des Ackerbaus in Verbindung gebracht, mit der Zähmung und Aufzucht der Haustiere, mit den Vorstellungen von Wachstum, Überfluß und Fruchtbarkeit« (Mellaart 1967, 237; 240), was auch ihre soziale Überlegenheit erkläre.
Ein weiteres archäologisches Indiz zur Untermauerung seiner These glaubte er im Bestattungsritual von Çatal Hüyük zu finden. Nach ersten Untersuchungen des Skelettmaterials, bei denen auch das Geschlecht bestimmt wurde, stellte er fest, daß wohl »die kleine Eckplattform dem Mann, dem Hausherrn, die weit größere Hauptplattform dagegen der Hausherrin gehörte« (1967, 74). Kinder wurden stets bei Frauen oder unter separaten Podesten bestattet, nie zusammen mit Männern. Auch seien den

Frauen die kostbareren und prestigeträchtigeren Beigaben ins Grab gelegt worden. Tatsächlich mußten sich aber die weitaus meisten der 480 gefundenen Skelette ohne jedes Geschenk auf die Reise ins Jenseits machen, was die Tragweite von Mellaarts Behauptung schnell relativiert. Oft lagen auch, ganz unabhängig vom Geschlecht der Begrabenen, hölzerne Schalen, Körbe und verschiedene Speisen im Grab. Bei manchen der verstorbenen Kinder fand man Löffel aus Knochen. Frauen waren außer mit verschiedenen Knochen- und Steinwerkzeugen auch mit Perlen und Anhängern, Fingerringen aus Kupfer oder Knochen, Paletten für zermahlene Farbpartikel und Spiegeln aus Obsidian bedacht worden. In Männergräbern stieß man auf Keulenköpfe, Lanzen- oder Speerspitzen aus Obsidian, Dolche aus Flint mit hölzernen oder beinernen Griffen und Tonsiegel. Gelegentlich wurden auch Fingerringe, Gürtelhaken aus Knochen und einige wenige Perlen und Anhänger aus den Männergräbern ans Tageslicht befördert.

Was die soziale Interpretation der Begräbnisstätten allerdings erschwert, ist die schlichte Tatsache, daß es sich nur in einigen Fällen um Einzelgräber handelt (Abb. 22). Mehrere Lagen von Skeletten in ein und derselben Grube sind durchaus nicht ungewöhnlich – eine Bestattungspraxis, die die Gebeine häufig so durcheinandergebracht hatte, daß die Ausgräber ratlos vor einem Chaos standen: In einem Fall wurden die Knochenreste von 42 verschiedenen Individuen in *einer* Grube gefunden. Diese wenig archäologenfreundliche Sitte der Nachbestattung macht es heute schwer, wenn nicht gar unmöglich, eine bestimmte Beigabe einem bestimmten Skelett zuzuweisen. So wundert es kaum, daß Mellaart es vorzog, uns über seine Methode der Zuordnung nichts Näheres mitzuteilen. Ebenso fraglich ist, welche Dinge für die Siedler von Çatal Hüyük wirklich Prestigegüter darstellten, die Mellaart so reichlich in Frauengräbern gefunden haben will. Zwar wurden viele der in Çatal Hüyük benötigten Rohstoffe von relativ weit hergeholt – beispielsweise Obsidian und Feuerstein, Muscheln aus dem Mittelmeer, Kupfererz und auch die Mineralien für die Farben der Wand-

22 Unter einem Lehmpodest in Haus VI.B.34 gefundene Bestattungen aus Çatal Hüyük.

malereien –, aber waren diese Objekte und Materialien allein deshalb auch kostbar?

Weitere Anhaltspunkte, die auf eine besondere, wenigstens posthume Verehrung von Frauen schließen lassen, scheint es indes nicht zu geben. Unabhängig vom Geschlecht plazierte man die meisten Toten in Hockstellung auf der linken Seite mit dem Kopf in Richtung Raummitte, andere lagen auf dem Rücken, einige steckte man sogar in einen Korb. Rund zwei Dutzend Skelette – auch darunter waren Frauen, Männer und Kinder – wurden bei ihrer Beisetzung auf dem Schädel oder auf dem ganzen Körper mit rotem Ocker bestäubt.

Allein vom Bestattungsplatz – den größeren Podesten – auf die höhere Stellung der Frauen in der Gemeinschaft von Çatal Hüyük zu schließen, scheint also gewagt. Trotzdem stellte Mellaart lapidar fest: »Die soziologischen Folgerungen, die daraus zu ziehen sind, liegen auf der Hand« (1967, 74f.). Offenbar lagen sie für ihn so klar auf der Hand, daß er es nicht mehr für nötig hielt, auch nur anzudeuten, welche soziologischen Folgerungen er meinte. Wir können aber vermuten, daß er dabei wohl an Matrilinearität und Matrilokalität dachte.

Was Mellaart nicht aussprach, formulierte der (inzwischen emeritierte) Urgeschichtsprofessor Karl Narr schon deutlicher: In seinem Aufsatz über Çatal Hüyük (1968/69) schilderte Narr die neolithische Siedlung als archäologischen Ausnahmefall, in dem, wie die Bestattungsweise zeige, mutterrechtliche Institutionen greifbar ihren Niederschlag gefunden hätten. Allerdings, so Narrs These, müsse trotz dieser Hinweise auf Matrilinearität aber nicht automatisch auch eine Spitzenposition der Frauen im politischen Leben angenommen werden: Frauen hätten durch ihre Arbeit im Ackerbau nun einmal den höheren Beitrag zur Lebenssicherung geleistet, und aller Wahrscheinlichkeit nach gehörten ihnen deshalb auch Grund und Boden, was die mutterrechtlichen Einrichtungen hinreichend erklären würde. Als Beispiel führte Narr die Pueblo-Indianer im Südwesten der USA an, die ihm schon deshalb mit den immerhin rund 9000 Jahre früher lebenden Siedlern Anatoliens vergleichbar erschienen, weil dort eine ähnliche Architektur, einfacher Bodenbau und »allgemein vor-hochkulturelle Bedingungen« vorlägen. Ausschlaggebend für die Vergleichbarkeit beider Gesellschaften war für ihn jedoch das »absolute und unumstrittene Eigentumsrecht der [Pueblo-] Frauen an den Häusern (samt dem Hausrat) und den dazugehörigen Feldern, die sie stets den Töchtern vererben«. Sonst spielten die Indianerinnen weder im öffentlichen noch im privaten Leben eine besondere Rolle, »geschweige denn, daß es etwa weibliche Häuptlinge oder Priester gäbe«. Da aber bei den Pueblo-Indianern religiöse und politische Leitung in einer Hand lägen, Kult und Ritual zudem einen breiten Raum im Leben dieser Menschen einnähmen, sei es naheliegend, für Çatal Hüyük Ähnliches zu vermuten.

Narr glaubte, daß in Çatal Hüyük aufgrund der hohen Bevölkerungsdichte ein Teil der Bewohner von der Urproduktion freigestellt worden und für die Beschaffung von Gütern, für Planung und Verteilung zuständig gewesen sei. Auch Kultpersonen seien vermutlich von Produktionspflichten befreit worden. Daß dann möglicherweise ausschließlich Frauen auf ihren eigenen Äckern geschuftet hatten, um die freigestellte Bevölkerung – meistens ja wohl Männer, da die Frauen sonst keine Rolle im privaten und öffentlichen Leben spielten – mitzuversorgen, schien Narr wohl doch eine zu gewagte Folgerung. Er kam statt dessen zu dem vorsichtigeren Urteil, daß Matrilinearität und Uxorilokalität auch bei »größeren Zusammensiedlungen möglich sind und keineswegs nur bei einem ausschließlich weiblichen Pflanzenbau, sondern bei Mitarbeit der Männer auf dem Felde [...] und ohne Beteiligung der Frauen an der politischen Organisation« (Narr 1968/69, 418; 420).

Narr bietet uns hier kaum mehr als eine fragwürdige Variante von Mellaarts These. Kein Wunder: Er berief sich weitgehend auf dessen Interpretationen, die er ohne jegliche Quellenkritik übernahm. Aber schon eine eingehende Untersuchung der Architektur beider Vergleichssiedlungen zeigt den Pferdefuß von Narrs Analogieversuch: Die enge Bauweise von Çatal Hüyük ist darauf zurückzuführen, daß immer wieder ganze Häuser errichtet und beseitigt wurden. Das führte im Lauf der Zeit dazu, daß die Gebäude nur noch über das Dach betreten werden konnten. Die typische Architektur der Pueblo-Indianer ist auf andere Weise entstanden, nämlich durch das Hinzufügen lediglich eines – gerade benötigten – Raumes. Auf diese Weise wurde ein Pueblo-Haus mit der Zeit immer größer und größer. In Çatal Hüyük hingegen wurden die Häuser nicht erweitert, sondern gleich vollständig neu gebaut. Die einzige Übereinstimmung in der

Bauweise ist der Einstieg über das Dach (Eichmann 1991, 45). Immerhin wandte sich Narr gegen die These einer strengen geschlechtlichen Arbeitsteilung in der Jungsteinzeit – allerdings kann sich eine bäuerliche Gesellschaft, die wie die neolithische Gemeinschaft von Çatal Hüyük unter eher kärglichen Bedingungen leben muß, eine strenge geschlechtliche Spezialisierung wohl ohnehin kaum leisten.

Den MatriarchatsforscherInnen kamen Narrs Pueblo-Analogien und Mellaarts phantasievolle Beschreibungen des Jungsteinzeitlebens in Çatal Hüyük allerdings wie gerufen, und schnell gingen sie ans Werk, um die Zeichen und Symbole von Çatal Hüyük zu enträtseln und die ›soziale Realität‹ der neolithischen Siedlung in den vergoldeten Rahmen einer glorreichen matrizentrischen Vergangenheit zu zwängen.

Im Rausch der Interpretation: Matriarchale Deutungen

Für die Matriarchatsforschung hat die Deutung von Symbolen einen besonderen Stellenwert. Noch ganz in der Tradition von Bachofen werden Symbole als *die* Sprache der Urzeit verstanden, in der auch soziale Normen zum Ausdruck kommen. Es verwundert daher nicht, daß die Phantasie der ForscherInnen angesichts der besonders rätselhaften Bilder und Zeichen von Çatal Hüyük die bizarrsten Blüten trieb. Die Interpretationsmuster folgen dabei weitgehend dem von Mellaart vorgegebenen Grundschema: die universale Gottheit sei in Çatal Hüyük allgegenwärtig und in ihren Aspekten Jugend, Alter, Leben und Tod umfassend dargestellt; ebenso die uns schon aus Mellaarts Thesen bekannte »Manifestation des männlich-göttlichen Prinzips im Sinne zeugender Fruchtbarkeit« (Meier-Seethaler 1988, 45).

Insgesamt können die SpezialistInnen für das prähistorische Matriarchat von Çatal Hüyük fünf Bereiche der Symbolik dingfest machen: Am wichtigsten erscheinen ihnen die »kosmischen Symbole der Gestirne«, insbesondere die den Mond symbolisierenden Stierbilder. Die Anordnung der Göttin über dem Stier repräsentiere dabei die Beziehung zwischen Muttergöttin und Sohn, welche hierarchisch sein müsse, da die Himmelsmutter den Gestirnen astral übergeordnet sei. Zweiter wesentlicher Bereich ist die Tiersymbolik: Vögel – in Çatal Hüyük die Geier – gehörten, davon sind die ForscherInnen überzeugt, »in den matrizentrischen Kulturen zu den Symboltieren der Großen Göttin« (Meier-Seethaler 1988, 59) und kennzeichneten sie als Todesgöttin. Stier-, Widder- und Hirschköpfe versinnbildlichten den Sohn der Muttergöttin. Die in Çatal Hüyük gefundenen Abbildungen, die die Göttin im schwangeren oder auch im gebärenden Zustand wiedergeben sollen, oder Statuetten von Frauen mit wilden Tieren gelten als Symbol für die Einheit allen Lebens, da die Göttin »selbst gelegentlich halb Mensch, halb Tier« sei (Eisler 1989, 59). Die »Gebärhaltung« einiger Figuren wird, sehr naheliegend und auch schon von Mellaart so gedeutet, als Fruchtbarkeitssymbol interpretiert; speziell die »Tiergeburt macht die weibliche Kultfigur zur wirklichen Göttin, zur Gottesgebärerin« (Meier-Seethaler 1988, 45). Wichtig sind drittens Mutter-Tochter-Idole, die die matrilineare Generationsfolge symbolisieren. Viertens haben wir in Çatal Hüyük »ein Urbild der Pfeiler- und Säulensymbolik vor uns«, und bekanntlich seien Pfeiler und Säulen in allen frühen Kulturen dem Weiblichen zugeordnet gewesen. Figuren aus Tropfsteinen, bei welchen nur der Kopf der Göttin modelliert und der Leib als Natursteinsäule belassen wurde, aber auch eine Doppelreliefdarstellung der gebärenden Göttin, in der die Körper der Gottheiten als streng parallel verlaufende »Pfeiler« gebildet seien, ließen diese »Urbilder« deutlich erkennen. Die ornamentale Symbolik schließlich gilt als fünfte wesentliche Gruppe: Spiralen, mehrmals auf den ›schwangeren‹ Bauch der Göttin gemalt, oder Zickzackbänder und Wellenlinien als Verzierung auf Keramiktöpfen symbolisierten Leben und Tod. Von Bedeutung sei in diesem Zusammenhang auch das »Union-Jack-Muster« und das Zeichen des Kreu-

zes, ein – wen wundert's? – schematisiertes Bild der Großen Göttin. (Meier-Seethaler 1988, 63)
In wilden Visionen interpretierten die ForscherInnen alles, was der matriarchalen Idee förderlich zu sein schien, ohne zu bedenken, daß auch Symbole – ähnlich wie antike Mythen – keine historischen Quellen sind. Auch ein Symbol muß zunächst im Kontext der historischen Epoche und ihres kulturellen Hintergrundes interpretiert werden. Allein von einer hypothetischen Rolle der Frauen als »Promoterinnen« der Neolithisierung (Meier-Seethaler 1988, 155) auszugehen und von einer führenden Stellung in Kult und Ritual auf eine ebenso gehobene soziale Position in der Gesellschaft von Çatal Hüyük zu schließen, offenbart eine gewollt eingeschränkte und wenig um archäologische Fakten bemühte Denkweise.

Der »Haus-Frauen-Tod-Komplex« oder: Wann ist ein Pferd ein Pferd?

Rund 20 Jahre nach Mellaarts Publikation *Çatal Hüyük – Stadt aus der Steinzeit* versuchte sich auch ein weiterer Archäologe an der Deutung der Symbole von Çatal Hüyük. Ian Hodder, einer der federführenden Urgeschichtsforscher im theoriefreudigen Großbritannien, forcierte ab etwa Mitte der 70er Jahre eine archäologische Methodenlehre, die den Problemen der Interpretation vorgeschichtlicher Symbole auf die Spur kommen wollte und unter den Schlagwörtern »contextual«, »structural« oder »symbolic archaeology« zu einiger Berühmtheit gelangte.
Grundlegend für diese Methode ist der Gedanke, daß symbolische Kommunikationssysteme für die Formung und Aufrechterhaltung der sozialen, ökonomischen und politischen Ordnung einer Gemeinschaft (dazu zählen auch nichtstaatliche Gesellschaften) unerläßlich sind. Innerhalb der verschiedenen Interessengruppen einer Gemeinschaft, wie sie z.B. Ethnien, Klassen oder Geschlechter darstellen, benutzen die einzelnen Individuen Symbole zur Kennzeichnung ihrer verschiedenen Identitä-

ten. Nach dieser Theorie verweisen archäologische Dokumente also nicht unmittelbar auf soziale Organisationsformen, sondern besitzen lediglich Symbolcharakter. Das heißt: Die Funde allein verfügen über keine Aussagekraft und tragen nur insofern zur Bestimmung von sozialen Strukturen bei, als sie von Individuen in einer sozialen Aktion gebraucht werden (Wolfram 1986). Ein Axiom dieses Ansatzes ist, daß alle materiellen Kulturgegenstände, bis hin zum Abfall, eine symbolische Bedeutung tragen. So wird jeder archäologische Befund zu einem vielsinnigen Text, in den symbolische Inhalte eingeschrieben sind. Ausgehend von der soziologischen Weltsicht und Arbeitsweise des Strukturalismus war es Hodders Ziel, ein Netzwerk von Symbolen zu rekonstruieren, dessen Sinn dann durch die Aufstellung von Gegensatz- bzw. Übereinstimmungspaaren entschlüsselt werden sollte. So weit die Theorie, wie sieht nun aber die Praxis aus?

Nehmen wir einmal an, wir hätten die Aufgabe, die altsteinzeitliche Höhlenzeichnung eines dickbauchigen Pferdes mit Strichen an der Flanke zu interpretieren. Zunächst könnten wir in diesem Tier eine schwangere wilde Stute sehen, auf deren Körper Pfeile gerichtet sind. Die Zeichnung könnte aber auch ein trächtiges Pferd mit Ästen oder Zweigen darstellen, eine Art symbolische Repräsentation des späten Frühjahrs (Niederkunftszeit). Oder ist vielleicht ein fettes Pferd dargestellt, und die Linien stehen für stilisierte Penisse, was die Zeichnung in die Kategorie »männlich« verweisen würde? Oder stehen Pferde vielleicht generell für das »weibliche Prinzip« (Hodder 1987, 43)? Und überhaupt: Wann ist ein Pferd ein Pferd?

Die Schwierigkeit liegt also im ›richtigen‹ Lesen des archäologischen Befunds. Dabei besteht immer die Gefahr, daß der jeweilige Interpret über seine eigene Vorstellungswelt nicht hinauskommt und sich an vermeintliche kulturübergreifende Universalien hält, wozu z.B. die Vorstellung gehört, daß Striche immer und überall eher dem männlichen als dem weiblichen Bereich zuzuordnen sind. Hodder machte darauf aufmerksam, daß derartige ›Selbstverständlichkeiten‹ besonders kritisch zu hinterfragen seien und jeweils geprüft werden müsse, ob eine Beziehung zwischen dem historischen und dem gegenwärtigen Kontext eines Zeichens hergestellt werden könne. Im Fall unserer paläolithischen Pferdezeichnung sollten wir uns also erst einmal fragen, warum geradlinige Striche heute mit »männlich« assoziiert werden, und anschließend müßten wir im archäologischen Zusammenhang, konkret in paläolithischen Siedlungen oder Gräbern suchen, ob und, wenn ja, wo wir Anhaltspunkte dafür finden, daß lineare Striche zusammen mit Männern oder Männlichem auftreten. Hodders Ansatz will also sowohl den archäologischen Befund mit dem symbolischen Zeichen als auch die Vergangenheit mit der Gegenwart verknüpfen.

Diese ›verknüpfende‹ Archäologie verlangt natürlich vor allem nach einer guten Datengrundlage, die Hodder in Çatal Hüyük gegeben schien. Zum anderen müssen Zusammenhänge zwischen den Zeichen vorliegen, d.h., die Symbole müssen in ein netzwerkartiges System eingebettet sein. Als Symbolträger in diesem Sinne können in Çatal Hüyük also Halbreliefs, Malereien und Statuetten gelten. Die ›Selbstverständlichkeiten‹, die Mellaart aus der Gegenwart in die Vergangenheit projiziert hatte, lehnte Hodder allesamt ab: Eine Trennung zwischen »Wohnhäusern« und »Heiligtümern« schien ihm zu gewagt, da Mellaarts Annahme der beiden Aktivitätssphären profan/sakral weder durch den archäologischen Befund unterstützt würde noch zwingend sei: die ethnologische Forschung habe schließlich gezeigt, daß bei kleinen Populationen wie etwa den afrikanischen Nuba ritueller und häuslicher Bereich auch nicht getrennt seien. Hodder ging daher davon aus, daß alle Häuser in Çatal Hüyük Wohnfunktion hatten. Auch die zweite von Mellaart behauptete ›Selbstverständlichkeit‹, die These, die Halbreliefs in »Gebärhaltung« seien Abbildungen von Muttergottheiten, bezweifelte er, da das jeweilige Geschlecht nicht eindeutig feststellbar sei.

Hodder machte sich nun auf die Suche nach dem symbolischen Netzwerk in Çatal Hüyük. Mit Mellaarts Interpretation der halbkugelförmigen bis länglichen Gipsreliefs an den Wänden der Häuser als weibliche Brüste stimmte er überein. Auch wenn die Reliefs nicht immer besonders naturalistisch, also beispielsweise oft eher länglich aussähen und z.T. einzeln oder in Reihen angebracht oder zwar paarig, aber vertikal angeordnet seien, so hätten doch auch einige der gefundenen Frauenstatuetten längliche Brüste. Diese Brustdarstellungen träten im Zusammenhang mit Geier- oder Wieselschädeln, Fuchszähnen oder Eberhauern auf, der Symbolgehalt sei also ›Aas fressen, das Wilde, Gefahr, Raubtiere, Tod‹, was die Kombinationen ›Frau und das Wilde‹ sowie ›Frau und Tod‹ ergebe. Die Statuetten, die Frauen zusammen mit katzenähnlichen Raubtieren zeigten, ließen diese Folgerung plausibel erscheinen.

Statuetten von Frauen mit Kindern und betonten Brüsten trügen dann die Assoziation ›Frau und Geburt‹. An Vögel erinnernde Wesen, die auf Malereien zusammen mit kopflosen Menschen auftauchen, interpretierte auch Hodder als Geier, die in enger Verknüpfung mit Tod und eventuell auch mit dem Bestattungsritual zu sehen seien, was erstens zu Mellaarts These von der Entfleischung der Leichen vor der Grablegung passen würde und zweitens durch die räumliche Nähe dieser Malereien zu den Gräbern unterstützt wird. Es ergibt sich also die Kombination ›Vögel und Tod‹.

Vierter Teil des Netzwerks ist nach Hodder die Assoziation ›Haus und Tod‹, gefolgert aus der Beobachtung, daß Bestattungen ausschließlich im Wohnbereich, nicht in Vorratsräumen, Höfen oder außerhalb der Siedlung vorgefunden wurden. Da man innerhalb der Häuser Skeletteile und Darstellungen wilder Tiere entdeckte, andererseits aber auch Abbildungen von Frauen und geierartigen Vögeln in Zusammenhang mit Toten, nahm Hodder eine enge Beziehung zwischen Haus, Tod, Frauen und wilden Tieren an. Das rekonstruierte Netzwerk sei also ein »Haus-Frauen-Tod-Komplex« (Hodder 1987, 50).

Nachdem er dieses Beziehungsgeflecht durch die Erfassung der einzelnen Komponenten in ihrem Umfeld herausgearbeitet hatte, stellte er sich die Frage nach dem Symbolgehalt dieser Elemente. Die Bedeutungsmöglichkeiten des gefundenen Netzwerkes wurden nun durch die Aufstellung von Gegensatzpaaren sortiert. Dabei ging Hodder in gut strukturalistischer Tra-

dition offenbar davon aus, daß jede Komponente auch die Bedeutung ihres Gegensatzes spiegelt. So sei der Gegensatz weiblich/männlich eine Dimension des ›Haus-Frauen-Tod-Komplexes‹. Weiter vertrat er die Ansicht, daß die Malereien von Çatal Hüyük Frauen und Männer in unterschiedlichen Betätigungsfeldern zeigten. Die Männer ordnete er dem Bereich der Jagd zu, wofür auch die geschlechtsspezifische Grabbeigabe von Waffen spräche. Da aber auch Frauen in Zusammenhang mit Tod und wilden Tieren dargestellt worden seien, müsse man eine Überlagerung des Gegensatzes weiblich/männlich durch den Bereich ›Frau-Tod-wilde Tiere‹ annehmen. Die zweite Dimension des gefundenen Netzwerkes sei das Gegensatzpaar wild/domestiziert. Die Darstellung von Vieh- und Wildherden nimmt in Çatal Hüyük großen Raum ein, während man kaum symbolische Hinweise auf Pflanzen und Ackerbau entdeckt – mit Ausnahme von zwei Frauenstatuetten, die in Getreidekörben liegend gefunden wurden. Hodder schloß daraus, daß die Bedeutung des landwirtschaftlich-häuslichen Bereichs in der Symbolik heruntergespielt worden sei. Das Hauptinteresse habe den Tieren und dem Wilden gegolten. Anzunehmen sei auch, daß Frauen von der Jagd ausgeschlossen gewesen seien und ausschließlich in der Landwirtschaft zur Lebenssicherung der Gemeinschaft beigetragen hätten.
Ein drittes Gegensatzpaar des Netzwerkes war für Hodder der Bereich innen/außen. Da auch innerhalb der Häuser Abbildungen von Wildtieren gefunden wurden, lehnte er die Parallelisierung von ›Haus-innen-domestiziert‹ und ›außen-wild‹ ab. Aussagekräftiger erschien ihm die Aufteilung der Häuser in zwei verschiedene Bereiche, denn im Südteil der Häuser fehlen symbolische Darstellungen, während im Nordteil sowohl Symbolik als auch Bestattungen vorhanden sind. Da die Kochstätten meist im Südteil der Gebäude vorgefunden wurden, stellte Hodder die Gegensatzpaare ›keine Symbolik-Kochen-domestiziert‹ und ›Symbolik-Bestattungen-wild‹ gegenüber. Die Frauen brachte er mit Süden in Zusammenhang, Männer mit Norden. Da der Südteil offenbar künstlerisch vernachlässigt wurde, kam Hodder

jetzt zu den Kombinationen ›Frauen-Süden-domestiziert-undekoriert-außen‹ und ›Männer-Norden-wild-aufwendig verziert-innen‹.

Dieses komplexe Schema wird zusätzlich durch das vierte Gegensatzpaar Leben/Tod überlagert. Da die Bestattungen immer im Haus, und zwar im nördlichen Teil, entdeckt wurden, ergab sich jetzt: ›aufwendig verziert-wild-männlich-innen-Norden-Tod‹ gegenüber ›unverziert-außen-weiblich-südliches Herdareal-Leben‹, was sich überraschenderweise nicht mehr mit dem ursprünglich angenommenen ›Haus-Frauen-Tod-Komplex‹ deckte. Fazit: Die Oppositionspaare überlagern oder widersprechen sich also teilweise, und offensichtlich hängt ihr Sinn von dem jeweiligen (geistigen) Kontext ab, den man kennen müßte, wie Hodder bedauernd feststellt. Die einzelnen Komponenten könnten nicht wie Mosaiksteinchen zu einem Gesamtbild zusammengesetzt werden, daher könne auch die Aufgabe des Forschers nicht darin bestehen, *einen* bestimmten Code zu knakken, sondern die Sinnebenen, die in einer Gesellschaft bestanden, zu rekonstruieren und ihren sozialen Ort herauszufinden.

Symbolik ist nach Hodder also Ausdruck sozialer Strategien. Aus der Tatsache, daß Frauen einerseits als »Lebensspenderinnen«, andererseits als »Lebensnehmerinnen« (Hodder 1987, 52) dargestellt sind, leitete er eine Strategie der Gesellschaft ab, ihre Abhängigkeit vom weiblichen Geschlecht zu verarbeiten: die produktiven und reproduktiven Fähigkeiten von Frauen seien geleugnet oder als gefährlich dargestellt worden. Für Hodder standen diese sozialen Strategien dienenden Symbole in engem Zusammenhang mit der Neolithisierung, insbesondere mit der Domestikation. Wie in den Jagdszenen beispielsweise wilde Auerochsen dargestellt seien, die die Siedler gerade erfolgreich zu domestizieren begonnen hatten, so stünden alle Symbole für »wild« mit Domestikationsvorgängen in Verbindung.

Hodder stellte die Neolithisierung in erster Linie als einen Prozeß dar, in dem das Wilde kultiviert, die kulturelle Kontrolle ausgedehnt und die Natur zunehmend unterworfen bzw. beherrscht worden sei. Er gab zu bedenken, daß das Phänomen der Neolithisierung kaum auf den wirtschaftlichen Sektor einer Gesellschaft beschränkt gewesen sei, sondern sicher auch psychologische, soziale und symbolische Faktoren beinhaltete. So könne der Anlaß für die Domestikation der Auerochsen auch die Angst vor diesen Tieren gewesen sein. Die psychische Notwendigkeit, dieser Angst zu begegnen, habe die Kreativität vertieft und einen kulturellen Wandel eingeleitet. Die Ängste der »inneren Welt« hätten so durch die Domestikation der »äußeren Welt« bekämpft und schließlich beherrscht werden können (1987, 55 f.). Offenbar hatten die neolithischen Menschen aber auch Angst vor Frauen, denn Hodder zählte ganz selbstverständlich auch die weibliche Sexualität bzw. Reproduktionsfähigkeit zum Bereich des Wilden, das domestiziert werden mußte (1987, 55).

Unbeantwortet bleibt die interessante Frage, warum die Menschen dann nicht schon viel früher auf die Idee kamen, ihre ja durchaus nicht neuen Ängste vor dem Wilden durch dessen Zähmung zu überwinden. Leider wurde Hodder auch seinen eigenen Forderungen nicht gerecht, so viele archäologische Daten wie möglich in die Interpretation einfließen zu lassen. So wählte er die symbolträchtigen Objekte seiner Analyse offenbar willkürlich aus; anders läßt sich beispielsweise das Fehlen derjenigen Statuetten, die eindeutig Männer darstellen, wie auch der vielen abstrakten Zeichen (Kreuze, Spiralen etc.) nicht erklären. Außerdem bildete ein noch unvollständiger Befund seine einzige Datengrundlage, da Hodder sich ausschließlich auf Mellaarts *Çatal Hüyük – Stadt aus der Steinzeit* berief – ein sehr schwankender Boden, wie wir gesehen haben. Die Grenzen seiner Methode sind schnell erreicht: Am Ende der Interpretationsbemühungen steht häufig ein achselzuckendes ›Den-geistigen-Kontext-müßte-man-halt-kennen‹. Obwohl es als Verdienst dieses Ansatzes gelten kann, die Fachdiskussion endlich – und das ist bei weitem nicht selbstverständlich – auf das häufige Phänomen der Projektion ideologischer und politischer Anliegen der Gegenwart auf das prähistorische Datenmaterial gelenkt zu haben, gelang es Hodder selbst keineswegs, aus seiner Erfahrungswelt, aus den eigenen Selbstverständlichkeiten auszubrechen: Mit der Konstruktion dualistischer Gegensatzpaare stellte er nämlich vor allem sein abendländisches Denken in den Dienst der Forschung. Denn ob auch die Bevölkerung von Çatal Hüyük wild/domestiziert, Leben/Tod, Frau/Mann wirklich für Gegensätze gehalten hat, ist anhand des archäologischen Materials kaum überprüfbar.

Religion als Therapie: Wer hat Angst vor wilden Frauen?

Berücksichtigt man die anthropologischen Untersuchungen der in Çatal Hüyük gefundenen Skelette, können die Symbole von Çatal Hüyük auch ganz anders interpretiert werden: Wie die Studien von Lawrence Angel (1971) ergaben, litt rund die Hälfte der untersuchten Bevölkerung an porotischen Hyperostosen des Schädeldaches, dem sogenannten Bürstenschädel. Darunter versteht man eine Vergrößerung der blutbildenden Schädelmarkräume, die schließlich zu krankhaft verdickten und schwammartig veränderten Schädelknochen führt. In der Übergangszeit vom Paläolithikum zum Neolithikum findet man derartig veränderte Schädeldächer relativ häufig (Schulz 1982, 277). Zurückzuführen ist diese Erscheinung auf einen möglicherweise ernährungsbedingten Blutmangel in der Kindheit.
Angel vermutete die Ursache für diese ernsthafte Eisenmangelanämie in der recht einseitigen, hauptsächlich aus Getreide bestehenden Kost der Bewohner von Çatal Hüyük und einem Befall ihres Verdauungstrakts durch blutsaugende Hakenwürmer. Außerdem sei das Siedlungsgebiet durch die Nähe zum Flußufer von malariaverbreitenden Moskitos bevölkert gewesen – noch heute sind diese Insekten dort eine unerträgliche Plage. Auch die Zähne der Skelette gaben Hinweise auf eine Mangelernährung; horizontale Linien auf dem Zahnschmelz ließen auf chronische Krankheiten oder eine Phase der Unterernährung und des Vitaminmangels während des Wachstums schließen (Angel

1971, 88). Offenbar waren die Bewohner von Çatal Hüyük nicht in der besten körperlichen Verfassung.

Wenn also diese unterernährten Individuen einer Priesterelite angehörten, wie uns Mellaart glauben machen will, wie müssen dann erst die weniger privilegierten Siedler gelebt haben? War das vermeintlich vollkommene matriarchale Paradies der Jungsteinzeit lediglich eine Gesellschaft von Moribunden, die ihre Leiden durch Rituale zu heilen versuchten und ihre Toten gerne unter demselben Dach wußten (Angel 1971)? Die Ergebnisse des Anthropologen ließen die Lebensumstände in Çatal Hüyük in ganz anderem Licht erscheinen. Einmal angenommen, Kult und Ritual hatten tatsächlich einen so hohen Stellenwert, wie Mellaart aufgrund der diversen Kunstäußerungen vermutete, dann könnte dieses Übermaß an rituellen Aktivitäten auch als Indikator für ein »System in Schwierigkeiten« (Hays 1993, 84) angesehen werden. Diente der Kult den Bewohnern von Çatal Hüyük vielleicht zur Bewältigung von sozialem und umweltbedingtem Streß?

Im Gegensatz zu Mellaarts These von einer stark spezialisierten Stadtbevölkerung könnte Çatal Hüyük auch als Beispiel für eine größere, aber noch nicht stratifizierte Gesellschaft stehen. Der archäologische Befund jedenfalls spricht nicht dagegen: So sind beispielsweise sämtliche Speichermöglichkeiten für Getreide in einzelnen Häusern untergebracht, so daß keine Anhaltspunkte für eine gemeinsame Aufbewahrung der Vorräte oder gar für Tributzahlungen an eine zentrale Macht vorhanden sind. Auch für eine zentrale religiöse Praxis oder Autorität, wie wir sie etwa in Gemeinschaften mit Tempeln finden, gibt es in Çatal Hüyük keinerlei Beweise. Alle Belege für religiöse Rituale sind Kultgegenstände, die vereinzelt und verstreut überall in den Häusern gefunden wurden. Sogar die vorhandenen Gräber befinden sich in einzelnen Häusern, nicht auf einem gemeinsamen Friedhof. Und obwohl einige der Gräber reicher ausgestattet wurden als andere, bestehen diese Beigaben in erster Linie aus Werkzeugen und Behältern, was dem persönlichen Besitz der Toten zu Lebzeiten entsprechen könnte (Hays 1993).

Ob in Çatal Hüyük nun Milch und Honig flossen, wie die MatriarchatsforscherInnen schwärmen, oder ob dort eine durch verschiedene Leiden geplagte Bauerngemeinschaft um ihr Überleben kämpfte, kann hier nicht geklärt werden. Auch bleibt ungewiß, ob die häufigen Weiblichkeitsdarstellungen einer allgemeinen Verehrung der neolithischen Frauen Ausdruck verliehen und auf deren gehobene Stellung in der Gesellschaft schließen lassen (Mellaart) oder ob die Siedler von Çatal Hüyük mit künstlerischen Mitteln vor allem versuchten, ihre Angst vor dem Weiblichen zu bezwingen (Hodder). Eins steht aber fest: Berücksichtigt man die archäologischen Fakten, entpuppt sich das angebliche neolithische Matriarchat von Çatal Hüyük als ein hohles Wunschgebilde, das sich vor allem einer unkritischen Übernahme von Mellaarts Spekulationen verdankt. Bisher zeigen allein die geschlechtsdifferenzierten Grabbeigaben der Siedler eine bewußte Trennung der männlichen und weiblichen Sphäre, die *vielleicht* auch im täglichen Leben einen – noch näher zu bestimmenden – Niederschlag gefunden haben könnte.

In Çatal Hüyük werden seit 1993 neue Ausgrabungen durchgeführt. Einer Meldung im *World Wide Web* – einer Datenautobahn im Internet – ist zu entnehmen, daß ein Forschungsprojekt für die nächsten 25 Jahre geplant ist. Unter der Leitung von Ian Hodder arbeitet ein internationales Team zusammen, um neue Bereiche des Fundplatzes auszugraben und die Funde zu konservieren. Das Großprojekt hat sich hohe Ziele gesteckt: Zentrale Fragen betreffen u.a. die Ursprünge des Fundplatzes und seine frühe Entwicklung, die soziale und wirtschaftliche Organisation der Jungsteinzeitmenschen, die Gründe für die Adaption und Intensivierung der Landwirtschaft, die Handelsbeziehungen und sonstige Kontakte zu anderen Stätten der Region. Die Antworten auf diese Fragen sollen schließlich auch Möglichkeiten eröffnen, die Wandmalereien und Symbole von Çatal Hüyük im umweltbedingten, wirtschaftlichen und sozialen Kontext der Siedler zu verstehen.
Ein Teil des Fundplatzes soll überdacht und für Besucher zu-

gänglich gemacht werden. Neben den beiden Hügeln ist der Bau eines Museums geplant, wo man dank einer Virtual-Reality-Produktion des *Zentrums für Kunst und Medientechnologie Karlsruhe* das rätselhafte Leben von Çatal Hüyük nachempfinden, die Leitern auf und ab steigen und nach den Stierhörnern schauen kann. Ob einem wohl da die Große Mutter begegnet?

6

Im Bann der Grossen Göttin: Marija Gimbutas' metaphysisches Matriarchat

»Marija Gimbutas kommt!« – Voller Spannung erwarteten viele AnhängerInnen die »große alte Dame der Archäologie«, wie sie sie respektvoll nannten, 1994 zur Eröffnung der ihr gewidmeten Ausstellung *Die Sprache der Göttin* im Wiesbadener Frauenmuseum. Endlich sollte auch dem deutschsprachigen Publikum ein Einblick in das Werk und die Forschungsergebnisse der bis 1989 an der Universität von Los Angeles lehrenden Professorin für europäische Archäologie ermöglicht werden. Grundlage der Ausstellung bildete ihr 1989 erschienenes Buch *The Language of the Goddess* (Die Sprache der Göttin). Die darin abgebildeten Frauenstatuetten aus verschiedenen Teilen Europas wurden der Öffentlichkeit nun als Nachbildungen präsentiert, ergänzt um einen kleinen Band, der einige ins Deutsche übersetzte Beiträge von Marija Gimbutas enthielt (1994). In ihrer Eröffnungsrede zur Ausstellung wurde spürbar, daß sie mit der Entschlüsselung der von ihr so genannten »alteuropäischen« Kultur nicht nur die Lösung eines wissenschaftlichen Problems verfolgte, sondern ihre tiefsten inneren Überzeugungen ausdrückte: Für sie gab es keinen Zweifel, daß sie mit den Funden von neolithischen Frauenfiguren aus »Alteuropa« die Religion der Großen Göttin entdeckt hatte und auf ein vergangenes Goldenes Zeitalter gestoßen war.

Gimbutas' Arbeiten fanden in Teilen der Frauenbewegung begeisterte Zustimmung. Endlich bot sich den MatriarchatsanhängerInnen die professorale Schützenhilfe, nach der sie bisher vergeblich gesucht hatten. Heide Göttner-Abendroth z.B. stellte zufrieden fest: »Marija Gimbutas redet nicht – wie ihre männlichen Kollegen – ratlos von ›Figurinen‹ oder ›Statuetten‹ oder ›Anbeterinnen‹ und dergleichen Unfug, der lediglich Ideenlosigkeit anzeigt, sondern für sie sind diese Miniaturskulpturen klar ›Göttinnen‹ als Abbilder des mythischen Glaubens selbst.« (1988, 108) Und Edgar Polomé, Professor für Sprachwissenschaft an der *University of Texas*, erhob Gimbutas in der Festschrift zu ihrem 65. Geburtstag gleich selbst zur Göttin: »Es ist eindrucksvoll zu sehen, wie ihre jetzigen und früheren Studenten sie als ihre wahre ›Muttergöttin‹ verehren.« (1987, 377) Dank Gimbutas' Forschungsergebnissen, so schien es, konnte das Zeitalter der Großen Göttin fest in der Geschichte Europas verankert werden. Über alternative Deutungen der Frauenfiguren setzte sich die Matriarchatsforschung infolgedessen selbstbewußt hinweg: »Beginnt man eine Diskussion darüber, ob früher tatsächlich eine Göttin verehrt wurde, ... so ist es, als würde man in Zweifel ziehen, ob der Zweite Weltkrieg tatsächlich stattgefunden hat.« (Stone 1982, 550)

Von wissenschaftlicher Seite wurden Gimbutas' Forschungen allerdings weit weniger begeistert aufgenommen. Der Archäologe Walter Torbrügge kritisierte beispielsweise, sie habe »die Entstehung der Welt handlich in einem kosmischen Modell für den Hausgebrauch zusammengefaßt« (1985, 15). Andere hielten ihr Schwarzweißmalerei und Unwissenschaftlichkeit vor. Was steht hinter solch rüden Vorwürfen: männlicher Chauvinismus oder begründete Kritik an Gimbutas' Methoden? Wir wollen das ›Modell Gimbutas‹ einmal unter die Lupe nehmen.

Das Goldene Zeitalter der Frauen siedelte Gimbutas im Südosten Europas bei den Ackerbau treibenden Kulturen des Neolithikums an: in einer Region, die sich vom Donauraum bis in die Ukraine, von Süd- und Mittelitalien bis zum Ägäischen Meer und zur Schwarzmeerküste erstreckt habe. Gimbutas bezeichnete dieses Gebiet als »Alteuropa«. Dort, in einem Land ohne Waffen und Rivalität, hätten zwischen 6500 und 3500 v.Chr. Frauen ihr Leben frei und selbstbestimmt gelebt, als Familienobere, Priesterinnen und Königinnen eine egalitäre Gemeinschaft angeführt und der Großen Göttin gehuldigt.

Grund zu dieser Annahme boten Gimbutas neolithische Frauenstatuetten, über die sie im Laufe zweier Jahrzehnte mehrere Bücher publizierte, unter anderem 1974 *The Gods and Goddesses of Old Europe* (Die Götter und Göttinnen Alteuropas). Unter geändertem Titel erschien das Buch 1982 in einer Neuauflage als *The Goddesses and Gods of Old Europe, 6500 – 3500 B.C.* (Die Göttinnen und Götter Alteuropas). Gimbutas begründete diese Änderung damit, daß der Verlag 1974 einen Buchtitel mit starker Betonung der Göttinnen noch abgelehnt habe. Es folgten 1989 *The Language of the Goddess* (Die Sprache der Göttin) und 1991 *The Civilization of the Goddess* (Die Zivilisation der Göttin), in denen Gimbutas ihre Thesen zur Religion der »alteuropäischen« Kultur weiterentwickelte.

Auch in den Publikationen über die von ihr seit den 70er Jahren geleiteten Grabungen in Südosteuropa konzentrierte sie sich auf die Erforschung der neolithischen Frauenstatuetten – die Aufarbeitung der übrigen archäologischen Daten überließ sie anderen, denn sie ging ohnehin davon aus, daß die mannigfaltigen Skulpturen, Figurinen, Reliefs und Malereien an Gefäßen und Gebäuden sowie der Bau von Schreinen und Tempeln einzig und allein zur Glorifizierung der Großen Göttin gedient hätten (Abb. 23; 24).

Im Lauf ihrer Forschungstätigkeit setzte Gimbutas so aus Tausenden von Göttinnen und einigen wenigen Göttern, denen sie aller-

23 Frauenstatuette, Siedlungshügel bei Sulica, Bezirk Haskovo, Bulgarien.

dings nur marginale Bedeutung für die religiösen Inhalte zugestand, ein ganzes Pantheon zusammen. An eine hierarchische Ordnung des Göttinnenhimmels glaubte sie jedoch nicht: alle Göttinnen seien in ihrer Weiblichkeit gleich und von daher miteinander verbunden gewesen. Diese Gemeinsamkeit habe es ermöglicht, aus dem vielgestaltigen Göttinnenhimmel eine Große Göttin mit umfassenden Fähigkeiten zu kreieren. Jede einzelne Göttin habe in sich das Ganze des Universums enthalten und jede Frauenstatuette die Große Göttin als die Vertreterin des Kosmos repräsentiert. Diese sei von den Symbolen ihrer drei Aspekte Fruchtbarkeit, Tod und Erneuerung begleitet gewesen. Zur Göttin des Lebens gehörten Wassersymbole (Wasservögel, Schlangen, Fische, Frösche, Zickzack-Bänder, Gruppen von parallelen

24 Kultszene in Miniaturausfertigung, Siedlungshügel Ovcarovo, Bulgarien.

Linien, Mäander, Netze und laufende Spiralen). Die Göttin des Todes hingegen sei in Gestalt der ›weißen‹ Frau von Eulen und Geiern umgeben gewesen. Die Göttin der Wiedergeburt, Erneuerung und Transzendenz sei in den Bildern von Ei, Uterus, Phallus, Wirbel, Halbmond und Rinderhörnern repräsentiert.

Gimbutas war von der bedeutungsvollen Ordnung dieser Zeichen (Abb. 25) überzeugt. Sie glaubte sogar, aus ihnen eine ›Heilige Schrift‹ der Großen Göttin, ein »Alphabet des Metaphysischen« herausdestillieren zu können, das die grundlegende Weltanschauung »Alteuropas« vermittele: »Die erstaunliche Wiederholung dieser symbolischen Verbindungen auf Töpferei, Figurinen und anderen Kultobjekten über einen langen Zeitraum hinweg und im ganzen europäischen Raum hat mich [...] davon überzeugt, daß sie mehr sind als ›geometrische Motive‹; sie müssen zu einem Alphabet des Metaphysischen gehören. Es hat mich Jahre an Detektivarbeit gekostet, um herauszufinden, wie diese Symbole untereinander in Beziehung stehen« (1994, 29), d.h., wie sie sich um die »parthenogenetische (sich selbst erneuernde) Göttin und ihre grundlegende Funktion als Lebensspenderin, Todesgöttin und – nicht weniger bedeutend – als Göttin

25 ›Beschriebene‹ Platte aus der frühen Kupferzeit, Gradesnitsa, Bulgarien.

der Wiedergeburt gruppieren.« Wie die Erdgöttin sei die junge und alte Fruchtbarkeitsgöttin mit den Pflanzen erstanden und gestorben. »Sie allein war der Ursprung des Lebens. Ihre Kraft erwuchs aus den Quellen und Brunnen, der Sonne, dem Mond und der feuchten Erde.« (1989, XIX) Rund um die Große Göttin habe sich in »Alteuropa« »eine wahre Zivilisation im besten Sinne des Wortes« entwickelt – gekennzeichnet durch die reichhaltigen künstlerischen Hinterlassenschaften der neolithischen Kulturen, denn »die schöpferische Grundlage einer jeden Gesellschaft liegt im Grad ihres künstlerischen Schaffens, in ihren ästhetischen Leistungen und in den nicht-materiellen Werten – und in der Freiheit, die das Leben ebenso bedeutungsvoll und lebenswert macht wie ein Gleichgewicht der Kräfte zwischen den Geschlechtern« (1991, VIII).

Doch dieses Göttinnenparadies währte nicht ewig. Um 4000 v.Chr. seien kleine, kriegerische Reitertruppen aus den östlichen Steppengebieten – ausschließlich Männer – nach »Alteuropa« vorgedrungen und hätten die friedliche Kultur zerstört. Von ihren wilden kleinen Pferden aus hätten sie mit Waffen aus Metall

alles niedergemetzelt, was ihnen in den Weg kam, die matriarchalen Gesellschaften zerstört und das Patriarchat etabliert.
Gimbutas nannte diese Eroberer »Kurgan-Leute« (nach russ.: »Kurgan« = »Hügel«). Darunter faßte sie zahlreiche archäologische Kulturen oft heterogenen Ursprungs, die während des Neolithikums und der Frühen Bronzezeit zwischen Westsibirien und Mitteleuropa entstanden waren. Dennoch sprach Gimbutas von *einer* Hirtenkultur mit einheitlicher Wirtschaftsweise, Weltanschauung und Sprache – dem Indogermanischen (Häusler 1994b, 223). Angezogen von den großen, weiten Ackerflächen »Alteuropas«, hätten sich die Hirten aus ihrer Heimat östlich der Wolga in den gelobten Westen aufgemacht: »Da sie in kleinen Gemeinschaften lebten und reiten konnten, erreichten die Kurgan-Leute ohne Probleme die Gebiete westlich des Schwarzen Meeres, wo die Böden [...] ideale Weiden boten. Es war einfacher, in bereits kultivierte Zonen einzudringen, als die Steppe selbst zu kultivieren.« (1979, 115)
Doch nicht nur Weidegründe habe das gelobte Land versprochen, es sei offenbar auch wegen des »glänzenden Kupfers und Goldes von unwiderstehlicher Anziehungskraft« gewesen (1979, 116). Gimbutas zufolge hatten die »Kurgan-Leute« bereits im Verlauf des 6. Jahrtausends v.Chr. mit der Pferdedomestikation begonnen und waren aufgrund des schnell anwachsenden Viehbestands bald zu nomadischen Lebensformen übergegangen. Unfähig zu kultureller Entwicklung aus eigener Kraft, hätten sie sich am Rande »Alteuropas« schnell zum bedrohlichen, letztlich vernichtenden Faktor entwickelt. Um 4400 v.Chr. seien sie zum erstenmal nach Westen aufgebrochen. Um 3400 v.Chr. hätten sie bei einer zweiten Invasion das Frauenparadies erobert, alles zerstört, was bis dahin angeblich die religiöse und soziale Welt des europäischen Matriarchats prägte, und ein patriarchalisches Klassensystem mit Herrschern, Kriegern und niederem Fußvolk sowie ein männliches Pantheon errichtet: »Das Ergebnis des Zusammenstoßes von Alteuropa mit den fremden indoeuropäischen religiösen Formen war die Entthronung der alteuropäischen Göttinnen, das Verschwinden von Tempeln, Kultausstat-

tungen und heiligen Zeichen und eine drastische Verringerung der religiösen Bilder in der visuellen Kunst.« (1994, 76)
Die Neuordnung der »alteuropäischen« Kultur inklusive der Etablierung einer neuen »indoeuropäischen« bzw. »indogermanischen« Sprache war Gimbutas zufolge also auf äußerst brutale Weise vonstatten gegangen. Kurz nach 3000 v.Chr. schließlich sei die dritte Invasionswelle angerückt, und nur auf den abgeschirmten Mittelmeerinseln wie z.B. Kreta habe sich die »alteuropäische« Kultur bis ca. 1500 v.Chr. erhalten und sogar zu ihrer höchsten Blüte weiterentwickeln können.
Tatsächlich stellten Aufschüttungen von großen Hügeln über den Gräbern nördlich der Alpen im 4. Jahrtausend v.Chr. kein Novum dar. »Alteuropa« war bereits vor dem »Eindringen« der »Kurgan-Leute« eine ›Grabhügellandschaft‹. Die zahlreichen Großsteingräber von der Bretagne und Großbritannien im Westen bis nach Kujawien (Polen) im Osten waren mit Hügeln bedeckt. Der von Gimbutas behauptete Gegensatz »zwischen einer ursprünglichen Flachgräberlandschaft in ›Alteuropa‹ und einer mit einer Einwanderung von östlichen Indogermanen einsetzenden Verbreitung von Kurganen hat also nicht existiert.« (Häusler 1994a, 53) Die Grabhügel können deshalb keinesfalls als Belege für einen frühen Völkermord herangezogen werden.
Fraglich ist auch, ob man im 4. Jahrtausend v.Chr. bereits reiten konnte. Zwar waren Pferde zu dieser Zeit wahrscheinlich schon domestiziert, aber eindeutige Nachweise für das Reiten liegen erst aus dem 1. Jahrtausend v.Chr. vor (Häusler 1992, 12; 1995, 42 ff.).
Gimbutas' Vorstellung vom Gang der Urgeschichte wirkt wie ein phantastisches Historiengemälde. Durch die Bilder von Kampf, Blut und Eroberung erhält es eine Dynamik, die eher der Dramaturgie eines Abenteuerromans als der Urgeschichte selbst entnommen scheint. Wer war diese Frau, die solche Visionen vor Augen hatte?

Marija Gimbutas' wissenschaftliche Karriere begann mitten im Krieg. Geboren am 21. Februar 1921 in Vilnius (Litauen), interessierte sie sich bereits im Alter von 15 Jahren für Ethnologie, Sprachwissenschaft, Volkskunde und litauische Bestattungssitten. 1938, gerade 17 Jahre alt, nahm sie das Studium der Urgeschichte, der baltischen Sprachen und der Volkskunde in Kaunas (Litauen) auf: »Die Frage nach den Ursprüngen motivierte mich zu dieser Zeit – die der Indo-Europäer, die der Balten. [...] Also entschied ich, Archäologie zu studieren, um eine Antwort zu erhalten, aber es war klar, daß ich Pionierin sein würde.« (1994, 16)

Während des Krieges (1942) schloß sie ihre Magisterarbeit ab. Als 1944 die russische Armee heranrückte, floh sie mit einer fast fertigen Doktorarbeit nach Österreich und versuchte zuerst in Wien, später in Innsbruck ihre Studien fortzuführen. In Wien lernte sie den Urgeschichtsforscher Oswald Menghin kennen. Kurze Zeit später gelangte sie, weiterhin auf der Flucht, nach Tübingen, wo sie 1946 ihre nun ins Deutsche übersetzte Doktorarbeit über *Die Bestattungen in Litauen in der vorgeschichtlichen Zeit* im Fachbereich Vor- und Frühgeschichte einreichte.

1949 verließ sie das zerstörte Nachkriegseuropa und siedelte nach Boston über. Als sie an der dortigen *Harvard University* ihre Studien fortführte, konnte sie bereits einiges vorweisen: ihre Dissertation sowie 18 Publikationen zur baltischen und litauischen Archäologie, Folklore und Mythologie. In den folgenden 13 Jahren arbeitete Gimbutas am *Peabody Museum* als Expertin für europäische Urgeschichte. 1956 erschien ihre erste englischsprachige Publikation: ein Übersichtswerk über die baltischen und russischen Kulturen bis zur Kupferzeit, dem 1965 eine Übersicht über die Bronzezeit folgte. In diesen beiden Werken entwarf Gimbutas ihre Hypothese von der »Kurgan-Kultur«.

Mit ihrem Ruf an die *University of California* in Los Angeles 1964 sollte ein neuer Abschnitt in ihrem Leben beginnen. Los Angeles war in den 60er Jahren eine Hochburg der Neuen Frauenbewegung. Gimbutas' Berührung mit dem Feminismus und ihre Wahl zur »Frau des Jahres« durch die *Los Angeles Times* 1968 veranlaßten sie offenbar dazu, ihren Forschungsschwerpunkt zu ändern. Sie interessierte sich von nun an nicht mehr für die indogermanische, sondern für die »alteuropäische« Kultur vor der großen Invasion der »Kurgan-Leute«. Mit ihren seither publizierten Arbeiten erschloß sie sich auch eine neue Leserschaft – die Frauenbewegung.

1994 wurde Marija Gimbutas mit einem zweitägigen Staatsbegräbnis in ihrer Geburtsstadt Vilnius ihrem Wunsch entsprechend in einer Eulenurne – ganz wie die ›Matriarchinnen‹ des Neolithikums – beigesetzt.

Gimbutas war nicht die erste, die von den großen historischen Fragen umgetrieben wurde. Insbesondere die Frage nach den Ursprüngen der Indoeuropäer hatte in der deutschen Forschung damals bereits eine fast 100jährige Tradition, die zu Beginn dieses Jahrhunderts mit nationalistischen Thesen über die Indogermanen – u.a. auch von Gustaf Kossinna – einen ersten Höhepunkt erreichte, der im »Dritten Reich« noch überboten wurde. Aus der Beobachtung von vergleichbaren Wort- und Sprachstrukturen, die sowohl in europäischen Sprachen als auch im Indischen festgestellt wurden, leiteten die Forscher die These von der Existenz eines indoeuropäischen oder auch indogermanischen Sprachhorizontes ab. Dieser »Ursprache« wurde eine Kultur und schließlich ein »Volk« zugeordnet: die »Indogermanen«, die nun als Begründer der europäischen Kultur den historischen Schauplatz betraten – und dies keineswegs friedlich. Victor Hehn beispielsweise, ein damals angesehener Sprachforscher, schrieb 1911 über die Indogermanen: »[A]rbeitsscheu und raubgierig wie alle Hirten überfiel er [der Hirte, d. Verf.] die Wohnungen, Hürden und Speicher der Ackerbauern, [...] so mögen auch die Indogermanen in Europa ursprünglich Bewohner vorgefunden haben, die sie ausrotteten, oder mit denen sie sich vermischten.« (Zit. n. Häusler 1992, 4) Genauso stellte sich Gimbutas die Machtübernahme durch die »Kurgan-Leute« in »Alteuropa« vor.

Die Urgeschichtsforschung dieser Zeit suchte allenthalben nur nach einem einheitlichen archäologischen Horizont, der die sprachliche Eroberung des Raumes von Indien bis Europa durch fremde Kulturen belegen sollte. Vor diesem Hintergrund wurden dann wieder die eigenen nationalen Wurzeln bis in die Vorzeit zurückverfolgt.

Mit der Fachkombination von Urgeschichte und Sprachwissenschaft sowie dem starken Interesse an Märchen-, Mythen- und Religionsforschung, auf die sich Gimbutas bereits zu Beginn ihres Studiums festgelegt hatte, lag sie also durchaus im Trend. Im Gegensatz zu vielen Fachkollegen aus der Urgeschichtsforschung ließ sie jedoch nach den nationalsozialistischen Schrekkensjahren die Frage nach dem Ursprung der Indogermanen nicht wie eine heiße Kartoffel fallen. Eigenwillig operierte sie mit verschiedenen, vor allem aus dem 19. Jahrhundert stammenden Wissenschaftsideen, deren ›romantische‹ Natur vor allem in Gimbutas' Kulturbegriff durchschlug. Nicht allein die materiellen Hinterlassenschaften nicht näher bestimmter Menschengruppen, sondern das Selbstverständnis in sich geschlossener Ethnien mit einer faßbaren Identität, die auf der Einheit von Raum und Kultur, von Kultur und Sprache sowie von Sprache und Volk gründete, interessierten die Forscherin.

Darüber hinaus hatte Gimbutas eine klare Vorstellung davon, daß Geschichte zielgerichtet verlaufen müsse und die Wiederauferstehung des verlorengegangenen harmonischen Gesellschaftszustandes, sprich: des Matriarchats, anzustreben sei. Auf die Frage, ob das Modell der friedliebenden »alteuropäischen« Kultur uns heute helfen könne, antwortete sie:

> Gewiß. Wir sind am Ende der Welt angelangt. Wir müssen eine gesündere und ausgewogenere Gesellschaft aufbauen, in der Männer und Frauen gleichberechtigt sind. In der Ökologie ist es das gleiche. Wir müssen versuchen, das Gleichgewicht der Erde wiederherzustellen. Bei beiden Dingen können wir viel von der alteuropäischen Kultur lernen. Ich hoffe sehr, daß uns das gelingen wird. (Gaßner-Vischer 1993, 102)

Mit solchen Statements faszinierte Marija Gimbutas zwar die Öffentlichkeit, in der Urgeschichtswissenschaft verstauben ihre Werke jedoch bis heute in den Regalen. Das Geschichtsbild der Urgeschichtsforschung wurde inzwischen von ideologischen Implikationen wie z.B. dem Glauben an eine sinnhafte Entwicklung der Geschichte gereinigt. Gimbutas, die keinen Anlaß sah, ihrer Intuition zu mißtrauen, geriet, je mehr sie sich der Erforschung des Goldenen Zeitalters verschrieb, immer weiter ins wissenschaftliche Abseits, denn die Fakten des Neolithikums und der Kupferzeit in Südosteuropa können durchaus anders interpretiert werden.

Die frühen Balkankulturen

Die »neolithische Revolution« im Vorderen Orient (siehe Kap. 5.) hatte Auswirkungen auf den Balkanraum, wo sich zwischen Anfang des 6. und Anfang des 4. Jahrtausends v.Chr. die bäuerliche Wirtschaftsweise etablierte. Die frühesten Nachweise datieren in das 7. und beginnende 6. Jahrtausend (Frühneolithikum) und stammen aus dem griechischen Raum. Zunächst benutzten die Menschen dieses Kulturkreises noch Steingefäße, gingen jedoch bald zum Gebrauch von Keramik über. Es wurden einfache Töpferwaren ohne Bemalung hergestellt, die man später durch bemalte Gefäße ersetzte.
Ein weiterer Kulturkreis reichte von Thrakien bis Slowenien und vom mittleren Theiß-Gebiet bis zur Moldau. Zu ihm gehörte u.a. die zwischen 1947 und 1957 ausgegrabene Siedlung Karanovo nahe der heutigen Stadt Stara Zagora in Bulgarien. Beim Abtragen der mächtigen Erdschichten konnte man insgesamt sieben archäologische Horizonte voneinander trennen (Abb. 26). In der ersten und zweiten Schicht fand man einräumige, rechteckige Hausgrundrisse. Die Häuser enthielten üblicherweise einen Herd, Speichereinbauten, einen Mahlstein und weitere Inneneinrichtungen (Höneisen 1990, 19). Ihre lehmbestrichenen Flechtwände waren in einigen Fällen bemalt. Der ›Werkzeug-

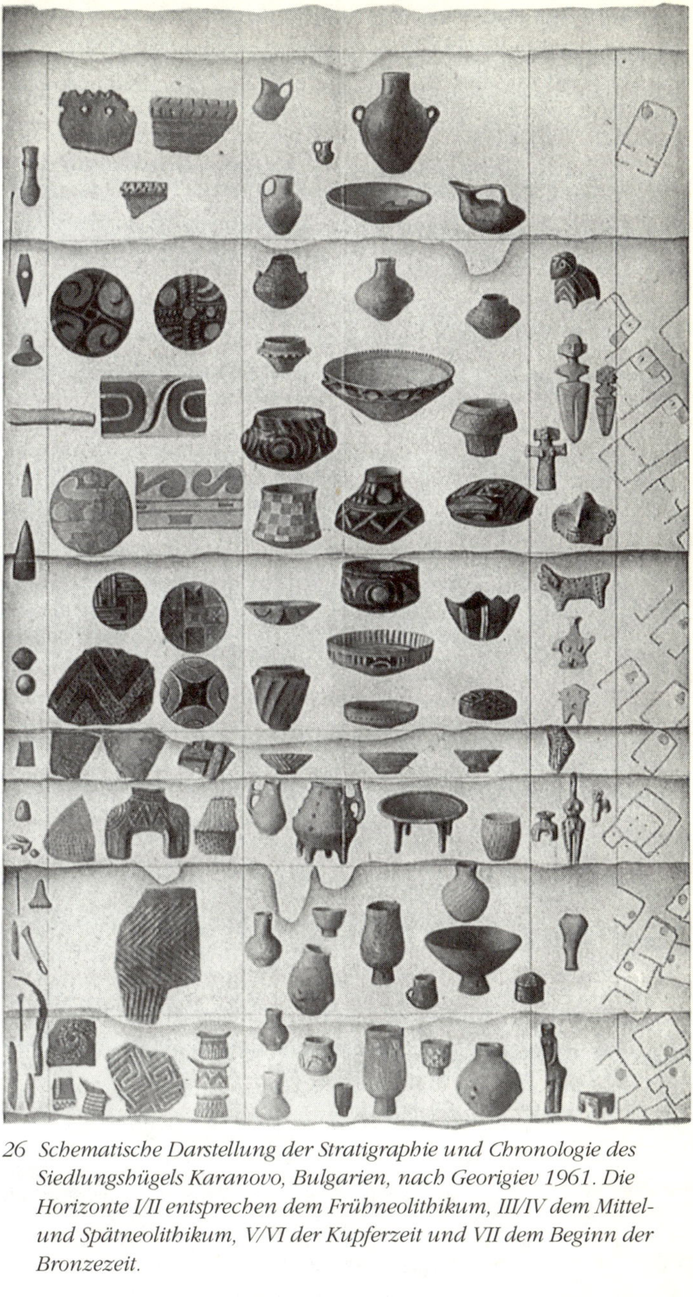

26 Schematische Darstellung der Stratigraphie und Chronologie des Siedlungshügels Karanovo, Bulgarien, nach Georigiev 1961. Die Horizonte I/II entsprechen dem Frühneolithikum, III/IV dem Mittel- und Spätneolithikum, V/VI der Kupferzeit und VII dem Beginn der Bronzezeit.

kasten‹ der SiedlerInnen umfaßte geschliffene Steinartefakte – Äxte, Beile und Meißel –, geschlagene Feuersteinklingen, aus denen sie Kratzer, Pfeilspitzen und die Schneiden der Sicheln herstellten. Auf den Feldern wurden Emmer, Einkorn und Gerste sowie Erbsen und Linsen angebaut. Auch Fleisch stand auf dem Speiseplan. Meist wurden Haustiere wie Schafe und Ziegen geschlachtet, seltener Wild gejagt.

Aus diesem Kulturkreis sind Statuetten zusammen mit einer Vielzahl anderer künstlerischer Äußerungen überliefert. Neben eindeutigen Frauenstatuetten aus gebranntem Ton, teils mit schematisierten Gesichtszügen und betont langen Nasen – Vogelgesichtern ähnlich –, zählen dazu auch menschliche Figuren ohne geschlechtliche Kennzeichnung, Tierstatuetten, Vasen in Menschen- und Tierform sowie Miniaturhäuser aus Ton. Sie wurden gelegentlich im Innern der Häuser, aber auch außerhalb, manchmal sogar in Abfallgruben gefunden. Bisher ist es kaum möglich, aus diesen Befundzusammenhängen auf eine konkrete Bedeutung der Frauenstatuetten zu schließen, will man nicht wie Gimbutas annehmen, daß das ganze Leben göttinnengleich war oder gar alle »menschlichen Aktivitäten, auch solche wie Korn mahlen und Brot backen, nicht zu trennen waren von der Anteilnahme der Göttin« (Runnels 1990, 343). So gesehen müßten die frühneolithischen Menschen ihre Welt ausschließlich als sakrales Mysterium erfahren haben.

Zwischen 5500 und 4800 v.Chr. (Mittelneolithikum) teilten sich die archäologischen Kulturen zunehmend in einzelne, regional unterschiedliche Gruppen auf, die relativ stabil in geschlossenen Gemeinschaften lebten. Manche Wohnorte blieben jahrhundertelang besiedelt, so daß sich wie im Vorderen Orient auf den eingeebneten Resten vergangener Häusergenerationen Hügel (sogenannte Tells) bildeten. Der bekannteste Siedlungshügel dieser Zeit auf der Balkanhalbinsel ist das bereits erwähnte Karanovo in Bulgarien.

In der Folgezeit, dem Spätneolithikum bzw. der Kupferzeit (4800 – 4200 v.Chr.), splitteten sich die archäologischen Kulturen weiter in eine Vielzahl von lokalen Gruppen in kleinen geographischen Räumen auf. Anzeichen dafür finden sich in den vielfältigen Keramik-Zierstilen. Die materiellen Überreste dieser Zeit sind üppiger als die der vorangehenden Phasen. Sie zeugen von einem blühenden Handwerk mit Tendenzen zur Spezialisierung. Zahlreiche Utensilien, die vermutlich dem kultisch-religiösen Bereich zuzuordnen sind, wie z.B. Keramikstempel, Altäre und insbesondere die inzwischen kunstvoller gewordenen, in großer Zahl auftretenden Frauenfiguren, wurden gefunden.

In die Zeit ab dem 5. Jahrtausend v.Chr. datieren auch die Anfänge der Metallverarbeitung – zunächst von Kupfer, später von Bronze, einer Kupfer-Zinn-Legierung. Die vollentwickelten kupferzeitlichen Kulturen ab 4200 v.Chr. unterschieden sich in wirtschaftlichen, gesellschaftlichen und religiösen Belangen von den früheren neolithischen Gemeinschaften (Renfrew 1986, 47 ff.). Erstmals sind Bergwerke für Silex- und Kupfergewinnung nachweisbar. Stein- und Metallwaren wurden großräumig vertrieben. Die Wirtschaftsweise erforderte nun das Ineinandergreifen vieler Arbeitsbereiche, um reibungslos zu funktionieren – man vermutet deshalb, daß Spezialisierungen im Bergbau, in der Metallverarbeitung, im Handel und in der Landwirtschaft stattgefunden hatten. Durch die Metallgewinnung und -verarbeitung konnten einige wenige Menschen es wohl zu beträchtlichem Wohlstand bringen, und dieser mußte offenbar geschützt werden: Die Siedlungen wurden zusehends befestigt.

Auch die religiösen Vorstellungen änderten sich. Man begrub die Toten nun außerhalb der Siedlungen. Einen besonders eindrucksvollen Beleg für den Wandel der sozialen Ordnung liefert das Gräberfeld von Varna in Bulgarien, wo zwischen 4600 und 4200 v.Chr. Menschen bestattet wurden. In einigen Gräbern fand man Kupfer- und Goldgegenstände bis zu 1,5 kg Gewicht (Lichardus 1988), so daß einige Forscher meinten, den Vergleich mit dem berühmten, von Schliemann entdeckten Schatz aus Troja wagen zu können (Abb. 27). An die insgesamt sieben eng zusammenliegenden »reichen« Gräber im südlichen Teil des Gräberfeldes schlossen sich im Nordteil 281 eher ärmlich ausgestat-

27 Reich ausgestattetes Männergrab (Nr. 43), Varna, Bulgarien.

tete Gräber mit alltäglichen Dingen wie z.B. Keramikgefäßen oder Steinwerkzeugen als Beigaben an.

Einige wenige Gräber hatten gar keine Beigaben – und in anderen fehlte die Leiche. Diese Scheingräber ohne Skelett, sogenannte Kenotaphe, enthielten in manchen Fällen wertvolle Beigaben, u.a. gelegentlich eine mit Goldplättchen belegte Gesichtsmaske. Solche Maskengräber gelten als weibliche Bestattungen, denn in ihnen fanden sich neben dem Gold- und Kupferschmuck weibliche Tonidole und Spinnwirtel: Symbole und Arbeitsgeräte der Frauen. Demgegenüber waren die anthropologisch als männlich bestimmten Skelette von Kupferäxten, Schmuck aus Gold und Muscheln sowie von durchbohrten Kugeln oder Steinäxten mit goldumwickelten Schäften umgeben. Geht man davon aus, daß die unterschiedliche Ausstattung der Gräber die damalige gesellschaftliche Hierarchie widerspiegelt, so heißt das: Reiche wurden mit Prunk bestattet, Arme ohne Beigaben in die Grube gelegt.

Wenn es stimmt, daß die reichen Skelettgräber als Männer- und die der reichen Kenotaphe als Frauengräber zu interpretieren sind, muß man sich fragen, was sich in dieser eigentümlichen Unterschiedlichkeit ausdrückt. Gab es eine Machtteilung zwischen Mann und Frau? Gab es politische Führer und sakrale Führerinnen oder umgekehrt? Die archäologischen Fakten legen eine soziale Differenzierung innerhalb der Gesellschaft nahe. Offensichtlich nahmen sowohl Frauen als auch Männer während der Kupferzeit herausragende Positionen ein.

Trotz der Indizien für eine herausragende Stellung einzelner Frauen bleibt die Tatsache bestehen, daß die im Neolithikum so zahlreichen Frauenstatuetten jetzt weitgehend verschwanden. In diese Zeit des Umbruchs fielen dann – man ahnt es schon – die verschiedenen kriegerischen Invasionswellen, die Marija Gimbutas im Dunkel der Geschichte gesichtet haben wollte.

Märchen, Mythen, Muttergöttinnen: Gimbutas' Methodik

Um dem Denken der »alteuropäischen« Kultur auf die Spur zu kommen, griff Gimbutas auf schriftliche Quellen, d.h. auf Kulturgeschichte erheblich jüngeren Datums zurück, insbesondere auf Märchen und Mythen aus teils christlichem, teils vorchristlichem Zusammenhang. Gimbutas betrachtete diese Quellen als archäologische Fundgrube; die Mythen mußten lediglich

Schicht um Schicht abgetragen und interpretiert werden. Besonders alte Wurzeln glaubte Gimbutas in baskischen, bretonischen, walisischen, irischen, schottischen und skandinavischen Erzählungen zu finden – aber auch litauische Mythen durchforstete sie nach Inhalten und Motiven aus der »alteuropäischen« und »indogermanischen« Zeit.

Vor allem die Interpretation der »Alteuropa« zugeschriebenen Ideen ging ihr leicht von der Hand. Die den Menschen »Alteuropas« zugeschriebenen Vorstellungen »hinsichtlich Sterilität und Fruchtbarkeit, der Zerbrechlichkeit des Lebens und der konstanten Drohung der Zerstörung und der periodischen Notwendigkeit, die generativen Prozesse der Natur wieder zu erneuern« (1994, 24) bildeten, so Gimbutas, die ältesten und langlebigsten Einsichten in die Welt. Weitergegeben aus dem urzeitlichen »Alteuropa«, seien die mythischen Inhalte selbst heute noch in bäuerlichen Kulturen zu spüren. Dementsprechend fänden sich hier auch archaische Aspekte einer von Frauen über Generationen hinweg überlieferten urgeschichtlichen Göttin. Kein Krieg, keine Invasion habe diese alten matriarchalen Wurzeln mit Stumpf und Stiel ausrotten können, denn zu tief seien die Bilder und Symbole der Religion der Göttin »in die menschliche Psyche eingepflanzt und hätten nur mit der totalen Auslöschung der weiblichen Bevölkerung verschwinden können. Die Religion der Göttinnen ging in den Untergrund, und in manchen Gebieten haben einige der alten Traditionen überlebt. In anderen Gebieten wurden sie in die indoeuropäische Ideologie aufgenommen.« (1994, 76) Eine dieser ›Göttinnen im Widerstand‹ sei zum Beispiel »Frau Holle« (1991, 243).

Gimbutas bezeichnete ihre Arbeitsweise als »Archäomythologie«. Damit gab sie dem von ihr entworfenen interdisziplinären Ansatz, der Mythologie, Alte Geschichte, Linguistik, Volkskunde und Historische Ethnographie mit der Archäologie verbinden sollte, einen wissenschaftlich klingenden Namen. Doch lassen sich mit Märchen aus christlich-abendländischem Zusammenhang ohne weiteres die Geschehnisse der Urgeschichte rekonstruieren? Gimbutas lieferte keine Belege für die von ihr bis ins

Neolithikum zurückverfolgten Ursprünge der Überlieferungen, und wir müssen annehmen, daß ihr Einblick in die Denkweise der neolithischen Ackerbauern einem recht mystisch anmutenden Einfühlungsprozeß zu verdanken ist, der allgemein kaum nachvollziehbar ist. Da sie ihre Pfade im dunkeln ließ, hatte sich Gimbutas für ihre AnhängerInnen als Übersetzerin aus dem Reich der urgeschichtlichen Mythenwelt selbst unentbehrlich und unersetzbar gemacht. Was ist nun, da sie tot ist und nicht mehr gefragt werden kann?

Immerhin entstand aus der Mixtur von archäomythologischer Methode und materiellen Überresten des Neolithikums eine Schnittmenge, aus der die neolithischen Frauenstatuetten, die ja tatsächlich in großer Zahl gefunden wurden, als Zeugnisse einer matriarchalen Frühzeit hervorgingen. Sie seien die wichtigsten Symbole eines komplexen Glaubenssystems in einer »zyklischen, nicht linearen, mythischen Zeit« (1994, 26) gewesen und sollten ein komplettes Abbild der damaligen Gesellschaft liefern.

Gimbutas' Vorstellung, daß in den Frauenstatuetten Muttergottheiten verkörpert seien, war beileibe nicht neu. Bereits seit Anfang unseres Jahrhunderts war es in der Klassischen Archäologie gang und gäbe, die inschriftlich als solche belegten Muttergottheiten des Vorderen Orients, die unter den Namen Ishtar, Astarte und Inanna bekannt sind, zur Klassifizierung aller Frauenfiguren des Mittelmeerraums heranzuziehen: Zusammengefaßt unter dem Etikett »Muttergottheit«, vermittelten die Statuetten den Eindruck, es habe über Jahrtausende hinweg eine einheitliche Religion mit einer allmächtigen Göttin gegeben, deren Wirkungsmacht sich auch über die 3000 Jahre des südosteuropäischen Neolithikums erstreckt habe. Bis in die 50er Jahre galt in der Klassischen Archäologie die religiöse Bedeutung der Figuren als wissenschaftlich anerkannt, und genauso nahm man an, daß sich die ersten bäuerlichen Kulturen egalitär, wenn nicht gar matriarchal organisiert hatten. Erst in den 60er Jahren äußerten sich jüngere ForscherInnen kritisch zum Pantheon der Muttergottheiten, da bei dieser Interpretation offensichtlich auf alle archäologische Grundlagenforschung verzichtet worden war

(Ucko 1968). Aus ethnographischen Berichten wußte man, daß eine Deutung allein das Phänomen der Frauenfiguren keineswegs hinreichend erklären konnte: So benutzten einige Ethnien solche Plastiken im Zusammenhang mit heilenden Riten, für andere dagegen waren sie Bestandteil von Initiationsriten, Hochzeitsritualen oder mündlichen Erzählungen.

Gimbutas berücksichtigte bei ihrer Sicht der Dinge weder die Entwicklungsgeschichte der zahlreichen und sehr verschiedenen neolithischen Kulturen, die auf einer Verbreitungskarte wie ein Flickenteppich erscheinen, noch ihre Ausbreitung, Konsolidierung, Regionalisierung und Zersplitterung im Lauf der Zeit. Für sie war alles gleich und einförmig: »Alteuropa«, das fortschrittslose Paradies ohne innere Entwicklung – ein monolithischer Block in der Geschichte –, belegt einzig durch die Allgegenwart von Frauenstatuetten. Da diese später nicht mehr auftauchten, mußte der patriarchale Feind zugeschlagen haben.

Gimbutas erwies sich mit dieser Deutung als eine extreme Vertreterin der These, daß Kulturwandel ausschließlich durch Migration und Unterwerfung ganzer Bevölkerungsgruppen herbeigeführt werde. Doch für den im archäologischen Material verbürgten Kulturwandel gegen Ende des 4. Jahrtausends v.Chr. können auch ganz andere Ursachenkomplexe verantwortlich sein, die wenig mit Gimbutas' Völkermordgeschichte gemein haben. Zum einen wird in der archäologischen Literatur Rohstoffknappheit angeführt: Die Kupferproduktion sank drastisch ab. Die Bergwerke mit einfach zu verhüttenden, oxydischen Kupfererzen scheinen damals vollkommen ausgebeutet gewesen zu sein (z.B. in Aibunar, Bulgarien), und die viel reicheren Vorkommen sulfidischer Kupfererze konnten wegen mangelnder technischer Kenntnisse noch nicht genutzt werden (Strahm 1994). Zum anderen wird auch die Meinung vertreten, daß im Verlauf des 4. Jahrtausends eine gravierende Klimaverschlechterung eingetreten sei, die sowohl Hirten als auch Ackerbauern auf der Suche nach Weideland und fruchtbaren Böden zu mehr Mobilität gezwungen habe.

Gimbutas' Ansichten vom Kulturwandel fußen demgegenüber

auf einer Art spiritueller Archäologie, deren Quellen überwiegend im Geistigen und vor allem im Weiblichen zu liegen scheinen. Die »urgeschichtliche Religion« war für sie »eine der Hauptquellen für die Rekonstruktion der sozialen Organisation des Neolithikums« (1990, 272) – und diese Religion mußte sie offenbar nicht erst mühsam anhand aller verfügbaren materiellen Hinterlassenschaften erschließen, sondern sie lag offen vor ihr. Von methodischen Skrupeln unbelastet, handelte Gimbutas frei nach dem Motto: »Wer sucht, der findet«, orientierte sich also nicht an den archäologischen Fakten, sondern an der Idee der Großen Göttin, die es nachzuweisen galt. Einzig die tönernen, beinernen oder marmornen Frauenfiguren bzw. ihre An- oder Abwesenheit taugten, um den Gang der Geschichte, den Wandel vom ursprünglichen Matriarchat zum Patriarchat zu rekonstruieren. Alle anderen menschlichen Äußerungen, die im archäologischen Fundkontext ans Tageslicht befördert wurden, ordnete sie als Marginalien den Statuetten unter, und selbst die verschiedenen Errungenschaften wie beispielsweise die Metallverarbeitung sind nach Gimbutas kaum mehr als historisches Zuckerwerk.

Vor diesem Hintergrund verwundert es nicht, daß die beiden von ihr kreierten Kulturblöcke »Alteuropa« und »Kurgan-Leute« keinen Eingang in die Wissenschaft fanden: Denn zum einen läßt sich eine archäologische Kultur nicht einfach durch das Vorkommen oder Fehlen eines ihrer Charakteristika definieren. Zum anderen verstellt die Annahme von eingewanderten Nomaden den Blick für die Zusammenhänge zwischen den Kulturerscheinungen vor Ort. Dadurch wird der Nachweis der Kultur- und Bevölkerungskontinuität blockiert, wie sich mit dem Archäologen Alexander Häusler gegen Gimbutas' These einwenden läßt (1992, 14). Und schließlich beruhen ihre Begriffe und Interpretationen ohnehin kaum auf archäologischen Daten. Darüber hinaus setzte Gimbutas ihre »Kurgan-Kultur« mit dem »Volk« der Indoeuropäer gleich – auch dies eine unzulässige Schlußfolgerung, denn archäologische Quellen schriftloser Kulturen taugen nicht dazu, die Existenz von »Völkern« zu belegen.

Gimbutas erschien die von ihr postulierte matriarchale Göttinnenreligion so bedeutend, daß sie glaubte, mit ihrer Hilfe die Periodisierung der europäischen (Ur-)Geschichte leisten zu können. Sie teilte den Gang der Geschichte in drei große religiöse Epochen auf: in die »alteuropäische« Zeit mit einer friedliebenden Großen Göttin, in die Bronzezeit unter der Herrschaft der kriegerischen indoeuropäischen Götter und in die durch Schriftquellen verbürgte Geschichte unter dem patriarchalischen Gott der Christen.

Gimbutas hielt es sogar für möglich, daß der christliche Gott nur eine Variante der indoeuropäischen Götter darstelle – so wie auch in den christlich überformten Märchen für sie das Matriarchat weiterlebte. Aufgrund der Tatsache, daß bereits im Paläolithikum Frauenstatuetten angefertigt wurden, konstruierte sie eine religiöse Kontinuität von den eiszeitlichen Jäger- und Sammlerkulturen bis zu den bäuerlichen Gemeinschaften des Neolithikums. Den Beginn dieser Kulturentwicklung glaubte sie im Jungpaläolithikum mit dem Auftauchen der »Venus«-Statuetten nachweisen zu können, die bis ins Neolithikum von Frauengeneration zu Frauengeneration weitergegeben worden seien. Das Verbindungsglied zwischen den paläolithischen Darstellungen und den neolithischen Plastiken sollten die am Ende des Paläolithikums entstandenen schematisierten Frauenstatuetten aus dem Fundort Mezin in der Ukraine bilden. Ein einziger Fundort als Zeugnis eines angeblich universalen Geschichtsprozesses?

Die Religion der Großen Göttin eignete sich hervorragend, widersprüchliche oder ungeklärte Phänomene des gesamten südosteuropäischen Neolithikums in einen gemeinsamen Deutungszusammenhang aufzunehmen. Während z.B. viele ArchäologInnen in dem Gräberfeld von Varna einen eindeutigen Beweis für den Beginn einer differenzierten Gesellschaftstruktur, d.h. eine soziale Schichtung der Mitglieder, sehen und diskutieren, ob hier die Existenz einer frühen staatlichen Organisation anzunehmen sei, wischte Marija Gimbutas dieses Argument kurzerhand vom Tisch: »Die angesehenen Männer der Varnaer Gesellschaft waren keine Häuptlinge [...]. Die wohlhabenden

Männer Alteuropas führten wahrscheinlich die Aufsicht über den Handel, der ihnen ihren Reichtum einbrachte, doch sie beherrschten nicht das politische Geschehen.« (1990, 242)
Für Gimbutas lebten die Gemeinschaften der Kupferzeit nach wie vor nach der altehrwürdigen Lebensart der frühen Vorfahren, die ihre Felder zum erstenmal in Südosteuropa bestellt hatten. Besonders pikant ist in diesem Zusammenhang, daß Gimbutas die Gräber aus der Kupferzeit nicht als Widerspiegelung gesellschaftlicher Machtverhältnisse gelten ließ, während sie ihre gesamte Argumentation von der Invasion der »Kurgan-Kultur« ausschließlich auf Gräber und die in ihnen begrabenen Krieger stützte.

Der Krieg – Vater aller Dinge?

Daß im 4. und 3. Jahrtausend v.Chr. Kontakte zwischen Ackerbauern vom Balkan und Viehzüchtern aus der russischen Steppe bestanden, steht für die Forschung außer Frage. Zur Erklärung dieser Kontakte müssen jedoch keine gewaltsam hereinbrechenden Reiterkrieger bemüht werden. Der Urgeschichtsforscher Andrew Sherratt (1981) hat für den kulturellen Wandel von der Kupfer- zur Bronzezeit eine weit weniger spektakuläre Erklärung gefunden, die von Entwicklungen innerhalb der neolithischen Kulturen selbst ausgeht. So sei das Ersetzen der menschlichen Muskelkraft durch die des Tieres ein entscheidender Schritt gewesen, dem weitere Innovationen gefolgt seien: die Erfindung des Rades und des Wagens sowie die Ablösung der Hacke durch den vom Tier gezogenen Pflug. Aber auch die Nutzung von Schafwolle und Kuh- bzw. Schafsmilch hätten während des 4. und 3. Jahrtausends im Balkanraum und vor allem in den Steppen Veränderungen bewirkt. Sherratt nannte sein Modell »Secondary Products Revolution«, Kulturwandel durch Nutzung der Zweitprodukte. Sobald die Herstellung von hochwertigen und dauerhaften Milchprodukten möglich geworden sei, hätte man größere Tierherden auf Hochflächen oder in wenig fruchtbaren Steppen halten können. Die kulturelle Entwicklung der russischen Steppenbevölkerung sei das Ergebnis optimaler Anpassung bäuerlicher Lebensweise an die kontinentalen Klima- und Umweltbedingungen gewesen, von den trokkenen und kalten Hochebenen des Kaukasus bis in die halbtrockenen Grassteppen des Vorlandes. Einschränkungen des Ackerbaus seien durch halbnomadische Weidewirtschaft mit Rindern und Schafen wettgemacht worden, und deren Zweitprodukte hätten das Überleben ermöglicht. Aus den frühen bäuerlichen Gemeinschaften hätten sich, so Sherratt, zunächst zwei Gesellschaften mit unterschiedlichen ökonomischen Systemen herausgebildet: die Ackerbauern, die den Pflug benutzten, und die halbseßhaften Viehzüchter. Ihre Äcker bzw. Weiden hätten nahe beieinander gelegen. Es sei zwangsläufig zu Kontakten gekommen, wie z.B. dem Austausch von Gütern und Nahrungsmitteln. Ochsenkarren und Tragtiere hätten Transporte ermöglicht und Entfernungen zusammenschrumpfen lassen. Sherratts Modell räumt zwar Konflikte zwischen Hirten- und Ackerbaugesellschaften ein, doch mißt er Streitereien lediglich lokale Bedeutung bei.

Sherratts Sicht des Kulturwandels im Neolithikum ist im Detail nicht unumstritten. Dennoch bietet er plausiblere Thesen als Gimbutas' Abenteuergeschichte von der europaweiten Vernichtung bäuerlicher, göttinnengeleiteter Kulturen.

Die Göttin im Zwielicht

Unerwartet harte Angriffe mußte Gimbutas auch von der Feministischen Archäologie hinnehmen. Vor allem die allmächtige Große Göttin, die Gimbutas so eloquent entwarf, erregte das Mißtrauen vieler feministischer Archäologinnen: »Der Mythos von Evas Apfel, Pandoras Büchse und Freuds Penisneid wurde ersetzt durch den Mythos von ehemaliger matriarchaler Größe und der Vernichtung der Muttergottheit.« (Binford 1982, 542) Nicht nur, daß die Kritikerinnen das Goldene Zeitalter »Alteuropas« für archäologisch nicht nachweisbar hielten, die Große Göttin selbst erschien ihnen als bloße Reproduktion eines Frauenideals aus dem 19. Jahrhundert: »Die Annahme, daß der Status der Frauen in der Geschichte prinzipiell in ihrer reproduktiven Fähigkeit gründete, mißachtet die komplexe Natur von Geschlechterstrukturen in der Vergangenheit und begrenzt die Definition von Frauenmacht.« (Talalay 1994, 179)

Die Feministische Archäologie versucht neue Wege zu beschreiten. Bisher erachtet sie die Gräber als geeignetste Quelle, um Frauen in der Ur- und Frühgeschichte sichtbar zu machen. Grabbeigaben, Totenrituale und anthropologische Untersuchungen können Auskunft über die unterschiedlichen Lebensdaten und die Behandlung der Geschlechter geben. Die Frauenstatuetten werden jedoch nicht als zuverlässige Quelle für die Frauengeschichte akzeptiert, denn es ist nach wie vor unklar, welchen Platz und welche Bedeutung sie im alltäglichen Leben in der Urgeschichte hatten. Sicherlich ist es ein Verdienst Marija Gimbutas', die Statuetten und Kultobjekte der Balkanhalbinsel überhaupt in den Blickpunkt gerückt und dazu mehr als die zwei obligatorischen Sätze über Fruchtbarkeit und Mutterkult gesagt zu haben. Doch fragt man sich, weshalb Gimbutas ausschließlich das Modell vom kulturellen Wandel durch Krieg und Zerstörung vertrat. Sollte sie das eigene Schicksal auf das archäologische Material projiziert haben? Ihre Biographie erscheint in diesem Zusammenhang aufschlußreich.

Seit ihrer frühesten Kindheit in Litauen hatte sie Krieg und Besatzung hautnah erlebt. Ihre Eltern hatten sich in den 20er Jahren der litauischen Widerstandsbewegung gegen die polnische Vorherrschaft angeschlossen, sie selbst war in den 40er Jahren gegen die russische Besatzung aktiv geworden. Bis zu ihrer Übersiedlung nach Amerika 1949 war Gimbutas' Leben geprägt von Widerstand und Flucht. 1992 äußerte sie in einem Radiointerview: »Die Geschichte zeigt uns, daß [im Neolithikum, d. Verf.] zwischen acht und zehn Millionen Frauen sterben mußten für sie [ihre Göttin, d. Verf.] ... die weisen Menschen ihrer Zeit ... das erinnert mich daran, was unter Stalin in Europa geschah, als die

Besten aus der Gemeinschaft entfernt und nur die Dummen am Leben gelassen wurden.« (Zit. n. Meskell 1995, 79)

Mit dieser pauschalen Gleichsetzung von urgeschichtlichem Mythos und stalinistischer Terrorherrschaft kompromittierte sich Gimbutas als Archäologin und Historikerin. Ihre Unterscheidung zwischen »gut« und »böse« bzw. zwischen »weise« und »dumm« offenbart eine Haltung, die sich der nationalistischen Großmannssucht der völkischen Historiker der 20er und 30er Jahre bedenklich annähert. Man mag Gimbutas zugute halten, daß ihre Biographie ihr kaum die Chance ließ, einen Glauben an die Möglichkeit friedlicher Koexistenz unter den Menschen zu entwickeln. Dennoch erschrickt man darüber, wie selbstverständlich ihr offensichtlich Krieg erschien – sei es der Krieg zwischen Kulturen oder zwischen den Geschlechtern.

7

Das Megaron der Königin: Sir Arthur Evans im minoischen Kreta

Ein Spaziergang durch Knossos

Wer heute nach Kreta reist und dort als Teil des touristischen Pflichtprogramms den berühmten »Palast« von Knossos in der Nähe von Iraklion besichtigen will, wird schon lange vor der Eintrittskasse von zahllosen Cafés, Kiosken und Souvenirläden empfangen. Die Andenkenbuden, in denen man Kopien minoischen Fundguts in allen erdenklichen Kitschvarianten erstehen kann, machen gute Geschäfte, quellen doch selbst in der Nebensaison wahre Käufermassen aus den unzähligen Omnibussen.

Hat man sich trotz dieses wenig verlockenden Einstiegs in die kretische Kultur von der Besichtigung des »Palastes« * nicht abschrecken lassen, nach 20minütigem Schlangestehen den nicht gerade geringen Eintrittspreis entrichtet und die zahllosen Fremdenführer mit polyglottem Sprachenangebot wahlweise energisch abgeschüttelt oder engagiert, so erreicht man schon nach wenigen Schritten den »Westhof« mit der Bronzebüste von Sir Arthur Evans, dem Ausgräber des »Palastes«, der kritisch, aber nicht ohne Besitzerstolz auf Ausgrabungsstätte und Besucherströme niederblickt.

---

* Um zu signalisieren, daß es sich bei derlei Benennungen bereits um Interpretationen handelt, erscheinen sie im folgenden in Anführungszeichen.

Die Besichtigung des eigentlichen »Palast«-Geländes verspricht phantasiebegabten Besuchern eine eindrucksvolle Begegnung mit der Geschichte. Betritt man den »Palast« von Westen her, so gelangt man durch den »Prozessionskorridor«, dessen Wände auf beiden Seiten mit Abbildungen von Menschen in voller Lebensgröße (»Prozessionsfresko«) bemalt sind, längs vorbei an den »südlichen Propyläen«, einem beeindruckenden, von vier Säulen gestützten und überdachten Torbogen, und durch den »Süd-Nord-Korridor« mit einem Fresko des »Priesterkönigs« in den Zentralhof. An dessen westlicher Flanke befindet sich, für die Öffentlichkeit unzugänglich, das Herzstück des »Palastes«: das »Dreiteilige Heiligtum« mit Pfeilerkrypta und der berühmte »Thronraum des Königs Minos« nebst Thron, von Greifenfresken und weiteren Bänken flankiert. Im zweiten Obergeschoß liegen die Reste mehrerer Säulenräume, die in Analogie zu italienischen Renaissance-Palazzi »Piano Nobile« genannt wurden. Im unteren Geschoß schmücken verschiedene Freskenfragmente (»Klappstuhlfresko«) die westliche Außenmauer des »Palastes«.
Auf der Ostseite des Hofes befinden sich Räumlichkeiten eher profaner Natur: der »Wohnbereich« von »König« und »Königin«. Vom »Megaron des Königs«, das gern im Zusammenhang mit der benachbarten »Halle der Doppeläxte« gezeigt wird – letztere bekam ihren Namen durch die in die Wände eingeritzten Doppelaxt-Motive – betritt man durch den »Hundebein-Korridor« das etwas kleiner geratene »Megaron der Königin«, das mit lebhaften Delphinfresken und farbigen Rosetten verziert und mit Steinbänken möbliert ist. Daneben befindet sich ein »Badezimmer« mit einer »Badewanne« aus Ton, dahinter dann die »Toilette«, letztere sogar mit »Wasserspülung«. Durch ein großes Treppenhaus, das ebenfalls mit einer »Prozessionsdarstellung« geschmückt ist, gelangt man wieder auf den Zentralhof.
Im Nordflügel des »Palastes« erwartet die bildungshungrigen Touristen ein »Heiligtum« (»Room of the Spiral Cornice«) mit den nur etwa 100 cm großen Miniaturfresken »Tanz im Ölbaumhain« (»Sacred Grove and Dance«) und »Tempelfresko« (»The Temple

and Grand Stand«) sowie die »Stierspielfresken« auf dem »Hof des Steinrohres«.

Lebte Arthur Evans heute noch, wäre er vermutlich wenig erstaunt über den Besucherandrang, erregte doch die Ausgrabung des »Palastes« von Knossos zu Beginn unseres Jahrhunderts in Kreisen des europäischen Bildungsbürgertums ähnlich großes Aufsehen wie die Entdeckung des homerischen Troja in Kleinasien durch Heinrich Schliemann rund 30 Jahre zuvor.

Von Städten und Palästen

Seit Evans' Arbeiten in Knossos wurde über die minoische Kultur von Kreta und seinen Nachbarinseln viel geforscht und geschrieben. Nach zahlreichen Ausgrabungen von »Palästen«, Dörfern, Friedhöfen und »Heiligtümern« läßt sich heute ein recht genaues Bild dieser bronzezeitlichen Hochkultur rekonstruieren:

Im 4. und 3. Jahrtausend v.Chr. steckte Kreta im Gegensatz zu seinen östlichen Nachbarn am Mittelmeer noch in den zivilisatorischen Kinderschuhen. Zwar gab es bereits größere Dörfer, in denen bis zu 1900 Menschen lebten, zwar wurden umfangreiche Handelsbeziehungen mit den kykladischen Inseln, dem griechischen Festland, mit Ägypten, Zypern und der Levante gepflegt, aber von einem Kulturstandard wie in den benachbarten Hochkulturen Vorderasiens und Ägyptens konnte keine Rede sein.

Denn anders als auf Kreta hatte sich in Mesopotamien, dem Zweistromland zwischen Euphrat und Tigris, und der Levante, den östlichen Mittelmeerländern, schon seit langem ein Netz von Staaten entwickelt, die lebhaften Handel miteinander trieben. Mittelpunkte dieser Reiche waren Städte, die sich wie die Perlen einer Kette entlang der großen Flüsse reihten. Das Zentrum einer solchen Stadt bildete jeweils ein »Tempelkomplex« oder »Palast«, der weiträumige Höfe, Vorratsräume, »Wohnquartiere« und »Kulträume« umfaßte. Straßen führten zwischen den

Häusern hindurch bis vor die mächtigen Stadtmauern, die vor feindlichen Angriffen schützen sollten.

Diese frühen Hochkulturen verfügten bereits über eine zentralisierte und recht aufwendige staatliche oder stadtstaatliche Verwaltung, und vermutlich war es diese Flut bürokratischer Aufgaben, die auch den Anlaß für erste schriftliche Aufzeichnungen gab: Quittungen auf Tontäfelchen. Wahrscheinlich sicherten viele Stadtbewohner ihren Lebensunterhalt nicht mehr, wie bisher üblich, unmittelbar auf den Feldern, sondern erwarben ihr Einkommen durch handwerkliche Tätigkeiten und mußten durch die Lebensmittelproduktion der Landbevölkerung mitversorgt werden. Möglicherweise entstanden sogar schon erste regelrechte Dienstleistungsberufe wie die des Schreibers oder Händlers.

In Ägypten hatte sich ein zentralistisch regierter Staat formiert, der durch einen Gottkönig oder eine Gottkönigin an der Spitze einer hierarchisch gegliederten Gesellschaft regiert wurde. Das Land war in Provinzen (»Gaue«) aufgeteilt, deren Zentren ebenfalls Städte bildeten.

Im allgemeinen waren die Zeiten alles andere als friedlich, denn der Bedarf an wichtigen Rohstoffen, die im eigenen Lande nicht zur Verfügung standen, und der Kampf um die Vormachtstellung der einzelnen politischen Gebilde führte häufig zu Konflikten.

Um 2000 v.Chr. vollzog sich auch auf Kreta eine bemerkenswerte Wende: Es entstanden erste Städte, deren Mittelpunkt ebenfalls ein monumentaler Zentralbau, der sogenannte »Palast«, bildete, ein auf der Insel bislang unbekannter Architekturtypus. Wichtigstes Charakteristikum dieser Anlagen war ein großer, rechtwinkliger Zentralhof, um den herum viele, zum Teil vierstöckige Häuser gruppiert waren. Straßen, Treppen und kleinere Höfe trennten die Gebäude voneinander.

Der große Baukomplex des »Palastes« bot Platz für eine vielfältige Nutzung: Riesige Lagerräume im Untergeschoß, die als schmale, lange Korridore mit mächtigen Zwischenwänden kon-

zipiert waren, ermöglichten nicht nur eine umfangreiche Vorratshaltung, sondern gewährleisteten auch die nötige statische Stabilität für die großen Räume im Obergeschoß (Schiering 1994, 189). In diesen Magazintrakten lagerten in gigantischen Gefäßen (»pithoi«) vermutlich Nahrungsmittel wie Getreide, Wein und Oliven. Gefäße, Tür- und Kistengriffe wurden mit Tonbatzen verplombt und anschließend versiegelt.
Verschiedene Räume, die als »Kult-« oder »Empfangsräume« gedeutet werden, nutzte man wohl für Repräsentationsaufgaben religiöser und profaner Art. Die zahlreichen Höfe waren vermutlich Schauplätze größerer Veranstaltungen, wie die imposante Ausgestaltung ihrer größeren und kleineren Mauerfassaden schließen läßt.
Hauptfassade eines solchen »Palastes« war stets die Westseite. Aus dieser Richtung kommend, blickte man, auf einem großen Platz oder einer Straßenerweiterung – dem »Westhof« – stehend, auf eine eindrucksvolle Steinarchitektur: ein monumentales Mauersystem von Vorsprüngen und Nischen, das sich deutlich von der architektonisch einfacheren Ausführung der Häusermauern und der drei anderen Seiten des »Palastes« abhob.
Zum alltäglichen und festtäglichen Betrieb in den »Palästen« gehörten offenbar auch schmale Gehsteige (»Prozessionswege«), Portiken als Schattenspender, Lichtschächte zur Beleuchtung und Belüftung fensterloser Räume und unterer Geschosse, dunkle Hallen im Souterrain, deren Decken von Pfeilern getragen wurden (»Pfeilerkrypten«), und geräumige Säle, die durch Klapptüren (»Polythyra«) miteinander verbunden waren. Ebensolche Klapptüren führten nach draußen, und ein Kanalisationssystem sorgte für den Zu- und Abfluß von Wasser. Die Erbauer der kretischen »Paläste« hatten Elemente der Baupläne und wesentliche Techniken offenbar ihren ägyptischen und vorderasiatischen Nachbarn abgeschaut, so z.B. die fast exakte Nord-Süd-Orientierung aller »Paläste«, die Orthostaten als Basis für die Außenfassade oder die Quaderbauweise (Niemeier 1990, 51).
Mit der Gestaltung der Räume bewiesen die »Palast«-Bewohner durchaus Sinn für ›Schöner Wohnen‹: Die meisten Mauerfassa-

den, Eingangshallen und Portiken, großen Treppenhäuser und die sogenannten Kult-, Fest- und Privaträume wurden aufwendig mit Säulen und Halbsäulen, Architekturornamenten und Bodenfliesen aus Alabaster ausgestattet. Wände und Säulen erhielten zunächst einen Kalkputz, anschließend trug man entweder einen einfarbig roten Anstrich auf oder brachte Wandinkrustationen, Freskomalereien oder Stuckreliefs an. Eine besonders beliebte Wandzierde waren Darstellungen von Stieren oder Doppeläxten, aber auch szenische Malereien unterschiedlicher Größe.

Vermutlich waren also die Funktionen und Aufgaben der »Paläste« vielfältiger Natur: Einerseits dienten sie der Vorratshaltung und der Administration, andererseits wurden sie offenbar auch zur Ausübung einer Religion und zu Wohnzwecken genutzt. Von oben betrachtet, ähnelt der gewaltige Komplex eines solchen »Palastes« einem Labyrinth, womit die späteren Griechen weitläufige Gebäude bezeichneten, die mit einem unübersichtlichen System sich kreuzender Gänge ausgestattet waren, so daß Besucher es schwer hatten, den Ausgang zu finden. Die Griechen verbanden damit die Sagen von Minos, Daidalos, Minotauros, Theseus und Ariadne. Die Figur des Königs Minos war es auch, die der bronzezeitlichen Hochkultur Kretas den Namen gab.

An die »Paläste« schloß sich jeweils die eigentliche Stadt von teilweise beträchtlicher Größe mit Häusern, Straßen und Plätzen nahtlos an. Anhand der baulichen Reste kann heute kaum unterschieden werden, wo der »Palast« aufhört und die Stadt anfängt. Einzig der Platz vor der westlichen Außenfassade der »Paläste« blieb immer unbebaut. Nach dem Baubeginn der ältesten »Paläste« um 2000 v.Chr. vermehrte sich die Bevölkerung in den folgenden 200 Jahren rasch, und die Städte wuchsen schnell, bis um 1700 v.Chr. zwei starke Erdbeben die Insel erschütterten und Städte und »Paläste« zerstörten. Damit endete die heute so genannte »Altpalastzeit«. An der Stelle der alten »Paläste« entstanden jedoch schnell meist noch prächtigere Neubauten. Um 1500 v.Chr. wurde die politische Ordnung des minoischen Kreta endgültig vernichtet. Ob für diese Verwüstungen Eroberungszüge und Landnahmen der Festlandsgriechen oder kretische Rebellen verantwortlich waren oder ob ein Ausbruch des 130 km entfernten Vulkans von Thera die Ursache war, ist bis heute ein Geheimnis.

Mittlerweile sind sechs Stadt-»Palast«-Anlagen auf Kreta bekannt, keine wurde aber bislang vollständig ausgegraben. Wir wissen also nicht, ob auch diese Städte wie die der benachbarten Hochkulturen von gewaltigen Stadtmauern umgeben waren. Die größte dieser Stadt-»Palast«-Anlagen ist Knossos in der Nähe des heutigen Iraklion (Abb. 28). Nach Schätzungen hatte die Stadt eine Fläche von mindestens 45 ha und bis zu 18 000 Einwohner (Niemeier 1990, 50). Die Bebauung von Mallia, ungefähr 40 km östlich von Knossos, ist mit 30 bis 35 ha nur wenig kleiner. Auch Phaistos im südlichen Kreta hat mit 11 ha bereits ein beträchtliches Ausmaß. Etwas bescheidenere Anlagen befinden sich in Kato Zakros an der ostkretischen Küste, in Gournia am Mirabello-Golf und in Hagia Triada in der Nähe von Phaistos.
Die BewohnerInnen der sechs »Paläste« und Städte organisierten sich wohl politisch voneinander unabhängig, bildeten aber eine wirtschaftliche und kulturelle Einheit. Zu jedem der sechs Zentren gehörte Hinterland in einer Größenordnung von etwa 1000 bis 1500 km^2. Vermuten Archäologen als Organisationsform der Altpalastzeit noch eine Art Städtebund, so gewann im Verlauf der Neupalastzeit offenbar Knossos die Vormachtstellung (Niemeier 1990, 53 f.). Dabei waren die einzelnen Territorien wahrscheinlich in einer Siedlungshierarchie organisiert, wobei der jeweilige »Palast« an der Spitze der Macht-Pyramide stand und die untergeordneten Subzentren kontrollierte – kleinere Dörfer oder Einzelgehöfte (sogenannte Villen), in denen möglicherweise lokale Machthaber wohnten.
Weil die Städte und die dort gefundenen Vorratsmagazine eine für die damalige Zeit erstaunliche Größe aufwiesen, muß es ein Wirtschaftssystem gegeben haben, bei dem Waren und Güter zentral verteilt wurden. Die »Paläste« dienten dabei wohl als

28 Der Grundrißplan des »Palastes« von Knossos nach J.D.S. Pendlebury, 1933/1954, links das Erdgeschoß, rechts das Obergeschoß (»piano nobile«).
1 Zentralhof; 2 Westhof; 3 Abfallgruben (?); 4 »Prozessionswege«; 5/6 Sockel für Altäre (?); 7 Korridor der Westmagazine; 8 Treppe ins Obergeschoß (»piano nobile«); 9 »Dreiteiliges Heiligtum«; 10 Vorraum zum Heiligtum; 11 »Pfeilerkrypten«; 12 Vorratsgruben (Fundort der »Schlangengöttin«); 13 »Thronsaal« (der mykenischen Zeit); 14 Propyläen

Tauschzentralen und Verteilungszentren von Erzeugnissen unterschiedlichster Art. Es gab kein Geld. Grundnahrungsmittel und andere Artikel brachte man zunächst in den zuständigen »Palast«, wo sie entweder für den Export bestimmt oder an die einheimische Bevölkerung ausgegeben wurden. Um den Über-

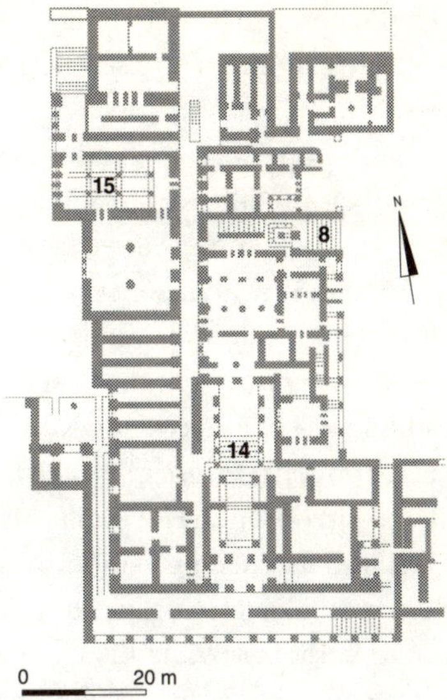

zum »piano nobile«; 15 »Heilige Halle«; 16 Magazinräume; 17 Werkstätten; 18 Treppenhaus des Ostflügels; 19 Lichthof; 20 Offene Säulenhalle des Lichthofes zum Treppenhaus; 21 »Halle der Doppeläxte« (= »Megaron des Königs«); 22 Lichthof; 23 »Megaron der Königin«; 24 »Badezimmer der Königin«; 25 Rampenartiger Treppenweg; 26 Südlicher Korridor; 27 »Prozessionskorridor«; 28 Nordzugang; 29 Stuckrelief eines Stieres; 30 Theater; 31 »Prozessionsweg «.

blick über diese umfangreiche Vorratshaltung und die damit notwendig verbundene Bürokratie und Verwaltung zu behalten, benutzte man wahrscheinlich eine auf Tontäfelchen eingeritzte, im Archäologenjargon »Linear A« genannte Schrift, die bis heute nicht entziffert werden konnte.

Auf der Insel selbst wurden verschiedene Getreidesorten angebaut, Wein und Oliven kultiviert und Schafe und Ziegen gehalten. Auf schnell drehenden Töpferscheiben, die um 1900 v.Chr. in Kreta eingeführt wurden, stellte man eierschalendünne, schön verzierte Gefäße her. Die Insulaner fertigten auch Bronzegegenstände, schnitzten Elfenbein und schufen Steingefäße und Figuren aus Fayence.

Kult und Religion hatten offenbar auch außerhalb der »Paläste« ihren Ort: Vor allem in Ostkreta fand man auf Berggipfeln und in Höhlen Plätze, die als »Heiligtümer« interpretiert werden (Niemeier 1990, 52 f.). Auch in Privathäusern wurden »Schreine« entdeckt, die wohl rituellen Zwecken dienten.

Kreta hatte – dank seiner günstigen Mittelmeer-Lage zwischen Europa, Afrika und Asien – weitreichende Kontakte und ausgedehnte Handelsbeziehungen zum griechischen Festland und den vorderasiatischen und ägyptischen Hochkulturen. Von den zahlreichen kretischen Häfen führte eine Handelsroute Ruderschiffe und später auch Segelschiffe nach Nordwesten zum griechischen Festland, eine andere verlief ostwärts bis nach Zypern und Syrien. Kreta exportierte außer der minoischen Keramik, die wohl als Verpackung für Güter jedweder Art diente, vermutlich auch Zypressen- und Pinienholz in die gesamte holzarme Ägäis. Im Gegenzug wurden u.a. Silber, Blei und Kupfer vom griechischen Festland sowie Zinn und Elfenbein aus Syrien eingeführt.

Die Macht der Mythen und wer macht Mythen?

Seit Arthur Evans in den ersten Jahrzehnten unseres Jahrhunderts mit den Ausgrabungen in Knossos begann, gilt das bronzezeitliche Kreta als elysisches Gefilde der europäischen Kultur, als paradiesisches Land, in dem ein äußerst wohlhabendes, friedliebendes und sorgenfreies Volk sich tagtäglich seines Lebens freute. Es soll eine soziale Infrastruktur bestanden haben, die die Grundversorgung für alle sicherte. Herrschaft, Macht, Kampf und Tod wurden nicht glorifiziert. Die Menschen besa-

ßen, so wird behauptet, volle sexuelle Entfaltungsfreiheit, und die Religion war heiter und voller Erotik (*Die Chronik der Frauen* 1992, 82). Dreh- und Angelpunkt solcher Gesellschaftsschilderungen ist dabei immer die hohe soziale Stellung der Frauen: Kreta wird zum Paradebeispiel matriarchaler Gesellschaften.
Die Idee eines Matriarchats auf Kreta hat eine lange Tradition. Bereits 1861 beschrieb Bachofen in seinem *Mutterrecht* Kreta – noch vorsichtig – als »gynaikokratische Gesellschaft«. Mit archäologischen Quellen konnte er seine These nicht untermauern, ahnte man doch in der Mitte des vorigen Jahrhunderts noch nicht, welch großartige Entdeckungen rund 40 Jahre später auf Kreta ihren Anfang nehmen sollten.
Bachofens Werk stellte die Weichen für alle nachfolgenden Interpretationen gesellschaftlicher Strukturen des minoischen Kreta. Im Zuge der Bachofen-Renaissance siedelten die VerfechterInnen der Matriarchatsthese ihr Konzept ebenfalls im bronzezeitlichen Kreta an. Schon 1932 schrieb Bertha Eckstein-Diener alias Sir Galahad beim Anblick der knossischen Fresken verzückt über »Kreta, das Damenreich«:

> Damen, Damen, nichts als Damen, wie an der Riviera, überbekleidet, onduliert, in Stöckelschuhen, dazwischen ab und zu ein fast nackter Jüngling, Typus Leichtgewichtsathlet oder Eintänzer, glatt rasiert, mit dem Torso einer Raubameise. Weit und breit kein ehrwürdiger Greis. Die Sorte ist in Frauenreichen nicht geschätzt. (1932, 203)

Kreta sei, so die Behauptung der Matriarchatsforschung, eine resistente matriarchale Bastion gewesen: an der Wende vom 3. zum 2. Jahrtausend v.Chr. seien der Nahe Osten, der östliche Mittelmeerraum und das übrige Europa von »Indogermanen« erobert und die Große Göttin durch Vater- und Kriegsgötter entthront worden. Nur Kreta sei verschont geblieben und habe seine matriarchale Kultur während des 2. vorchristlichen Jahrtausends voll zur Blüte bringen können (Meier-Seethaler 1988, 148).

Zu dieser matriarchalen Kultur gehörte natürlich auch die entsprechende Religion. In Heide Göttner-Abendroths matriarchaler Mythologie beispielsweise wird die kretische Doppelaxt als Zeichen des Mondes interpretiert und mit dem Zepter der dreifaltigen Mondgöttin identifiziert. Die Mondgöttin bildet das Zentrum eines dreigeteilten matriarchalen Weltbildes: Der obere Raum wird der jugendlichen Göttin zugeschrieben, die durch eine Jagdgöttin verkörpert ist, in der Mitte steht die erwachsene Fruchtbarkeitsgöttin, und die Unterwelt wird beherrscht durch die Greisin oder Todesgöttin, die Leben vernichtet, aber auch Auferstehung ermöglicht. Der jugendlich-männliche Heros als ihr Begleiter sei im minoischen Kreta durch zahlreiche Stierhörner oder -köpfe symbolisiert. Göttin wie Heros seien in rituellen Handlungen um ein heiliges Königinnentum, dem ein sakrales Königtum untergeordnet ist, durch Priesterinnen und männliche Begleiter dargestellt und gefeiert worden.

Das Konzept der matriarchalen Religion gründet sich, bei heutigen ForscherInnen nicht anders als schon bei Bachofen, auf Mythen des klassischen Altertums. Die Interpretation dieser Mythen wirkt aber häufig geradezu beliebig und deutlich von dem Ziel geleitet, eine weibliche Göttin zu (re-)konstruieren: So wird eine hypothetische Große Mutter der Vorgeschichte einfach mit den Muttergöttinnen des klassischen griechischen Mythos – Gaia, Rhea, Hera, Demeter und Kybele – verknüpft. Diese klassisch-griechischen »Muttergöttinnen« waren in erster Linie Fruchtbarkeitsmächte, da die Fertilität der Frau mit der Fruchtbarkeit der Erde in Verbindung gebracht wurde. Was lag für die MatriarchatsforscherInnen also näher, als diese Vorstellung zu übernehmen und ebenfalls eine Fruchtbarkeitsgöttin zu inthronisieren?

In der 1986 erschienenen deutschen Ausgabe der *Griechischen Mythologie* von Robert von Ranke Graves, auf die sich u.a. auch Göttner-Abendroth beruft, geht Ranke Graves von einer mythischen Grundkonzeption aus, die er aus zahllosen mythischen Erzählkomplexen herausliest. Das Ergebnis seines Verfahrens: eine historische Hypothese des vorgeschichtlichen Europa, in deren Zentrum die Große Göttin steht. Die Unkenntnis der damaligen Menschen über die biologischen Vorgänge der Schwangerschaft habe dazu geführt, so Ranke Graves, daß man sich die Große Göttin in drei Aspekten vorstellte: in Analogie zum Mond als Mädchen, Nymphe und alte Frau und in Analogie zu den Jahreszeiten als Mädchen der oberen Luft, als Nymphe der Erde und des Meeres und als altes Weib der Unterwelt (Lanwerd 1993, 31).

Damit wird nicht nur kurzerhand von einer sehr eingeschränkten Vorstellungskraft der urgeschichtlichen Menschen ausgegangen, die anscheinend nicht in der Lage waren, sich ihre ›Matriarchin‹ anders als in den drei oben genannten Aspekten zu denken; die dreifaltige Mondgöttin zeichnet sich gleichzeitig auch noch durch eine verdächtige Einheitlichkeit aus: Es soll nur *eine* Große Göttin gegeben haben, und diese sei auch noch als eine weltweit identische Erscheinung aufzufassen. Unterschiedlichste, aus den antiken Mythen bekannte Göttinnen wie die griechische Aphrodite, die babylonische Astarte und die ägyptische Isis (Eisler 1989, 77) werden so unbekümmert um Zeit und Raum und ohne plausible Argumente in eine Figur zusammengeschmolzen, zu der einen dreifaltigen Göttin.

Aus dieser *einen* Göttin leite sich das Prinzip der Ganzheit ab, die Göttin werde dadurch Symbol der Ganzheitlichkeit von Mensch und Natur, Körper und Geist. Daher sei sie auch nicht als weibliches Gegenstück eines männlichen Gottes zu interpretieren, sondern repräsentiere die Dynamik natürlicher Prozesse: Geburt, Reifezeit, Tod.

Es erscheint nur folgerichtig, daß dieses ›ganzheitliche‹ Denken sich bevorzugt als intuitives Einfühlungsvermögen äußert und ›normale‹ Wahrnehmung, rationales Denken und damit auch abendländisches Wissenschaftsverständnis grundsätzlich in Frage stellt. Auch die Entscheidung, klassische Mythen zur Basis historischer Hypothesen zu machen, ist eher ein Akt der Intuition als ein Beweis wissenschaftlichen Denkvermögens.

Ein Mythos ist zunächst nichts anderes als eine phantastische Erzählung, die meist von Göttern oder Kulturheroen handelt und schildert, wie die Gegebenheiten der Gegenwart durch Ereignisse in der Urzeit begründet worden sein sollen. Als Geschichtsquellen taugen Mythen weniger, weil sie in hohem Grade Projektionen auf die Vergangenheit enthalten und zweifellos häufig mit der Intention verbreitet wurden, bestehende Machtstrukturen zu rechtfertigen. Ein Mythos muß keineswegs immer einen wahren Kern haben, also auf einem real stattgefundenen historischen Ereignis beruhen, und kann außerdem, je nach Weltanschauung des Interpreten, in verschiedenster Weise gedeutet werden.

Die ältesten griechischen Erzählungen mit mythischen Stoffen gehen auf den blinden Sänger Homer zurück, der die Mythen und Sagen von der Eroberung Trojas und der Rückkehr der siegreichen griechischen Helden zu den berühmten monumentalen Epen *Ilias* und *Odyssee* verdichtete.

Der dramatische Höhepunkt der *Ilias* fällt nach antiker Überlieferung in das Jahr 1184 v.Chr., also in die späte Bronzezeit. Homer lebte vermutlich irgendwann im 8. Jahrhundert v.Chr., d.h. bereits in der Eisenzeit. Die historischen Ereignisse, welche die *Ilias* beschreiben soll, wurden von ihm also erst rund 300 Jahre später besungen. Homer war Analphabet. Seine Gesänge wurden über Generationen hinweg von Sängern und Dichtern überliefert, die des Lesens und Schreibens ebensowenig kundig waren, und erst wiederum rund 200 Jahre später, irgendwann im 6. Jahrhundert v.Chr., schriftlich fixiert.

Über die Göttergeneration *vor* Zeus erfahren wir allerdings bei Homer kaum etwas. Hier müssen wir auf die später entstandenen Werke Hesiods zurückgreifen, der um 700 v.Chr. als Bauer in Böotien lebte. Er schilderte in seiner *Theogonie* detailliert das Schicksal der griechischen Götter und Göttinnen: Am Anfang standen von Frauen dominierte Göttergenerationen, die er als natur- und erdhafte, dunkle und böse Gottheiten schilderte, wie etwa Gaia und Uranos mit ihren monströsen Sprößlingen Rhea und Kronos. Nach einer Serie von gewaltsamen Entmachtungen, in denen sich jeweils Gattin und Sohn gegen den Vater verschworen, siegte am Ende Zeus und errichtete seine patriarcha-

lische Herrschaft auf dem Olymp. HistorikerInnen gehen davon aus, daß Hesiod mit dem Mythos von der Unterwerfung weiblicher Macht durch Zeus wohl seine private Misogynie zur Weltanschauung erhob (Pomeroy 1985, 2 f.).
Wenn man bedenkt, daß diese Mythen in jahrhundertelanger mündlicher Überlieferung persönlich gefärbt und verändert wurden, erscheint das Verfahren, eisenzeitliche Mythen einfach auf das bronzezeitliche Kreta zu übertragen, das bekanntlich schon rund 1000 Jahre vor Homer seine Blütezeit hatte, geradezu abenteuerlich: Die griechische Eisenzeit war ohne Zweifel patriarchal bestimmt, die antiken Quellen liefern keine verläßlichen Zeugnisse über das Leben normalsterblicher Frauen, und zudem sind große Teile des antiken Schrifttums sogar von einer deutlich frauenfeindlichen Haltung geprägt (Pomeroy 1985, XI), dennoch werden solche Mythen kritik- und kommentarlos als historische Wahrheit ausgegeben. Bei LeserInnen, die mit Mythologie nicht vertraut sind, entsteht so zwangsläufig der Eindruck, daß die Mutmaßungen und Konstruktionen, die auf diese vermeintlichen antiken Quellen bauen, historische Fakten seien. Um aber den immer wieder vermuteten wahren Kern der Mythen zu ›beweisen‹ und die Idee der Großen Göttin auf Kreta wissenschaftlich zu erhärten, greift die Matriarchatsforschung u.a. auf archäologische Ausgrabungen und Funde zurück und zieht sie als Belege für die Glaubwürdigkeit der Mythen und der aus ihnen rekonstruierten Weltbilder heran. Diese stummen Zeugen bedürfen natürlich der ›richtigen‹ Interpretation, um die Existenz der Großen Göttin sicherzustellen. So werden beispielsweise Deutungen nichtmatriarchaler Forscher, die zu Ungunsten der Matriarchatsthese ausfallen, ohne gründliche Überprüfung der Quellen emotional als »Fehlinterpretationen infolge kultureller Voreingenommenheit« (Eisler 1987, 75), sprich: als patriarchal durchtränkte Denkstrukturen oder als »Warnsignal[e] männlicher Angst« (Göttner-Abendroth 1988, 102) abgetan.
Für das minoische Kreta gelten vor allem die in Knossos gefundenen Kunstwerke als eindeutige Belege für die Existenz einer »matrizentrischen Hochkultur mit weiblicher Hochgottheit«

(Meier-Seethaler 1988, 171) und einer entsprechend dominanten Stellung von Frauen im sozialen Leben. Diese Kunstgegenstände, so die These, spiegeln die gesellschaftliche Stellung der minoischen Frauen direkt wider. Denn den MatriarchatsforscherInnen zufolge gab es in matriarchalen und/oder vorgeschichtlichen Verhältnissen keine Widersprüche zwischen »Kunst« und »Leben«, zwischen Form und Inhalt (Rentmeister 1985, 71). In erster Linie werden die Freskomalereien, Stuckreliefs und Siegelringe oder deren Abdrücke als Belege für diese Ansicht herangezogen. Frauenstatuetten gelten als Verkörperung der Großen Göttin bzw. deren Priesterinnen. Eingeritzte Doppelaxt-Gravuren und die Wiedergaben von Stierhörnern und -köpfen werden u.a. als Symbole der Göttin und ihres Heros gedeutet. Aus der Darstellung von Frauen in der Kunst schließen die ForscherInnen auf eine rege Teilnahme der Frauen am öffentlichen Leben und auf einen reinen Frauenkult in Kreta, bei dem erst später Männer zugelassen worden sein sollen. Diese hätten sich sogar kastrieren lassen, um der Göttin zu gleichen (Gaube/Pechmann 1986, 130).
Die MatriarchatsforscherInnen berufen sich dabei zumeist auf die Veröffentlichungen von Sir Arthur Evans, die in der ersten Hälfte unseres Jahrhunderts erschienen sind. Evans war der erste Archäologe, der aufgrund der Funde in Knossos matriarchale Strukturen für das minoische Kreta skizzierte und das Bild einer friedlichen, sorgenfreien, wohlhabenden und harmonischen Gesellschaft entwarf – ein Bild, das unseren Blick auf die minoische Kultur bis heute prägt, aber ohne die Kenntnis der Person Evans' und seiner Zeit nicht beurteilt werden kann. Wurde durch Evans eventuell ein neuer, moderner Mythos geschaffen, der vielleicht nicht einmal einen wahren Kern besitzt? Inwieweit sprechen aus seiner Interpretation tatsächlich die archäologischen Fakten und nicht vielmehr der Zeitgeist des 19. und frühen 20. Jahrhunderts?

Evans hatte das Glück, im Jahr 1851 in eine Welt hineingeboren zu werden, die sein Schicksal in mancherlei Hinsicht begünstigte. Als ältestes Kind einer Familie der aufstrebenden englischen Mittelschicht wurde er »in jener ›besten aller Welten‹ groß, der viktorianischen, in der für einen begüterten und gebildeten Engländer nichts unerreichbar schien. Das britische Empire war inzwischen dabei, sich ein grenzenloses Selbstvertrauen zuzulegen« (Horwitz 1983, 10). Während Deutsche und Italiener sich noch mit der Schaffung eines Nationalstaats mühten, war der Patriotismus der Engländer kaum noch zu bremsen. Man befand sich im Zeitalter der Erfindungen und der Industrialisierung, in dem nichts unmöglich schien. Eisenbahnlinien wurden gebaut, Hochdruckdampfmaschinen, drahtlose Telegraphie und elektrisches Licht gaben dem Alltag ein völlig neues Gesicht. Zeit und Entfernungen schrumpften zusammen. Der Herrschaftsbereich der imperialistischen Weltmacht Großbritannien, ohne Rivalen und daher kaum ernsthaft bedroht, erstreckte sich von Kanada über die afrikanischen und westindischen Kolonien und den riesigen Herrschaftsbereich der Ostindischen Handelskompagnie bis nach Australien. In Evans' Geburtsjahr 1851 fand in London die erste Weltausstellung statt, die das Mutterland der industriellen Revolution zu einer unmißverständlichen Demonstration seiner technologischen Überlegenheit nutzte. Nach Jahren der Krise schien nun eine Zeit wirtschaftlicher Prosperität und Stabilität angebrochen, und allgemeiner Fortschrittsglaube und Optimismus erfüllte das aufsteigende, von einer ›Self-help‹-Ideologie geprägte Industriebürgertum. Königin Viktoria saß bei Evans' Geburt bereits seit 14 Jahren auf dem Thron und sollte noch weitere 50 Jahre regieren. Rückblickend scheint sie das einzige Kontinuum in dieser von Umbrüchen geprägten Zeit gewesen zu sein. Ihr untadeliger ›viktorianischer‹ Lebenswandel setzte neue Werte, die nicht nur Evans zeitlebens prägten.

Den Bürgern wurden im öffentlichen wie im privaten Bereich im Verlauf des letzten Jahrhunderts zunehmend strengere Ver-

haltensnormen auferlegt. Insbesondere in den 80er Jahren verschärften sich die gesellschaftlichen Kontrollmechanismen gegenüber abweichendem Verhalten, womit vor allem Prostitution, Homosexualität und andere Formen eines auffälligen Privatlebens gemeint waren. Respektabilität und eine streng moralische Lebensführung dominierten die Werteskala der bürgerlichen Mittelschichten (Thane 1988, 191). Die von Standesdünkel beherrschten oberen Schichten ignorierten weitgehend die chronische Notlage großer Teile der Landbevölkerung und der städtischen Arbeiterschaft. Niedrige Löhne, schlechte Wohnverhältnisse und dramatische Schwankungen in der Beschäftigungslage führten zu Massenelend und schweren sozialen Spannungen.
Die soziale Fürsorge überließ der Staat allein Privatinitiativen, eine staatliche Sozialgesetzgebung zu Altersversorgung, Kranken- und Arbeitslosenversicherung wurde erst um die Jahrhundertwende eingeführt. Der wirtschaftsliberalistischen Haltung der Regierung kam die tiefreligiöse Lebenseinstellung der viktorianischen Geschäftsleute entgegen, die von einem ausgeprägten sozialen Verantwortungsgefühl gekennzeichnet war und dem Bestreben, ein gottgefälliges Dasein in harter Arbeit zu führen. Vor allem die Frauen der unternehmerischen Mittelschicht engagierten sich, geleitet von einem religiös geprägten Arbeitsethos und gesellschaftlichem Verantwortungsbewußtsein, für private Wohltätigkeit und mischten sich damit erstmals bewußt in öffentliche Belange ein. Von diesen Mittelschichtsfrauen ging in der zweiten Hälfte des 19. Jahrhunderts auch die erste englische Frauenbewegung aus, die vehement eine stärkere gesellschaftliche Position und Möglichkeiten öffentlicher Einflußnahme für Frauen forderte (Thane 1988, 197 f.).

Um die Jahrhundertwende endete die allgemeine Fortschrittsgläubigkeit des europäischen Bildungsbürgertums in Krisenbewußtsein und Depression. Die Spannung zwischen den beiden Polen des machtpolitischen Feldes – das imperialistisch und nationalistisch gesinnte Bürgertum auf der einen und die immer mehr verelendende Arbeiterschaft auf der anderen Seite – entwickelte sich allmählich zu einer Zerreißprobe für die Gesellschaft. Der Erste Weltkrieg bahnte sich an. Das Gefühl politischer Machtlosigkeit steigerte sich vor allem bei den Intellektuellen zu fatalistischer Untergangsstimmung. Dekadenzerscheinungen machten sich breit; insbesondere der Alkoholismus nahm zu. In der Kunst fand der ›Untergang des Abendlandes‹ seinen Niederschlag in »Fin-de-siècle«-Symbolik und morbiden Flirts mit Krankheit, Verfall und Tod. Aber auch neue, fiktive Gegenbilder wurden geschaffen: Maler begeisterten sich für künstliche Paradiese, was einerseits in einer bewußten Abkehr von den dunklen Seiten des Lebens als »Impressionismus« zum Ausdruck kam, andererseits in Fluchtversuchen in ein vermeintliches vorindustrielles Paradies mündete, um dort die verlorene Unschuld und Jugend wiederzufinden. Paul Gauguins Exil in der Südsee ist ein bekanntes Beispiel für einen solchen Ausbruch.

Um die Jahrhundertwende entwickelte sich auch eine Stilrichtung, die in Deutschland unter der Bezeichnung »Jugendstil«, in Frankreich als »Art Nouveau« und in England als »Modern Style« bekannt wurde. Die Maler des frühen Jugendstil widmeten sich der Darstellung des Lebens »als ein immerwährendes Amüsement, eine ewige Jugend [...], die man mit Gelächter und Liebeleien verbringt«. Man hatte eine Vorliebe fürs »sportlich Genießerische«, den Hauptteil der Darstellungen »nimmt daher das Pikante ein: Chambre-Separée-Stimmungen, Kußszenen oder kleine Entblößungen zu vorgerückter Stunde, die sich im Grenzgebiet von Frou-Frou und Tingel-Tangel bewegen« (Hamann/Hermand 1973, 246 f.). Auch hier manifestierte sich die Flucht vor den Schattenseiten des Alltags ins Angenehme.

Gesellschaftlich formierte sich unter anderem eine romantische Wertbewegung, die ihre Leitbilder an den alten Hochkulturen der Menschheitsgeschichte orientierte. Mit der Antike wurde besonderer Kult getrieben, da hier der einzelne Mensch noch würdiges Symbol des Vornehmen und Heroischen zu sein schien. Man liebäugelte mit dem Glanz vergangener Herrschaftsformen, um der allgemeinen Vermassung zu entgehen und die eigene Machtposition zu festigen. Bei einem solchermaßen übersteigerten Kulturwillen mußte, trotz mancher idealistischer Elemente, das Reaktionäre und Konservative überwiegen. Auch ein Interesse an vorantiken Epochen, an »mythischen« Zeitaltern wurde wach. Mit Ahnungen und Stimmungen versuchte man nun, intuitiv in die tiefen, verborgenen Schichten des Kulturlebens vorzudringen.

Der bis in die 90er Jahre des letzten Jahrhunderts vorherrschende Fortschrittsglaube spiegelte sich nicht zuletzt auch in den wissenschaftlichen Theorien dieser Zeit, vor allem im Darwinismus. Charles Darwins Annahme einer linearen Evolution begeisterte viele Wissenschaftler in einem solchen Maße, daß sie nun davon überzeugt waren, die biologische Evolution ließe sich auch auf die kulturelle Geschichte der Menschheit übertragen. Die menschliche Geschichte war demnach eine lineare Entwicklung in Stufen. Keine der Stufen konnte von selbst entstanden sein, sondern wuchs oder entwickelte sich stets aus der vorherigen. Jede Kulturstufe hatte eine Phase des Aufstiegs, der Blüte und des Niedergangs. Es ist bemerkenswert, daß diese Hypothesen niemals an archäologischen und ethnologischen Quellen überprüft, sondern als offensichtliche Fakten angesehen wurden.

Viele der damaligen Historiker und Archäologen wie Evans, aber auch Heinrich Schliemann und Johann Jakob Bachofen formulierten mit an der romantischen Geschichtsauffassung des 19. Jahrhunderts. Die Rückwendung in die Vergangenheit wurde populär, und es erwachte ein allgemeines Interesse an Mythen, die nun als ursprüngliche Anschauungs- und Erfahrungsformen von eigenem Wert und eigener Bedeutung eingeschätzt wurden. Eine Trennung von Mythos und Geschichte lehnte man ab und betrachtete den Mythos als der Geschichte vorgängig. Man versuchte, den wahren Kern der Mythen durch archäologische Ausgrabungen zu beweisen. Als Tatsachenberichte von ursprünglichen Lebensformen erhielten sie historischen Erkenntniswert und wurden so zu einer erstrangigen Quelle für die Einsicht in die Frühzeit erhoben (Cesana 1987).

Sir Arthur Evans: Ein Brite auf der Suche nach König Minos

Arthur Evans hatte nie finanzielle Probleme gekannt. Die Zugehörigkeit seiner Familie zum aufstrebenden Bürgertum – der Vater war Papierfabrikant – ermöglichte ihm eine gute Ausbildung und die Aneignung umfangreichen Wissens. Sein Interesse galt der klassischen Literatur – Homers Epen gehörten zur Pflichtlektüre aller Gebildeten –, der Musik, modernen Sprachen und den Naturwissenschaften (Myres 1941, 324). Schon früh gelangte er zur Archäologie. Sein Vater John Evans war selbst ein begeisterter und berühmter Hobbyarchäologe, führte auf eigene Kosten Ausgrabungen in Frankreich durch und verfaßte viele, in der damaligen Zeit maßgebliche Beiträge zur Anthropologie, Geologie und Urgeschichte. Um sich auf die damals nicht unübliche Laufbahn eines Privatgelehrten vorzubereiten, absolvierte Evans ab 1871 in Oxford und später in Göttingen ein Studium der Neuen Geschichte.

Voller Unmut über die Beschränkungen des akademischen Unterrichts, unterbrach er seine Ausbildung durch mehrere ausgedehnte Reisen in die Balkanländer. Während der Balkankrise 1875–78 sammelte er erste ›Medienerfahrungen‹ als Sonderkorrespondent für den *Manchester Guardian.* Seinem politischen Ideal von einer südslawischen unabhängigen Monarchie folgend, setzte er sich für die panslawische Befreiungsbewegung und gegen die türkische, russische und österreichische Vorherrschaft ein – ein Engagement, das er mit einem kurzen Aufenthalt im Gefängnis bezahlen mußte.

Ganze 1,57 m groß, stark kurzsichtig, aber zu eitel, um eine Brille zu tragen, wird Evans uns als ein recht eigenwilliger und auch widersprüchlicher Zeitgenosse geschildert. Seine Halbschwester Joan beschreibt ihn in ihrer Biographie als einerseits verschwenderisch, autoritär, selbstherrlich und egozentrisch, andererseits aber auch als bescheiden, freundlich und uneigennützig. Er konnte offenbar monatelang leben wie ein Einsiedler, der sich für niemanden interessierte, dann wieder als fürstlichster

Gastgeber mit reger Anteilnahme am Schicksal anderer auftreten. Er soll ein emsiger Arbeiter, gleichzeitig aber auch ausgesprochen faul gewesen sein. Stets überzeugt von der Wichtigkeit und Unfehlbarkeit seiner Forschungen, machte er seine Arbeit zum wichtigsten Lebensinhalt. Den viktorianischen Werten blieb er so treu wie seinen Prinzipien; nie wäre er, versichert uns Joan, etwa in kurzen Hosen erschienen.

Nicht zuletzt schildert sie ihn auch als einen Romantiker, einen Träumer und Idealisten auf der Suche nach einer besseren Welt (J. Evans 1943, 350 f.). Über sein Verhältnis zu Frauen erfahren wir wenig. Er war wohl kein Frauenheld, denn die große Liebe seines Lebens soll seine nach 15jähriger Ehe bereits 1893 verstorbene Frau Margaret Freeman gewesen sein. Es wird berichtet, daß Evans nach ihrem Tod nur noch Briefpapier mit schwarzem Trauerrand benutzte (Rehork 1987, 42). Auf Ausgrabungen oder in der *British School of Athens*, einem Forschungsinstitut in Athen, empfand er Frauen eher als Hindernis. Seiner Halbschwester zufolge soll er aber Leistungen von Frauen respektiert und sie genauso ernst genommen haben wie die seiner männlichen Kollegen (J. Evans 1943, 384 f.).

1884 wurde Evans die Stelle des Kurators am heute weltberühmten, damals eher als Raritätenkabinett bekannten *Ashmolean Museum* in Oxford angeboten. Seine erklärte Lieblingsbeschäftigung während seiner 25jährigen Tätigkeit am *Ashmolean* blieb jedoch das Reisen. Fragte man seinen Assistenten nach Evans' derzeitigem Verbleib, erhielt man als Antwort oft nur ein vages: »Der Kurator, Sir, ist irgendwo in Böhmen« (Horwitz 1983, 72).

Was seine archäologischen Forschungen betrifft, legte Arthur Evans offensichtlich keinen Wert auf Theorie um der Theorie willen: In keinem einzigen seiner zahlreichen Bücher oder Aufsätze sind allgemeine theoretische Abhandlungen zu finden. Für abstrakte Argumentationen fehlte ihm wohl die Geduld, er interessierte sich mehr für konkrete archäologische Funde und zog es vor, quer durch Europa zu wandern und auszugraben, was und wo immer er konnte. Aber auch wenn er kein begeisterter

Theoretiker war – ein Ignorant gegenüber den intellektuellen Trends seiner Zeit war er keineswegs. Seine Ideen schöpfte er sehr zeitgemäß aus dem allgemeinen, für das 19. Jahrhundert charakteristischen Wissensfundus der Anthropologen und Evolutionisten (McNeal 1974, 206).

Ob Evans auch Bachofens *Mutterrecht* kannte, wissen wir nicht, jedenfalls wird Bachofen von ihm nicht zitiert. Schon während seiner Tätigkeit als Museumskurator in Oxford hatte er es sich allerdings zur Aufgabe gemacht, die Bestände des Museums nach den Prinzipien des Evolutionismus zu ordnen, also die Funde in eine ›chronologische‹ Abfolge vom Einfachen zum Komplizierten zu bringen. Der damaligen Zeit und seinem wenig theoriefreudigen, romantischen Charakter entsprechend, ignorierte er dabei bewußt etwaige methodische Einschränkungen, die ihm z.B. eine Trennung zwischen Urgeschichte und Völkerkunde oder zwischen Archäologie und historischer Geschichtsschreibung hätte auferlegen können, wie er 1884 in seiner Antrittsvorlesung im Museum ganz selbstverständlich vermerkte (Horwitz 1983, 63 f.).

Ziel jeder archäologischen Arbeit dieser Zeit war es, die Geschichte bis zurück in vorschriftliche Epochen weiterzuschreiben. Wie die gefundenen Gesellschaften funktioniert und gedacht hatten, rekonstruierte man dabei durch Vergleiche mit anderen, besser dokumentierten Gesellschaften, gleichgültig, ob solche Dokumentationen aus historischem oder ethnologischem Kontext stammten. Wichtig war der Prozeß der Einfühlung, wobei man über dem archäologischen Datenmaterial so lange zu meditieren pflegte, bis sich eine Einsicht in die Gedanken früherer Menschen vor dem inneren Auge abzuzeichnen begann, die dann als historische Tatsache niedergeschrieben wurde.

In den 80er Jahren des 19. Jahrhunderts lernte Evans den damals fast doppelt so alten Heinrich Schliemann kennen. Schliemann war ein außerordentlich erfolgreicher deutscher Geschäftsmann, in dem der Ehrgeiz brannte, mit einer Ausgrabung zu beweisen, daß Homer die Wahrheit gesagt hatte. Bei seinen Ausgrabungen in Hissarlik in Nordwest-Anatolien (der Ort, der später unter dem Namen »Troja« weltberühmt werden sollte) und in Mykenai auf dem Peloponnes fand er schließlich zwei bislang unbekannte prähistorische Kulturen. Die Fachwelt geriet in fieberhaften Aufruhr und stellte sofort zwei Fragen: »Wann?« und »Woher?« (Daniel 1982, 150 ff.). Auch Evans war von den Ausgrabungen Schliemanns tief beeindruckt und fing Feuer: Es galt, die Vorläufer der beiden Kulturen zu suchen. In den Sagen und Mythen um Troja fanden sich immer wieder Hinweise auf Kreta, wo der furchtbare Minotaurus in seinem Labyrinth gehaust und der Palast des König Minos gestanden haben soll. Homer ließ seinen Odysseus sagen: »Ihrer Könige Stadt ist Knossos, wo Minos geherrscht hat.« – Damit war klar, wie der spätere Fundort heißen mußte.

Nur wenige Kilometer von der kretischen Hauptstadt Iraklion entfernt hatte der Kaufmann und Hobbyarchäologe Minos Kalokerinos 1878 auf einem flachen Hügel namens Kephala mehrere Ausgrabungen durchgeführt. Er hatte kaum ein paar riesige Vorratsgefäße und einige Mauern ans Tageslicht gebracht, da stand für die gut informierte Archäologenwelt – darunter Schliemann und Evans – bereits fest, daß unter diesem Acker, unter dieser trügerisch harmlosen Erdoberfläche der mythisch-knossische Königspalast liegen mußte.

Auch Schliemann hegte die Absicht, zur schnellen Krönung seines Lebenswerkes den prähistorischen »Palast« von Knossos »mit 100 Arbeitern bequem in einer Woche« (Horwitz 1984, 86) auszugraben. Zwischen Schliemann und Evans entwickelte sich ein Wettlauf, den der Engländer schließlich für sich entschied: Evans kaufte kurzerhand einen Teil des Hügels von Kephala. 1931 schrieb Evans rückblickend und nicht ohne Genugtuung: »Die Aufgabe in dem großen Palast war kompliziert, sie eignete sich wenig für seine [Schliemanns; d. Verf.] summarische Methode« (Horwitz 1984, 86).

Evans sollte schließlich rund 35 seiner 90 Lebensjahre in Knossos verbringen und – äußerst publikationsfreudig, wie er war – etliche weitere mit der Untersuchung und Veröffentlichung seiner Ausgrabungen.

Ausgrabungen und Rekonstruktionen in Knossos

Am 23. März 1900 drang die erste Spitzhacke in den Hügel von Kephala. Wo zuvor nur ein einsamer Esel gegrast hatte, tummelten sich bald Hunderte von Arbeitern beiderlei Geschlechts. Binnen kurzem stand Evans vor einer Unmenge von Material: Keramikscherben und Fayencen, Stein, Metall, eingeritzte Tontafeln, Siegel, Mauern und Pflasterungen und Stücke farbigen Wandbewurfs. Um die verwirrende Vielfalt der Mauerreste zu entflechten, die von den zahlreichen Um- und Neubauten und Erweiterungen des »Palastes« während seines fast 700jährigen Bestehens übriggeblieben waren, beschäftigte Evans als einer der ersten Archäologen Baufachleute, die ihm mit Rat und Tat zur Seite standen.

Schon nach der ersten Grabungskampagne rekonstruierte der Architekt Theodore Fyfe aus den Ruinen einen »Palast«-Plan mit Grundriß, Aufriß und Schaubild. Doch je tiefer Evans' Arbeiter gruben, desto wackliger wurden die Mauern der oberen Etagen, und Evans sah sich gezwungen, die Wände zu stabilisieren. So entstand nach und nach der »Palast des Minos« im wahrsten Sinne des Wortes neu, denn Evans benutzte Stahlträger und Beton zum Wiederaufbau (Evans 1927, 262), Baustoffe, die in Kreta um die Jahrhundertwende noch gänzlich unbekannt waren. Diese schon zu Evans' Lebzeiten höchst umstrittene Teilrekonstruktion des »Palastes« hatte, abgesehen von ihrer offensichtlichen Notwendigkeit im erdbebengefährdeten Kreta, das Ziel, ein verständliches Bild für die Besucher zu schaffen und etwas vom inneren Leben des Palastheiligtums zu konservieren (Hood/Taylor, 4 f.). Evans wollte zeigen, wie Teile des »Palastes« eventuell ausgesehen haben konnten.

Die Ausgrabung und der partielle Wiederaufbau des »Palastes«

von Knossos gingen Hand in Hand. So wurden Teile überdacht, wie der »Thronraumkomplex« und einige der Vorratsmagazine; Abschnitte des »Wohnbereichs« mit dem »Großen Treppenhaus«, die südlichen »Propyläen« und die »Große Schautreppe« wurden restauriert, konserviert oder neu gebaut (Hood/Taylor 1981, 4 ff.). Der heute zu besichtigende »Palast« von Knossos beruht also noch weitgehend auf Evans' Forschungsstand und auf seinem Wunschbild davon, wie der »Palast« ausgesehen haben *könnte*.

Inzwischen sind Archäologen zu der Erkenntnis gekommen, daß beispielsweise der Gebäudekomplex, dessen Herzstück der sogenannte »Thronraum« bildet, in der Bauweise, wie Evans sie rekonstruierte, nur begrenzte Zeit bestanden haben kann: Die Mauern gehören mindestens vier verschiedenen Bauphasen an, die Räume wurden immer wieder umgebaut und renoviert, der steinerne Thron und die Bänke erst in einer zweiten Phase errichtet. Für Evans allerdings war der Thron zweifelsohne der des Herrschers von Knossos, den er zusätzlich mit einer kultischen Rolle als »Priesterkönig« ausstattete. Die Idee einer Dynastie von »Priesterkönigen« äußerte Evans schon früh, und für ihn war der »Thronraumkomplex« nun der Ort, in dem Riten im Zusammenhang mit der Salbung des »Priesterkönigs« durchgeführt worden sein mußten. Ursprung dieses Gedankens war möglicherweise eine Analogie zu den sakralen Königtümern der ägyptischen und altorientalischen Hochkulturen.

Um seinen eigenen Vorstellungen gerecht zu werden, scheute Evans sich auch nicht, urprüngliche Fundstellen zu verlegen: Ein rundes Becken aus Gipsstein, das jetzt den Thronraum ziert, wurde nicht hier, sondern im nördlich anschließenden »Korridor des Steinbeckens« (»Corridor of the Stone Bassin«) gefunden. Heute bieten aktuelle Rekonstruktionen der Baugeschichte des »Thronraumareals« von Knossos, die sich strenger an den ursprünglichen Fundstellen orientieren, neue Anhaltspunkte für seine Funktion und für mögliche Funktionswechsel: Vermutlich hatte der Saal wenig mit irdischer Repräsentation zu tun und diente ausschließlich dem Kult. (Niemeier 1986)

Gleichzeitig mit der Wiederherstellung der Häusermauern und der Räume gab Evans die Restaurierung der bruchstückhaften Überbleibsel von Wandmalereien und Stuckreliefs in Auftrag. Repliken sollten die Räume des »Palastes« schmücken. Evans betraute die beiden Schweizer Jugendstilmaler Emile und Edouard Gilliéron mit der Wiederherstellung der teilweise winzigen Fragmente, die dann puzzleartig wieder zu Fresken zusammengesetzt wurden. Emile Gilliéron, in Athen ansässig, hatte sich auf archäologische Themen spezialisiert und vertrieb Nachbildungen antiker Kunstwerke. Zwar legte Evans Wert auf tragfähige Analogien, was die Hauptzüge der Komposition angeht (Horwitz 1983, 112), und Gilliéron suchte dann auch stets nach Orientierungshilfen, sei es auf dem Bild selbst oder auf ähnlichen Malereien, die man in Knossos fand. Auch vermochte Evans wohl, vielleicht dank seiner starken Kurzsichtigkeit, aus der Nähe selbst mikroskopisch kleine Details auszumachen und so die Abdrücke der Doppellinien jener Fäden zu erkennen, die die minoischen Maler als »Leitlinien« über den frischen Putz gespannt hatten. Dennoch hatten Evans und die Gilliérons weitgehend freie Hand, aus meist wenigen Originalteilen die Malereien ganz nach ihrem eigenen künstlerischen Empfinden zu ergänzen. Dabei wurden gelegentlich auch Teile vermischt, die ursprünglich nicht zusammengehörten, so z.B. bei einem der heute populärsten Werke aus Knossos, dem Stuckrelief des »Prinzen mit der Federkrone« (»Priestking«, Abb. 29), das nach Evans den Priesterkönig, d.h. Minos höchstpersönlich in seiner menschlichen Inkarnation abbildet: Die vielen Stuckfragmente, aus denen der Prinz zusammengesetzt wurde, stammen wahrscheinlich nicht von *einer* Figur, sondern sind aus Bruchstücken verschiedener Figuren angefertigt. Neueren Untersuchungen zufolge gehörte der Unterleib wohl zu einem männlichen, der Kopfputz zu einem weiblichen Körper (Niemeier 1987).

Nach sechs Jahren intensiver Grabungstätigkeit lag ein Großteil des »Palastes« frei, und mit Unterbrechungen gingen die Ausgrabungen noch 21 Jahre lang weiter. Über seine Arbeiten in Knossos schrieb Evans zwischen 1921 und 1934 eine der wohl umfangreichsten Dokumentationen, die je über eine archäologische Ausgrabung angefertigt wurden. Das über 3000 Seiten starke, in vier Bände gegliederte Opus *The Palace of Minos at Knossos*, ein »vergleichender Bericht der aufeinanderfolgenden Stufen der frühen kretischen Zivilisation, erläutert anhand der Entdeckungen in Knossos«, liest sich aber weniger wie ein nüchterner Grabungsbericht, sondern eher wie eine Saga der gesamten minoischen Zivilisation.

Denn die bloße Rekonstruktion der Mauern, Böden, Portiken und Malereien konnte den romantischen Forschergeist in Evans kaum zufriedenstellen. Sichtlich attraktiver erschien es ihm, über die ideellen Grundlagen der minoischen Kultur zu spekulieren. Je weiter die Wiederherstellung des »Palastes« von Knossos gedieh, desto mehr versank Evans in der Beschwörung einer verlorenen Wunderwelt (Bintliff 1984, 35). Auch die in den Fresken (re-)konstruierten Figuren verwandelten sich in seiner Phantasie zusehends in Gestalten aus Fleisch und Blut. So beschrieb er etwa ein Traumbild, das ihm während eines Fieberanfalls erschien und die wiedererrichtete »Große Schautreppe« zum Gegenstand hatte:

> Sie belebt die entfernte Vergangenheit wieder wie kein anderer Teil des Gebäudes. Allerdings vergönnte mir mein Schicksal, ihre sonderbar suggestive Kraft zu erfahren [...]. In warmes Mondlicht getaucht, von der Großen Schautreppe herabblickend, schien der ganze Platz für eine Weile zu Leben und Bewegung zu erwachen. Die Gewalt der Illusion war so stark, als ob der Priesterkönig mit seiner Lilienkrone, eng gegürtete, geschnürte und mit Volants geschmückte Damen, Priester mit langen Umhängen, und, hinter ihnen, ein Gefolge von eleganten, aber muskulösen Jünglingen auf den Stufen umherwandelten – als sei der Pokalträger und seine Gefolgschaft von den Wänden herabgestiegen. (PM III, 301)

Der knossische »Königspalast« bot Evans die Chance, seine eigene schöpferische Phantasie ganz in den Dienst der Minoer zu

29 Die Replik des »Prinzen mit der Federkrone« im »Palast« von Knossos.

stellen und seinem Einfühlungsvermögen in das Denken und Handeln vergangener Epochen freien – aus wissenschaftlicher Sicht unverhältnismäßig freien – Lauf zu lassen. Das Bild, das er sich von der bronzezeitlichen Hochkultur auf Kreta schon vor dem ersten Spatenstich gemacht hatte, ›entdeckte‹ er dann prompt auch in den prähistorischen Überresten. Geheimnisse der Vergangenheit, die die archäologischen Befunde nicht preisgaben, enträtselte er zuversichtlich selbst. Zu seiner großen Befriedigung war das, was er grabend zutage förderte, ganz nach seinem Geschmack: Das Volk der Minoer, das er glaubte gefunden zu haben, hatte schließlich im schönsten mediterranen Ambiente gelebt und sich offenbar von Blumen, Vögeln und anderen Kreaturen, die Evans liebte, künstlerisch inspirieren lassen. Für diesen einfallsreichen Forscher, der, wie wir gesehen haben, weder ein großer Theoretiker war noch methodische Einschränkungen akzeptierte, öffnete sich eine neue Welt, die um vieles erfreulicher schien als die Gegenwart des gerade begonnenen 20. Jahrhunderts. Statt wie Gauguin in die Südsee flüchtete Evans in ›sein‹ minoisches Kreta. Aus Szenen mit Menschen und Tieren unter Blumen und Bergen bastelte er sich seine Vision von einem idyllischen Leben inmitten von Natur – eine Vorstellung, die für einen Europäer kurz nach dem Ersten Weltkrieg äußerst attraktiv gewesen sein muß. So schuf er mit Hilfe seiner Vorstellungskraft ein Bild

> der minoischen Kultur als einer wunderbaren Welt des friedlichen Wohlstandes und einer harmonischen Gesellschaft, an deren Spitze über einer wohlwollenden Aristokratie ein ›Priesterkönig‹ stand und das als Gegenbild der generellen politischen, sozialen und emotionalen Angst des frühen 20. Jahrhunderts angesehen werden muß (Niemeier 1987, 89).

In seinen Publikationen entwickelte Evans ein ausgesprochen liebevolles Verhältnis zu seinen Funden und Befunden. Die auf Ausgrabungen übliche schlichte Numerierung der Funde schien ihm zu nüchtern, er zog statt dessen eine griffigere und einprägsamere Benennung der verschiedenen Bauabschnitte vor. Nicht zuletzt durch diese bereits in ihren Namen enthaltene Zweckbestimmung der Räume entstand ›seine‹ Geschichte der minoischen Kultur und wohl auch eine an Identifikation grenzende Vertrautheit mit den archäologischen Resten, die über das übliche Maß wissenschaftlicher Interpretation weit hinausging – denn natürlich waren die vorgefundenen Ruinen und Relikte in Knossos von den Bewohnern nicht mit Etiketten oder Namensschildern zurückgelassen worden. Viele der Funktionen, die Evans den Räumen zuordnete, entsprangen ausschließlich seiner Phantasie, sind also reine Vermutungen.

Vor diesem Hintergrund verwundert es kaum, daß Evans in Knossos schnell eine Königin und einen König ›fand‹, denn erstens war er sich ja sicher, gerade den sagenhaften Palast des König Minos auszugraben – und Könige und Königinnen wohnen üblicherweise in einem Palast. Zum anderen favorisierte der viktorianisch geprägte Evans royalistische Staatsformen, wie er schon mit seinem Einsatz auf dem Balkan bewiesen hatte.

Bereits 1900, im ersten Grabungsjahr also, fand er in der von ihm als »Thronraum« bezeichneten Halle einen steinernen Stuhl und identifizierte ihn ohne Zögern als Thron des »Priesterkönigs« Minos. Von diesem Steinsitz ließ er eine hölzerne Kopie anfertigen, die er dem »Vizeregenten« zugedachte und bei den Restaurationsarbeiten frei ergänzte (Niemeier 1986, 65). Der dritte heute im »Thronraum« befindliche, etwas breitere, aber niedrigere Stuhl schließlich schien Evans für Frauen geradezu prädestiniert, was er damit begründete, daß Frauen auf Siegeln und Wandmalereien oft kauernd gezeigt wurden und daher niedrigere Sitze für sie wohl komfortabler gewesen seien. Im hintersten Bereich des »Thronraum«-Areals stießen die Arbeiter auf schwerer zugängliche Räumlichkeiten, die Evans für »Diensträume« (»Service Section«) mit rein praktischer Funktion hielt. Auch hier war die Höhe der gefundenen »Möbel« ausschlaggebend für seine kühne Behauptung, diese Räume seien vor allem von Frauen benutzt worden. Einen dieser Räume erklärte er gar zur »Küche« (PM IV, 924 ff.), ohne dort allerdings Rußspuren oder sonstige Hinweise auf Kochaktivitäten gefunden zu haben.

Besonders bezeichnend für Evans' Bild von bronzezeitlichen Kreterinnen ist seine Interpretation eines Teils des »Wohnviertels« als »Megaron der Königin« und »Megaron des Königs«: Der Bauplan dieses »Palast«-Bezirks zeigt einen kleinen und einen größeren Raum, die durch einen geknickten Gang – den sogenannten »Hundebein-Korridor« – miteinander verbunden sind. Dem »Megaron der Königin« attestierte Evans nun einen ausgesprochen femininen Charakter, was nichts anderes hieß, als daß dieser Raum kleiner war als das »Megaron des Königs«. Die gefundenen Holzreste ergaben nach der Restauration Bänke mit einer Sitzhöhe von lediglich 38 cm. Evans war daher überzeugt, daß sie »am besten zu weiblichen Bewohnern passen würden«. Auch die Reste der Wandzierden strahlten für ihn femininen Charme aus: Er identifizierte ein Stuckfragment als »tanzende Frau« mit bestickter Jacke, Faltenrock und fliegendem Zopf, weitere als Delphine mit orangefarbenen Flanken und cremeweißen Bäuchen, die ihm offenbar ebenfalls zum Weiblichen an sich zu passen schienen (inzwischen vermuten Archäologen, daß die Fresken keineswegs aus dem »königlichen« Gemach stammen, sondern schlicht aus einem Raum über dem »Megaron« heruntergefallen sind. – Niemeier 1987, 88). Nach der Restauration dieses Raumes mit Fresken und Stuckornamenten, Kissen in leuchtenden Farben auf den hölzernen Bänken und großen Ständerlampen »war der Raum geradezu ideal, um sich zu unterhalten« – was Evans für eine typisch weibliche Betätigung hielt (Evans, zit. n. Horwitz 1983, 140). Den Bedürfnissen einer »Königin« entsprechend wurden die um das »Megaron der Königin« angeordneten kleineren Räume zum »Boudoir«, »Ankleidezimmer« und zum »Badezimmer« nebst »Toilettenraum« erklärt. Die das »Badezimmer der Königin« zierende »Badewanne« schleppte man bei den Restaurationsarbeiten eigens aus einem benachbarten Raum heran (Evans 1901/02, 54), um dem »Badezimmer« die passende Badeatmosphäre zu verleihen. Für die Bestimmung dieses tönernen, abflußlosen Kastens als »Badewanne« gab es keinerlei Anhaltspunkte. Allerdings war in Großbritannien im Zuge eines neuen Hygienebewußtseins gerade die Einrichtung von Badezimmerinstallationen mit Badewanne und Spülklosett aufgekommen. Wen wundert's, daß Evans, der »fand, was er kannte«, neben dem Raum mit der »königlichen Badewanne« in Knossos auch gleich auf eine »Toilette« mit Wasserspülung stieß (Rehork 1987, 36 f.).

Wenn er Räume Frauen zuordnete, argumentierte er auch häufig mit der erschwerten Zugänglichkeit dieser Gemächer. Mit der Lage des »Megarons der Königin«, das durch den geknickten Gang wohl nur mühsam zu erreichen war, konnte er zeigen, daß die minoischen Frauen ihre Unabhängigkeit mit viktorianischer Sittsamkeit zu verbinden gewußt hatten: Er vermutete eine »partielle und geregelte Distanzierung der Geschlechter«, ein »orientalisches Haremsleben« mit vollkommener Abgeschiedenheit der Frauen vom öffentlichen Leben konnte oder wollte er sich nicht vorstellen (PM III, 296; 59). Damit gestand er den bronzezeitlichen Frauen genau jenen – begrenzten – Zugang zur öffentlichen Sphäre zu, wie er seinen Zeitgenossinnen in Europa offenstand.

Die Göttin

Für Evans stand eine strenge räumliche Trennung der Geschlechter also von vornherein fest. Diese unverrückbare Tatsache entnahm er zum einen den griechischen Mythen, in denen separate Quartiere für Frauen beschrieben wurden (PM III, 350), zum anderen den in Knossos gefundenen Wandmalereien, die Emile und Edouard Gilliéron restauriert und ergänzt hatten.
Insbesondere zwei nur etwa hundert Zentimeter hohe soge-

nannte Miniaturfresken, der »Tanz im Ölbaumhain« (Abb. 30) und das »Tempelfresko« (Abb. 31), waren für ihn ausschlaggebend. Sie wurden in einem kleinen Raum im Nordflügel des »Palastes« gefunden, den Evans als »Heiligtum« identifizierte – folglich mußten die beiden Fresken rituelle Motive und religiös bedingte Verhältnisse zwischen den Geschlechtern wiedergeben. Beide Bilder lassen eine größere Menschenansammlung erkennen, Frauen wie Männer, die wohl einer wie auch immer gearteten Veranstaltung beiwohnen bzw. dieselbe leiten. Im Vordergrund befinden sich kleine Gruppen mit mehreren detailliert gemalten Frauen – für Evans erkennbar an ihrer Kleidung und weißen Hautfarbe (PM II, 50) –, im Hintergrund ist eine größere Menschenmenge dargestellt. Hier sind einige sich offenbar miteinander unterhaltende Frauen, ebenfalls deutlich ausgeführt, in der ersten Reihe zu sehen, die übrige Menschenmenge ist eher skizzenhaft wiedergegeben, aber auch hier stehen Frauen und Männer streng getrennt. Nach Evans schenken allerdings die Da-

30 Fresko: »Der Tanz im Ölbaumhain«. Rekonstruktion nach A. Evans, 1930.

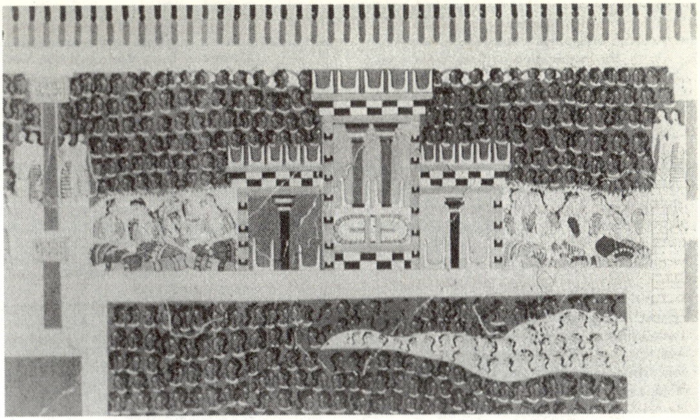

31 Das »Tempelfresko«. Rekonstruktion nach A. Evans, 1930.

men in der ersten Reihe der Vorstellung wenig Aufmerksamkeit, da sie sich aufgeregt über zutiefst weibliche Themen unterhalten: Schnickschnack und gesellschaftliche Skandale (PM III, 46–106).

Daß Frauen in der ersten Reihe saßen oder standen und stets räumlich von Männern getrennt erschienen, war für Evans ein präziser Indikator für eine hohe soziale Stellung der Frauen in der minoischen Gesellschaft, obwohl Männer durchweg zahlreicher wiedergegeben sind. Er ließ die Frage offen, wo der Rest der minoischen Frauen zu finden war – denn ohne Zweifel repräsentieren die auf den Fresken dargestellten Damen nicht die gesamte minoische Frauenwelt. Sind mehr Männer auf den Abbildungen zu sehen, weil nur Priesterinnen und »Palast«-Bewohnerinnen zu den Veranstaltungen zugelassen wurden? Oder waren Männer auch tatsächlich zahlreicher, weil man Töchter nach der Geburt tötete (Pomeroy 1984, 351)? Für Evans jedenfalls war das Sitzen oder Stehen in der ersten Reihe Anlaß genug, eine »matriarchale Stufe der Gesellschaft« und eine »feminine Vormachtstellung« zu vermuten, »wie sie andererseits auch von der Dominanz einer weiblichen Göttin gekennzeichnet ist« (PM III, 57; 59; 227).

Die Existenz dieser Großen Göttin führte Evans hauptsächlich

32 Die »Schlangengöttin« (links) und die »Priesterin«. Rekonstruktion nach A. Evans, 1921.

auf Siegeldarstellungen zurück. Danach konnte die Göttin in unterschiedlicher Form erscheinen, als Göttin mit Tauben, Herrin des Meeres oder als Schlangengöttin. Als Arbeitshypothese nahm er an, daß die verschiedenen Aspekte – ob himmlisch, irdisch oder unterirdisch – keine unterschiedlichen Gottheiten, sondern eine Göttin in bestimmten physischen oder lokalen Perspektiven darstellten. Zu Symbolen dieser Göttin erklärte er u.a. die Doppelaxt, die er als »heilige Waffe« ansah (PM IV, 212), oder Tiere wie Löwen, Wildziegen und Hirsche. Er begründete seine Annahme, es habe nur eine einzige Göttin gegeben, mit einem Vergleich: Auch die babylonische Astarte hatte schließlich eine Vielzahl von Symbolen besessen (PM III, 457).
Die Existenz einer Schlangengöttin ließ sich lediglich aus zwei Fundstücken ableiten (Abb. 32): Zwei – ohne Zweifel – Frauen darstellende Fayence-Figuren wurden zusammen in einer Gru-

be bei den Vorratsmagazinen im Westtrakt des knossischen »Palastes« gefunden. Allein aufgrund ihrer Größe ernannte Evans die größere der beiden Statuetten zum Abbild einer Schlangengöttin, die kleinere zu ihrer Priesterin. Beide Frauen sind barbusig mit »Brüsten von matronenhafter Größe« (PM I, 500), kurzen Jäckchen und langen Röcken, auf dem Kopf eine Art Tiara tragend. Um ihre Körper oder in ihren Händen winden sich Schlangen. Evans vermerkte, daß beide Skulpturen stark ergänzt und restauriert wurden. Die kleinere, bis zum Nacken nur 20 cm messende Figur komplettierte man aus einem Torso, einem rechten Arm und den unteren Volants eines Rockes, der Kopf wurde ganz neu hinzugefügt (1902/03, 78), die Krone aus verschiedenen Teilen zusammengestückelt. In seiner Abhandlung über die Verehrung der Göttin verwies Evans auf ähnliche Figuren, die in Museen in Boston und Toronto vorhanden waren. Unglücklicherweise war aber von keiner dieser Figuren die Fundstelle bekannt, vage nur konnten die Museumsleute Kreta als Herkunftsort angeben (Pomeroy 1984, 350).
Ebenfalls auf Siegeln (Abb. 33) entdeckte Evans auch den männlichen Begleiter der Göttin in Form eines jungen Kriegers, den er

33 Die »Göttin« mit ihrem »Heros«. Rekonstruktion eines Siegelabdrucks aus Knossos (seitenverkehrt).

als minoisches Äquivalent des Adonis beschrieb (PM I, 162), den schönen Jüngling aus späteren griechischen Sagen. Eigentlich, schrieb Evans, hätte ein männlicher Begleiter der Göttin auf der matriarchalen Stufe der Gesellschaft nichts zu suchen, weil »Vaterschaft bei Matrilinearität unbekannt oder nicht wichtig war«. Aber, so argumentierte er, weil (allerdings später entstandene) literarische Quellen und Münzen aus Kreta die Erziehung eines Kindes der griechischen Göttin Rhea durch Ziegen beschrieben und weil solche Geschichten universell seien und in »unseren Tagen wieder aufgenommen werden«, könnten die Figuren auf den knossischen Siegelabdrücken ebenfalls als Darstellungen eines männlichen Kindgottes interpretiert werden (PM III, 466f.). Die Große Göttin erschien also auch als Muttergöttin – als »mater dolorosa des Altertums« (PM I, 161), wie Evans sie u.a. nannte.

Bezeichnenderweise bezog er die angeblich dominante gesellschaftliche Stellung der minoischen Frauen nicht auf den politischen Bereich, sondern überließ ihnen die unverfängliche religiöse und häusliche Sphäre. Trotz der Präsenz einer Göttin war die Königin ihrem König untergeordnet. Die Person des Priesterkönigs Minos auf dem knossischen Thron war für Evans unantastbar, aber immerhin hatte der Priesterkönig die Funktion, die Muttergöttin auf Erden zu repräsentieren (PM II, 779).

Nicht immer war es so einfach, die Funde aus Knossos einzuordnen. Auf der Suche nach einer Erklärung stellte Evans sie der überlieferten Mythologie gegenüber. Zunächst vielleicht nur als Illustration gedacht, bildete dieser mythologische Horizont bald den Hintergrund für vorschnelle Analogieschlüsse, auf denen er seine Arbeitshypothese errichtete. So ist z.B. die Annahme der *einen* Göttin keineswegs stichhaltig; theoretisch wäre es mindestens ebenso plausibel, anhand der vielen, vermutlich göttliche Figuren darstellenden Objekte aus Knossos die Existenz einer Vielzahl von Göttinnen zu postulieren.

Kam Evans direkt auf gesellschaftliche Strukturen zu sprechen, beschrieb er den sozialen Status der minoischen Frauen immer als hoch. Dem von ihm selbst geschaffenen, verzwickten Widerspruch zwischen kleinen räumlichen Dimensionen für Frauen bei gleichzeitig hohem sozialem Prestige entzog er sich geschickt, indem er es vermied, die Frage der Geschlechterdifferenz, wie sie z.B. die unterschiedlichen Thronhöhen oder Raumgrößen nahelegten, überhaupt zu diskutieren. Auch definierte er nie den Begriff »Matriarchat«, obwohl er ihn gelegentlich benutzte, und verwechselte den Terminus häufig mit dem der »Matrilinearität«. Offensichtlich war Evans hier nicht auf dem neuesten völkerkundlichen Forschungsstand, denn in Oxford war die unterschiedliche Bedeutung dieser Termini durchaus längst bekannt (Pomeroy 1984, 348 ff.).
Eine dominante Stellung räumte er den Frauen in erster Linie in religiösen Angelegenheiten ein, die politische Macht gehörte für ihn in die Hände von Männern. In seinem Ausgrabungsbericht von 1900 schrieb er, die führende Rolle von Göttinnen und Priesterinnen in den Kultszenen hätte vielleicht etwas mit dem langen Überleben von matriarchalen Systemen im religiösen Bereich zu tun. Eine matriarchale Religion schien also nur ein Überbleibsel früherer mutterrechtlicher Gesellschaftsordnungen zu sein und wurde – in bester evolutionistischer Denktradition – von Evans als entwicklungsgeschichtliches Rudiment dargestellt, das mit der Zeit zwangsläufig verkümmerte und bedeutungslos wurde.
Unterschwellig kommt also auch in den Werken des Matriarchatsfreundes Evans ein Frauenbild – nicht nur die minoischen Frauen betreffend – zum Ausdruck, das Frauen alles andere als hochrangig und eigenständig erscheinen läßt und immer wieder vor allem die Gesellschaftsordnung und die kollektiven Träume des frühen 20. Jahrhunderts spiegelt.
So schrieb er beispielsweise über die äußerliche Erscheinung der Frauen auf dem von Gilliéron rekonstruierten und ergänzten »Tempelfresko«:

34 Das »Klappstuhlfresko« aus dem »Palast« von Knossos. Rekonstruktion nach N. Platon. Obere Reihe, dritte von links: Die »Pariserin«.

Für einen Moment erkennen wir die [...] Damen in vollendeter Toilette. Sie sind frisch vom Coiffeur mit frisiertem Haar, welches über Kopf und Schultern lockt [...] und mit Perlen- und Juwelenketten umflochten ist [...]. Puffärmel, (die Taille) eng zusammenschnürende Gürtel und Röcke mit Volants erinnern an die heutige Mode [...]. Ein schmales Band erscheint über der Brust, das eine durchscheinende Bluse andeutet, aber die Brustwarzen, die darunter sichtbar sind [...], weisen auf ein tief ausgeschnittenes Dekolleté hin (PM III, 49).

Inwieweit die Ambitionen der Gilliérons, als Jugendstilmaler ein »immerwährendes Amusement« darzustellen, in die Rekonstruktionen der knossischen Malereien einflossen, kann heute nicht mehr festgestellt werden. Aber unter den Sujets der Jugendstilmalerei findet sich auch die Beschreibung jenes »impressionistisch-pikanten« Frauentyps in der eleganten Gesellschaftstoilette des ausgehenden 19. Jahrhunderts wieder, der damals die Mode bestimmte. Besonders liebte ›mann‹ an Frauen das Langgliedrige und Schmächtige, den sogenannten »Sylphidentyp«, für

den sogar ein spezielles Korsett angepriesen wurde (Hamann/Hermand 1973, 156; 249). Schon ein französischer Fachkollege von Evans entdeckte die Ähnlichkeit minoischer Frauen mit den modernen Luxusgeschöpfen: Die auf einer weiteren Malerei, dem »Klappstuhlfresko« (»Camp Stool Fresco«, Abb. 34), dargestellte weibliche Figur, die bei den Vorratsmagazinen an der Westfassade gefunden wurde, strahlte offenbar soviel Eleganz und kultivierte Erotik aus, daß der Franzose sie als »Die Pariserin« titulierte. Evans akzeptierte diesen Namen und fügte hinzu, daß die sitzende Dame wohl einen gewissen Erfolg in der modernen Welt gehabt hätte (PM IV, 381 ff.).
Auch wenn er die Bezeichnung »Pariserin« für das knossische Fresko selbst wohl nicht ganz ernst nahm, lieh er sich doch gern das gängige Klischee der attraktiven und eleganten Pariserinnen des ausgehenden 19. Jahrhunderts. Ebenso gern ließ er sich auch über die eigentliche Hauptaufgabe von Frauen aus: Schön hatten sie zu sein, und ihre typischen Beschäftigungen bestanden hauptsächlich in Müßiggang, Tratsch und Klatsch. Durch solche und ähnliche entlarvende Bemerkungen reduzierte auch der Matriarchatsschwärmer Evans Frauen zu dekorativen Anhängseln »wichtiger« Männer. Evans forschte mit den Methoden seiner Zeit: Mit seinem Instrumentarium aus bloßem Augenschein und romantischer Intuition folgte er so dem damals gängigen Matriarchatsmodell, das wohl eher als Ideologie zur Legitimation der Männerherrschaft angesehen werden muß. Um die Mythen der Antike und die wissenschaftlichen Theorien des späten 19. Jahrhunderts zu beweisen, schuf er schließlich einen neuen Mythos.

Moderne Mythen

Einige ArchäologInnen und auch Laien benutzten später Evans' Interpretationen und Restaurationen, um das matriarchale Modell zu untermauern. Doch ohne die Kenntnis der materiellen Überreste in Knossos führt dies notwendigerweise zu einem Zirkelschluß. Nichtsdestotrotz entwickelte der von Evans geschaffene Mythos schnell eine Eigendynamik und wurde nicht nur von der Archäologie, sondern auch von einem beeindruckten Laienpublikum mit großem Interesse aufgenommen. So äußerte etwa der amerikanische Schriftsteller Henry Miller nach einem Besuch in Knossos:

> Ich war nicht imstande, mir ein Urteil zu bilden, ich nahm das Geschaffene als eine Tatsache hin. Wie auch immer Knossos in der Vergangenheit ausgesehen haben mag, wie es auch immer in der Zukunft aussehen mag, das hier, was Evans geschaffen hat, ist das einzige, was ich je kennen werde. (Miller um 1958, 115)

Erst in letzter Zeit wurde von archäologischer Seite versucht, das von Evans entworfene Bild zu revidieren und plausibler erscheinende Modelle der minoischen Sozialstruktur auf der Grundlage der archäologischen Befunde zu entwerfen. Ob auf dem knossischen Thron, falls es denn überhaupt einen Thron gab, ein Herrscher oder eine Herrscherin saß, ob es eine Zentralgewalt gab und ab welcher Zeit, beschäftigt bis heute die kretaforschende Nachwelt. Sicher ist, daß die minoische Bevölkerung keine akephale Gesellschaft war, sondern institutionalisierte Herrschaftsstrukturen aufwies. Das komplizierte Wirtschaftssystem mit seiner zentralen Umverteilung der Waren, der Bau der riesigen »Paläste« und die weitreichenden Handelsaktivitäten erforderten eine Organisation, die nicht auf egalitärer Ebene durchgeführt worden sein konnte, sondern sicherlich eine starke Hierarchisierung und Aufgabenverteilung innerhalb der Gesellschaft zur Grundlage hatte. Wie intensiv jedoch diese Gesellschaft stratifiziert war, ob von regelrechten sozialen Ständen oder Klassen gesprochen werden kann, gibt das archäologische Fundgut bislang nicht preis.

Hinweise zur Klärung der sozialen Frage können vielleicht die Hinterlassenschaften der minoischen Künstler liefern. Die Sinnzuweisung derartiger Hinterlassenschaften ist allerdings schwierig, weil mehrere Übersetzungsebenen überschritten werden

müssen. Hier liefert die von Cillie Rentmeister (1985) aufgestellte Behauptung, in matriarchalen und/oder vorgeschichtlichen Kulturen gebe es keinen Widerspruch zwischen Kunst und Leben, Form und Inhalt, wiederum ein gutes Beispiel für die Annahme einer sehr eingeschränkten Wahrnehmungsfähigkeit des urgeschichtlichen Menschen wie auch für die subjektive Betrachtungsweise heutiger Interpreten. Wie schon Arthur Evans' Interpretationen gezeigt haben, sind Auslegungen prähistorischer Kunstäußerungen stärker durch die jeweilige Bildung des Betrachters bedingt, als gewöhnlich angenommen wird: »Was ich nicht weiß, macht mich nicht heiß« gilt auch hier. Über jeden Zweifel erhaben bleibt nur die eigentlich selbstverständliche Feststellung, daß kein Kunstwerk der Vergangenheit für Menschen des 20. Jahrhunderts angefertigt wurde.
Im Gegensatz zur ägyptischen und altorientalischen Kunst fehlen in Kreta HerrscherInnendarstellungen, die die Verbundenheit der jeweiligen Machthaber mit den Göttern zeigen sollen und häufig die Kriegstaten der jeweiligen Dynastie verherrlichen (Niemeier 1986, 73). Es gibt auch keinen Hinweis auf einen Herrscher oder eine Herrscherin als Auftraggeber dieser Bilder. Die Bildkunst diente also nicht Propagandazwecken, sondern favorisierte wohl Ritual und Kult, denen anscheinend ein hoher Stellenwert zukam (Niemeier 1990, 54). Ob aber eine Stratifizierung der Gesellschaft auf der Kategorie des Geschlechts oder der Religion, auf Berufen oder dem Alter beruhte, ist bislang Gegenstand reiner Spekulation. Die inhaltliche Vielfalt der Bildszenen, die in Knossos gefunden wurden, ist begrenzt. Sie zeigen fast immer gesellschaftliche Anlässe und damit nur einen Teil des minoischen Lebens, Darstellungen von Arbeitstätigkeiten sind rar. Sicherlich hatten die Frauen, die nicht in den »Palästen« wohnten, eine andere soziale Stellung und Rolle in der Gesellschaft als die »Palast«-Bewohnerinnen. Fresken anderer Fundorte der minoischen Kultur (Tylissos, Kea, Akrotiri) zeigen ein alltäglicheres Bild des Lebens: Hier sind Wasserträger, Hirten, Fischer, Ruderer oder Seemänner dargestellt (Immerwahr 1983, 149).

Auf die Fragen, ob das bronzezeitliche Kreta ein theokratisches Gebilde war und weltliche und religiöse Macht in einer Hand lagen, also bei PriesterkönigIn oder GottkönigIn wie in Ägypten, liefern die künstlerischen Zeugnisse keine Antwort. Im allgemeinen wird die Existenz einer Göttin von ArchäologInnen nicht bestritten. Aber war sie die einzige Gottheit? Kam ihr der gleiche Stellenwert zu wie der allmächtigen Gottheit einer monotheistischen Religion? Zieht man zu den in Knossos gefundenen Fresken noch die anderer, der minoischen Kultur zugeschriebenen Fundorte hinzu, so wird schnell deutlich, daß offenbar sowohl Frauen als auch Männer kultische Handlungen ausführten. Die in Knossos gefundene Malerei »Tanz im Ölbaumhain« und eine weitere Malerei aus Thera zeigen ohne Zweifel Frauen als Protagonistinnen; die Szenen auf einem bei Hagia Triada gefundenen Sarkophag und ein ebenfalls in Knossos gefundenes, allerdings stark fragmentiertes Fresko (»Sänften-Fresko«) lassen Männer als Handlungsträger erkennen. Auf Vasen oder Siegeln sind ebenfalls mal Frauen, mal Männer bei kultischen Handlungen dargestellt – wobei die Interpretation von Siegeln leider eine sehr spekulative Angelegenheit ist: Bei sehr komplexen Siegeln sind viele, höchst unterschiedliche Deutungen keine Seltenheit. Auf allen Abbildungen erscheinen die Geschlechter räumlich getrennt, was für eine starke kultische Rollendifferenzierung spricht, die vielleicht auch im Alltag ihre Entsprechung hatte. Da aber offenbar ›weibliche‹ und ›männliche‹ Rituale gleich häufig erscheinen, ist die Dominanz des einen oder anderen Geschlechts weiterhin fraglich (Marinatos 1987).

Der Kult hatte wohl auch soziale Funktion und wurde in öffentlichen Zeremonien, die Männern und Frauen zugänglich waren, auf öffentlichen Plätzen durchgeführt: in Stadtheiligtümern, auf Kultplätzen unter freiem Himmel, auf Berggipfeln und in Höhlen (Gesell 1983, 98). Ob die gesamte Gesellschaft zu diesen Handlungen zugelassen war oder nur ein bestimmter Teil, weiß man nicht. Auch die Rolle der Doppeläxte und der Stierhörner und Stierköpfe ist noch ungeklärt. Man mißt ihnen zwar eine besondere, im rituellen Bereich anzusiedelnde Bedeutung bei, aber wir wissen nicht, welchen Gehalt diese Symbole für die Minoer hatten. Letztendlich können wir über die Riten der minoischen Kultur nur Vermutungen anstellen.

Viele Fragen, die die minoische Sozialstruktur und die Geschlechterfrage betreffen, sind also nach wie vor offen. Vielleicht liefern uns die schriftlichen Aufzeichnungen der kretischen Palastzeit eines Tages die nötigen Informationen, und vielleicht wäre es ein Zeichen wissenschaftlicher Redlichkeit, auf die Entzifferung von »Linear A« zu warten, bevor weiter Spekulationen über Frauen und Göttinnen in minoischen Tagen als vermeintlich gesicherte historische Wahrheiten ausgegeben werden.

Das methodische Vorgehen heutiger MatriarchatstheoretikerInnen zeigt jedenfalls, wie wir gesehen haben, eine erstaunliche Verwandtschaft mit den Methoden des viktorianischen Archäologen Evans: Erstens werden Mythen zu historischen Tatsachen erklärt, ohne auch nur einen Gedanken an deren unterschiedlichen geographischen und zeitlichen Kontext zu verschwenden. Zweitens wird – oft stillschweigend – vorausgesetzt, daß die Menschheitsgeschichte nach evolutionistischen Prinzipien in einer stufenweisen, linearen Abfolge erfolgt sei. Drittens werden Funde und Befunde vorzugsweise in einem Prozeß intuitiver Einfühlung interpretiert – eine Überprüfbarkeit der aufgestellten Hypothesen wird damit unmöglich. Wie schon Evans, bedienen sich die MatriarchatsforscherInnen archäologischer Funde, um ein sichtbar vom Zeitgeist inspiriertes Konstrukt zu einer historischen Realität zu machen. Ein Matriarchatskonzept, das so auffallend modernistische Züge trägt, ist als historische Tatsache nicht glaubwürdig, und auch die Geschlechterfrage läßt sich auf der Grundlage von Evans' Interpretationen und seiner Ideenwelt viktorianischer Provenienz nicht lösen, will man nicht blind an eine veraltete archäologische Datengrundlage und den durch eine männliche Perspektive dominierten Forschergeist des ausgehenden letzten Jahrhunderts anknüpfen.

Die Bildung eigener fundierter Standpunkte allerdings erfordert ein weitaus höheres Maß an ›Einfühlungsvermögen‹ in das archäologische Datenmaterial als die simple Umkehrung der eigenen Gegenwart.

8

Vom rituellen Männermord zum Patriarchat der Fleischfresser: Arbeitsweisen und Ergebnisse der Matriarchatsforschung unter der Lupe

Unser Rundgang durch die Urgeschichte, der mit der »Venus von Willendorf« begann und im »Palast« von Knossos endete, hat wohl hinreichend deutlich gemacht, daß wirkliche Beweise für die Existenz eines urgeschichtlichen Matriarchats noch ausstehen. Zu viele offene Fragen standen am Schluß jedes Kapitels: So blieb ungeklärt, ob die jungsteinzeitlichen Bewohner von Çatal Hüyük wirklich jene idyllische Bauerngesellschaft darstellten, der es mit Hilfe der Großen Mutter endlich gelungen war, die Natur für ihre Zwecke zu nutzen, oder nicht vielmehr eine Ansammlung siecher Hungerleider. Auch bei der »Venus von Willendorf« und ihren Kolleginnen blieben handfeste Zweifel angebracht, denn möglicherweise waren die altsteinzeitlichen Statuetten keine Abbilder der damaligen Wirklichkeit oder gar Göttinnen, sondern lediglich profan-pornographische Massenartikel.

Die Matriarchatsforschung allerdings plagt sich, wie wir gesehen haben, nicht mit solchen und anderen Skrupeln wissenschaftlich-patriarchal verbildeter Menschen. Sie befreit sich kurzerhand vom »vorgeschriebenen Denken im methodischen Korsett« (Göttner-Abendroth 1981, 59) – was den praktischen Vorteil hat, daß sich auf diese Weise bequem jegliche Kritik von wissenschaftlicher Seite abschmettern läßt.

Ihre Ergebnisse und Arbeitsweisen scheinen vor allem für Laien, die mit archäologischen Problemen, Methoden und Zielsetzungen wenig vertraut sind, verlockend eingängig und umfassend zu sein: Wo sonst erhalten wir auch auf die Frage nach der Vergangenheit ein so eindeutiges »So-und-nicht-anders-ist-es-gewesen« zur Antwort?

Die Einwände von archäologischer Seite gegen einen solchen ›Forschungs‹-Stil sind, auch das wurde anhand der einzelnen Beispiele deutlich, allerdings zahlreich:

Zur Stützung der Matriarchatsthese ziehen die ForscherInnen mit Vorliebe gerade jene archäologischen Quellen heran, die am schwersten zu deuten sind: Kunstobjekte. Die Kunst liefere, so die gängige Argumentation, nicht nur ein authentisches Porträt der damaligen Menschen, sondern spiegele auch eine Alltags- und Gesellschaftsstruktur wider, die durch den Glauben an die eine Große Göttin bestimmt gewesen sei. Damit gibt die Matriarchatsforschung vor, die ideelle und spirituelle Welt der damaligen Menschen zu kennen – obwohl die archäologischen Funde und Befunde vor allem Informationen zur Alltagsgeschichte liefern. Andere Funde, die für das urgeschichtliche Leben weitaus aufschlußreicher sind als die Kunstobjekte, dienen – sofern sie überhaupt Beachtung finden – lediglich zur Illustration einmal aufgestellter Thesen.

So wie die Matriarchatsforschung nur einige wenige Funde und Fundplätze berücksichtigt, stützt sie sich auch auf sorgfältig handverlesene UrgeschichtsforscherInnen: Sir Arthur Evans, James Mellaart und Marija Gimbutas. Auf diesen wenigen AutorInnen, die ihrerseits jeweils ein ganz bestimmtes Welt- und Geschichtsbild vertreten, basieren große Teile der Konstruktion einer matriarchalen Epoche zwischen Altsteinzeit und Bronzezeit. Mit Hilfe von antiquierten Konzepten der Wissenschaftsgeschichte wird das schwankende Gebilde untermauert und sein Platz im historischen Weltgeschehen gesichert.

Wie die Matriarchatsforschung methodisch operiert und was archäologisch davon zu halten ist, soll noch einmal zusammenfassend erläutert und bewertet werden.

Ein Skelett namens Lucy und die Kunst, Kunst zu interpretieren

Das Vorgehen der Matriarchatsforschung entspricht in etwa den Arbeitsgängen eines Studierenden beim Schreiben eines einfachen Referats: Ein Thema wird definiert, Ergebnisse aus Publikationen werden gesammelt und die Aussagen neu bewertet. Daß diese Arbeitsweise kaum über den bereits publizierten Forschungsstand hinausführen kann, liegt auf der Hand. Zwar erfordert die Behandlung neuer Fragestellungen – etwa die Frage nach den Geschlechtern in der Urgeschichte – zunächst eine genaue Betrachtung des schon vorhandenen Materials unter neuen Gesichtspunkten, aber Untersuchungen, die sich ausschließlich auf Literaturstudien stützen, sollten sich mit bereits vorliegenden Forschungsergebnissen in vollem Umfang und kritisch auseinandersetzen. Denn wie bei einem Mosaik, bei dem erst aus vielen einzelnen Steinchen ein Bild entsteht, wird auch das Resultat historischer Forschungsarbeit um so detaillierter und genauer, je mehr Ergebnisse berücksichtigt werden. Der Matriarchatsforschung genügt jedoch meist schon das Werk eines Archäologen oder einer Archäologin, welches dann stellvertretend für eine ganze Region und Zeit herangezogen wird. Heide Göttner-Abendroth begründet das so unbekümmert wie unmißverständlich folgendermaßen: »Es ist nämlich nicht mein Anliegen, wie ein Lexikon vollständig alle Schriften aufzuzählen, die für Matriarchatsforschung heute bearbeitet werden müssen.« (1988, 12) So fegt die Matriarchatsforschung die Grundsätze kritischer wissenschaftlicher Arbeit kurzerhand vom Tisch. Sie referiert die Forschungsberichte von Arthur Evans, als seien die Ausgrabungen erst gestern abgeschlossen worden, und präsentiert uns James Mellaarts spekulative Interpretationen als gesicherte archäologische Tatsachen. Je älter aber eine Publikation ist, desto mehr muß sie zunächst selbst als eine historische Quelle der Neuzeit und als Zeitgeistdokument betrachtet und befragt werden: Welches Weltbild, welche Geschichtsauffassung bildete den geistigen Hintergrund des Forschers? Auf welchen Forschungsstand konnte aufgebaut werden? Gerade die Arbeiten von Arthur Evans auf Knossos haben gezeigt, wie stark Interpretationen von gesellschaftlichen Strömungen beeinflußt werden.

Oft wird in der Matriarchatsforschung auf Funde Bezug genommen, die aus Ausgrabungen zu Beginn unseres Jahrhunderts stammen, wie beispielsweise viele der altsteinzeitlichen Statuetten. Zu dieser Zeit glaubte man noch, auf eine Dokumentation der genauen Lage und Umgebung dieser Funde verzichten zu können, obwohl erst der gesamte Befundzusammenhang gültige Aussagen über bestimmte funktionale Zusammenhänge und Verhaltensweisen ermöglicht. Viele dieser Frauenstatuetten müssen daher als ›skelettierte‹ Quellen der Vergangenheit kritisch unter die Lupe genommen werden.
Auch die von der Matriarchatsforschung verwendeten archäologischen Fachpublikationen zeigen auffallende Gemeinsamkeiten: Besonders Gimbutas und Mellaart haben sich offensichtlich vor allem einer publikumswirksamen Gesamtdarstellung der Forschungsergebnisse verschrieben, die nicht nachvollziehbar ist, weil weder die einzelnen Funde, Befunde und originalen Ausgrabungspläne dokumentiert noch die verwendeten Deutungsmethoden transparent werden. Statt dessen wird ein farbenprächtiges matriarchales Weltbild entworfen, das offenkundig das Matriarchatskonzept der jeweiligen Zeit (Arthur Evans) oder persönlich gefärbte Motivationen (Marija Gimbutas) zur Grundlage hat. Mit diesen Publikationen übernimmt die Matriarchatsforschung gleichzeitig unhinterfragt Deutungen, deren romantisierende Sicht der Vergangenheit eher mit Fluchtbedürfnissen aus einer allzu nüchternen und technisierten Gegenwart zu erklären ist als mit archäologischen Fakten. Funde und Befunde werden hier zu Katalysatoren privater Phantasien. Da kann es natürlich leicht passieren, daß – wie im Fall von Arthur Evans – ein eigentlich patriarchales Konzept unversehens in die matristische Deutung integriert wird ...

Ein anderes Phänomen der Matriarchatsforschung ist die Verwendung von Literatur, die nicht aus der Feder von Fachleuten stammt. Besonders für den Zeitraum des Paläolithikums werden fachfremde ForscherInnen wie etwa Richard Fester oder auch Marie König – um nur die bekanntesten zu nennen – als anerkannte Experten gehandelt. Da wundert es nicht, wenn zuweilen archäologische Forschungsergebnisse schlichtweg falsch dargestellt werden. So belehrt uns beispielsweise Heide Göttner-Abendroth in ihrer *Forschungsgeschichte des Matriarchats*, wobei sie sich explizit auf Marie König bezieht: »Und neueste anthropologische Ausgrabungstätigkeit fand den bisher ältesten menschlichen Fund, ein weibliches Skelett mit Werkzeugen, ›Lucie‹ genannt, mit einer Datierungsmarke von 5 Millionen Jahren. Es ist kaum faßbar, geschweige denn vorstellbar: Vor 5 Millionen Jahren gab es den Anfang von Werkzeuggebrauch, Sprache, menschlichem Denken und Wertvorstellungen.« (1988, 111) Gleich fünf Einwände sind hier vorzubringen: Erstens ist die im äthiopischen Hadar-Tal gefundene »Lucy« – eine Vertreterin der Gattung *Australopithecus afarensis* – durchaus nicht so alt, wie Göttner-Abendroth uns glauben machen will: laut neuesten Datierungen nämlich nur 3 bis 4 Millionen Jahre. Zweitens war Lucy weder der »erste menschliche Fund«, noch wird sie überhaupt zur Gattung *Homo* (= Mensch) gezählt: Ein bereits aufrecht gehendes Wesen (*Australopithecus ramidus*), von dem sie abstammt und das zur Zeit wohl das älteste bekannte Bindeglied zwischen Menschenaffen und Lucys Gattung darstellt, lebte vor ca. 4,4 Millionen Jahren. Drittens fand Lucys Ausgräber Donald Johanson auch nicht die geringste Spur von Werkzeugen, denn Lucy hatte kein Grab, sondern lag ohne jegliche Beifunde am Ufer eines längst verschwundenen Flusses oder Sees (Johanson/Maitland 1982). Viertens ähnelt der Stimmapparat der Afarensis-Menschen dem eines Schimpansen – eine »Sprache« konnte damit kaum artikuliert werden. Darüber hinaus und fünftens bleibt unklar, wodurch sich für Göttner-Abendroth ein Lebewesen als Mensch auszeichnet: durch den Gebrauch von Werkzeugen, etwa einem Stein zum Zerschlagen von Nüssen?

Auch manche Affenarten fertigen und gebrauchen derartige Werkzeuge. Oder genügt Göttner-Abendroth allein der aufrechte Gang jener frühen Zweibeiner als Kriterium für die Kategorie Mensch? Wie auch immer, Göttner-Abendroth ist keine Anthropologin, und offenbar hat sie sich auch – trotz ihres hohen Anspruchs – recht wenig mit Archäologie bzw. Anthropologie auseinandergesetzt, denn wie eine Lektüre ihrer Werke zeigt, müssen wir diesen Lapsus leider als repräsentatives Beispiel verbuchen.

Ähnlich selektiv verfährt die Matriarchatsforschung mit Funden und Fundorten. So bilden für die Altsteinzeit von Westeuropa bis weit in den sibirisch-asiatischen Raum hinein ausschließlich menschengestaltige Statuetten sowie geritzte oder gemalte Zeichen an Felswänden den Ausgangspunkt der Matriarchatsthese. Und selbst bei diesen Funden zeigen sich die ForscherInnen noch wählerisch: Bevorzugte Objekte sind fettleibige weibliche Figürchen, obwohl sich die vorhandenen Statuetten durchaus in Form und Ausprägung unterscheiden. Funde und Befunde, die etwas über das Alltagsleben der paläolithischen Wildbeuter verraten können, wie etwa Werkzeuge, Rastplätze und Siedlungen, bleiben meist unerwähnt. Die unbefangene Leserschaft gewinnt so den Eindruck, als bestünden die ohnehin nicht gerade zahlreichen Hinterlassenschaften dieser ausgedehnten Epoche (die in Europa immerhin – vom ersten Auftreten künstlerischer Aktivitäten an gerechnet – rund 25 000 Jahre währte) ausschließlich aus dicklichen Frauenstatuetten und einigen symbolähnlichen Höhlenzeichnungen, die geradewegs vom Himmel gefallen zu sein scheinen.
Für die Jungsteinzeit wird die anatolische Siedlung Çatal Hüyük (7. Jahrtausend v.Chr.) mit ihren vielfältigen Kunstäußerungen als stumme Kronzeugin der Matriarchatsthese in Anspruch genommen. Mit ihr beginnt laut Göttner-Abendroth – und andere AutorInnen stimmen in dieses Loblied ein – das »hochentwickelte städtische Matriarchat« mit seiner überlegenen Kultur (1988, 105).

Gimbutas behauptet Ähnliches von der Jungsteinzeit und Kupferzeit auf dem Balkan (4. und 3. Jahrtausend v.Chr.): Auch ihr dienen überwiegend kleine anthropomorphe Figürchen, aber auch Gräber und Siedlungen zu einer gesamtgesellschaftlich-matriarchalen Deutung.
Ein kühner Sprung durch Raum und Zeit, und die ForscherInnen finden das Matriarchat auf Kreta wieder, wo Freskenmalereien, Abbildungen auf Siegeln und natürlich wieder Statuetten vom Frauenparadies der Bronzezeit (2. Jahrtausend v.Chr.) künden sollen – ungeachtet der Tatsache, daß hier, seit Arthur Evans den »Palast« von Knossos ausgrub, weitere umfangreiche archäologische Forschungen stattgefunden haben, dank derer mittlerweile ein recht genaues Bild der bronzezeitlichen Kultur rekonstruiert werden kann.
So übernehmen in der Matriarchatsforschung ganze zwei Siedlungen (Çatal Hüyük und Knossos) sowie verstreut gefundene Kunstgegenstände die matriarchale Patenschaft für enorme Zeitabschnitte von insgesamt fünf Millionen Jahren (so etwa Richard Fester, 1982) und sollen darüber hinaus die weltweite Verbreitung des Matriarchats belegen.

Die Matriarchatsforschung bettet die Kunstäußerungen und Symbole, auf die sie sich bezieht, in ein komplexes, weiblich definiertes Symbolsystem ein, in dessen Zentrum die Große Göttin steht. Kunst soll nach dieser Lesart religiöse Botschaften vermittelt und der Darstellung und Verehrung der Göttin gedient haben.
Aber auch die alltägliche soziale Realität einer Gemeinschaft sei, so behaupten jedenfalls die ForscherInnen, zu Kunstäußerungen geronnen: Matrilinearität, Matrilokalität, Sippenwirtschaft, sexuelle Freiheit und die führende Stellung der Frauen in Religion und Weltanschauung seien daraus förmlich abzulesen, denn in matriarchalen oder ganz allgemein in vorgeschichtlichen Gesellschaften habe es bekanntlich keine Widersprüche zwischen Kunst und Leben, zwischen Form und Inhalt gegeben (Rentmeister 1985, 71). So *ist* die Kunst das Leben und die Form

(z.B. die der dicken Frauenstatuetten) ein getreues Abbild der Wirklichkeit.
Obwohl der urgeschichtlichen Kunst die universale Verständlichkeit heutiger Verkehrsampeln zugeschrieben wird, fühlen sich die MatriarchatsforscherInnen zu DolmetscherInnen dieser Symbole berufen: Offenbar läßt sich nur mit Hilfe ihrer persönlichen intuitiven Begabung der Sinngehalt früher Kunstäußerungen entschlüsseln. Die Methode dieser Entschlüsselung wird allerdings nirgends offengelegt – da liegt die Vermutung nahe, daß die matriarchale Weltanschauung hier den theoretischen Überbau liefert: Wenn das matriarchale Gebäude längst steht, werden die Zeugnisse der Vergangenheit nur noch zur Illustration benötigt. Durch ihr wie auch immer autorisiertes Deutungsmonopol für die stein- und bronzezeitliche Kunst machen sich die ForscherInnen zudem bei ihrer Anhängerschaft unentbehrlich und umgeben sich mit einem kleidsamen charismatischen Hauch – und schon gerät alles in den Strudel der matriarchalen Deutung: Höhlen verkörpern Gebärmütter, der Mond die Menstruation, und Tropfsteine werden zu phallischen Figurationen. Andere, weniger von Weiblichkeit getränkte Interpretationen werden kurzerhand als trivial-freudianisch oder phallokratisch zu den Akten gelegt.

In der Archäologie dagegen hat sich seit langem die Erkenntnis durchgesetzt, daß gerade die künstlerischen Hinterlassenschaften der Vergangenheit mit großer Vorsicht zu interpretieren sind, da hier nicht nur eine, sondern gleich mehrere Übersetzungsebenen mit Hilfe analoger Schlußfolgerungen überschritten werden müssen: vom Bild bzw. der Form in die Sprache und von der Vergangenheit in die Gegenwart. Dabei werden riesige Zeiträume und höchst unterschiedliche kulturelle Milieus überbrückt: Denn sowohl die damaligen KünstlerInnen – die mit der Kunstfertigung ja möglicherweise eine mehr oder weniger bewußte Absicht verfolgten – als auch die heutigen Betrachter – die diese Absicht herausfinden wollen – sind durch die Normen und Werte ihrer jeweiligen sozialen und kulturellen Umwelt geprägt. Da die urgeschichtlichen Kunstäußerungen von Gesellschaften stammen, die uns heute in jeglicher Hinsicht fremd sind, setzt eine sorgfältige Analyse und Interpretation fremder Formen die Untersuchung der Vorstellungen und Verhaltensweisen nicht nur der fremden, sondern auch der eigenen Kultur voraus. Eigentlich kann der Kunst erst dann der ihr zukommende Platz im jeweiligen System zugewiesen werden, wenn das gesamte menschliche Handeln von der Wirtschaftsweise über die soziale Struktur bis hin zu Glaubensvorstellungen, Normen und Werten bekannt und erforscht ist. Fremde Kunst ist nun einmal keine fremde Sprache, die sich durch entsprechende Grammatiken und Vokabelverzeichnisse einfach entschlüsseln ließe. Erschwerend kommt hinzu, daß künstlerische Botschaften keine statischen Ausdrucksformen sind, sondern erstens von Gesellschaft zu Gesellschaft variieren und zweitens auch innerhalb einer Gesellschaft unterschiedliche Bedeutungen annehmen können. Kunst und Leben stehen also insofern miteinander in Bezug, als das Leben die Kunst bestimmt und die Kunst wiederum auf das Leben zurückwirkt.

Wird aber die Gleichsetzung von Kunst und Leben, Form und Inhalt zur Grundlage der Interpretation gemacht, wird die gesamte gesellschaftliche Struktur der Erzeugergruppen ausgeblendet bzw. als bekannt vorausgesetzt. Diese Struktur muß aber, zumindest was die schriftlose Vergangenheit betrifft, erst durch die materiellen Überreste – andere Quellen stehen ja nicht zur Verfügung – mühsam rekonstruiert werden, und selbst das kann nur in Form von Hypothesen gelingen. Nach einer Gesamtanalyse *aller* materiellen Überlieferungen aus *allen* Bereichen des urgeschichtlichen Lebens ist es dann möglich, mit fundierten Modellen und Analogien auf die ideelle Kultur einer Gemeinschaft zu schließen. Hypothesen über die Funktion der Kunstäußerungen sind dabei um so plausibler, je mehr wir über diese archäologische Kultur wissen, die diese Kunst produzierte. Es ist außerdem auch keineswegs gleichgültig, ob eine Statuette etwa in einem Grab oder in einer Siedlung gefunden wurde und mit welchen anderen Funden sie vergesellschaftet war, weil

dieser Befundzusammenhang Vermutungen über die Funktion und Bedeutung der Objekte für die Menschen nahelegt. Und dennoch: Selbst bei Berücksichtigung aller genannten Aspekte bleibt die Deutung der urgeschichtlichen Kunst hypothetisch.
Die Matriarchatsforschung schlägt hier allerdings den umgekehrten Weg ein: Zuerst werden die Kunstwerke, isoliert von ihrem zeitlichen und räumlichen Zusammenhang, als Zeugnisse für die gesellschaftlichen Strukturen herangezogen. Daraus wird dann ein soziales System geschneidert, das sich den Kunstwerken anpaßt, frei nach dem Motto: Die Kunst macht die Menschen – und nicht umgekehrt.

Das Hohelied der Interdisziplinarität: Selbstbedienung im Supermarkt der Wissenschaften

Mit ihrer spezifischen Art der Rezeption und (Um-)Deutung urgeschichtlicher Kunst verlassen die ForscherInnen auch schon den Boden der Archäologie. Mehr scheint das Fach ihnen nicht zu bieten. Statt dessen werden andere Wissenschaften wie z.B. Alte Geschichte, Linguistik, Ethnologie oder Soziologie herangezogen, um die matriarchale Idee zu untermauern. Um die den Einzelwissenschaften eigene »fachspezifische Idiotisierung« zu umgehen und der »Matriarchatsforschung jenen gesellschaftskritischen Impetus« zu verleihen (Göttner-Abendroth 1988, 11), schreiben sich die ForscherInnen das interdisziplinäre Verknüpfen verschiedenster Wissenschaftszweige auf ihre Fahnen. Marija Gimbutas entwickelte sogar einen eigenen, »Archäomythologie« genannten interdisziplinären Ansatz aus vergleichender Mythologie, Althistorik, Linguistik, Volkskunde und historischer Ethnographie.

Die Wissenschaft versteht unter Interdisziplinarität allgemein die Zusammenarbeit verschiedener Fachgebiete und Forschungszweige, wobei jede Disziplin zunächst einzeln und mit eigenen

Methoden zu fachspezifischen Resultaten gelangt. Das jeweilige Ergebnis kann dann als Wissensvorgabe oder hypothetisches Modell in andere Wissenschaften übertragen und genutzt werden.

Bei einem genaueren Blick auf die Matriarchatsliteratur entsteht allerdings der Eindruck, daß hier lediglich Einzeldisziplinen beliebig miteinander vertauscht werden: Wenn die eine Wissenschaft ›versagt‹, sprich: nicht die gewünschten Resultate liefert, wird flugs zur nächsten gewechselt. Wie die Rosinen aus dem Kuchen picken sich die MatriarchatsverfechterInnen bestimmte, mit ihren ›Forschungen‹ harmonierende Ergebnisse heraus; das, was nicht mit der matriarchalen Idee in Übereinstimmung zu bringen ist, wird verschwiegen oder verschleiert. Den anderen Wissenschaften ergeht es dabei kaum besser als der Archäologie: Die Tatsache, daß Mythen als »Ausdruck komplexer gesellschaftlicher Praxis« und als reiche »Informationsquellen über den Aufbau und die Denkweise archaischer Gesellschaften« interpretiert werden (Göttner-Abendroth 1980, 16), aber keineswegs als historische Quellen geeignet sind, zeigte schon unser Abstecher nach Kreta. So können auch die Geschlechterverhältnisse, die sie schildern, keineswegs als Beweise für Frauenherrschaft gelten – im Gegenteil: HistorikerInnen unterstellen den antiken griechischen Mythen beispielsweise schon lange und aus gutem Grund die berechnende Absicht, durch die Überhöhung des Weiblichen nur bestehende Herrschaftsverhältnisse rechtfertigen und die Frauen besänftigen zu wollen. Der Mythos von den Amazonen etwa hatte vermutlich die Funktion, als abschreckende Warnung vor den Folgen der Frauenherrschaft zu dienen. Darüber hinaus können lokale Mythen nicht ohne weiteres auf das übrige Europa oder gar den Rest der Welt übertragen werden. Hier zeigt sich der ganze Eurozentrismus der Matriarchatsforschung: Das Abendland ist wieder einmal die Wiege der Menschheit und aller Kultur. Genauso zweifelhaft scheint das Verfahren, Mythen einfach über Jahrtausende hinweg auf die riesigen Zeiträume der Urgeschichte zu applizieren.

Wenn außereuropäische Kulturen doch einmal auftauchen,

werden auch sie – und mit ihnen die ethnologische Forschung – für den ›guten Zweck‹ geplündert. Borneman (1975) z.B. benutzt außereuropäische Kulturen gerne als statistische ›Belegexemplare‹ für die von ihm propagierten Entwicklungsstufen der europäischen Urgeschichte. Zu kritisieren ist hier, daß das Selbstverständnis und die eigenständigen Entwicklungen und Perspektiven dieser Gesellschaften übersehen oder geleugnet werden. Durch das nahezu willkürliche Heranziehen von Einzelbeispielen, die nur als Vorform unserer eigenen Zustände begriffen werden, werden außereuropäische Frauen und ihre Kulturen letztlich zu Metaphern für das eigene Alter ego, zu Projektionsflächen eigener Wunschvorstellungen. Solche auch ideologisch bedenklichen Spekulationen über eine angeblich einheitliche matristische Frühstufe der Menschheitsentwicklung lassen sich ethnologisch allerdings in keinster Weise belegen (*Arbeitsgruppe Ethnologie Wien* 1989, 12 ff.).

»Was die Göttin im Himmel tat, taten sie auch auf Erden«: Religion und Alltag in der Matriarchatsforschung

Am Anfang war die Große Mutter. Glaubt man der Matriarchatsforschung, ist das durchaus wörtlich zu nehmen: Die Religion der Großen Mutter war einfach da. Bestimmte Kunstwerke – hauptsächlich Frauenstatuetten, bildliche Darstellungen und Symbole – sollen davon Zeugnis ablegen und lassen sich offenbar ohne hinderliche Übersetzungsebenen interpretieren. Nach Ansicht von Gimbutas und vielen MatriarchatsforscherInnen muß die Religion der urgeschichtlichen Menschen also nicht mühsam rekonstruiert werden, sondern ist ebenso fraglos vorhanden wie die materiellen Quellen. Die Funktion der Kunstwerke scheint ebenfalls schnell geklärt: Als Symbole vermitteln sie zwischen der Göttin und den Menschen.

Nun stellt sich die Frage, ob Glaubensvorstellungen und rituelle Handlungen überhaupt aus archäologischen Relikten zu erschließen sind. Die Rekonstruktion urgeschichtlicher Religionen wirft nämlich ähnliche Probleme auf wie die Interpretation urgeschichtlicher Kunstäußerungen. Auch hier gilt, daß Religion – was immer man darunter fassen mag – immer nur einen Teilaspekt einer Kultur darstellt, der stets in Zusammenhang mit den anderen Bereichen dieser Kultur gesehen werden muß. Religiöse Phänomene sind nicht allein durch die pure Anwesenheit von scheinbar religiösen Symbolen und Gegenständen zu definieren. So ist z.B. die Verwendung von Ocker in einer Grabanlage zwar nicht aus einer materiellen Notwendigkeit zu erklären, aber zunächst auch nicht mehr als bestenfalls ein Indiz für einen bestimmten ›Sensus‹ (Kehnscheuper 1992, 354), eine Empfindung der Hinterbliebenen.

Das von der Matriarchatsforschung propagierte subjektive Einfühlen in den Sinngehalt von Symbolen läßt den geschichtlichen Ort und die kulturelle Verwurzelung eines Symbols außer acht. Hier liegt die Schwierigkeit und die (vorläufige) Grenze der Übersetzung ›religiöser‹ Funde: Zwar setzt eine Religionsanalyse immer die Aufarbeitung der einzelnen Elemente des religiösen Zeichensystems, ihres Verhältnisses zueinander und ihrer Bedeutung für die Empfänger voraus, aber erst die Kenntnis der Zeichenfolge und des Zusammenhangs von Symbol und Ritus ermöglicht eine plausible Interpretation einzelner Zeichen. Dabei ist dem speziellen Charakter der urgeschichtlichen Quellen und der bruchstückhaften Überlieferung der urgeschichtlichen Kultur Rechnung zu tragen. Da die Bedeutung des Rituals nicht mehr erfragt werden kann, können die archäologischen Funde nur ein Gerüst, einen Rahmen für vermutete religiöse Praktiken und Glaubensinhalte liefern. Zudem wird die Zuwendung zu einer bestimmten Gottheit oder Religion erst dann aussagekräftig, wenn die anderen, nicht angesprochenen Götter und die ›zur Wahl stehenden‹ anderen Kulte oder Religionen bekannt sind. Jede wissenschaftliche Beschreibung von Religion ist auf diese Weise vom jeweiligen historischen Gesamtkontext abhängig. Die Matriarchatsforschung entzieht sich diesem wissenschaftlichen Anspruch geschickt, indem sie kurzerhand einen weltweiten und alles umfassenden Göttinnen-Glauben postuliert – was in letzter Konsequenz bedeuten würde, daß die Glaubensinhalte sich von den ursprünglichen kulturellen Lebensformen gelöst und verselbständigt haben müßten.

Das matriarchale Konzept wird noch fragwürdiger, wenn man berücksichtigt, daß eine religiöse Tradition in schriftlosen Zeiten nur in Form von mündlichen oder handlungsbezogenen Überlieferungen existiert haben kann, die in der Lage waren, sich den jeweiligen Gegebenheiten und Bedürfnissen relativ schnell anzupassen. Genaugenommen ermöglicht überhaupt erst die Kenntnis von Schrift eine großräumig verbreitete Religion: Erst wenn ein als heilig und unveränderlich angesehenes Korpus schriftlich fixierter Überlieferungen existiert, können von der jeweiligen Situation abgekoppelte Verständnisregeln festgelegt werden, die ein Verstehen der religiösen Botschaft auch dann erlauben, wenn sie sich aus ihrem ursprünglichen Kontext gelöst hat (Kohl 1988, 256).

Angesichts der Vielfalt urgeschichtlicher Kulturen bleibt auch das Konstrukt der Verehrung nur *einer* Gottheit zweifelhaft. Diese Idee wurde zuerst von Robert von Ranke Graves formuliert, »der einen eigenen Mythos über eine Große und Dreifaltige Göttin schuf« (Lanwerd 1993, 69). Aus den griechischen Mythen – die für ihn geschichtliche Stadien und Entwicklungen spiegelten – mit ihren zahlreichen und unterschiedlichen Göttinnen ›destillierte‹ er eine dreifache weibliche Gottheit. Göttner-Abendroth folgt diesem Grundmuster, wenn sie von einer »Urgottheit« und »Urschöpferin« spricht (1980, 118). Zwar definiert die Matriarchatsliteratur die speziellen Eigenschaften dieser Göttin selten eindeutig, schreibt ihr aber doch konstant bestimmte Attribute zu: Ewigkeit, Allwissenheit, Güte, Sinnlichkeit, Allmacht und Schöpferkraft. Als gute, gerechte und allmächtige Schöpferin des Himmels und der Erden ähnelt die Hochgottheit der Matriarchatsforschung in so verblüffender Weise dem Gott des Christentums wie die matriarchale Kultur dem christlichen Paradies. Muß die Matriarchatsforschung vielleicht als missionarisch motivierter Versuch gewertet werden, ein aus dem Christentum abgeleitetes, eurozentrisches Konstrukt einer Göttinnenreligion historisch zu beweisen?

Durch die matrizentrische Religion rund um die Große Göttin soll auch der weltliche Alltag bestimmt gewesen sein, mehr noch, der Alltag war lediglich ein Abbild der himmlischen Verhältnisse: »Was die Göttin im Himmel tat, taten sie auch auf Erden«, versichert uns Heide Göttner-Abendroth (1982, 49). Die Annahme einer weiblichen Hochgottheit entspräche dem hohen Rang der Frauen in Kult und Ritual wie im politischen und sozialen Leben. Sicherlich ist auch die Religion schriftloser Gesellschaften nicht von allen anderen Bereichen der Kultur abgekoppelt, sondern immer eng mit der wirtschaftlichen, sozialen und politischen Sphäre verflochten. Aber auch hier muß vom archäologisch Erschließbaren ausgegangen werden – auch wenn die Matriarchatsforschung das Pferd mal wieder von hinten aufzäumt und primäre archäologische Quellen wie Siedlungen und Gräber in den schon vorhandenen matriarchalen Rahmen einpaßt.

Nahezu alle ForscherInnen gehen davon aus, daß weltweit eine matriarchale Religion und damit verbunden eine entsprechende matriarchale Gesellschaftsform einer patriarchalen vorausgegangen ist – so als gehöre die soziale Organisation zum Stammbaum der biologischen Menschheitsentwicklung. Das Weltgeschehen wird so in zwei Stufen – eine matriarchale und eine patriarchale – geteilt. Der Geschlechtergegensatz wird – vergleichbar mit dem marxistischen Klassenantagonismus – zum Motor der Geschichte. Fraglich ist, ob man auf diese Weise die komplexe Entwicklung der menschlichen Geschichte erfassen kann.

Heute arbeitet man längst mit einem kulturgeschichtlichen Ansatz, der von einer hohen Flexibilität und Anpassungsfähigkeit einzelner Bevölkerungsgruppen an ihre jeweilige Umwelt ausgeht. Will man diesen vielschichtigen Prozessen gerecht werden, ist man mit dem überholten Konzept von schematischen, eingleisigen Entwicklungslinien schlecht gerüstet. – Daß es sich möglicherweise auch bei der ›Umweltthese‹ um einen modernen Mythos handeln könnte, über den WissenschaftlerInnen in 100 Jahren lächeln werden, sei dahingestellt ...

Die unwiderstehlichen Geschlechtsorgane der Fleischfresser: Einige Hypothesen über die Entstehung des Patriarchats

Einer der Hauptpfeiler der Matriarchatsthese ist die Annahme, daß Vaterschaft in matriarchalen Gesellschaften unbekannt gewesen sei. Da die matriarchalen Menschen den Zusammenhang zwischen Geschlechtsverkehr, Zeugung und Geburt nicht gekannt hätten, seien Kinder ausschließlich der leiblichen Mutter zugeordnet worden (z.B. Göttner-Abendroth 1980, 21; Fester 1980, 12). Darüber hinaus sei Vaterschaft generell ungewiß, Mutterschaft dagegen niemals zu leugnen (Borneman 1975, 13). Eines schönen Tages entdeckten die Matriarchalen dann wohl doch noch die »Funktion des Mannes als Besamer« (Fester 1980, 74), und alsbald fand der Umsturz vom Matriarchat zum Patriarchat statt. Vaterschaft wurde aus einem nicht näher erörterten Grund wichtiger als Mutterschaft und veränderte die gesamte kulturelle Ausprägung vormals matriarchaler Gesellschaften. Auch Elizabeth Gould Davis' höchst originelle ›Fleischtheorie‹, die entfernt an die uns schon bekannte These des Mediziners Knaatsch aus dem Jahr 1913 erinnert, macht die Sexualität für den patriarchalen Umsturz verantwortlich: einige »Banden plündernder Männer« seien von den »kultivierten Gemeinschaften« der Matriarchalen ausgeschlossen gewesen. Diese »wilden Männer [begannen], vom Hunger getrieben, Tiere zu töten, deren Fleisch sie roh verzehrten«. Die Fleischrohkost führte dann »ohne Zweifel zu ihrer stufenweisen Entwicklung der Sexualität und schließlich zu ihrer Eroberung der Matriarchate«. Denn, so die wirklich bestechende Erklärung: »Fleischfresser haben größere

Geschlechtsorgane als Vegetarier, und diese Entwicklung kann für die Frauen unwiderstehlich gewesen sein.« Letztlich trugen die solchen Reizen scheinbar willenlos ausgelieferten Frauen, glaubt man Davis, also selbst die Schuld an ihrem Untergang. Bornemans Erklärungsansatz betont eher den wirtschaftlichen Aspekt: Am Ende des Neolithikums hätten die Jägervölker Viehwirtschaft entwickelt und seien so zu Hirtenvölkern geworden, »die mobil sind und in Dimensionen des transportablen, sich vermehrenden, aber auch des zu raubenden Besitzes zu denken gelernt haben. Diese Hirtenvölker mit ihrer bereits ausgebildeten patriarchalischen Struktur überfallen in mehreren Wellen die matristischen Ackerbaukulturen Nord- und Südosteuropas.« (Borneman 1975) Nach der Herrschaftsübernahme und Versklavung der matristischen Bauern und Bäuerinnen habe dann ein Kulturwandel zum Patriarchat eingesetzt. Ähnlich argumentieren Göttner-Abendroth (1980), Bleibtreu-Ehrenberg (1981) und Mies (1980).

In erster Linie führt die Matriarchatsforschung also die Entstehung des Patriarchats auf die Folgen sexueller Auseinandersetzungen zurück – möglicherweise eine Projektion heutiger Probleme auf die Vergangenheit, denn der archäologische Befund legt keine dieser Erklärungen nahe. Und auch der ökonomische Ansatz von Borneman liefert bei Lichte betrachtet nicht mehr als eine Weiterentwicklung der altbekannten These von Friedrich Engels, wonach durch eine Intensivierung der Wirtschaft erzielte Überschüsse Privatbesitz und den prompten Wunsch bewirkt hätten, diesen an die Kinder zu vererben. Männer hätten sich nun ihrer Vaterschaft sicher sein wollen und deshalb begonnen, die Sexualität der Frauen zu kontrollieren (Schmerl/Ritter 1981). Genauso einseitig sind die Vorstellungen der ForscherInnen von der kulturellen Machtübernahme der Patriarchalen: Nicht nur Marija Gimbutas' These vom Gemetzel der Indogermanen an den mutterrechtlichen Gesellschaften Südosteuropas, sondern auch Bornemans und Davis' bereits erwähnte Erklärungsansätze sind in den Kreis der Eroberungstheorien einzuordnen. Kriegerische Einwanderung und gewaltsame Eroberung – von einem Punkt der Erde ausgehend – scheint die Matriarchatsforschung allgemein für eine angemessene Erklärung des kulturellen Wandels zu halten. Damit steht sie wieder einmal in einer längst überholten Forschungstradition. Zu Anfang und noch bis in die Mitte dieses Jahrhunderts sahen auch viele Ethnologen und Kulturforscher in der Ausbreitung (Diffusion) einzelner Kulturzüge von einem Ausgangspunkt aus die beste Erklärung für soziokulturelle Veränderungen – zum Beispiel Pater Wilhelm Schmidt, dessen Wanderungsthesen Heide Göttner-Abendroth gerne zitiert: »Matriarchate entstanden als Hackbaukulturen in Hinterindien und breiteten sich auf dem Wasserwege als Hack- und Ackerbaukulturen über die ganze Erde aus (Schmidt)« (Göttner-Abendroth 1988, 84). Daß die matriarchale Gesellschaft an einem Punkt der Erde zuerst entstand und sich von dort verbreitete, scheint bei allen AutorInnen zeitgenössischer Matriarchatsforschung unstrittig zu sein, nur über den genauen Ursprungsort herrscht Uneinigkeit: Christa Mulack etwa sieht die »Wiege der menschlichen Kultur« (1983, 122) nicht in Hinterindien, sondern – ganz in der Tradition des abendländischen Eurozentrismus – im zirkum-mediterranen Raum.

Der Diffusionstheorie zufolge sind alle kulturellen ›Erfindungen‹ an einem bestimmten Ort einmal gemacht und von dort aus über riesige Gebiete weiterverbreitet worden, indem eine Gesellschaft die andere nachahmte. Die Hauptursache kultureller Unterschiede und Übereinstimmungen läge demnach also nicht im Erfindungsgeist der Menschen, sondern in ihrer Neigung, sich gegenseitig zu imitieren. Die diffusionistische Theorie ist als Reaktion auf den Evolutionismus des 19. Jahrhunderts zu sehen und wurde in der ›Schule‹ der Kulturhistorischen Ethnologie, der auch Oswald Menghin zuneigte, zum zentralen Postulat (Müller 1993): Aller Wandel, alle Geschichte und Entwicklung ist die Folge von Diffusionsprozessen. Man unterschied lediglich verschieden starke Verläufe: geradlinige »Kulturtrends«, die in der Regel durch Güterbewegungen auf Handelsstraßen erfolgten, und »Kulturwellen«, die von einem bestimmten Kulturareal aus-

gehend umfassende Diffusionsschübe zur Folge hätten, zeitlich fixierbar seien und von einem bestimmten Rasse- bzw. Sprachtyp getragen wären – ganz so, wie Marija Gimbutas den Übergang vom Matriarchat zum Patriarchat beschreibt. Offenbar war ihre kurze Studienzeit bei Menghin doch recht prägend.
Gäbe es aber nur Diffusion, wie Kulturhistorische Ethnologie und Matriarchatsforschung unisono behaupten, müßten alle Kulturen der Welt weitgehend gleich sein und gleich bleiben, was eindeutig nicht der Fall ist. Die kulturelle Vielfalt und die Unterschiede der Lebensweisen, die es, bedingt durch äußere und innere Faktoren, in der Menschheitsgeschichte gegeben hat, fehlen im Weltbild der Matriarchatsforschung und können durch das Diffusionskonzept nicht erklärt werden.

In ähnlicher Weise simplifiziert oder marginalisiert die Matriarchatsforschung Beziehungen zwischen Frauen und Männern und das Verhältnis, das Frauen zu Frauen und Männer zu Männern hatten. Wie eine matriarchale Gesellschaft jenseits der Mutter-Kind-Beziehung funktioniert haben soll, bleibt unserer Phantasie überlassen. ›Amtieren‹ Frauen in matriarchalen Gesellschaften immerhin als Mutter, Priesterin oder Königin, wird beim männlichen Geschlecht gar nicht erst differenziert: Ob Vater, Bruder, Ehemann oder Onkel – Mann bleibt Mann. Welche Rolle Männer überhaupt im matriarchalen Leben gespielt haben könnten, kommt hauptsächlich dann zur Sprache, wenn es um den vermeintlichen Wechsel vom Matriarchat zum Patriarchat geht. Und wenn wir doch gelegentlich einmal verstreute Hinweise auf männliches Tun finden, handelt es sich meist um Rollenbeschreibungen, die komplementär zu den Aufgaben und Machtbereichen von Frauen stehen, auch wenn immer wieder betont wird, daß matriarchale Gesellschaften nicht einfach die ›verkehrte Welt‹ des Patriarchats dargestellt hätten.
Einzig Heide Göttner-Abendroth macht sich in ihrer matriarchalen Mythologie – deren Rituale sie übrigens für historisch verbürgte Tatsachen hält – über das Verhältnis der Geschlechter Gedanken: Bei ihr ist der Mann das mehr oder weniger freiwilli-

ge Opfer matriarchaler Rituale, dessen meist blutiges Schicksal in der Hand der Frauen liegt.
Andere wesentliche gesellschaftliche Kriterien wie etwa die Altersdifferenzierung kommen generell nur in weiblicher Form vor: als Mädchen, Nymphe und Alte, die gemeinsam den matriarchalen Kosmos verkörpern sollen.

Geschlechterrollen und Geschlechterverhältnisse: Moderne theoretische Konzepte

Immer wieder stoßen wir auf Löcher und Widersprüche im matriarchalen Konzept. So will auch die Annahme, es habe von alters her eine strikte Trennung der Geschlechter gegeben, nicht so recht mit dem ganzheitlichen Anspruch der Matriarchatsidee harmonieren, was um so auffälliger ist, als die Geschlechterdifferenz den Arbeiten der MatriarchatsforscherInnen als Leitgedanke zugrunde liegt: Der biologische Geschlechtsunterschied habe, so der allgemeine Tenor, über die Sexualität hinaus weitreichende, institutionell verfestigte Auswirkungen auf psychisches Anderssein, differente Rollen im Kult und unterschiedliche Arbeitsbereiche und sei eine Konstante aller menschlichen Gesellschaften. Die Zweigeschlechtlichkeit des Menschen gilt als Grundtatsache und als nicht zu hinterfragendes, unveränderliches Faktum.
Um Mißverständnisse von vornherein auszuschließen: Es kann nicht unser Anliegen sein, am tatsächlichen Vorkommen biologisch differenter Geschlechter und geschlechtsdifferenzierter Rollen im Alltag menschlicher Kulturen zu zweifeln. Was aber entschieden mit Mißtrauen betrachtet werden muß, ist die These, die Aufteilung der Welt in zwei Geschlechter sei allein biologisch begründet und Frauen und Männer zögen aufgrund ihrer anatomischen Differenz quasi magnetisch bestimmte, diametral entgegengesetzte Tätigkeits- und Rollenkomplexe an, die Männer also etwa die Jagd und die Viehwirtschaft, die Frauen das Sammeln und den Bodenbau.

Mit dieser Annahme setzt die Matriarchatsforschung eine Tradition fort, die sie mit vielen altbekannten Theorie-Entwürfen teilt: die konservative Tradition des Denkens in binären, zweigeschlechtlich strukturierten Deutungsmustern – mit allen bekannten politischen, sozialen und wirtschaftlichen Konsequenzen für Frauen. SoziologInnen setzen diesen ausgetretenen Denkpfaden mittlerweile die Auffassung entgegen, daß sich physiologische Daten nur begrenzt auf Sozialstrukturen und Sozialleben auswirken und daß es vielmehr kulturelle Mechanismen sind, die die Polarisierung der Geschlechter über das biologisch ›Gebotene‹ hinaustreiben (Tyrell 1989, 39).
Auch die feministische Frauenforschung hat der theoretischen Auseinandersetzung mit der Geschlechterdifferenz von Anfang an einen zentralen Stellenwert eingeräumt (Gildemeister/Wetterer 1992) – mit dem Ziel, die Unterschiede zwischen den Geschlechtern und die Unterdrückung und Diskriminierung von Frauen im Namen ihrer angeblichen ›weiblichen Natur‹ als Ergebnis von Geschichte und damit als veränderbar zu begreifen.
Auf den ersten Blick schien die aus der angloamerikanischen Diskussion übernommene Unterscheidung zwischen »sex« (dem biologischen, durch Anatomie, Morphologie, Physiologie und Hormone bestimmten Geschlecht) und »gender« (dem erworbenen sozialen Geschlecht) hier eine Alternative zu bieten. Die Grundstruktur allerdings, das wurde bald von Kritikerinnen bemängelt, änderte sich mit der neuen Begrifflichkeit nicht, der Biologismus der Differenzthese wurde lediglich verlagert: Denn noch mit der Unterscheidung zwischen »sex« und »gender« wird suggeriert, daß es jenseits aller kulturellen Prägungen doch eine »Natur« der Geschlechter gibt. Und wer ist schon in der Lage, entscheiden zu können, welche kulturellen Vorstellungen über maßgebliche Unterschiede zwischen den Geschlechtern noch biologisch begründet und welche lediglich kulturell vermittelt sind?
Die Beziehungen zwischen biologischen und kulturellen Prozessen erwiesen sich also als weitaus komplexer als zunächst angenommen, und so bedurfte und bedarf es eines sehr viel ge-

naueren Blicks auf die kulturelle Konstruktion von (Zwei-)Geschlechtlichkeit. Aus diesem Grunde wird – insbesondere im Anschluß an ethnologische Diskussionen – das sex/gender-Verhältnis heute neu gefaßt, wobei sich der Schwerpunkt des Interesses von »sex« hin zu »gender« verschiebt und die kulturellen Zuschreibungen, die wir mit dem Geschlecht zu verbinden gelernt haben, in den Mittelpunkt des Interesses rücken: Denn schon unser Blick auf den Körper funktioniert nach dem tradierten Entweder-oder-Automatismus. In unserer Wahrnehmung ist ein Mensch immer schon Mann oder Frau. Diese soziale Zuordnung zu einem Geschlecht (»sex category«) stimmt zwar in den allermeisten Fällen mit dem körperlichen Geschlecht überein, kann sich aber prinzipiell davon unterscheiden, wie nicht nur das auch hierzulande bekannte Phänomen der Transsexualität zeigt. Ein Blick über den Tellerrand der abendländischen Kulturtradition lehrt uns außerdem, daß es tatsächlich Gesellschaften gab und gibt, in denen völlig andere Muster kultureller Geschlechtszuordnung gelten. Knaben zählen dort beispielsweise vor der Jünglingsweihe zu den Frauen, Mädchen gelten bis zur Menstruation als geschlechtlich neutral, die alten Männer verrichten Arbeiten, die sonst Frauen erledigen, und ältere Frauen jenseits der Menopause werden in Männergeschäften tätig (Müller 1989, mit vielen Beispielen).
Darüber hinaus sind Gesellschaften bekannt, die ein drittes Geschlecht anerkennen. Gelegentlich wird auch bestimmten Menschen zugestanden, ihr Geschlecht zu wechseln, ohne dies erst mit einem ›Irrtum der Natur‹ rechtfertigen zu müssen. Es existieren sogar Kulturen, bei denen die Geschlechtszuordnung unabhängig von den Körpermerkmalen erfolgt.

Solche soziologisch und ethnologisch begründeten Nuancierungen der Geschlechterordnung sind in der Matriarchatsforschung selbstverständlich verpönt, würde doch diese kulturell bedingte, sprich: ›unnatürliche‹ Differenzierung dem Konzept der ebenso allgemeingültigen wie segensreichen Frauenspiritualität zuwiderlaufen. Lieber wird die Frau – in Anlehnung an Bachofen –

mit dem Naturhaften, dem Stofflichen, der Erde, dem Elementaren oder gleich mit der gesamten kosmischen Ordnung assoziiert. Mutter Natur, so die Argumentation, habe die Frauen im positiven Sinne bestimmt. Erst im Patriarchat sei dann die Natur durch männlich-rationales Bewußtsein und ein auf Beherrschung ausgerichtetes Denksystem unterworfen und das weibliche Prinzip zerstört worden (Hauser-Schäublin 1987, 145). Da scheint es nur konsequent, daß sich die ForscherInnen hüten, kulturelle – im Sinne von künstlich erzeugten – Varianten sozialer Geschlechtsrollen zu akzeptieren.

Mit der Behandlung der Geschlechter als ungleich und gegensätzlich ist auch eine hierarchische Schichtung der Gesellschaft verbunden. Die matriarchale bzw. patriarchale Gesellschaftsform und -organisation, ja der Gang der Geschichte selbst reduziert sich allein auf den Aspekt der Herrschaft des einen Geschlechts über das andere. Die Macht der Frauen wird dabei vor allem mit ihrer Mütterlichkeit bzw. mit dem »mütterliche[n] Prinzip des Lebens, der Einigkeit, des Friedens und der Gleichheit aller Menschen« (Göttner-Abendroth 1988, 138) begründet. Daß es sich hier um wohlfeile Schlagwörter handelt, wurde schon bei unseren archäologischen Fallbeispielen hinreichend deutlich. Aber wie verhält es sich mit den Begriffen »Macht« und »Herrschaft«?
Auch hier blendet die Matriarchatsforschung gekonnt alle moderneren Ansätze aus Soziologie und Kulturanthropologie aus und verbindet Macht stets mit Herrschaft. Wenn auch nirgends eindeutig formuliert, wird Macht offenbar als die Chance verstanden, den eigenen Willen auch gegen das Widerstreben der anderen und notfalls mit Gewalt durchzusetzen. Aber ein Herrschafts- und Machtbegriff, der sich nur an Überordnungs-, Unterordnungs- und Gehorsamsverhältnissen ausrichtet, verstellt den Blick auf die weitaus subtileren Machtbeziehungen zwischen Männern und Frauen (Knapp 1992): Die feministische Forschung der USA und Italiens plädiert schon seit längerem dafür, die Diskussion stärker für machttheoretische Fragen zu öff-

nen. Dazu zählt unter anderem auch die Frage nach den Machtstrategien von Frauen, wie sie hierzulande auch von Ilse Lenz und Ute Luig (1990) aufgeworfen wurde. Unter Bezug auf Erkenntnisse der ethnologischen Forschung sprechen sich die Wissenschaftlerinnen für ein Machtkonzept aus, das sich auf Norbert Elias' Überlegungen zu den »Machtbalancen« (1986) zwischen den Geschlechtern stützt und Prozesse der indirekten und direkten Machtbeteiligung von Frauen sowie deren Vernetzungen und Veränderungen in den Mittelpunkt stellt. Dabei warnen sie davor, den indirekten Machteinfluß von Frauen zu unterschätzen. Frauen, so Ilse Lenz und Ute Luig, »entwickeln selbst Machtstrategien [...], um in ihren unterschiedlichen sozialen, ökonomischen und kulturellen Beziehungen Macht zu erlangen. Frauen können als Schwestern, Liebende oder Mütter, als Produzentinnen, Heilerinnen oder Priesterinnen Macht beanspruchen.« (1990, 1)

Status und Macht von Frauen lassen sich also nicht auf einen einzigen Faktor zurückführen, gleichgültig, ob man diesen Faktor nun Gebärfähigkeit, Mutterschaft oder religiöse und politische Beteiligung nennt. Die Vorrangstellung der Männer in der politischen Repräsentation bedeutet nicht notwendig auch, daß sie herrschen, denn Frauen können gleichzeitig andere einflußreiche Machtfelder besetzen: beispielsweise indem sie Produktionsmittel besitzen, über die Waren verfügen, die maßgeblichen religiös-moralischen Vorstellungen formulieren, die Reproduktion kontrollieren und eigenständig über ihren Körper und ihre Sexualität verfügen.

Macht muß also als wechselseitiger Einfluß aller Beteiligten in sozialen Beziehungen verstanden werden. Sie ist kein statischer Block, entstanden durch den einfachen Vorgang des Sichdurchsetzens, sondern eher ein flexibles Gefüge, das sich komplexen Prozessen des Aushandelns verdankt. Machtprozesse haben verschiedene Brennpunkte, in denen Frauen und Männer im Rahmen von vielfältigen, einander überkreuzenden und durchbrechenden Beziehungen Einfluß gewinnen können:

> Schwestern stehen meist in einem solidarischen Verhältnis zu ihrer Gruppe, und ihnen kommen wichtige Funktionen für deren Fortbestand und Zusammenhalt zu, die sich in ihrer zentralen Rolle bei Ritualen ausdrücken können. Mütter können die Beziehungen zu ihren Kindern für sich nutzen und sind oft Leitfiguren in der symbolischen Ordnung, etwa in den Mythen. Matronen schließlich haben durch ihr Alter eine Autorität erreicht, die sich keineswegs auf das Faktum der Mutterschaft reduzieren läßt. Als Vorsteherinnen des Hauses etwa haben sie politische Rollen ›nach außen und innen‹, sie können die Einheit des Hauses oder der Lineage symbolisieren. (Lenz 1993, 23)

All dies kann zu einer ›Frauenmacht ohne Herrschaft‹ führen und sich in einem symmetrischen Gleichgewicht zwischen männlichen und weiblichen Machtfeldern niederschlagen. Lenz schlägt daher vor, den Begriff des Matriarchats durch den der »geschlechtssymmetrischen Gesellschaft« zu ersetzen.
Vor dem Hintergrund dieser Überlegungen muß das Konzept der Matriarchatsforschung als zu statisch und eindimensional abgelehnt werden. Statt weiterhin »feste Merkmalskataloge für Matriarchate« aufzustellen (Lenz 1993, 22), muß die spezifische Konstellation von Machtfeldern, aus denen Symmetrien – aber natürlich auch Asymmetrien – entstehen können, untersucht werden. Methodisch ist die Zuordnung verschiedener Einzelkulturen zu einem übergeordneten sozialen Typus ohnehin nur unter der Voraussetzung eines systematischen interkulturellen Vergleichs zulässig, der aber von der Matriarchatsforschung nirgendwo geleistet wird.

Auch in der archäologischen Frauenforschung versuchen Wissenschaftlerinnen, wenn bislang auch nur zaghaft, den Konzepten der feministischen Forschung Rechnung zu tragen. Die Feministische Archäologie, vor allem in Großbritannien, Skandinavien und den USA seit längerem etabliert, in Deutschland noch in der Entstehung begriffen, versteht »Geschlecht als fortlaufenden Prozeß« (Kästner 1993, 15) und meint damit die ständige

Veränderung der Beziehungen unter und zwischen den Geschlechtern im historischen Ablauf, wobei ein Machtbegriff im Sinne von Ilse Lenz veranschlagt wird. Da nur durch die Betrachtung der gesamten Gesellschaft die soziale Position ihrer einzelnen Mitglieder bestimmt werden kann, stehen weder ausschließlich Frauen und Göttinnen noch der Nachweis der Dominanz des einen oder anderen Geschlechts im Mittelpunkt der Betrachtung. Die Feministische Archäologie hält die Kategorien Matriarchat/Patriarchat folgerichtig für zu schematisch, um die vielschichtige kulturelle Wirklichkeit der Geschlechter erfassen zu können. Vielmehr sehen die Wissenschaftlerinnen ihre Aufgabe darin, im archäologischen Quellenmaterial die Kategorie Geschlecht (im Sinne von sozialem Geschlecht) sichtbar zu machen und Fakten zur Rekonstruktion der Alltagsgeschichte bereitzustellen, denn letzten Endes kann nur die Erforschung des Alltags den Geschlechterrollen in der Urgeschichte auf die Spur kommen.

So müssen wir abschließend unseren Verdacht als bestätigt betrachten, daß noch die gegenwärtige Matriarchatsforschung ebenso eifrig wie engstirnig einem europäischen Diskurs hinterherhinkt, der die Sozialwissenschaften des 19. und des frühen 20. Jahrhunderts bewegte. Die historische Realität bleibt dabei nach wie vor im Dunkel der Geschichte. Göttner-Abendroths polemischer Vorwurf der Verbreitung einer »unglaublich unverblümten Ideologie« (1988, 15) an die Adresse von Pater Wilhelm Schmidt kann uneingeschränkt zurückgeschickt werden.

9

Mythos Matriarchat

Historiker sind Reporter, die überall dort nicht dabei waren, wo etwas passiert ist«, und – so könnte man George Bernard Shaws bissige Bemerkung noch zuspitzen – die dennoch darüber berichten. Sie erzählen Geschichten über die Vergangenheit, die sie aus ihren Überresten, den Geschichtsquellen, in detektivischer Kleinarbeit herausgelesen, interpretiert und rekonstruiert haben. Daß die erzählten Geschichten zwangsläufig subjektiv gefärbt und auch lückenhaft sind, ist ein Grundproblem der Geschichtswissenschaft, das sie nicht lösen, sondern lediglich im Zaum halten kann. Zur Selbstkontrolle hat sie sich deshalb in ein methodisches Korsett gezwängt, das die Subjektivität der Forschenden begrenzen, den Weg der Erkenntnis bestimmten Regeln unterwerfen und ihre Ergebnisse damit allgemein nachvollziehbar und konsensfähig, d.h. plausibel, machen soll. Dazu gehören die umfassende Reflexion des eigenen Standpunktes, Quellenkritik sowie die Offenlegung aller zur Auswertung der Quellen benutzten Theorien und Interpretationsmuster. Aussagen über die Vergangenheit, die auf diesem Wege erzielt wurden, können zwar wissenschaftliche Geltung, aber nur selten die Qualität einer historischen Wahrheit oder einer geschichtlichen Tatsache beanspruchen: Bei diesen handelt es sich überwiegend um die zeitliche Fixierung historischer Er-

eignisse, wie beispielsweise den Auftakt der Französischen Revolution im Jahr 1789.
Verhalten sich schon HistorikerInnen äußerst zurückhaltend, wenn es darum geht, ihre Ergebnisse in den Rang absoluter historischer Wahrheiten zu erheben, so sind die Skrupel der ArchäologInnen bei der Verteilung dieses ›Gütesiegels‹ noch weitaus größer. Und dies aus gutem Grund, wie die Diskussion der in der Matriarchatsdebatte verwandten archäologischen Quellen gezeigt hat. In Variationen tauchten hier immer wieder die Grundprobleme archäologischer Forschung auf: Sie beginnen bei dem winzigen Ausschnitt, der von den vergangenen Lebenswelten überliefert ist und lediglich den Teil der materiellen Kultur umfaßt, der sich durch eine Kette glücklicher Umstände und Zufälle bis heute erhalten hat und dann auch noch gefunden wurde. Daß die Vergangenheit buchstäblich nur in Bruchstükken überliefert ist, ist eine Krux, die auch die ausgefeilteste Methodik nicht überwinden kann. ArchäologInnen müssen damit leben, daß aus ihren Quellen niemals repräsentative Ausschnitte einer vergangenen Realität werden, aus denen die gesamte Kultur erschlossen werden kann. Auch die Vieldeutigkeit der Quellen, die eben *nicht* aus sich heraus verständlich sind, ist ein Problem. Ohne das Korrektiv schriftlicher Selbstzeugnisse werden wir ihre Bedeutung für die Menschen damals nie mit letzter Sicherheit benennen können.
Archäologische Quellen sind daher zunächst ein stummes Projektionsfeld für nahezu unbegrenzt viele Interpretationsmöglichkeiten. Auf ähnliche Weise wie in der Geschichtswissenschaft gilt es auch in der Archäologie, den interpretatorischen Wildwuchs zu begrenzen, den subjektiven Anteil von Interpretationen zu kontrollieren und durchsichtig zu machen. Die Urgeschichtsforschung muß das Spektrum der denkbaren Deutungen auf diejenigen einengen, die einer methodisch-theoretischen Überprüfung standhalten und deshalb plausibel sind. Über den Rang plausibler Interpretationen kommen die wenigsten Ergebnisse archäologischer Forschung hinaus.
Eines der größten Probleme der Archäologie ist es, daß sie bis

heute keinen Schlüssel zur Gedankenwelt vergangener Gesellschaften in der Hand hat. Niemand bezweifelt, daß sich diese in irgendeiner Form in archäologischen Funden niedergeschlagen hat, doch wie kann man sie erkennen und verstehen? Die kritische Analyse der Arbeiten von Sir Arthur Evans, James Mellaart und Marija Gimbutas hat gezeigt, daß ihr Weg zur geistigen Welt vergangener Kulturen mit persönlichen Projektionen gepflastert ist, daß sie methodisch und theoretisch mangelhaft vorgehen. Die Suche nach dem Stein der Weisen geht also weiter.

Bis heute ist das Matriarchat mit archäologischen Quellen weder zu beweisen noch zu widerlegen. Gegenteilige Aussagen sind unseriös. Über diese wissenschaftliche Grenze setzen sich die MatriarchatsforscherInnen ungeniert hinweg. Sie operieren auf einem so hoch angesetzten Interpretationsniveau, daß momentan keine methodische und theoretische Grundlage in Sicht ist, entsprechende Deutungen wissenschaftlich abzusichern. Die einzige Möglichkeit überhaupt, eine mit dem Matriarchat verbundene Vorstellung hieb- und stichfest zu belegen, liegt dann auch jenseits der Fachgrenzen, im Arbeitsgebiet der Anthropologie. Sie könnte unter optimalen Bedingungen anhand einer genetischen Geschlechtsdiagnose (DNA-Analyse) und einer Verwandtschaftsanalyse von Skeletten eine matrilokale Wohnfolge belegen. Doch selbst wenn dieser Nachweis im Einzelfall gelänge, wäre damit die matriarchale Organisation der betreffenden Gesellschaft noch nicht bewiesen, da Matrilokalität nicht automatisch auch die anderen Elemente der ›matriarchalen Struktur‹ nach sich zieht. Der Vergleich mit heute noch existierenden traditionellen Gesellschaften genügt, um zu dieser Einsicht zu gelangen, denn eine Bestätigung fester Kriterien für Matriarchate läßt sich dort nicht finden.

Die kulturelle Vielfalt ist denn auch ein starkes Argument gegen das polare Geschichtsbild der Matriarchatsforschung, das sich schließlich in einem immerwährenden matriarchalen Paradies auflöst. Angesichts der Fülle archäologischer Daten, die heute weltweit vorliegen und die niemand mehr überblicken kann, ist es schlichtweg unmöglich, sie zu einer griffigen Gesamtschau, zu einer »Totalgeschichte der Menschheit« (Mommsen 1992, 135) zusammenzuführen. Doch es war nicht allein die Kapitulation vor der Datenmenge, die Archäologie und Geschichtswissenschaft veranlaßte, vom Versuch abzurücken, Menschheitsgeschichte zu schreiben, sondern auch die Erkenntnis, daß es nicht die eine, sondern eine Vielzahl von Geschichten gibt, »die gleichsam übereinandergeschichtet sind und unterschiedlichen Zeitbegriffen gehorchen« (Mommsen 1992, 131). Die Idee eines universalen Geschichtsprozesses wird deshalb entschieden zurückgewiesen.

Universalgeschichtliche Konzepte wie das des Urgeschichtlers Oswald Menghin sind von den Fakten längst widerlegt und selbst (Forschungs-)Geschichte geworden. Dieses Beispiel hat in aller Deutlichkeit gezeigt, daß universale Geschichtsschreibung nicht ohne eine vorgefaßte Theorie und Konstrukte auskommt. Sie erlauben es, alle Informationen auf den vom Forschenden gesetzten gemeinsamen Nenner zu bringen und zu einer scheinbar sinnvollen Gesamtschau zu vereinen. Daß zu diesem Zweck unliebsame historische Daten bei Bedarf unter den Teppich gekehrt oder zurechtmodelliert werden, ist dabei eine gängige Begleiterscheinung. Selbst bei ›optimaler Paßform‹ von Modell und Fakten macht das produzierte Bild nur so lange Sinn, wie die ihm zugrundeliegende Theorie als alles erklärender Faktor akzeptiert wird. Ansonsten fällt es wie ein Kartenhaus in sich zusammen.

Die aktuelle Matriarchatsforschung versucht nach wie vor, universale Menschheitsgeschichte zu betreiben, etwas, was die Wissenschaft längst als Irrweg erkannt hat. Ihre vorgefaßte Theorie, die postulierte Entwicklung vom Matriarchat zum Patriarchat, macht aus dem weltweiten Wirrwarr unzähliger Einzel-Geschichten zwei handliche Päckchen. Das kleinere davon, das Patriarchat, ist uns bestens vertraut und muß deshalb nicht erst noch erforscht werden. Schließlich hat sich seit dem »patriarchalen Unfall« im wesentlichen nichts Neues getan. Doch auch das Matriarchat gerinnt unter der Feder seiner AdeptInnen zur Beschreibung eines Zustandes, in dem die Menschheit – wahlweise Tausende oder Millionen von Jahren – nahezu regungslos verharrt sein soll. Diese Sicht von Geschichte steht in krassem Widerspruch zum bewegten und komplexen Bild kultureller Vielfalt und zahlreicher Entwicklungsprozesse, das sich aus den archäologischen und historischen Quellen ergibt.

Damit kommt jedoch das Fundament des matriarchalen Geschichtsbildes ins Rutschen, denn letztlich ist es diese Zweiteilung, die der Matriarchatsforschung das Patentrezept zum Verständnis der Vergangenheit in die Hand gibt. Wenn sie von vornherein ›weiß‹, daß die entsprechenden archäologischen Funde Zeugnisse der matriarchalen Epoche der Menschheit sind, kommt jeweils nur eine Deutung in Frage: Dann *können* Frauenstatuetten eben nur Göttinnenbilder sein. Akzeptiert man das Diktum von der zweigeteilten Menschheitsgeschichte nicht, löst sich die Eindeutigkeit der Funde im Nichts auf, und es stehen plötzlich mehrere Interpretationen im Raum. Die Gretchenfrage lautet dann, welche von ihnen tatsächlich den ursprünglichen Bedeutungsgehalt trifft. Und damit sind wir wieder bei den Grundproblemen der archäologischen Forschung angelangt.

Aus diesem Blickwinkel betrachtet, gerät das Matriarchat in der Urgeschichte letztlich zur Glaubensfrage. Wer an die matriarchale Theorie und an das mit ihr verbundene Geschichtsbild glaubt, wird in archäologischen Funden aus dem postulierten weiblichen Zeitalter unschwer die matriarchale Welt wiedererkennen. Diese Haltung scheint in der Matriarchatsforschung vorzuherrschen. Der wissenschaftliche Anstrich, den manche (nicht alle!) AutorInnen ihren Büchern verleihen, wird zu einer Tünche, die das ideologische Vorgehen nur mühsam überdeckt. Ob es sich dabei um einen bewußten Etikettenschwindel handelt, um den Ergebnissen mehr Gewicht zu verleihen, steht hier nicht zur Debatte. Unser Anliegen ist es, der in zahlreichen Variationen auftretenden Aussage, daß das Matriarchat eine historische Tatsache und wissenschaftlich bewiesen sei, ein klares »Nein!« entgegenzusetzen.

Aus diesem Grund ist KritikerInnen zuzustimmen, die das Matriarchat für einen modernen Mythos halten, der mehr über den

Zustand unserer Gesellschaft als über die Vergangenheit aussagt (u.a. Lerner (1991), Wagner-Hasel (1991; 1992; 1993), Wesel (1980), Zinser (1981), Schuster (1983)). Die Frage, ob es in der Vergangenheit matriarchale Gesellschaften gegeben hat, ist damit freilich nicht vom Tisch. Doch bleiben wir bei der Gegenwart, speziell bei den Aspekten, die Matriarchat und Göttin heute für Frauen attraktiv und interessant machen. In diesem bunten Gemisch aus Identitätsfindung, Utopien, neuen Lebensformen, weltanschaulicher Orientierung, Spiritualität und vielem anderem mehr findet sich auch der Wunsch nach einer eigenen Geschichte. Allerdings ist er so sehr mit existentiellen Bedürfnissen verwoben, daß er in erster Linie persönlichem und weniger historischem Interesse entspringt. Überspitzt formuliert lautet die Frage also nicht: »Welche Religion hatten die Menschen damals?«, sondern: »Was bedeutet die urzeitliche Göttin für mich und mein Leben?« Die Geschichte wird nahezu ausschließlich dazu benutzt, aktuelle Bedürfnisse verschiedenster Art zu bedienen. Eines davon scheint jedoch in der Matriarchatsforschung durchgängig zu fehlen: das Bedürfnis, möglichst genau zu erfahren, wie es tatsächlich gewesen ist. So kommt es zu einer Form der Geschichtsschreibung, die man mit der Historikerin Uta C. Schmidt als »illusionäre Vergangenheitsaneignung« bezeichnen kann (1994, 16; 142 ff.), die anstelle fundierten Geschichtswissens neue Mythen erzeugt.

Die von der Matriarchatsforschung betriebene Mystifizierung der Vergangenheit steht in Opposition zu dem Verständnis von Geschichtsforschung, das wir als Archäologinnen haben. Unser Ziel ist die größtmögliche Annäherung an die damalige Realität. Daß wir mit archäologischen Funden *nur* an der Oberfläche, d.h. am Alltagsleben, kratzen und nicht in die Gedankenwelt der Menschen eindringen können, ist eine Grenzerfahrung, die schwer zu akzeptieren ist. Das ist vor allem dann der Fall, wenn man die geistige Ebene bei manchen Fundstücken förmlich zu spüren meint, letztlich aber doch nicht fassen kann und sich mit plausiblen Interpretationen zufriedengeben muß. Manchmal sind die Zeugnisse vergangener Zeiten sogar so fremd, daß wir sie mit nichts aus unserer Erfahrungswelt assoziieren können. In solchen Fällen sind Deutungsversuche reine Spekulation. Trotzdem ist archäologische Forschung alles andere als frustrierend, denn die Informationen, die sich aus den Quellen gewinnen lassen, sind so reichhaltig und spannend, daß sie häufig detaillierte und auch überraschende Einblicke ins Alltagsleben erlauben und langfristige historische Entwicklungen aufzeigen. Diese Perspektive – namentlich das, was archäologische Forschung leisten kann – konnte in diesem Buch lediglich angedeutet werden. Hier standen zwangsläufig die Aspekte im Vordergrund, die sich archäologisch *nicht* nachweisen lassen.

Dennoch ist die Möglichkeit eines Brückenschlags zwischen Matriarchatsforschung und Archäologie zu prüfen. Auch wenn es angesichts der harschen Kritik vielleicht überraschen mag und deutlich geworden ist, daß uns Welten trennen, würden wir uns freuen, wenn er zustande käme. So war die Arbeit mit Matriarchatsliteratur für uns in verschiedener Hinsicht bereichernd und lehrreich.

Eine ganz besonders wichtige Erkenntnis, die uns seither nicht mehr losläßt, ist das von uns völlig unterschätzte Bedürfnis von Frauen, die ›eigene Geschichte‹ bis in die Frühzeit der Menschheit auszudehnen. Anhand der Fragen, die Frauen stellen, wurde uns in aller Deutlichkeit bewußt, daß die deutsche Urgeschichtsforschung wenig Antworten zu bieten hat. Zum Teil betreffen diese Fragen Bereiche, die außerhalb der Aussagemöglichkeiten archäologischer Forschung liegen. Zum Teil ließen sich jedoch Antworten finden – sofern die Fragen gestellt würden. Und das ist bisher kaum der Fall. Im Bereich Frauen- und Geschlechterforschung hat die deutsche Urgeschichtsforschung einen enormen Nachholbedarf, obwohl sie sich durchaus von entsprechenden Studien skandinavischer und angloamerikanischer KollegInnen inspirieren lassen könnte. In einer wissenschaftlich fundierten Frauen- und Geschlechterforschung sehen wir eine Möglichkeit, dem speziellen Geschichtsbedürfnis von Frauen mit Fakten nachzukommen. Vielleicht könnte dann auch die starre Fixierung vieler Frauen auf die Frage nach dem

Matriarchat überwunden und Raum für andere Fragestellungen geschaffen werden.

Die Matriarchatsliteratur sowie die kritischen, häufig aus feministischer Sicht erfolgten Auseinandersetzungen mit ihr haben uns für frauenzentrierte Themen, Anliegen und Forschungsansätze sensibilisiert und von ihrer Bedeutung überzeugt. Allerdings haben wir größte Zweifel, daß Mythen, beispielsweise der Glaube an ein urgeschichtliches Matriarchat, der Sache der Frau dienlich sein könnten. Wir plädieren für eine möglichst realistische Einschätzung der Geschlechterverhältnisse und ihrer historischen Hintergründe. Diese Kenntnis halten wir für die Voraussetzung, die gewünschten Veränderungen vorantreiben zu können. Skeptisch sind wir auch gegenüber der Vorstellung, daß dieser Kampf auf dem Feld einer gegenüber der Alltagswelt abgeschotteten Frauen-Spiritualität zu gewinnen sein soll. Das ist allenfalls ein Nebenschauplatz der Konflikte. Hinzu kommt, daß in dieser gesellschaftlichen Enklave ein äußerst kontraproduktives Frauenbild gepflegt wird: In matriarchalem Gewand holt uns hier die frauendiskriminierende Ideologie der Geschlechtscharaktere aus dem 18. und 19. Jahrhundert wieder ein, die die Frau auf das geistlose, aber doch so liebe Naturwesen und Muttertier festschreibt.

Problematisch erscheint uns auch der Unschuldsstatus, der mit diesem Frauenbild verbunden ist. Seit dem »patriarchalen Unfall« sind Frauen die passiven Opfer der Männer, die als Akteure der Weltgeschichte an allem schuld sind. Die von Christina Thürmer-Rohr (1984) angestoßene Täter-Opfer-Debatte ist an der Matriarchatsforschung offenbar spurlos vorübergegangen. Das gleiche gilt für Warnungen aus der Geschichtswissenschaft, die vermeintliche gemeinsame Betroffenheit aller Frauen als Opfer zum Ausgangspunkt historischer Betrachtungen zu machen, da sie nur den Mythos der weiblichen Schwäche und Machtlosigkeit unterstütze (Schmidt 1988; 1994, 73 ff.; 85 ff.). Nachdenklich stimmt uns auch der Eindruck, daß viele Frauen noch immer eine Legitimation für ihre Wünsche benötigen und das Matriarchat oder die Große Göttin als Rechtfertigungsinstanzen anrufen.

Weshalb? Wir brauchen doch keine dubiose Epoche weiblicher Dominanz in der Urgeschichte oder in Übersee, um hier und heute Gleichberechtigung, die Beendigung der Frauendiskriminierung oder ein selbstbestimmtes Leben erwarten und fordern zu können.

Bis zur Erfindung einer Zeitmaschine, von der nicht nur Science-Fiction-AutorInnen, sondern auch ArchäologInnen träumen, wird es ein Rätsel bleiben, ob es das Matriarchat in der Vergangenheit jemals gegeben hat. In unserer Zeit wird sich der Mythos vom Matriarchat vermutlich erst dann totlaufen, wenn die Konflikte und Hoffnungen, die er verkörpert, gelöst bzw. erfüllt sein werden. Da wir davon wohl noch weit entfernt sind, ist zu überlegen, ob dieser Mythos uns auf dem Weg dahin unterstützt oder eher behindert, ob wir ihn überhaupt brauchen. Die unterschiedlichen Positionen, die im Umgang mit Geschichte, Frauenanliegen und Gesellschaftskritik beim Thema »Matriarchat« vertreten werden, geben Stoff für zahlreiche Diskussionen. Es ist zu hoffen, daß diese Diskussionen vermehrt in Gang kommen, denn sie könnten die Lösungen, die von der Matriarchatsforschung auf die Zukunft vertagt werden, unserer Gegenwart ein Stück näherbringen.

Dank

Die Idee zu diesem Buch entstand in einer ursprünglich studentischen Arbeitsgruppe, die sich von 1990 bis 1993 am Institut für Ur- und Frühgeschichte der Universität Freiburg mit Fragen der Frauen- und Geschlechtergeschichte auseinandersetzte. Dank der großzügigen finanziellen Unterstützung des *Ministeriums für Familie, Frauen, Weiterbildung und Kunst Baden-Württemberg* war es möglich, diese Idee in einer kleineren Gruppe im Rahmen eines etwa einjährigen Forschungsprojektes am Institut für Ur- und Frühgeschichte Freiburg in die Tat umzusetzen.
Gerade in der Anfangsphase profitierte das Projekt in hohem Maße von den Diskussionen in der genannten Arbeitsgruppe, zu der außer uns Dr. Barbara Fritsch, Berlin, Lisbeth Soos, Freiburg, und Silvia Sprenger M.A., Freiburg, gehörten. Ohne diese Vorarbeiten hätten wir unser Vorhaben weder so zielstrebig angehen noch in so kurzer Zeit zu einem Abschluß bringen können. Herzlich danken möchten wir auch den zahlreichen KollegInnen und FreundInnen, die unsere Arbeit mit Interesse verfolgten und uns mit konstruktiver Kritik, Hinweisen oder auch Bildmaterial unterstützten. Zu nennen sind hier vor allem Dr. Frank Fetten, Münster, Christian Gildhoff, Freiburg, Dr. Albert Hafner, Biel (CH), Sibylle Kästner M.A., Tübingen, Dr. Martin Kolb, Freiburg, Dr. Irenäus Matuschik, Freiburg, Dr. Johannes Müller, Berlin, Dr. Elisabeth Noll, Hamburg, Dr. Linda Owen, Tübingen, Dr. Sandra Pichler, Düsseldorf, Ruth Schreiber M.A., Freiburg, Christopher Staub Gierow, Freiburg, Christine Trapp M.A., Freiburg, Beate Vogt M.A., Freiburg, Olaf Wahls M.A., Bremen, und Werner Wahls M.A., Stuttgart. Großen Dank schulden wir auch Dörte Fuchs M.A. und Jutta Orth M.A., Freiburg, die mit großem Engagement und Einfühlungsvermögen unsere Texte lektorierten und somit wesentlich zum Gelingen des Buches beitrugen.

Glossar

akephale Gesellschaft (griech.: »kopflose« Gesellschaft): Typ der politischen Organisation ohne Zentralgewalt oder übergeordnete Verwaltungsinstanz. Besteht aus einer Anzahl von lokker miteinander verbundenen, politisch autonomen Lokaleinheiten.

Alt-Europa: Mit »Alt-Europa« bezeichnete Marija Gimbutas das südosteuropäische Neolithikum und die Kupferzeit (6500–3500 v.Chr.) und faßt damit eine Vielzahl archäologischer Kulturen zu einer einzigen zusammen. Diese neolithische Kultur sei von einer Religion der Großen Göttin geprägt und friedliebend, harmonisch und matrilinear organisiert gewesen. Der Begriff »Alt-Europa« wird in der archäologischen Wissenschaft nicht gebraucht.

Altsteinzeit: s. Paläolithikum.

aneignende Ökonomie: Nutzung der in der Natur vorkommenden Nahrungsquellen durch Sammeln, Jagen und Fischen. Landwirtschaftlicher Anbau und Viehhaltung werden nicht betrieben. Eine Vorratswirtschaft fehlt ebenfalls meist ganz.

Archäologie (griech.: Lehre vom Alten, Altertumskunde): Wissenschaft, die durch Ausgrabungen die materiellen Hinterlassenschaften vergangener Gesellschaften erforscht und so für die Erkenntnis des Geschichtsprozesses unmittelbar nutzbar macht.

Artefakt: Allgemein jeder von Menschen geschaffene Gegenstand, archäologisch auch ein Werkzeug, das eine menschliche Bearbeitung erkennen läßt.

Bronzezeit: Als Bronzezeit (in Mitteleuropa von ca. 2300 bis ca. 800 v.Chr.) bezeichnet man üblicherweise die Periode, in der die Bronzemetallurgie (Beherrschung der Kupfer-Zinn-Legierung) aufkam und Bronze das am häufigsten verwendete Metall war.

Chorologie (griech.: Raumkunde): In der Archäologie die räumliche Verbreitung kultureller Phänomene (einer Waffen-, Schmuck-, Geräte- oder Keramikform, eines Haustypus, einer Siedlungsweise, einer Grabform oder einer Bestattungssitte etc.).

Chronologie (griech.: Zeitkunde): Unter Chronologie versteht man in der Archäologie die zeitliche Einordnung von Funden, Befunden und historischen Ereignissen. Dabei wird zwischen relativer Chronologie (d.h. die Bestimmung der zeitlichen Relation der Einzelerscheinungen untereinander) und absoluter Chronologie (d.h. die Bestimmung nach Jahren, Jahrhunderten oder Jahrtausenden) unterschieden.

Domestikation: Zähmung und Züchtung wildlebender Tier- und Pflanzenarten für die Nutzung durch den Menschen. Dadurch wurden domestizierte Tiere und Pflanzen weit über ihre Ursprungsgebiete und ihre natürlichen Standorte hinaus verbreitet.

Doppelaxt: Axt mit mittigem Schaftloch und zwei einander entgegengesetzten Schneiden.

Dreiperiodensystem: Unterteilt den Zeitraum der Urgeschichte in die drei aufeinanderfolgenden Perioden Stein-, Bronze- und Eisenzeit. Es wurde 1818 von dem Dänen Christian Thomsen (1788–1865) entwickelt. Kriterium der Unterteilung ist der jeweilige Werkstoff. Dieses ursprüngliche Chronologiesystem ist auch heute noch gültig, wurde jedoch inzwischen stark verfeinert. Chemisch-physikalische Untersuchungen erlauben die Annahme einer vierten Zeit zwischen Stein- und Bronzezeit: die Kupferzeit, in der die Metallurgie entwickelt wurde.

egalitäre Gesellschaft: Von Marija Gimbutas und der Matriarchatsforschung behauptetes gesellschaftliches Charakteristikum der matriarchalen Epoche, wobei mit »egalitär« wohl eine umfassende Gleichberechtigung aller Mitglieder gemeint ist. Eigentlich bedeutet der Begriff »egalitär« jedoch keine tatsächliche, sondern nur eine mögliche Gleichheit aller Gesellschaftsmitglieder, soweit Kriterien wie Alter, Geschlecht, Persönlichkeit, körperliche und geistige Leistungsfähigkeit, Konformität mit den herrschenden Normen und Werten, Mitgliedschaft in exklusiven Gruppierungen, Wissen und technische Spezialisierung nicht dagegensprechen. Jedes Mitglied hat den seinen momentanen Fähigkeiten und Leistungen entsprechenden Status. Die Führungsautorität (»primus inter pares«) ist eine vorwiegend persönliche; sie beruht eher auf Leistung, Vorbild- und Ratgeberfunktionen als auf einer institutionalisierten Zwangsgewalt. Für die unterschiedlichen gesellschaftlichen Aktivitäten kann es verschiedene Führer geben. Mit egalitären Gesellschaftsformen sind ethnologisch meist kleine Gemeinwesen von Verwandtschafts- und Lokalgruppen mit durchschnittlich 30–100 Mitgliedern verbunden, beispielsweise Wildbeuter (s. dort). (Nach Hans Fischer (Hrsg.): *Ethnologie. Einführung und Überblick*, Berlin 1988, S. 182 f.)

Eisenzeit: Zeitperiode, die in Mitteleuropa um 800 v.Chr. beginnt und durch die Entwicklung der Eisenmetallurgie sowie die bevorzugte Verwendung von Eisen gekennzeichnet ist.

Eiszeit: Eine Kaltzeit, während der weltweit niedrigere Temperaturen zu einem kräftigen Vorstoß der Gletscher und der Inlandeismassen in den höheren Breiten und in den Hochgebirgen geführt haben. Mit dieser tiefgreifenden klimatischen Veränderung war eine Verschiebung der Klimagebiete äquatorwärts und damit ein Abwandern der angepaßten Pflanzen- und Tierwelt verbunden. Mit »Eiszeitalter« wird lediglich die jüngste erdgeschichtliche Zeit (Pleistozän) bezeichnet, obwohl Eiszeiten während der gesamten Erdgeschichte auftraten.

Erdwiderstandsmessungen: In der Archäologie verwendetes Prospektionsverfahren zum Nachweis archäologischer Objekte und Strukturen. Die Erde leitet elektrischen Strom. Der elektrische Widerstand der oberen Bodenschichten wird dabei im wesentlichen von der Feuchtigkeit und vom Elektrolytgehalt (Anteil an leitenden Ionen) des Bodens bestimmt. Tonige und humose Böden haben einen geringen elektrischen Widerstand, Steine haben hingegen einen sehr hohen. Werden bei der Prospektionsmessung lokale Störungen im elektrischen Widerstand mit sehr niedrigen Werten festgestellt, so kommen als Ursachen z.B. Gruben und Gräben in Frage, da sie häufig mit tonigen, humosen oder feuchten Böden verfüllt sind. Sehr hohe Werte deuten auf Steinstrukturen oder auf Hohlräume. Zur Messung werden meist vier Elektroden in einer Reihe in den Boden gesteckt und ein Strom in den Boden geschickt und die erzeugte Spannung gemessen.

Ethnie: Soziale Gruppierung, die sich selbst als feste Einheit versteht.

ethnozentrisch: s. Ethnozentrismus.

Ethnozentrismus: Das Phänomen, daß fremde Völker nach den eigenen Wertmaßstäben beurteilt werden und die eigene Kultur in der Regel als höherstehend eingestuft wird. Die eigenen Verhaltensmuster gelten als normal, natürlich, gut und wichtig, das Verhalten Fremder hingegen gilt als wild, unmenschlich oder irrational. Bereits der ›Vater‹ der Geschichtsschreibung und der Ethnographie, Herodot (480–430 v.Chr.), formulierte das Prinzip des Ethnozentrismus als eine für alle Völker gültige Erscheinung.

Fayence: Feinkeramik, die mit einer deckenden Glasur überzogen ist.

Feuerstein: s. Flint.

Findlinge (erratische Geschiebe): Gesteinsblöcke, die unter eiszeitlichen Bedingungen vom Gletscher als Geschiebe transportiert und oft weit von ihrem Ursprungsgebiet entfernt abgelagert wurden.

Flint (Feuerstein): Opal-Chalcedon-Quarzgesteine, die als Knollen- oder Plattenhorizonte in Kalksteinmassen, besonders in der Kreide, vorkommen. Wegen ihres scharfkantigen, muscheligen Bruchs waren die verschiedenen Arten ein beliebter Rohstoff für Messer, Pfeilspitzen, Dolche etc. Flint diente in späteren Zeiten beim Gewehrbau zum Feuerschlagen, daher der Name »Flinte« für ein Gewehr.

Formengesellschaft: Auftreten einer typischen Artefaktgruppe in einem bestimmten geographischen Raum (s.a. Kap. 3).

Frauenstatuetten: Die Begriffe Statuette, Figur oder Plastik werden im Text synonym gebraucht. Menschen- und Tierfiguren aus Stein (vorwiegend Kalk-, aber auch Speckstein), Knochen, Elfenbein und gebranntem Lehm machen den Hauptbestandteil skulptierter Arbeiten im Jungpaläolithikum aus. Im Neolithikum sind sie überwiegend aus Ton, Marmor oder Knochen gefertigt.

Fresko: Maltechnik, bei der die Farben auf den noch feuchten Kalkverputz aufgetragen werden. Sie verbinden sich beim Trocknen unlöslich mit dem Putz, so daß Korrekturen nur durch Abkratzen möglich sind. Es wird in »Tagwerken« stückweise gemalt, da der Kalk jeweils frisch sein muß. Vermutlich wurde diese Technik im bronzezeitlichen Kreta zuerst verwendet.

Frühe Hochkulturen: Entstanden erstmals in Mesopotamien (Sumer) und Ägypten, dann in Indien, Zentral- und Ostasien sowie in Mittel- und Südamerika. Stratifizierte, meist staatlich organisierte Gesellschaften mit ausgeprägter Arbeitsteilung und Schriftgebrauch.

Funde und Befunde: Als archäologischer Fund oder Fundgegenstand werden materielle Hinterlassenschaften des Menschen einschließlich seiner körperlichen Überreste bezeichnet. Funde ergeben jedoch erst mit dem archäologischen Befund den vollständigen Quellenwert. Als Befund werden die bei Ausgrabungen festgestellten ungestörten Zusammenhänge von Funden und die durch den Menschen verursachten künstlichen Strukturen im Boden bezeichnet (z.B. Mauern oder Bodenverfärbungen, die etwa durch Pfostenlöcher oder Abfallgruben entstanden; s.a. Kap. 3).

Gender: Geschlecht, verstanden als soziales Geschlecht, das sich unter dem Einfluß kultureller Definitionen von geschlechtsspezifischem Verhalten und Rollenmustern in einer bestimmten Gesellschaft und einer bestimmten Epoche bildet (s.a. Kap. 8).

geschlechtsdifferenzierte Bestattungsweise: Unterschiedliche Behandlung von Mann und Frau im Bestattungsritual, die sich in der Totenhaltung (z.B. gestreckte Rückenlage oder Hokkerstellung, Kopf im Süden, Blick nach Westen etc.), aber auch in den Beigaben äußern kann.

gesellschaftliche Stratifizierung: Gliederung der Gesellschaft in »Strata«, d.h. in gesellschaftliche Schichten mit unterschiedlichem Status und unterschiedlichen Lebenschancen (z.B. Kasten, Klassen, Stände etc.). Der Zugang zu den hochbewerteten Statuspositionen wird von den oberen Straten monopolisiert.

Gruppenehe: Geregelte Geschlechtsbeziehung zwischen mehreren Personen.

Gynaikokratie (griech.): Frauenherrschaft.

Hetärismus (bei Bachofen): Freie Geschlechtsgemeinschaft mehrerer Frauen mit mehreren Männern, kennzeichnend für die erste Stufe des Mutterrechts.

Historischer Materialismus: Marxistische Gesellschaftstheorie, die vor allem seit den 90er Jahren des 19. Jahrhunderts mehrfach Ausgangspunkt für Versuche war, spezifisch kulturelle und geistesgeschichtliche Entwicklungen in ihren ökonomisch-politischen Zusammenhängen zu untersuchen. Methodische Ausgangspunkte sind die materiellen Interessen und die materielle Reproduktion der Gesellschaft, die gegenüber anderen gesellschaftlichen Bereichen Vorrang haben. So ist etwa die gesellschaftliche Produktion als Basis dem ideologisch-kulturellen Überbau vorgeordnet. Die objektiven Interessen werden von den individuellen Bedürfnissen unterschieden und aus der ökonomisch-politischen Verfassung von Gesellschaften abgeleitet. Die historisch notwendige Auseinandersetzung von Produktivkräften und Produktionsverhältnissen erzeugt Konflikte (Klassenkämpfe) und treibt die gesellschaftliche Entwicklung voran. Die Menschen sind einerseits Repräsentanten der objektiven Interessen und zugleich von ihnen historisch geprägt, andererseits beziehen sie sich auf die von ihnen gemachte Gesellschaft und auf sich selbst zurück. Dieser reflexive Bezug führt zu Veränderungen der politisch-ökonomischen Verfassung der Gesellschaft und u.U. zu einer Negation dieser Verfassung, die dann ihrerseits wieder Ausgangspunkt neuer Veränderungen ist (Dialektik).

Horizont: Durch einen bestimmten, die Verbreitungsgrenzen einer einzigen archäologischen Kultur weit überschreitenden Artefakt- oder Bauwerktyp charakterisierte zeitlich kurze Phase. Im übertragenen Sinne bezeichnet der Begriff auffällige zeitgleiche Schichten übereinstimmenden Charakters, die an mehreren archäologischen Stätten anzutreffen sind und auf ein Ereignis von mehr als nur lokaler Tragweite (z.B. Katastrophen) zurückgeführt werden können.

Ikonographie: Wissenschaftliche Beschreibung, Erklärung und Deutung von Bildinhalten oder Symbolen.

Jüngere Altsteinzeit: s. Paläolithikum.

Jungpaläolithikum: s. Paläolithikum.

Jungsteinzeit: s. Neolithikum.

Kalium-Argon-Methode: Ein aus dem Bereich der Geophysik stammendes Verfahren, das Funde und Befunde bis zu einem Alter von 10 000 bis etwa 1 Mio. Jahren datieren kann. Voraussetzung ist, daß die urgeschichtlichen Funde durch den Ausbruch eines Vulkans unter kaliumhaltigen Mineralien begraben bzw. davon umschlossen wurden, denn mit dieser Methode werden nicht die Fundobjekte selbst datiert, sondern die vulkanischen Gesteinsschichten, in die sie eingebettet sind. Das Verfahren beruht darauf, daß in bestimmten Vulkangesteinen das radioaktive Kalium-40 enthalten ist. Dieses zerfällt im Lauf der Jahrmillionen zu Argon-40. Das Mengenverhältnis von Kalium-40 zu Argon-40 kann gemessen und so der Zeitpunkt des Vulkanausbruchs berechnet werden.

Kelim: Dünner, gewebter Teppich, dessen Vorder- und Rückseite einander gleichen. Der Schußfaden wird um den Kettfaden beidseitig nur so weit herumgeführt, wie es die Farbe des jeweiligen Musters verlangt.

Klassische Archäologie: Teildisziplin der Archäologie, die sich mit der Erforschung des Klassischen Zeitalters – der griechisch-römischen Kultur – befaßt. Quellen bilden vor allem literarische Texte, Kunst- und Bauwerke sowie die übrigen materiellen Hinterlassenschaften (s.a. Archäologie).

Krypta: In frühchristlicher Zeit Grabraum eines Märtyrers in den Katakomben. Später ein halbunterirdischer Raum unter dem Ostchor der Kirche, in dem Reliquien aufbewahrt oder geistliche und weltliche Würdenträger beigesetzt wurden.

Kulturgeschichtlicher Evolutionismus: Vorstellung, daß die Geschichte in kontinuierlichen Entwicklungsschritten verläuft, vor allem im 19. Jahrhundert verbreitet. Die menschliche Geschichte ist demnach eine lineare und in Kulturstufen faßbare Entwicklung, wobei keine der Stufen von selbst entstand, sondern sich stets aus der vorherigen entwickelte. Jede Kulturstufe hatte eine Phase des Aufstiegs, der Blüte und des Niedergangs (s.a. Kap. 2).

Kupfererze: Kupfer kommt in der Natur sowohl gediegen als auch in Form einer großen Zahl von Mineralien vor, die zur Kupfergewinnung geeignet sind. Bei den Kupfermineralien sind einige Gruppen zu unterscheiden: Erstens die sogenannten oxydischen Kupfermineralien, die durch die Verwitterung der zweiten Gruppe, der sulfidischen Kupferminerale, überall dort entstehen, wo Kupfererze die Erdoberfläche erreichen und vor allem in Karbonate und Chloride umgewandelt werden. Die Verwitterungszonen können Tiefen bis zu 100 m erreichen. Die intensiv blau und grün gefärbten Verbindungen wurden bereits in den frühesten Kulturen als metallhaltig erkannt und zu Kupfer verarbeitet. Die wichtigsten Kupferverbindungen dieser Gruppe sind Azurit und Malachit. Aus diesen oxydischen Kupfererzen läßt sich bei einer Temperatur von etwas über 1000 °C problemlos metallisches Kupfer herstellen.
Eine wichtige Untergruppe der sulfidischen Erze sind die Fahlerze, bei denen Kupfer insbesondere mit Arsen, Antimon und Schwefel verbunden ist. Anstelle der einfachen Erhitzungsverfahren bei oxydischen Kupfermineralien muß hier ein ausgeklügeltes mehrstufiges Verfahren angewendet werden, das mehrfach wiederholte Röst- und Reduktionsprozesse erfordert, wobei mehrere Zwischenprodukte entstehen. Dabei müssen teilweise Temperaturen von 1300 °C erreicht werden; das Endprodukt ist Rohkupfer mit einem Kupfergehalt von ca. 95 Prozent (Cu).

Kupferzeit: Die Kupferzeit wird gewöhnlich als die vor der

Bronzezeit liegende Zeitstufe verstanden, in der erstmals Metallgeräte aus Kupfer hergestellt wurden. Kupferzeitliche Kulturen sind archäologische Kulturen, die Kupfer schmolzen oder Kupferobjekte in solchem Maße verwendeten, daß eine eigene Produktion angenommen werden muß.

Kurgan-Kultur/Kurgan-Tradition/Kurgan-Leute: Mit dem Begriff Kurgan (russ.: Hügel) faßt Marija Gimbutas alle Grabhügel mit Ockerbestreuung zwischen 4500 und 2500 v.Chr zu einem kulturellen Phänomen, einer Kultur, zusammen, die sie als reitende, kriegerische und patriarchale Stämme beschreibt. In der Wissenschaft wird der Begriff abgelehnt, da er den kulturellen Verschiedenheiten und Entwicklungen innerhalb eines weiträumigen Gebietes während einer Dauer von 2000 Jahren nicht gerecht wird.

Lineage: Verwandtschaftsgruppe, die ihre Abstammung auf einen gemeinsamen Ahnen zurückführt und ihre Genealogie präzise mit allen Zwischenstufen angeben kann.

Linear A: Silbenschriftsystem des bronzezeitlichen Kreta, dessen Zeichen mit spitzen Griffeln in Tontafeln eingeritzt wurden und bislang nicht entziffert werden konnten.

Luftbildarchäologie: Verfahren zur Erkundung von archäologischen Fundstellen. Aus der Luft können bei landwirtschaftlich genutzten Flächen archäologische Fundstellen ausgemacht werden, indem ein bestimmtes Gebiet regelmäßig zu verschiedenen Jahreszeiten überflogen und aus verschiedenen Winkeln und Höhen fotografiert wird. Häufigstes Merkmal sind Bodenverfärbungen: Abhängig von der jeweiligen Oberflächengeologie eines Gebietes zeichnen sich humos verfüllte Gruben und Gräben von ihrer Umgebung dunkler bzw. heller ab. Außerdem speichern diese Bereiche Feuchtigkeit länger als ihre Umgebung, so daß das archäologisch Interessante im Verlauf der Austrocknung dunkler bleibt. Auch Besonderheiten des Bewuchses wie die

Höhe und Farbe von Pflanzen-, speziell von Getreidearten dienen als Denkmalanzeiger: Beispielsweise wächst über humos verfüllten Gruben das Getreide höher und reift schneller als die Pflanzen der Nachbarschaft. Andererseits bleiben die Pflanzen klein und kümmerlich und reifen deutlich später, wenn Hindernisse im Boden, wie z.B. Mauerzüge, das Pflanzenwachstum hemmen. Andere Fundstellen, die noch nicht vollständig eingeebnet, aber kaum als Unebenheiten im Gelände zu erkennen sind, zeichnen sich bei schräg einfallendem Sonnenlicht (besonders im Herbst und Frühjahr) durch Schattenmerkmale ab.

Magnetmessungen: Aus der Geologie übernommenes Verfahren zur Lokalisierung archäologischer Fundstellen. Die magnetische Sondierung beruht auf der Beobachtung, daß ehemals starker Hitze ausgesetzte ortsfeste Baureste wie z.B. Herde, Verhüttungsöfen, Backöfen, Brennöfen, Feuerstellen, Brandgräber oder verziegelte Lehmziegelmauern, aber auch Fundamente, Gräben, Gruben und Pfostenlöcher mit hohem Humusgehalt sowie Objekte aus Eisen lokale Störungen des Erdmagnetfeldes hervorrufen und sich in ihrer Magnetisierbarkeit merklich von ihrer Umgebung unterscheiden. Diese positiven oder negativen Anomalien des Erdmagnetfeldes werden mit speziellen Geräten gemessen und kartographisch dargestellt.

Matriarchat: Wurde als Begriff zuerst von dem Holländer George Alexander Wilken verwendet (*Das Matriarchat bei den alten Arabern*, 1884). Weder Bachofen noch McLennan, noch Morgan verwenden ihn; statt dessen sprechen sie von »Mutterrecht«. »Matriarchat« und »Mutterrecht« werden heute meist als Synonyme zur Bezeichnung einer Gesellschaftsform verwendet, die durch die Dominanz der Frau im häuslichen *und* im politischen Bereich gekennzeichnet ist. Wenn die Begriffe nicht synonym verwendet werden, bedeutet »Matriarchat«, im Unterschied zu Mutterrecht, daß Frauen *geherrscht* haben bzw. herrschen.

Matrifokalität (lat.: mater = Mutter, fokus = Brennpunkt): Bezeichnet Gesellschaften, die in ihrer gesamten Ordnung auf Frauen ausgerichtet, also in Abstammung und Residenzregelung matrilokal und matrilinear sind.

Matrilinearität: Ordnung für die Legitimation der Nachkommen, bei der die Zugehörigkeit der Kinder zu Verwandtschaft und Heiratsgruppen, aber auch Erbfolge, Namensgebung etc. auf der mütterlichen Linie beruht.

Matrilokalität/matrilokale Residenz: Bedeutet »Ort der Mutter«: Das Ehepaar lebt als Einheit bei oder nahe bei der Mutter der Frau. Der Begriff wird oft mit »uxorilokaler Residenz« verwechselt.

matristisch: Gesellschaftsformen, die eine Gleich- bzw. Höherbewertung der Frau durch bestimmte ökonomische, rechtliche und ideologische Merkmale erkennen lassen.

Megaron: Haustyp mit Hauptraum und überdachtem Vorraum.

Mutterrecht: Der Begriff wurde zum erstenmal von Bachofen verwendet und beschreibt die Erbfolge von der Mutter auf die Tochter und den ihr daraus erwachsenden sozialen Einfluß. In der Urgeschichte wurden, u.a. von Oswald Menghin, vor allem einfache agrarische Gesellschaften mit Hackbau für mutterrechtlich gehalten.

Neandertaler: Menschen mit charakteristischen Merkmalen des *Homo sapiens neanderthalensis.* Lebten zwischen 100 000 und 35 000 v.Chr. in Europa, Afrika und Asien.

Neolithikum (griech.: Jungsteinzeit): Epoche der Urgeschichte, deren wichtigstes Kennzeichen der Übergang von der Jagd- und Sammelwirtschaft zu Ackerbau und Viehzucht ist. Andere Neuerungen sind z.B. die Herstellung von Tongefäßen, die Errichtung von dauerhaften Siedlungen, die Verwendung von Bodenbaugeräten wie Hacke und Pflug sowie von Rad und Wagen.

neolithisch: s. Neolithikum.

Neolithische Revolution: Von V.G. Childe (1892–1957) geprägte Bezeichnung für den Entstehungsprozeß von Ackerbau und Viehzucht, d.h. den Übergang der Menschen von einer aneignenden zu einer produzierenden Wirtschaftsweise (s.a. Kap. 5).

nicht-industrielle Gesellschaft: Gesellschaft, deren ökonomische Grundlage durch Agrarwirtschaft, Handwerk und Handel geprägt ist.

Nomaden/Nomadismus: Wirtschaftsform, in der ausschließlich oder überwiegend Viehwirtschaft betrieben wird. Ganze soziale Gruppen, die zugleich Eigentümer der Herden sind, begleiten das Vieh im geschlossenen Familienverband mitsamt dem Hausrat auf ständigen, meist saisonabhängigen zyklischen Wanderungen von Weideplatz zu Weideplatz. Die Niederlassungen sind temporär, wobei der Rhythmus der Wanderungen 1–2 Tage, aber auch 10–20 Jahre betragen kann. Die zur Lebensführung notwendigen ackerbaulichen Produkte werden von den benachbarten, ackerbautreibenden Volksgruppen größtenteils durch Tausch oder Kauf erworben. Verbreitet ist Nomadismus heute in den Steppengebieten und Halbwüsten von Zentralasien bis Nordafrika, wobei zwischen Berg-, Halb-, Wüsten- oder Steppennomaden unterschieden wird.

Obsidian: Glasig erstarrte schwarze, dunkelgraue bis dunkelbraune vulkanische Ergußgesteine, die zur Herstellung scharfkantiger Steinwerkzeuge und Waffen, vor allem für Messer und Geschoßspitzen, besonders geeignet waren. Das Gestein wurde nach Obsidianus, einem Römer, benannt, der es zuerst aus Äthiopien mitbrachte.

Orthostaten: Hochkant stehende Steinquader oder -platten im Sockel monumentaler Bauten. Sie dienen zur Stabilisierung der Mauern und oft zugleich zu deren Schmuck.

oxydische Kupfererze: s. Kupfererze.

Paläolithikum (griech.: Altsteinzeit): Das Paläolithikum beginnt mit dem ersten archäologisch nachweisbaren Werkzeuggebrauch durch den Menschen. Die Wirtschaftsweise ist geprägt vom Jagen und Sammeln mit nur saisonaler Seßhaftigkeit (s. Wildbeutertum).
Altpaläolithikum (vor ca. 1,5 Mio. bis ca. 100 000 Jahren): Entstehung und Ausbreitung des Menschen in Afrika, Europa und Asien, Herausbildung der menschlichen Gesellschaft und Kultur, Behausungen, einfache Abschlag- und Kerngeräte.
Mittelpaläolithikum (von ca. 100 000 bis 35 000 v.Chr.): Entstehung von verschiedenen Kulturtraditionen, Bestattungen, technologische Weiterentwicklung der Steinwerkzeuge.
Jungpaläolithikum (von 35 000 bis 10 000 v.Chr.): Auftreten der heutigen Menschenform (homo sapiens), Verbreitung über die ganze Welt, künstlerische Äußerungen und gesellschaftlich und technologisch spezialisierte Anpassung an die Umwelt.

Pithoi, Pithos: Bis 2 m hohe, unten spitz zulaufende keramische Vorratsgefäße mit Henkelösen zur Lagerung von Öl, Getreide etc.

Portiken, Portikus: Säulenhalle mit geschlossener Rückwand.

Positivismus: Wissenschaftstheoretische Position, die das »Positive« (im Sinne von: das Gegebene, Tatsächliche, unbezweifelbar Vorhandene) zum Prinzip allen wissenschaftlichen Wissens macht. Der Positivismus faßt dieses Positive als Ursprung und alleinigen Rechtfertigungsgrund aller Erkenntnis auf. Die Metaphysik wird unter dem Vorwurf ausgegrenzt, bloß Erdachtes und spekulativ Konstruiertes als Wissen auszugeben. Der Begriff »Positivismus« wird manchmal auch abschätzig als Name für eine gedanken- und theorielose Tatsachenforschung (»Faktenhuberei«) verwendet.

Promiskuität: Regellose Sexualität und Vermischung innerhalb ganzer Gruppen.

Propyläen/Propylon: Monumentaler Torbau.

Quaderbauweise: Verwendung von rechtwinklig behauenen Steinen mit glatten Flächen als Baumaterial.

Sarkophag: Sarg aus Stein oder Terrakotta.

Siegel: Stempel zum Abdruck von vertieft geschnittenen Symbolen, Ornamenten und Schriftzeichen in Ton oder Wachs, z.B. auf den Verschlüssen von Amphoren.

Silex: s. Flint.

Stadt: In der Geographie gilt als allgemeinstes Merkmal einer Stadt, daß sie in sozio-ökonomischer, aber auch in politischer und kultureller Hinsicht eine führende Rolle unter den Siedlungen eines Raumes spielt und als Innovationszentrum des sozialen und technologischen Wandels fungiert. Im Vergleich zu ländlichen Siedlungen besitzt eine Stadt eine größere Einwohnerzahl und zeichnet sich durch eine verhältnismäßig geschlossene Ortsform und dichte Bebauung aus, die durch die Ausbildung von Stadtvierteln in sich differenzierbar ist. Die Wirtschaft ist stark arbeitsteilig, wobei sich die Arbeitsstätten der Bewohner außerhalb der Landwirtschaft im Gewerbe- oder Dienstleistungssektor konzentrieren. Vor allem im Bereich der Versorgung mit Gütern und Dienstleistungen, aber auch mit Arbeitsplätzen und als Verkehrszentrum besitzen Städte eine zentralörtliche Funktion für ihr Umland. Die Lebensform der Bewohner unterscheidet sich deutlich von der der Landbevölkerung, und die Bewohner können in relativ viele soziale Gruppen oder Schichten gegliedert werden.

stratifizierte Gesellschaft: s. gesellschaftliche Stratifizierung.

Strukturalismus: Vor allem im Frankreich der 60er Jahre vorherrschende Strömung in den Geisteswissenschaften. Aus dem Wunsch heraus, exaktere Methoden für die Geisteswissenschaften zu finden, suchten die Strukturalisten nach logischen und mathematisierbaren Regeln, die den kulturellen Erscheinungsformen zugrunde liegen sollten. Es war vor allem das Verdienst des französischen Ethnologen Claude Lévi-Strauss, dieser Richtung in der Völkerkunde zum Durchbruch verholfen zu haben, indem er den sogenannten »strukturalen« Ansatz der Sprachwissenschaftler – die Erarbeitung von Strukturmodellen der Sprachgrammatik aufgrund binärer Oppositionspaare (ähnlich wie in der Computertechnik) – auf kulturelle Erscheinungsformen übertrug. Alle Lebensformen lassen sich nach dieser Theorie auf Grundstrukturen zurückführen, eine geschichtliche Entwicklung und die Existenz menschlicher Individualität werden geleugnet. Zwischen den einzelnen Elementen dieser Oppositionspaare bestehen Beziehungen, die sich in verallgemeinernden und erklärenden Modellen beschreiben lassen. Die eigentliche Aufgabe der Sozialwissenschaften liegt nach dieser Theorie darin, auch die soziale Realität nach dem Vorbild der Sprachgrammatik darzustellen, indem man einen Satz von Grundelementen bzw. Grundbeziehungen von Elementen findet und von den konkreten Inhalten abstrahiert. Die soziale Realität erscheint dann jeweils als eine bestimmte Kombination der ursprünglichen Elemente, die erst innerhalb eines strukturierten Systems ihre Bedeutung erhalten.

Stuckrelief: Der bemalte Grund wird mit Hilfe einer Mischung aus Gips, Kalk und Sand flach aufmodelliert. Die Mischung muß schnell verarbeitet werden, da sie rasch erhärtet.

sulfidische Kupfererze: s. Kupfererze.

Thermolumineszenzdatierung (TL-Datierung): Verfahren der Altersbestimmung v.a. von Keramik, bei der die Zeit ermittelt wird, die seit dem Erhitzen eines Gegenstandes vergangen ist. Die TL-Datierung beruht auf einer Ausstrahlung von Licht (das aber nichts mit dem normalen Aufglühen zu tun hat): Beim erstmaligen Aufheizen eines Körpers wird einmalig Energie freigesetzt, die im Material gespeichert war. Dieser Vorgang wird als Thermolumineszenz (TL), die abgegebene Strahlung als Thermolumineszenzstrahlung (TL-Strahlung) bezeichnet. Die TL-Datierung beruht auf der natürlichen Radioaktivität der Töpferware, die freie, energiereiche Elektronen erzeugt. Diese sind im Kristallgitter ›eingefroren‹ und werden nur freigesetzt, wenn die Keramik zur Energieabgabe stimuliert, z.B. auf eine gewisse Temperatur erhitzt wird. Beim Brand der Keramik wurde diese Energie ausgeheizt, d.h., die ›Uhr‹ wurde auf Null gestellt. Durch radioaktive Einwirkung (aus der Keramik selbst und aus dem Boden) und durch die kosmische Strahlung werden die Keramikreste erneut aktiviert und Energie angesammelt. Wenn die Scherben heute abermals erwärmt werden, wird wiederum die gespeicherte Energie als Licht abgestrahlt. Dessen Intensität ist ein Maß für die Anzahl der Elektronen, die sich während der vergangenen Jahrtausende angehäuft haben, und damit für das Alter der Gefäße.

traditionelle Gesellschaften: s. nicht-industrielle Gesellschaften.

Typologie: Klassifikation von Artefakten auf der Grundlage ihrer Form und Dekoration.

universalhistorisch: Geschichtsverständnis, das Geschichte als umfassendes und weltweit einheitliches Phänomen betrachtet.

Urgeschichte: Früher auch als »Vorgeschichte« bezeichnet (zu ihrer forschungsgeschichtlichen Unterscheidung s. F. Fetten, im Druck). Die älteste Entwicklungsperiode der Menschheit noch vor den ersten Schriftdenkmälern; ihr folgt die Frühgeschichte.

Urgeschichtsforschung: s. Urgeschichte.

Uxorilokalität: Der Mann wechselt mit der Heirat seinen Wohnsitz und läßt sich dort nieder, wo seine Frau lebt.

Vorgeschichte: s. Urgeschichte.

Wandinkrustationen: Einritzungen in den feuchten Putz.

Wildbeutergesellschaften/Wildbeutertum (Jagd und Sammeln): Wirtschaftsform; Wildbeutergesellschaften ernähren sich ausschließlich oder überwiegend vom Sammeln von Wurzeln, Samen, Früchten und Insekten und anderen Kleintieren sowie durch Jagd und/oder Fischerei. Charakteristisch ist die relativ hohe Bandbreite der für die Ernährung genutzten Naturprodukte. In Zusammenhang mit jahreszeitlichen Veränderungen wechselt die Zusammensetzung der Nahrung sehr stark. Um die jeweiligen Nahrungsmittel zu erlangen und Zugang zum Wasser oder sonstigen trinkbaren Flüssigkeiten (z.B. in bestimmten Melonenarten) zu finden, ist ein häufiger Ortswechsel erforderlich. Die wildbeuterische Lebensweise ist besonders geeignet für die Ausnutzung von Naturräumen, die relativ wenige und verstreute Nahrungsmittel bieten, welche nur großflächig und bei kleiner Bevölkerungsdichte gesucht werden können. Tatsächlich finden sich Wildbeuter heute besonders in sogenannten »Rückzugsgebieten« der Erde, wo Vertreter anderer Wirtschaftstypen weniger günstige Bedingungen vorfinden. Heute wird der Lebensraum von Wildbeutern durch Eingriffe von außen (Rodung des Waldes, Nutzung durch Viehhaltung, als Bergbaugebiete) so weit eingeschränkt, daß ein Verschwinden der wildbeuterischen Lebensweise und das Aussterben oder die Proletarisierung auch ihrer letzten Träger als wahrscheinlich anzusehen sind. (Nach: Hans Fischer (Hrsg.): *Ethnologie. Einführung und Überblick*, Berlin ^{2}1988, S. 90 f.)

Bildnachweis

1 aus Heierli, Jakob: *Urgeschichte der Schweiz,* Zürich 1901

2 Wandbild von Christian Bisig im Kantonalen Museum für Urgeschichte, Zug, Schweiz

3 aus Rind, Michael M.: *Die vorgeschichtliche Siedlung bei Prunn, Gde. Riedenburg, Lkr. Kelheim.* Archäologie am Main-Donau-Kanal 5, Buch am Erlbach 1995 (oben); Foto: Grabungsbüro Kelheim (unten)

4 Foto: Brigitte Röder, Freiburg i. Br.

5 aus Francusz, John: »Dendrochronologie«, in: *Anfänge der Bronzezeit zwischen Rhône und Aare.* Begleitband zur Ausstellung des Museums Schwab/Stadt Biel 1995, S. 87-98. Zeichnung: Archäologischer Dienst des Kantons Bern

6 Foto: Maria Kurz, Freiburg i. Br.

7 Karte: Rainer Plonner, Freiburg i. Br.

8 , 11, 12, 13 aus Vialu, Denis: *Frühzeit des Menschen.* Universum der Kunst, München 1992

9 aus Kozlowski, Janus: *L'art de la préhistoire en Europe orientale,* Paris

10 aus Guthrie, Dale R.: »Ethological observations from Paleolithic art«, in: Bandi, Hans-Georg / Huber, Walter / Sauter, Marc-Roland (Hrsg.): *La contribution de la zoologie et de l'éthologie à l'interprétation de l'art des peuples chasseurs préhistoriques,* Fribourg/Suisse 1984, S. 35-74.

14 aus Praslov, Nikolai D.: »Eine neue Frauenstatuette aus Kalkstein von Kostenki I (Don, Rußland)«. *Archäologisches Korrespondenzblatt, Urgeschichte – Römerzeit – Frühmittelalter* 23, 1993, S. 165-173

15 Foto: Johannes Müller, Berlin

16, 17, 19, 22 aus James Mellaart: *Çatal Hüyük – Stadt aus der Steinzeit,* Bergisch Gladbach 1967

18, 20, 21 aus James Mellaart / Udo Hirsch / Bekins Balpinar (Hrsg.) (1989): *The goddess from Anatolia,* Vol. I: Plates, Adenau 1989

23, 24, 26 aus *Macht, Herrschaft und Gold. Das Gräberfeld von Varna (Bulgarien) und die Anfänge einer neuen europäischen Zivilisation.* Begleitband zur Ausstellung, hrsg. v. Alexander Fol und Jan Lichardus, Saarbrücken 1988

25 aus *Le premier or de l'humanité en Bulgarie, 5e millénaire.* Begleitpublikation zur Ausstellung im Musée des Antiquités Nationales Saint-Germain-en-Laye Paris, 17.1.–30.4.1989, Paris 1989

27 aus *Das erste Gold der Menschheit: Die älteste Zivilisation in Europa.* Begleitpublikation zur Ausstellung in der Universitätsbibliothek Freiburg i. Br., hrsg. von Gerd Biegel, 2. Aufl. Freiburg 1986

28, 33 aus Gallas, Klaus: *Kreta – Ursprung Europas,* München 1984. Erstpublikation Abb. 33 bei A. Evans: *The Palace of Minos at Knossos,* Bd. IV, 1935

29 aus Hoegler, R.G. / Reverdin, Olivier: *Kreta – Mutterland Europas,* Luzern/Frankfurt a. M. 1960

30, 31 aus Davis, Ellen N.:»The Knossos Miniature Frescoes and the Function of the Central Courts«, in: *The Function of the Minoan Palaces.* Proceedings of the Fourth International Symposium at the Swedish Institute in Athens, 10.–16.7.1984, Stockholm 1987, S. 157–161. Erstpublikation bei A. Evans: *The Palace of Minos at Knossos,* Bd. III, London 1930

32 aus Matz, Friedrich: *Kreta, Mykene, Troja. Die minoische und die homerische Welt,* Stuttgart 1956. Erstpublikation bei A. Evans: *The Palace of Minos at Knossos,* Bd. I, London 1921

34 aus Boulotis, Christos: »Nochmals zum Prozessionsfresko von Knossos«, in: *The Function of the Minoan Palaces.* Proceedings of the Fourth International Symposium at the Swedish Institute in Athens, 10.–16.7.1984, Stockholm 1987, S. 146–156

Literaturverzeichnis

1. Die Geschichte der Matriarchatsidee

Bachofen, Johann Jakob (1861): Das Mutterrecht. Eine Untersuchung über die Gynaikokratie der Alten Welt nach ihrer religiösen und rechtlichen Natur, Stuttgart 1861. Zitiert nach der Gesamtausgabe: Johann Jakob Bachofens Gesammelte Werke (= GW)

GW II/III: Meuli, Karl (Hrsg.): Das Mutterrecht, Basel 1948

GW VIII: Dörmann, Johannes/Strasser, Walter (Hrsg.): Antiquarische Briefe, Basel/Stuttgart 1966

GW X: Husner, Fritz (Hrsg.): Briefe, Basel/Stuttgart 1967

Bäumer, Gertrud (1914): Die Frau in Volkswirtschaft und Staatsleben der Gegenwart, Stuttgart/Berlin 1914

Baus, Magdalena (1994): Professorinnen an deutschen Universitäten. Analyse des Berufserfolgs, Heidelberg 1994

Bebel, August (1879): Die Frau und der Sozialismus, Berlin 1879. (Zit. n.: 2. Nachdruck der 1929 erschienenen Jubiläumsausgabe, Berlin/Bonn 1977)

Bergmann, Ernst (1933a): Erkenntnisgeist und Muttergeist. Eine Soziosophie der Geschlechter, 2. Aufl. Breslau 1933 (Erstaufl. 1931)

Bergmann, Ernst (1933b): Die deutsche Nationalkirche, Breslau 1933

Bindseil, Ilse (1983): Strukturalismus und Ideologie, in: Feministische Studien 2, Weinheim 1983, S. 158–160

Binford, Sally (1979): Myths and Matriarchies, in: Human Behavior 8 (5), 1979, S. 63–66

Borneman, Ernest (1975): Das Patriarchat. Ursprung und Zukunft unseres Gesellschaftssystems, Frankfurt a.M. 1975

Brück, Brigitte/Kahlert, Heike/Krüll, Marianne/Milz, Helga/Osterland, Astrid/Wegehaupt-Schneider, Ingeborg (1992): Feministische Soziologie. Eine Einführung, Frankfurt a.M./New York 1992

Burmeister, Elisabeth (1985): Anfragen an die Göttin und ihren Heros, in: Schlangenbrut. Streitschrift für feministisch und religiös interessierte Frauen 11, Köln 1985, S. 6–12

Burmeister, Elisabeth (1986): Beiläufige Bemerkungen einer Ketzerin – (auch) ein Beitrag zur Matriarchatsforschung. Ein Pamphlet, in: Schlangenbrut. Streitschrift für feministisch und religiös interessierte Frauen 13, Köln 1986, S. 16–17

Capra, Fritjof (1988): Wendezeit. Bausteine für ein neues Weltbild, München 1988

Cesana, Andreas (1987): Die innere Geschichte der Menschheit. Zu den geistesgeschichtlichen Voraussetzungen von Bachofens Geschichtsvision, in: Johann Jakob Bachofen (1815–1887). Eine Begleitpublikation zur Ausstellung im Historischen Museum Basel 1987, Basel 1987, S. 58–70

Christ, Carol (1985): Warum FRAUEN die GÖTTIN brauchen, in: Schlangenbrut. Streitschrift für feministisch und religiös interessierte Frauen 8, Köln 1985, S. 6–19

Daly, Mary (1981): Gyn/Ökologie. Eine Metaethik des radikalen Feminismus, München 1981

Distler, Sonja (1989): Mütter, Amazonen & dreifältige Göttinnen, Wien 1989

Dittmar, Louise (1849): Wider das verkochte und verbügelte Leben der Frauen, in: dies. (Hrsg.): Das Wesen der Ehe. Nebst einigen Aufsätzen über die soziale Reform der Frauen, Leipzig 1849, S. 66–70. Abgedruckt in: Möhrmann, Renate (Hrsg.): Frauenemanzipation im deutschen Vormärz. Texte und Dokumente, Stuttgart 1978, S. 55–58

Dörflinger, Moti Theresia (1993): Der Clan der Frauen, in: Frauen. Zwischen Auflehnung und Hingabe. Connection Special III, 1993, S. 88–91

Eckstein-Diener, Bertha (= Sir Galahad) (1932): Mütter und Amazonen. Ein Umriß weiblicher Reiche, München 1932

Eisler, Riane (1989): Von der Herrschaft zur Partnerschaft. Weibliches und männliches Prinzip in der Geschichte, München 1989

Engels, Friedrich (1884): Der Ursprung der Familie, des Privateigentums und des Staats. Im Anschluß an Lewis H. Morgans Forschungen, Hottingen/Zürich 1884

Engels, Friedrich (1990): Karl Marx/Friedrich Engels Gesamtausgabe

(MEGA), hrsg. vom Institut für Geschichte der Arbeiterbewegung Berlin und vom Institut für Marxismus-Leninismus beim Zentralkomitee der Kommunistischen Partei der Sowjetunion, Bd. 29.I, Berlin 1990

Fehrle, Eugen (1927): Johann Jakob Bachofen und das Mutterrecht, in: Neue Heidelberger Jahrbücher 1927, S. 101–118

Fester, Richard/König, Marie E.P./Jonas, Doris F. und A. David (1980): Weib und Macht. Fünf Millionen Jahre Urgeschichte der Frau, Frankfurt a.M. 1980

Francia, Luisa (1982): Berühre Wega, kehr' zur Erde zurück, München 1982

Francia, Luisa (1987): Drachenzeit, München 1987

Frevert, Ute (1986): Frauen-Geschichte zwischen bürgerlicher Verbesserung und Neuer Weiblichkeit, Frankfurt a.M. 1986

Frohnhaus, Gabriele (1994): Feminismus und Mutterschaft. Eine Analyse theoretischer Konzepte und der Mütterbewegung in Deutschland, Weinheim 1994

Gaube, Karin/Pechmann, Alexander von (1986): Magie, Matriarchat, Marienkult. Frauen und Religion. Versuch einer Bestandsaufnahme, Reinbek bei Hamburg 1986

Giraud-Teulon, Alexis (1867): La mère chez certains peuples de l'antiquité, Paris 1867

Gläß, Susanne (1992): Götter sind Götzen – Göttinnen auch. Eine Predigt wider religiöses Denken und für menschliche Bescheidenheit, in: Beiträge zur feministischen Theorie und Praxis 32, 1992, S. 101–105

Göttner-Abendroth, Heide (1982): Die tanzende Göttin. Prinzipien einer matriarchalen Ästhetik, München 1982

Göttner-Abendroth, Heide (1984): Die Göttin und ihr Heros. Die matriarchalen Religionen in Mythos, Märchen und Dichtung, 6. Aufl. München 1984 (Erstaufl. 1980)

Göttner-Abendroth, Heide (1988): Für die Musen, Frankfurt a.M. 1988

Göttner-Abendroth, Heide (1989): Das Matriarchat I. Geschichte seiner Erforschung. 2. Aufl. Stuttgart/Berlin/Köln 1989 (Erstaufl. 1988)

Göttner-Abendroth, Heide (1991): Das Matriarchat II, 1. Stammesge-

sellschaften in Ostasien, Indonesien, Ozeanien, Stuttgart/Berlin/Köln 1991
Gottschewski, Lydia (1934): Männerbund und Frauenfrage, München 1934
Gummel, Gabriele (1994): Göttin – kein abgeschlossenes Kapitel, in: Schlangenbrut. Streitschrift für feministisch und religiös interessierte Frauen 44, Köln 1994, S. 4
Hausen, Karin (1976): Die Polarisierung der »Geschlechtscharaktere«. Eine Spiegelung der Dissoziation von Erwerbs- und Familienleben, in: Conze, W. (Hrsg.): Sozialgeschichte der Familie in der Neuzeit Europas. Neue Forschungen, Stuttgart 1976, S. 363–393
Hausen, Karin (1988): »... eine Ulme für das schwankende Efeu.«. Ehepaare im deutschen Bildungsbürgertum. Ideale und Wirklichkeiten im späten 18. und 19. Jahrhundert, in: Frevert, Ute (Hrsg.): Bürgerinnen und Bürger: Geschlechterverhältnisse im 19. Jh., Göttingen 1988, S. 85–117
Heinrichs, Hans-Jürgen (1987a): Die Entdeckung nicht-patriarchalischer Gesellschaften. Zum 100. Todestag des »Mutterrecht«Autors Johann Jakob Bachofen, in: Frankfurter Rundschau, 28.11.1987
Heinrichs, Hans-Jürgen (1987b): Von Bachofen ausgehend. Zur Rezeptionsgeschichte des Mutterrechts, in: Johann Jakob Bachofen (1815–1887). Eine Begleitpublikation zur Ausstellung im Historischen Museum Basel 1987, Basel 1987, S. 106–122
Heinrichs, Hans-Jürgen (Hrsg.) (1987c): Das Mutterrecht von Johann Jakob Bachofen in der Diskussion, Frankfurt a.M. 1987
Hermand, Jost (1984): Alle Macht den Frauen. Faschistische Matriarchatskonzepte, in: Das Argument. Zeitschrift für Philosophie und Sozialwissenschaften 146, 1984, S. 539–554
Hildebrandt, Hans-Jürgen (1983): Der Evolutionismus in der Familienforschung des 19. Jahrhunderts. Ansätze einer allgemeinen, historisch orientierten Theorie der Familie bei Johann Jakob Bachofen, John Ferguson McLennan und Lewis Henry Morgan, Berlin 1983
Hildebrandt, Hans-Jürgen (1988): Johann Jakob Bachofen. Die Primär- und Sekundärliteratur. Mit einem Anhang zum gegenwärtigen Stand der Matriarchatsfrage, Aachen 1988. Darin ders.: Das Matriarchat. Zur Geschichte und Struktur eines Problems, S. 175–191

Hildebrandt, Hans-Jürgen (1990a): Mutterrecht und Matriarchat. Über Bachofen und Göttner-Abendroth, in: Ders.: Rekonstruktionen. Zur Geschichte und Theorie der Ethnologie, Göttingen 1990, S. 299–303

Hildebrandt, Hans-Jürgen (1990b): Der wissenschaftsgeschichtliche Standort der sozialwissenschaftlichen Evolutionstheorien des 19. Jahrhunderts, in: Ders.: Rekonstruktionen. Zur Geschichte und Theorie der Ethnologie, Göttingen 1990, S. 128–137

Höcht-Stöhr, Jutta (1988): Am Matriarchat kommt keiner vorbei, in: Tutzinger Blätter 2, 1988, S. 8–9

Holland-Cunz, Barbara (Hrsg.) (1986): Feministische Utopien – Aufbruch in die postpatriarchale Gesellschaft, Meitingen 1986

Holzbach-Linsenmaier, Heidrun (1994): Dem Führer ein Kind schenken, in: Die Zeit Nr. 19, 6.5.1994

Hunkel, Margaret (1922): Von deutscher Gottesmutterschaft, Sontra 1922

Johnston, Jill (1977): Lesben Nation. Die feministische Lösung, 2. Aufl. Berlin 1977 (deutsche Erstaufl. 1976)

Kliewer, Annette (1992): Zur Flucht in den »gestaltlosen Urgrund«: Matriarchat als »patriarchales Gepäck« der feministischen Theologie? In: Beiträge zur feministischen Theorie und Praxis 32, 1992, S. 107–115

Kornemann, Ernst (1947): Große Frauen des Altertums im Rahmen zweitausendjährigen Weltgeschehens, Leipzig 1947

Kühn, Lenore (1928): Magna Mater, Jena 1928

Lanwerd, Susanne (1993): Mythos, Mutterrecht und Magie. Zur Geschichte religionswissenschaftlicher Begriffe, Berlin 1993

Laugsch, Helga (1990): Was ist dran an »Mutterrecht« und »Matriarchat«? In: Schlangenbrut. Streitschrift für feministisch und religiös interessierte Frauen 30, Köln 1990, S. 6–7

Mayer, August (1938): Deutsche Mutter und deutscher Aufstieg, München/Berlin 1938

Maylan, Charles E. (1933): Gehen wir dem Matriarchat entgegen? In: Völkische Kultur. Monatszeitschrift für die gesamte geistige Bewegung des neuen Deutschlands 1, 1933, S. 72–78

McCrickard, Janet E. (1992): Die wiedergeborene Mondin: Fundamentalismus im Christentum und in der feministischen spirituellen Bewegung, in: Beiträge zur feministischen Theorie und Praxis 32, 1992, S. 117–124

Meier, Horst (1990): Von Stadtindianern, den Regeln der Anarchie und heidnischen Göttinnen im Abendrot, in: Kohl, K.-H. (Hrsg.): Die Vielfalt der Kultur. Ethnologische Aspekte von Verwandtschaft, Kunst und Weltauffassung. E.W. Müller zum 65. Geburtstag, Berlin 1990, S. 536–547

Meier-Seethaler, Carola (1989): Ursprünge und Befreiungen. Eine dissidente Kulturtheorie, 2. Aufl. Zürich 1989 (Erstaufl. 1988)

Menschik, Jutta (1977): Feminismus. Geschichte, Theorie, Praxis, Köln 1977

Nave-Herz, Rosemarie (1993): Die Geschichte der Frauenbewegung in Deutschland. Lizenzausgabe für die Bundeszentrale für politische Bildung, 4. Aufl. Bonn 1993

Neumann, Erich (1953): Zur Psychologie des Weiblichen, Zürich 1953

Neumann, Erich (1956): Die Große Mutter. Der Archetyp des Großen Weiblichen, Zürich 1956

Neumann, Erich (1974): Die Große Mutter. Eine Phänomenologie der weiblichen Gestaltungen des Unbewußten, 2. Aufl. Olten 1974 (Erstaufl. 1956)

Ottomeyer, Klaus (1976): Zur Diskussion um das Patriarchat, in: Das Argument. Zeitschrift für Philosophie und Sozialwissenschaften 97, 1976, S. 466–484

Otto-Peters, Louise (1851): Das Ewig-Weibliche. Frauen-Zeitung 45, 23.11.1851, 321 ff. Abgedruckt in: Twellmann 1972b, S. 36–38

Pahnke, Donate (1990): Matriarchatsforschung, in: Schlangenbrut. Streitschrift für feministisch und religiös interessierte Frauen 28, Köln 1990, S. 34–35

Paungger, Johanna/Poppe, Thomas (1994): Vom richtigen Zeitpunkt. Die Anwendung des Mondkalenders im täglichen Leben, 18. Aufl. München 1994 (Erstaufl. 1991)

Rang, Brita (1986): Zur Geschichte des dualistischen Denkens über Mann und Frau. Kritische Anmerkungen zu den Thesen von Karin Hausen zur Herausbildung der Geschlechtscharaktere im 18. und 19. Jahrhundert, in: Dalhoff, Jutta/Frey, Uschi/Schöll, Ingrid (Hrsg.): Frauenmacht in der Geschichte. Beiträge des Historikerinnentreffens 1985 zur Frauengeschichtsforschung, Düsseldorf 1986, S. 194–204

Ranke Graves, Robert von (1948): The White Goddess, London 1948.

Deutsche Erstausgabe 1981: Die weiße Göttin. Sprache des Mythos, Berlin 1981
Ranke Graves, Robert von (1955): The Greek Myths, Baltimore/London 1955. Deutsche Erstausgabe (1960): Griechische Mythologie, Reinbek bei Hamburg 1960
Ranke Graves, Robert von (1963): Hebrew Myths: The Book of Genesis, New York 1963. Deutsche Erstausgabe (1986): Hebräische Mythen, Reinbek bei Hamburg 1986
Rentmeister, Cillie (1988): Frauenwelten – fern, vergangen, fremd? Die Matriarchatsdebatte und die Neue Frauenbewegung, in: Greverus, Ina-Maria (Hrsg.): Kulturkontakt, Kulturkonflikt: zur Erfahrung des Fremden. 26. Deutscher Volkskundekongreß in Frankfurt vom 28. September – 2. Oktober 1987. Notizen/Institut für Kulturanthropologie und Europäische Ethnologie der Universität Frankfurt a.M., Bd. 28, Teil 2, Frankfurt a.M. 1988, S. 443–460
Rosenbaum, Heidi (1990): Formen der Familie. Untersuchungen zum Zusammenhang von Familienverhältnissen, Sozialstruktur und sozialem Wandel in der deutschen Gesellschaft des 19. Jahrhunderts, Frankfurt a.M. 1990
Rush, Anne Kent (1978): Mond, Mond, München 1978
Scathach, Friederike (1991): Money and Mystik. Kritische Auseinandersetzung mit den Folgen der sogenannten Matriarchatsforschung und ihren Projekten, in: Schlangenbrut. Streitschrift für feministisch und religiös interessierte Frauen 35, Köln 1991, S. 26–29
Schelsky, Helmut (1967): Wandlungen der deutschen Familie in der Gegenwart. Darstellung und Deutung einer empirisch-soziologischen Tatbestandsaufnahme, 7. Aufl. Stuttgart 1967 (Erstaufl. 1953)
Scherzberg, Lucia (1992): Die Göttin – Anachronismus oder Utopie? Über die Verwandtschaft des postchristlichen Feminismus mit der Romantik, in: Schlangenbrut. Streitschrift für feministisch und religiös interessierte Frauen 36, Köln 1992, S. 13–15
Schmerl, Christiane/Ritter, Cordula (1981): Einige Gedanken zur Matriarchatsdebatte in der Frauenbewegung, in: Großmaß, Ruth/Schmerl, Christiane (Hrsg.): Philosophische Beiträge zur Frauenforschung, Bochum 1981, S. 83–97
Schmidt-Harzbach, Ingrid (1978): Tradition und Weiterentwicklung

der Frauenkämpfe des 19. Jahrhunderts durch die autonomen Frauengruppen, in: Dokumentation: Erste Berliner Frauenkonferenz der traditionellen Frauenverbände und der autonomen Frauengruppen vom 16.-18.9.1977, Berlin 1978, S. 30-43

Schuster, Meinhard (1987): Bachofen, das Mutterrecht und die Ethnologie, in: Johann Jakob Bachofen (1815–1887). Eine Begleitpublikation zur Ausstellung im Historischen Museum Basel 1987, Basel 1987, S. 91–105

Schuster, Verena (1983): Vorsicht Mythos – Zum Beispiel der Mythos vom Matriarchat, in: Feministische Studien 2, Weinheim 1983, S. 160–166

Schwarzer, Alice (1975): Der »kleine Unterschied« und seine großen Folgen. Frauen über sich. Beginn einer Befreiung, Frankfurt a.M. 1975

Schwarzer, Alice (1981): So fing es an: Die neue Frauenbewegung, Köln 1981

Schwendter, Ralf (1994): Utopia. Überlegungen zu einem zeitlosen Begriff, Berlin/Amsterdam 1994

Sichtermann, Barbara (1985): Das allmähliche Verschwinden der Himmelskönigin, in: Süddeutsche Zeitung, 18.5.1985

Sjöö, Monica/Mor, Barbara (1985): Wiederkehr der Göttin. Die Religion der großen kosmischen Mutter und ihre Vertreibung durch den Vatergott, Braunschweig 1985

Sorge, Elga (1984): Weibliche Identität oder patriarchale Weiblichkeit? In: Schlangenbrut. Streitschrift für feministisch und religiös interessierte Frauen 4, Köln 1984, S. 6–17

Starhawk (1985): Der Hexenkult als Ur-Religion der Großen Göttin. Magische Übungen, Rituale und Anrufungen, Freiburg 1985

Starrett, Barbara (1978): Ich träume weiblich, München 1978

Steinbrügge, Lieselotte (1987): Das moralische Geschlecht. Theorien und literarische Entwürfe über die Natur der Frau in der französischen Aufklärung, Weinheim/Basel 1987

Strauch, Renate (Hrsg.) (1993): Auf den Spuren der Göttin. Die Suche nach dem Matriarchat, ihre kultursoziologischen Auswirkungen und ihre Bedeutung für die Identität von Frauen heute. Christa Mulack u.a., 2. Aufl. Marl 1993

Tews, Johannes (1921): Aus Arbeit und Leben. Erinnerungen und Rückblicke, Berlin/Leipzig 1921

Twellmann, Margrit (1972a): Die Deutsche Frauenbewegung im Spiegel repräsentativer Frauenzeitschriften. Ihre Anfänge und erste Entwicklung 1843–1889, Meisenheim a. Glan 1972

Twellmann, Margrit (1972b): Die Deutsche Frauenbewegung. Ihre Anfänge und erste Entwicklung 1843–1889. Quellen, Meisenheim a. Glan 1972

Vaerting, Mathilde (1921): Die weibliche Eigenart im Männerstaat und die männliche Eigenart im Frauenstaat, Karlsruhe 1921

Wacker, Marie-Theres (1987): Die Göttin kehrt zurück. Kritische Sichtung neuerer Entwürfe, in: Dies. (Hrsg.): Der Gott der Männer und die Frauen, Düsseldorf 1987, S. 11–37

Wagner, Heinrich (1984): Matriarchat und Gemeinschaft im Drama des Expressionismus. Dissertation, Mannheim 1984

Wagner, Beate (1982): Am Anfang war die Gebärmutter, in: Sozialistische Politik und Wirtschaft 14, 1982, S. 82–89

Wagner-Hasel, Beate (1991): Das Matriarchat und die Krise der Modernität, in: Feministische Studien 9, Weinheim 1991, S. 80–95

Wagner-Hasel, Beate (1992): Rationalitätskritik und Weiblichkeitskonzeptionen. Anmerkungen zur Matriarchatsdiskussion in der Altertumswissenschaft, in: Dies. (Hrsg.): Matriarchatstheorien der Altertumswissenschaft, Darmstadt 1992, S. 295–373

Wagner-Hasel, Beate (1993): Umkehrprojektionen und das Bild der Moderne im Matriarchat, in: Schlangenbrut. Streitschrift für feministisch und religiös interessierte Frauen 42, Köln 1993, S. 7–10

Weiler, Gerda (1984): Ich verwerfe im Lande die Kriege. Das verborgene Matriarchat im Alten Testament, München 1984

Weiler, Gerda (1985): Matriarchat und Macht. Interview mit Gerda Weiler, in: Schlangenbrut. Streitschrift für feministisch und religiös interessierte Frauen 9, Köln 1985, S. 30–40

Weiler, Gerda (1986): Fragen zur Matriarchatsforschung. Zu den Texten von Elisabeth Burmeister, in: Schlangenbrut. Streitschrift für feministisch und religiös interessierte Frauen 14, Köln 1986, S. 24–27

Weiler, Gerda (1989): Das Matriarchat im Alten Israel, Stuttgart 1989

Weiler, Gerda (1990): Ich brauche die Göttin. Zur Kulturgeschichte eines Symbols, Basel 1990

Weiler, Gerda (1994): Gewalt hat ein Geschlecht: männlich. Interview mit Gerda Weiler, geführt von Bettina Schulte, in: Badische Zeitung, 27.6.1994

Wesel, Uwe (1980): Der Mythos vom Matriarchat. Über Bachofens Mutterrecht und die Stellung von Frauen in frühen Gesellschaften, Frankfurt a.M. 1980

Wesel, Uwe (1987): Der Patriarch, der das Matriarchat entdeckte, in: Die Zeit, 20.11.1987

Weyrather, Irmgard (1993): Muttertag und Mutterkreuz. Der Kult um die »deutsche Mutter« im Nationalsozialismus, Frankfurt a.M. 1993

Wirth, Hermann (1931): Was heißt deutsch? Ein urgeistgeschichtlicher Rückblick zur Selbstbesinnung und Selbstbestimmung, Jena 1931

Zinser, Hartmut (1981): Der Mythos des Mutterrechts. Verhandlungen von drei aktuellen Theorien des Geschlechterkampfes, Frankfurt a.M./Berlin/Wien 1981

2. Das Matriarchat in der Urgeschichtsforschung

Albrecht, Gerd (1987): Kunstobjekte aus dem Magdalénien, in: Die Anfänge der Kunst vor 30 000 Jahren. Begleitpublikation zur Ausstellung in der Kunsthalle Tübingen, 18.7.–13.9.1987, hrsg. v. Hans-Jürgen Müller-Beck u. Gerd Albrecht, Stuttgart 1987, S. 43–51

Bachofen GW X: Johann Jakob Bachofens Gesammelte Werke Bd. X: Husner, Fritz (Hrsg.): Briefe, Basel/Stuttgart 1967

Behrens, Hermann (1971): Vergleichende Überlegungen zur sozialen Stellung von Mann und Frau in der Steinzeit, in: Jahresschrift für mitteldeutsche Vorgeschichte Halle 55, 1971, S. 7–9

Behrens, Hermann (1976/77): Matriarchat und Patriarchat in der Steinzeit? Archäologisch-ethologische Überlegungen zur Entstehung von Mutterrecht und Vaterrecht, in: Acta praehistorica et archaeologica 7/8, 1976/77, S. 65–71

Behrens, Hermann (1978): Das Verhältnis von Frau und Mann in der

Steinzeit – ein biosoziales Problem, in: Prace i Materialy Mus. Arch. i Ethnogr. Lodz 25, 1978, 41 ff. Neuabdruck in: Ders. (1993), S. 224–226

Behrens, Hermann (1982): Verhaltensforschung und Urgeschichtsforschung. Die Urgeschichtsforschung als Nutznießer der Verhaltensforschung, in: Jost, V. (Hrsg.): Biologische Verhaltensforschung am Menschen, Berlin 1982, S. 155 ff. Neuabdruck in: Ders. (1993), S. 235–249

Behrens, Hermann (1990): Die Darstellung der Ur- und Frühgeschichte in der archäologischen Geschichtsschreibung der DDR am Beispiel des Lehrbuches »Geschichte der Urgesellschaft«, in: Fischer, A./Heydemann, G. (Hrsg.): Geschichtswissenschaft in der DDR, Bd. II (Berlin 1990) S. 3 ff. Neuabdruck in: Ders. (1993), S. 363–382

Behrens, Hermann (1991): Das Sozialverhalten des Urmenschen (homo erectus), in: Prähistorische Zeitschrift 66, Berlin 1991, S. 10–13

Behrens, Hermann (1993): Urgeschichte – Ethologie – Ideologie. Ausgewählte Beiträge aus vierzigjähriger Schaffenszeit 1950–1990, Frankfurt a.M./Berlin/Bern/New York/Paris/Wien 1993

Bennholdt-Thomsen, Veronika (Hrsg.) (1994): Juchitán – Stadt der Frauen. Vom Leben im Matriarchat, Reinbek b. Hamburg 1994

Birkner, Ferdinand (1927): Aufgaben und Ziele der Vorgeschichtsforschung, in: Sitzungsberichte der Anthropologischen Gesellschaft in Wien, Jahrgang 1926–27, Wien 1927, S. 5–12

Ehrenberg, Margaret (1992): Die Frau in der Vorgeschichte, München 1992. Deutsche Übersetzung des englischen Originals »Women in Prehistory«, London 1989

Fetten, Frank (im Druck): Deutsche »Urgeschichte« als Integrationswissenschaft. Archäologie und Anthropologie in Deutschland vor 1945

Fischer, Franz (1982): Frühkeltische Fürstengräber in Mitteleuropa, in: Antike Welt. Zeitschrift für Archäologie und Kunstgeschichte. Sondernummer 1982

Fischer, Franz (1984): Württemberg und der Dürrnberg bei Hallein, in: Fundberichte aus Baden-Württemberg 9, Stuttgart 1984, S. 223–248

Fluehr-Lobban, Carolyn (1988): Marxism and the Matriarchate. One-Hundred Years after Engels' »Origin«, in: Herrmann, Joachim/Köhn, Jens (Hrsg.): Familie, Staat und Gesellschaftsformation. Grundprobleme vorkapitalistischer Epochen einhundert Jahre nach Friedrich

Engels' Werk »Der Ursprung der Familie, des Privateigentums und des Staats«, Berlin (Ost) 1988, S. 173–180

Frevert, Ute (1992): Geschichte als Geschlechtergeschichte? Zur Bedeutung des »weiblichen Blicks« für die Wahrnehmung von Geschichte, in: Saeculum. Jahrbuch für Universalgeschichte 43, Freiburg/München 1992, S. 108–123

Fries, Jana (1993): Zum Verhältnis zwischen traditioneller (deutscher) Archäologie und Matriarchatsforschung, in: Mertens, Eva-Maria/Koch, Julia K./Fries, Jana (Hrsg.) (1993), S. 56–70

Grohne, Ernst (1953): Mahndorf. Frühgeschichte des Bremischen Raums, Bremen-Horn 1953

Häusler, Alexander (1990): Geschlechtsdifferenzierte Bestattungssitten im Neolithikum und in der frühen Bronzezeit Mitteleuropas, in: Saeculum. Jahrbuch für Universalgeschichte 41, Freiburg/München 1990, S. 332–348

Heierli, Jakob (1901): Urgeschichte der Schweiz, Zürich 1901

Heinrichs, Hans-Jürgen (Hrsg.) (1987): Das Mutterrecht von Johann Jakob Bachofen in der Diskussion, Frankfurt a.M. 1987

Herrmann, Joachim/Ullrich, Herbert (Hrsg.) (1991): Menschwerdung. Millionen Jahre Menschheitsentwicklung – natur- und geisteswissenschaftliche Ergebnisse. Eine Gesamtdarstellung. Verfaßt von einem Autorenkollektiv unter der Leitung von Joachim Herrmann und Herbert Ullrich, Berlin 1991

Kästner, Sibylle (1993): Abriß einer Forschungsgeschichte zum Themenkomplex »Matriarchat« aus archäologischer Sicht, in: Mertens, Eva-Maria/Koch, Julia K./Fries, Jana (Hrsg.) (1993), S. 28–55

Kästner, Sibylle/Karlisch, Sigrun/unter Mitarbeit von Günter Smolla (1993): Frauen in der menschlichen Frühzeit, in: Löhr, Brigitte (Hrsg.): Frauen in der Geschichte. Grundlagen – Anregungen – Materialien. Band 1: Beiträge. Akademie für Lehrerfortbildung Dillingen/Donau. Deutsches Institut für Fernstudien an der Universität Tübingen, Tübingen 1993, S. 25–41

Kilian-Dirlmeier, Imma (1974): Zur späthallstattzeitlichen Nekropole von Mühlacker, in: Germania. Anzeiger der römisch-germanischen Kommision des deutschen archäologischen Instituts 52, 1974, S. 141–146

Klejn, Leo S. (1993): Is German Archaeology Atheoretical? Comment on Georg Kossack. Prehistoric Archaeology in Germany: Its History and Current Situation. In: NAR 25(2):73–109, in: Norwegian Archaeological Review 26.1, 1993, S. 49–54

Kossinna, Gustaf (1896): Die vorgeschichtliche Ausbreitung der Germanen in Deutschland, in: Zeitschrift des Vereins für Volkskunde 6, 1896, S. 1–14

Kossinna, Gustaf (1911): Die Frau in der Vorgeschichte Mitteleuropas, in: Mannus. Zeitschrift für deutsche Vorgeschichte, 2. Ergänzungsband 1911, S. 2–4

Kossinna, Gustaf (1912): Die deutsche Vorgeschichte – eine hervorragend nationale Wissenschaft (= Mannus-Bibliothek Nr. 9), Würzburg, 1. Aufl. 1912, 7. Aufl. 1937

Leroi-Gourhan, André (1971): Prähistorische Kunst. Die Ursprünge der Kunst in Europa, Freiburg/Basel/Wien 1971. Deutsche Übersetzung des französischen Originals »Préhistoire de l'art occidental«, Paris 1971

Menghin, Oswald (1931): Weltgeschichte der Steinzeit, Wien 1931

Mertens, Eva-Maria/Koch, Julia K./Fries, Jana (Hrsg.) (1993): Bericht zur Tagung der Archäologinnen 1992 in Kiel (1. Tagung des Netzwerkes archäologisch arbeitender Frauen vom 16.–18.10.1992 in Kiel), Kiel 1993

Morgan, Lewis Henry (1891): Die Urgesellschaft. Untersuchungen über den Fortschritt der Menschheit aus der Wildheit durch die Barbarei zur Zivilisation, Stuttgart 1891. Deutsche Übersetzung des englischen Originals »Ancient Society«, 1877

Narr, Karl J. (1964): Vor- und Frühgeschichte, in: Grundbegriffe der Geschichte. 50 Beiträge zum europäischen Geschichtsbild. Herausgegeben in Zusammenarbeit mit dem Europarat und dem internationalen Schulbuchinstitut, Gütersloh 1964, 395–412

Narr, Karl J. (1974): Tendenzen in der Urgeschichtsforschung, in: Luyten, Norbert A. (Hrsg.): Fortschritt im heutigen Denken? Grenzfragen Bd. 4, Freiburg/München 1974, S. 85–125

Parzinger, Hermann (1986): Zur Späthallstatt- und Frühlatènezeit in Nordwürttemberg, in: Fundberichte aus Baden-Württemberg 11, Stuttgart 1986, S. 231–257

Pauli, Ludwig (1972): Untersuchungen zur Späthallstattkultur in Nordwürttemberg. Analyse eines Kleinraumes im Grenzbereich zweier Kulturen, in: Hamburger Beiträge zur Archäologie II.1, Hamburg 1972

Rentmeister, Cillie (1985): Frauenwelten – Männerwelten. Für eine neue kulturpolitische Bildung, Opladen 1985

Rieckhoff, Sabine (1990): Faszination Archäologie. Bayern vor den Römern, Regensburg 1990

Schmidt, Pater Wilhelm (1955): Das Mutterrecht. Studia Instituti Anthropos 10, Wien-Mödling 1955

Semenow, Juri I. (1979): Comment to Fluehr-Lobban, in: Current Anthropology 20, 1979, S. 816–820

Smolla, Günter (1979/80): Das Kossinna-Syndrom, in: Fundberichte aus Hessen 19/20, 1979/80, S. 1–9

Smolla, Günter (1982): Zum Verhältnis der Geschlechter in der menschlichen Frühzeit, in: Wendt, Herbert/Loacker, Norbert (Hrsg.): Kindlers Enzyklopädie »Der Mensch«, Bd. II: Die Entfaltung der Menschheit, Zürich 1982, 563–568

Smolla, Günter (1990): Bemerkungen zur Rolle der Frauen und zur Mädchenerziehung in der menschlichen Frühzeit, in: Hohenzollern, Johann Georg Prinz von/Liedtke, Max: Der weite Schulweg der Mädchen: die Geschichte der Mädchenbildung als Beispiel der Geschichte anthropologischer Vorurteile, Bad Heilbrunn 1990, S. 41–44

Werner, Karl Ferdinand (1967): Das NS-Geschichtsbild und die deutsche Geschichtswissenschaft, Stuttgart 1967

Winiger, Josef (1981): Ein Beitrag zur Geschichte des Beils, in: Helvetia archaeologica 12, 1981, S. 161–188

3. Der archäologische Alltag

Alt, Kurt (1991): Zur Bedeutung anthropologischer Untersuchungen in der Archäologie – Aussagemöglichkeiten der Paläodontologie, in: Archäologische Informationen. Mitteilungen zur Ur- und Frühgeschichte 14/1, Bonn 1991, 23–31

Eggers, Hans Jürgen (1986): Einführung in die Vorgeschichte. Mit einem Nachwort von Georg Kossack. Überarbeitete 3. Neuausgabe, München 1986, Erstaufl. München 1959

Eggert, Manfred K. H. (1991): Die konstruierte Wirklichkeit: Bemerkungen zum Problem der archäologischen Interpretation am Beispiel der späten Hallstattzeit, in: Hephaistos. Kritische Zeitschrift zur Theorie und Praxis der Archäologie und angrenzenden Wissenschaften 10, Bremen 1991, S. 5–20

Eggert, Manfred K. H. (1993): Vergangenheit in der Gegenwart? Überlegungen zum interpretatorischen Potential der Ethnoarchäologie, in: Ethnographisch-Archäologische Zeitschrift 34, Heidelberg 1993, S. 144–150

Fansa, Mamoun (Bearb. und Red.) (1990): Experimentelle Archäologie in Deutschland: Begleitpublikation zur Ausstellung des Staatlichen Museums für Naturkunde und Vorgeschichte Oldenburg 1990 (= Archäologische Mitteilungen aus Nordwestdeutschland, Beiheft 4), Oldenburg 1990

Göbel, Barbara (1993): Ethnoarchäologie, in: Schweizer, Thomas/Schweizer, Margarete/Kokot, Waltraud (Hrsg.): Handbuch der Ethnologie: Festschrift für Ulla Johansen, Berlin 1993, S. 415–440

Göttner-Abendroth (1988): Das Matriarchat I. Geschichte seiner Erforschung, Stuttgart/Berlin/Köln/Mainz 1988

Grosser, Dietger (1978): Dendrochronologische Altersbestimmung, in: Hrouda, Barthel (Hrsg.): Methoden der Archäologie. Eine Einführung in ihre naturwissenschaftlichen Techniken, München 1978, S. 125–138

Grube, Gisela (1991): Fortschritte in der anthropologischen Diagnostik von Skelettfunden, in: Archäologische Informationen. Mitteilungen zur Ur- und Frühgeschichte 14/1, Bonn 1991, 20–31

Hodder, Ian (1982): The present past: An introduction to anthropology for archaeologists, London 1982

Hrouda, Barthel (Hrsg.) (1978): Methoden der Archäologie. Eine Einführung in ihre naturwissenschaftlichen Techniken, München 1978

Der Keltenfürst von Hochdorf. Methoden und Ergebnisse der Landesarchäologie. Begleitpublikation zur Ausstellung im Stuttgarter Kunstgebäude vom 14.8.–13.10.1985, Stuttgart 1985

Lüning, Jens/Meurers-Balke, Jutta (1986): Archäologie im Experiment, in: Archäologie in Deutschland, Heft 1/1986, Mainz 1986, S. 4–5

Meier, Franz Georg (1977): Neue Wege in die alte Welt. Methoden der modernen Archäologie, Hamburg 1977

Müller-Karpe, Hermann (1975): Einführung in die Vorgeschichte, München 1975

Raetzel-Fabian, Dirk (1988): Einführung, in: Ders. (mit Beiträgen von Lutz Fiedler, Holger Göldner, Irene Kappel): Die ersten Bauernkulturen, Jungsteinzeit in Nordhessen, Kassel 1988, S. 9–17

Rauert, Werner (1978): Die Kohlenstoff-14-Datierungsmethode, in: Barthel Hrouda (Hrsg.): Methoden der Archäologie. Eine Einführung in ihre naturwissenschaftlichen Techniken, München 1978, S. 111–124

Renfrew, Colin/Bahn, Paul (1991): Archaeology: Theories, methods and practice, London 1991

Rudolph, Wolfgang (1988): Ethnos und Kultur, in: Fischer, Hans (Hrsg.): Ethnologie. Einführung und Überblick, 2. überarb. u. erw. Aufl. Berlin 1988, S. 39–59

Sangmeister, Edward (1967): Methoden der Urgeschichtswissenschaft, in: Saeculum. Jahrbuch für Universalgeschichte 18, Freiburg/München 1967, S. 199–244

Fischer, Ulrich (1990): Analogie und Urgeschichte, in: Saeculum. Jahrbuch für Universalgeschichte 41, Freiburg/München 1990, S. 318–325.

Wahl, Joachim (1985): Archäologie und Anthropologie, in: Der Keltenfürst von Hochdorf. Methoden und Ergebnisse der Landesarchäologie. Begleitpublikation zur Ausstellung im Stuttgarter Kunstgebäude vom 14.8.–13.10.1985, Stuttgart 1985, S. 289–297

Wotzka, Hans-Peter (1993): Zum traditionellen Kulturbegriff in der prähistorischen Archäologie, in: Paideuma. Zeitschrift für Kulturkunde 39, Wiesbaden/Stuttgart 1993, 25–44

Ziegert, Helmut (1980): Objektorientierte und problemorientierte Forschungsansätze in der Archäologie, in: Hephaistos. Kritische Zeitschrift zur Theorie und Praxis der Archäologie und angrenzenden Wissenschaften 2, Bremen 1980, S. 53–67

Abramova, Zoja A. (1967): Paleolithic art in the USSR, in: Arctic Anthropology IV-2, 1967, S. 1–179

Abramova, Zoja A. (1990): L'art mobilier paléolithique en Sibérie, in: Bollettino del Centro Camuno di Studi Preistorici, Capo di Ponte 25/26, 1990, S. 81–98

Art et civilisations des chasseurs de la préhistoire, 34 000–8000 av. J.C. (1984): Begleitpublikation zur Ausstellung im Musée de l'Homme, Paris 1984

Bahn, Paul (1986): No sex, please, we're Aurignaciens, in: Rock Art Research 3, 1986, S. 99–120

Bleibtreu-Ehrenberg, Gisela (1990): Vom Schmetterling zur Doppelaxt, Frankfurt a.M. 1990

Borneman, Ernest (1975): Das Patriarchat. Ursprung und Zukunft unseres Gesellschaftssystems, Frankfurt a.M. 1975

Bosinski, Gerhard (1982): Die Kunst der Eiszeit in Deutschland und der Schweiz, Bonn 1982

Bosinski, Gerhard (1987): Die große Zeit der Eiszeitjäger Europas zwischen 40 000 und 10 000 v.Chr., in: Jahrbuch des römisch-germanischen Zentralmuseums Mainz 34, 1987, S. 3–139

Bosinski, Gerhard (1990): Homo sapiens. L'histoire des chasseurs du paléolithique supérieur en Europe (40 000-10 000 av. J.C.), Paris 1990

Bosinski, Gerhard (1994): Menschendarstellungen der Altsteinzeit, in: Der Löwenmensch. Tier und Mensch in der Kunst der Eiszeit. Begleitpublikation zur Ausstellung im Ulmer Museum vom 11.9.–13.11.1994, Sigmaringen 1994, S. 77–105

Delporte, Henri (1959): Une nouvelle statuette paléolithique: la vénus de Tursac, in: L'Anthropologie 63, 1959, S. 233–247

Delporte, Henri (1993): L'image de la femme dans l'art préhistorique, 2. Aufl., Paris 1993

Duhard, Jean-Pierre (1989): La gestuelle du membre supérieur dans les figurations féminines sculptées paléolithiques, in: Rock Art Research 6, 1989, S. 106–117

Duhard, Jean-Pierre (1990): Le corps féminin et son language dans l'art paléolithique, in: Oxford Journal of Archaeology 9, 1990, S. 241–255

Duhard, Jean-Pierre (1993): Réalisme de l'image féminine paléolithique, Paris 1993

Eisler, Riane (1989): Kelch und Schwert. Von der Herrschaft zur Partnerschaft. Weibliches und männliches Prinzip in der Geschichte, München 1989

Frenzel, Burkhard/Péci, M./Velichki, A. (1992): Atlas of Paleoclimates and Paleoenvironments of the Northern Hemisphere: Late Pleistocene – Holocene. Stuttgart/New York 1992

Gamble, Clive (1982): Interaction and alliance in palaeolithic society, in: Man. The Journal of the Royal Anthropological Institute of Great Britain and Ireland 17, 1982, S. 92–107

Göttner-Abendroth, Heide (1988): Das Matriarchat I. Geschichte seiner Erforschung, Stuttgart 1988

Guthrie, Dale R. (1984): Ethological observations from paleolithic art, in: Bandi, Hans-Georg/Huber, Walter/Sauter, Marc-Roland (Hrsg.): La contribution de la zoologie et de l'éthologie à l'interprétation de l'art des peuples chasseurs préhistoriques, Fribourg/Suisse 1984, S. 35–74

Haensch, Wolf Günter (1982): Die menschlichen Statuetten des mittleren Jungpaläolithikums aus der Sicht der somatischen Anthropologie, Bonn 1982

Hahn, Joachim (1986): Kraft und Aggression. Die Botschaft der Eiszeitkunst im Aurignacien Süddeutschlands? Tübingen 1986

Hahn, Joachim (1988): Das Jungpaläolithikum in Württemberg, in: Planck, Dieter (Hrsg.): Archäologie in Württemberg. Ergebnisse und Perspektiven archäologischer Forschung von der Altsteinzeit bis zur Neuzeit, Stuttgart 1988, S. 41–54

Hancar, Franz (1940): Zum Problem der Venusstatuetten im euroasiatischen Jungpaläolithikum, in: Prähistorische Zeitschrift 30/31, Berlin 1940, S. 85–156

Heidefrau Christmann, Elke (1995): ArcheLogie – Frauendarstellungen der Altsteinzeit. Wer schuf sie? In: Brandt, Helga/Fries, Jana/Mertens, Eva-Maria (Hrsg.): Frauen – Forschung – Archäologie. Bericht über die 2. Tagung des Netzwerks archäologisch arbeitender Frauen, Münster 1995, S. 67–77

Klaatsch, Hermann (1913): Die Anfänge der Kunst und Religion in der Urmenschheit, Leipzig 1913

Klima, Bohuslav (1987): Die Kunst des Gravettien, in: Die Anfänge der Kunst vor 30 000 Jahren. Begleitpublikation zur Ausstellung in der Kunsthalle Tübingen vom 18.7.–13.9.1987, Stuttgart 1987, S. 34–42

Klima, Bohuslav (1989): Figürliche Plastiken aus der paläolithischen Siedlung von Pavlov (CSSR), in: Schlette, Friedrich/Kaufmann, Dieter (Hrsg.): Religion und Kult in ur- und frühgeschichtlicher Zeit. 13. Tagung der Fachgruppe Ur- und Frühgeschichte in Halle, Berlin 1989, S. 81–90

König, Marie E. P. (1954): Das Weltbild des eiszeitlichen Menschen, Marburg 1954

König, Marie E. P. (1973): Am Anfang der Kultur. Die Zeichensprache des frühen Menschen, Frankfurt a.M. 1973

König, Marie E. P. (1979): Die Frau im Kult der Eiszeit, in: Fester, Richard/König, Marie E. P./Jonas, Doris/Jonas, David A. (Hrsg.): Weib und Macht. Fünf Millionen Jahre Urgeschichte der Frau, Frankfurt a.M. 1979

Koszlowski, Janusz (1992): L'art de la préhistoire en Europe orientale, Paris 1992

Kunz, Brigitta (1995): Figürliche Plastik im archäologischen Kontext. Eine methodische Diskussion der Frauenstatuetten des Gravettien. Unpublizierte Magisterarbeit, Freiburg 1995

Lansival, Renée (1990): Les ›Venus‹ du paléolithique supérieur, Liège 1990

Leroi-Gourhan, André (1971): Prähistorische Kunst. Die Ursprünge der Kunst in Europa, Freiburg/Basel/Wien 1971. Deutsche Übersetzung des französischen Originals »Préhistoire de l'art occidental«, Paris 1971

Leroi-Gourhan, André (1981): Die Religionen der Vorgeschichte, Frankfurt a.M. 1981. Deutsche Übersetzung des französischen Originals »Les religions de la préhistoire«, Paris 1964

Lorde, Audrey (1993): Zami. Ein Leben unter Frauen, Frankfurt a.M. 1993

Luquet, G. H. (1934): Les vénus paléolithiques. Journal de psychologie 31, 1934, S. 429–460

Marshack, Alexander (1991): The female image: a ›time-factored‹ symbol. A study in style and aspects of image use in the upper paleolithic, in: Proceedings of the Prehistoric Society 57, Cambridge 1991, S. 17–31

Meier-Seethaler, Carola (1993): Von der göttlichen Löwin zum Wahrzeichen männlicher Macht: Ursprung und Wandel grosser Symbole, Zürich 1993

Müller-Beck, Hans-Jürgen (Hrsg.) (1983): Urgeschichte in Baden-Württemberg, Stuttgart 1983

Müller-Karpe, Hermann (1966): Handbuch der Vorgeschichte, Bd. I: Altsteinzeit, München 1966

Nemeskéri, János (1989): An attempt to reconstitute demographically the upper paleolithic populations of Europe and the Mediterranean region, in: Hershkovitz, Israel (Hrsg.): People and Culture in Change. Proceedings of the second symposium on upper palaeolithic, mesolithic and neolithic populations of Europe and the Mediterranean Basin, Oxford 1989

Nougier, Louis-René (1989): Die Welt der Höhlenmenschen, Zürich 1989. Deutsche Übersetzung des französischen Originals »Premiers éveils de l'homme«, Paris 1984

Pales, Léon (1972): Les ci-davant vénus stéatopyges aurignaciennes, in: Actas del symposium internacional de arte prehistórico, Santander 1972, S. 217–261

Piette, Edouard (1885): La station de Brassempouy et les statuettes humaines de la période glyptique, in: L'Anthropologie 6, 1885

Praslov, Nikolai D. (1986): Neue Frauenstatuetten des Paläolithikums aus Kostenki (UDSSR), in: Das Altertum 32, 1986, S. 14–17

Praslov, Nikolai D. (1993): Eine neue Frauenstatuette aus Kalkstein von Kostenki I (Don, Rußland). Archäologisches Korrespondenzblatt, Urgeschichte – Römerzeit – Frühmittelalter 23, 1993, S. 165–173

Rentmeister, Cillie (1985): Frauenwelten – Männerwelten. Für eine neue kulturpolitische Bildung, Opladen 1985

Rice, Patricia (1981): Prehistoric venuses: Symbols of motherhood or womanhood? In: Journal of anthropological research 37, Albuquerque 1981, S. 402-414

Rieckhoff, Sabine (1990): Faszination Archäologie. Bayern vor den Römern, München 1990

Schmid, Elisabeth (1989): Die altsteinzeitliche Elfenbeinstatuette aus der Höhle Stadel im Hohlenstein, in: Fundberichte aus Baden-Württemberg 14, Stuttgart 1989, S. 33–118

Soffer, Olga/Praslov, Nikolai D. (1993): From Kostenki to Clovis. Upper paleolithic-paleo-indian adaptations, New York/London 1993

Torbrügge, Walter (o. J.): Europäische Vorzeit. Kunst im Bild, München

Ucko, Peter/Rosenfeld, Andrée (1967): Felsbildkunst im Paläolithikum, München 1967

Uhlig, Helmut (1992): Die Große Göttin lebt. Eine Weltreligion des Weiblichen, Bergisch-Gladbach 1992

Vialou, Denis (1992): Frühzeit des Menschen. Universum der Kunst, München 1992

Weiler, Gerda (1994): Der aufrechte Gang der Menschenfrau. Eine feministische Anthropologie II, Frankfurt a.M. 1994

5. Çatal Hüyük: Wie die ersten Bäuerinnen ihre Männer aus dem Sumpf der Wildheit zogen

Angel, Lawrence J. (1971): Early neolithic skeletons from Çatal Hüyük: Demography and pathology, in: Anatolian Studies. Journal of the British Institute of Archaeology in Ankara 21, London 1973, S. 121–132

Barstow, Ann (1978): The uses of archaeology for women's history: James Mellaart's work on the neolithic goddess at Çatal Hüyük, in: Feminist Studies. An independent interdisciplinary journal 4/3, College Park, University of Maryland 1978, S. 7–18

Bartel, Brad (1972): The characteristics of the Çatal Hüyük supracommunity, in: American Journal of Archaeology. The journal of the Archaeological Institute of America 76, Boston 1972, S. 204–205

Bialor, Perry A. (1962): The shipped stone industrie of Çatal Hüyük, in: Anatolien Studies. Journal of the British Institute of Archaeology in Ankara 12, London 1962, S. 67–110

Burney, C.A. (1968): Rezension zu James Mellaart: »Çatal Hüyük. A neolithic town in Anatolia«, London 1967, in: The Antiquaries Journal 48, Oxford 1968, S. 317–318

Burnham, Harold B. (1964): Çatal Hüyük – The textiles and twined fabrics, in: Anatolien Studies. Journal of the British Institute of Archaeology in Ankara 14, London 1964, S. 121–123

Casimir, Michael J. (1993): Das Brot der frühen Jahre. Die Zwänge der Ernährung und ihr Einfluß auf Kulturrevolution und Kulturwandel, in: Archäologische Informationen. Mitteilungen zur Ur- und Frühgeschichte 16/1, Bonn 1993, S. 20–31

Childe, Gordon V. (1975): Soziale Evolution, Frankfurt a.M. 1975. Deutsche Übersetzung des englischen Originals »Social evolution«, London 1951

Contenson, Henri de (1968): Rezension zu James Mellaart: »Çatal Hüyük. A neolithic town in Anatolia« London 1967, in: Antiquity 42, Cambridge 1968, S. 72–74

Davis, Elizabeth Gould (1977): Am Anfang war die Frau. Die neue Zivilisationsgeschichte aus weiblicher Sicht, München 1977. Deutsche Übersetzung des amerikanischen Originals »The First Sex«, o. O. 1971

Eichmann, Ricardo (1991): Aspekte prähistorischer Grundrißgestaltung in Vorderasien. Beiträge zum Verständnis bestimmter Grundrißmerkmale in ausgewählten neolithischen und chalkolithischen Siedlungen des 9.–4. Jahrtausends v.Chr. (mit Beispielen aus der europäischen Prähistorie), Mainz 1991

Eisler, Riane (1989): Von der Herrschaft zur Partnerschaft. Weibliches und männliches Prinzip in der Geschichte, München 1989. Deutsche Übersetzung des amerikanischen Originals »The Chalice and the Blade«, San Francisco 1987

Fetten, Frank G. (1993): Neolithisierungsmodelle oder: Der Umgang mit dem Neuen in der Urgeschichtswissenschaft, in: Archäologische Informationen. Mitteilungen zur Ur- und Frühgeschichte 16/2, Bonn 1993, S. 201–233

Gaube, Karin/Pechmann, Alexander von (1986): Magie, Matriarchat und Marienkult. Frauen und Religion, Versuch einer Bestandsaufnahme, Reinbek bei Hamburg 1986

Göttner-Abendroth, Heide (1988): Das Matriarchat I. Geschichte seiner Erforschung. Stuttgart/Berlin/Köln/Mainz 1988

Göttner-Abendroth, Heide (1992): Frauen schufen »neolithische Revo-

lution«. Ackerbau und matriarchale Stadtkulturen 9000–3000 v.Chr., in: Die Chronik der Frauen, hrsg. v. Annette Kuhn, Dortmund 1992, S. 36–37
Grimm, Hans (1973): Neue Ergebnisse über Geschlechtsunterschiede in der Häufigkeit von Knochenverletzungen in urgeschichtlichem und historischem Skelettmaterial, in: Biometrische Zeitschrift. Zeitschrift für mathematische Methoden in Biowissenschaften 15, Heft 6, Berlin 1973, S. 431–438
Grimm, Hans (1983): Traumatologische Gesichtspunkte zur Entstehung und Betonung der Geschlechtsunterschiede am menschlichen Skelett, in: Nova acta Leopoldina. Abhandlungen der deutschen Akademie der Naturforscher NF 55, Nr. 253, Halle (Saale) 1983, S. 73–77
Halbaek, Hans (1964): First impressions of the Çatal Hüyük plant husbandary, in: Anatolien Studies. Journal of the British Institute of Archaeology in Ankara 14, London 1964, S. 121–123
Hays, Kelley Ann (1993): When is a symbol archaeologically meaningful? Meaning, function and prehistoric visual arts, in: Yoffee, Norman/Sherratt, Andrew (Hrsg.): Archaeological theory: Who sets the agenda? Cambridge 1993, S. 81–92
Heinrich, Ernst/Seidl, Ursula (1969): Zur Siedlungsform von Çatal Hüyük, in: Archäologischer Anzeiger. Beiblatt zum Jahrbuch des deutschen archäologischen Instituts 84, Berlin 1969, Heft 2, S. 113–119
Hodder, Ian (1987): Contextual archaeology: An interpretation of Çatal Hüyük and a discussion of the origin of agriculture, in: Bulletin. Institute of Archaeology. University of London 24, London 1987, S. 43–56
Hodder, Ian (1994): Çatalhüyük, in: British Institute of Archaeology at Ankara, Research Reports, Ankara 1994, S. 11–17
Jesus, Prentiss S. de (1985): Notes on the symbolism in the Çatal Hüyük wall paintings, in: Huot, Jean-Luis/Yon, M./Calvet, Yves (Hrsg.): De l'Indus aux Balkans. Recueil à la mémoire de Jean Deshayes, Paris 1985, S. 127–145
Kunter, M. (1981): Frakturen und Verletzungen des vor- und frühgeschichtlichen Menschen, in: Archäologie und Naturwissenschaften 2, Mainz 1981, S. 221–246
Leroi-Gourhan, André (1964): Les religions de la préhistoire, Paris 1964

MacQueen, J. G. (1978): Secondary burial at Çatal Hüyük, in: Numen. International review for the history of religions 25, Leiden 1978, S. 226–239

Meier-Seethaler, Carola (1988): Ursprünge und Befreiungen. Eine dissidente Kulturtheorie, Zürich 1988

Mellaart, James (1962): Excavation in Çatal Hüyük, 1961. First preliminary report, in: Anatolian Studies. Journal of the British Institute of Archaeology in Ankara 12, London 1962, S. 41–65

Mellaart, James (1963): Excavation in Çatal Hüyük, 1962. Second preliminary report, in: Anatolian Studies. Journal of the British Institute of Archaeology in Ankara 13, London 1963, S. 43–103

Mellaart, James (1964): Excavation in Çatal Hüyük, 1963. Third preliminary report, in: Anatolian Studies. Journal of the British Institute of Archaeology in Ankara 14, London 1964, S. 39–119

Mellaart, James (1965): Çatal Hüyük West, in: Anatolian Studies. Journal of the British Institute of Archaeology in Ankara 15, London 1965, S. 135–156

Mellaart, James (1966): Excavation in Çatal Hüyük, 1965. Fourth preliminary report, in: Anatolian Studies. Journal of the British Institute of Archaeology in Ankara 16, London 1966, S. 165–191

Mellaart, James (1967): Çatal Hüyük – Stadt aus der Steinzeit, Bergisch Gladbach 1967. Deutsche Übersetzung des englischen Originals »Çatal Hüyük - A neolithic town in Anatolia«, London 1967

Mellaart, James (1975): The neolithic of the Near East, London 1975

Mellaart, James/Hirsch, Udo/Balpinar, Bekins (Hrsg.) (1989): The goddess from Anatolia, Vol. I–IV, Adenau 1989

Mellink, Machteld J./Filip, Jan (1974): Anatolien, in: Dies.: Frühe Stufen der Kunst, Frankfurt a.M./Berlin/Wien 1974, S. 15–38

Moore, Andrew M.T. (1989): Ein vor-jungsteinzeitliches Bauerndorf am Euphrat, in: Siedlungen der Steinzeit: Haus, Festung und Kult. Mit einer Einführung von Jens Lüning. Spektrum der Wissenschaft: Verständliche Forschung, Heidelberg 1989, S. 72–79

Narr, Karl J. (1968/69): Mutterrechtliche Züge im Neolithikum. (Zum Befund von Çatal Hüyük), in: Anthropos. Internationale Zeitschrift für Völker- und Sprachenkunde 63/64, Freiburg (Schweiz) 1968/69, S. 409–420

Narr, Karl J. (1969): Çatal Hüyük: Befund und Deutung, in: Mitteilungen der Deutsch-Türkischen Gesellschaft 79, Bonn 1969, S. 9–13

Omura, Masako (1984): A reinterpretation of the figurines from Çatal Hüyük, in: Orient. Report of the society for Near Eastern studies in Japan 20, Tokyo 1984, S. 129–155

Parrot, A. (1969): Rezension zu James Mellaart: »Çatal Hüyük. A neolithic town in Anatolia«, London 1967, in: Syria. Revue d'art oriental et d'archéologie 46, Paris 1969, S. 136–138

Perkins, Dexter (1969): Fauna of Çatal Hüyük: Evidence for early cattle domestication in Anatolia, in: Science 164/3876, Washington 1969, S. 177–179

Pittioni, Richard (1968): Rezension zu James Mellaart: »Çatal Hüyük. A neolithic town in Anatolia« London 1967, in: Archaeologia Austriaca. Beiträge zur Paläoanthropologie, Ur- und Frühgeschichte Österreichs 43, Wien 1968, S. 149–150

Pratt, P. (1970): Çatal Hüyük wall paintings in the museum of archaeology, Ankara, in: Anatolian Studies. Journal of the British Institute of Archaeology in Ankara 20, London 1970, S. 6

Pratt, P. (1974): Çatal Hüyük wall paintings, in: Anatolian Studies. Journal of the British Institute of Archaeology in Ankara 24, London 1974, S. 13–15

Schulz, Michael (1982): Umwelt und Krankheit des vor- und frühgeschichtlichen Menschen, in: Wendt, Herbert/Loacker, Norbert (Hrsg.): Kindlers Enzyklopädie »Der Mensch«, Bd. II, Zürich 1982, S. 259–312

Todd, Ian/Bartel, Brad (1974): Anatolian Symposium, in: Archaeology 27/4, New York 1974, S. 278–280

Todd, Ian (1976): Çatal Hüyük in perspective, Menlo Parc, California 1976

Trigger, Bruce G. (1991): Post-processual developments in Anglo-American archaeology, in: Norwegian Archaeological Review 24/2, Oslo 1991, S. 65–76

Uerpmann, Hans-Peter (1990): Die Anfänge von Tierhaltung und Pflanzenbau, in: Die ersten Bauern, Bd. 2: Pfahlbaufunde Europas. Forschungsberichte zur Ausstellung im Schweizerischen Landesmuseum und zum Erlebnispark. Ausstellung Pfahlbauland in Zürich, 28.4.–30.9.1990, Zürich 1990, S. 27–37

Uhlig, Helmut (1991): Die Mutter Europas. Ursprünge abendländischer Kultur in Alt-Anatolien, Bergisch-Gladbach 1991

Wasilewska, Ewa (1991): Archaeology of religion: Colors as symbolic markers dividing sacred from profan, in: Journal of Prehistoric Religion 5, Göteborg 1991, S. 36–41

Wason, Paul K. (1994): Çatal Hüyük: a ranked neolithic town in Anatolia? In: Ders.: The archaeology of rank, Cambridge 1994, S. 153–187

Wolfram, Sabine (1986): Zur Theoriediskussion in der Prähistorischen Archäologie Großbritanniens. Ein forschungsgeschichtlicher Überblick über die Jahre 1968–1982, Oxford 1986

Yakar, Jak (1991): Prehistoric Anatolia. The neolithic transformation and the early chalcolithic period, Jerusalem 1991

6. Im Bann der Grossen Göttin: Marija Gimbutas' metaphysisches Matriarchat

Alltag und Religion: Jungsteinzeit in Ost-Ungarn. Begleitpublikation zur Ausstellung im Museum für Vor- und Frühgeschichte, Archäologisches Museum der Stadt Frankfurt, Ungarische Abteilung, Frankfurt a.M. 1990

Anthony, David W. (1986): The »Kurgan Culture«, Indo-European Origins and the domestication of the horse: A reconsideration, in: Current Anthropology 27/4, Chicago 1986, S. 291–304

Avant les Scythes. Préhistoire de l'art en U.R.S.S. (1979): Begleitpublikation zur Ausstellung vom 6.2.–30.4.1979, Paris 1979

Bailey, Douglass W. (1994): Reading prehistoric figurines as individuals, in: World Archeology 25/3, London 1994, S. 321–331

Bánffy, Eszter (1991): Cult and archaeological context in middle and south-east Europe in the neolithic and the calcolithic, in: Antaeus. Communicationes ex Instituto Archaeologico Academiae Scientiarum Hungaricae 19–20, Budapest 1991, S. 183–249

Barnett, William (1992): Rezension zu Marija Gimbutas: »The language of the goddess«, London 1989, in: American Journal of Archaeology. The journal of the Archaeological Institute of America 96, Boston 1992, S. 170–171

Binford, Susan (1982): Are goddesses and matriarchies merely figments of feminist imagination? In: Spretnak, Charlene (Hrsg.): The politics of women's spirituality. Essays on the rise of spiritual power within the feminist movement, New York 1982, S. 22–31

Bogataja, Larisa K./Manzura, Igor V. (1994): Ost-West-Wechselbeziehungen im Spiegel der äneolithisch-frühbronzezeitlichen Kulturen des nordwestlichen Schwarzmeergebietes, in: Zeitschrift für Archäologie 28, Berlin 1994, S. 63–86

Chapman, John (1991): The creation of social arenas in the neolithic and copper age of S. E. Europe: The case of Varna, in: Garwood, Paul (Hrsg.): Sacred and profane. Proceedings of a conference on archaeology, ritual and religion 1989, Oxford 1991, S. 152–171

Dexter, Miriam R. (1994): Marija Gimbutas. In Memoriam, in: The Journal of Indo-European Studies 22/1, 1994, S. I–III

Elster, Ernestine S. (1994): Marija Gimbutas, 1921–1994, in: American Journal of Archaeology. The Journal of the Archaeological Institute of America 98, Boston 1994, S. 755–57

Gaßner-Vischer, Angela (1993): Die Sprache der Göttin, in: »Ab 40« 4, 1993, S. 94–102

Gero, Joan M./Conkey, Margaret W. (Hrsg.) (1991): Engendering archaeology. Women and prehistory, Oxford/Cambridge 1991.

Gimbutas, Marija (1956): Prehistory of Eastern Europe. Part I: Mesolithic, neolithic and copper age cultures in Russia and the Baltic area, Cambridge/Massachusetts 1956

Gimbutas, Marija (1974): The gods and goddesses of Old Europe 7000 to 3500 B.C. Myths, legends and cult images, London 1974

Gimbutas, Marija (1977): Gold treasure at Varna, in: Archaeology 30/1, 1977, S. 44–51

Gimbutas, Marija (1979): The three waves of the Kurgan people into Old Europe, 4500–2500 B.C., in: Archives suisses d'anthropologie générale 43/2, 1979, S. 113–137

Gimbutas, Marija (1980): The Kurgan wave No. 2, 3400–3200, into Europe and the following transformation of culture, in: The Journal of Indo-European Studies 8, 1980, S. 273–317

Gimbutas, Marija (1982): Women and culture in goddess-oriented Old Europe, in: Spretnak, Charlene (Hrsg.): The politics of women's spirituality. Essays on the rise of spiritual power within the feminist movement, New York 1982, S. 22–31

Gimbutas, Marija (1986): Review to ›The Kurgan Culture‹, Indo-European origins and the domestication of the horse: A reconsideration by David Anthony, in: Current Anthropology 27/4, Chicago 1986, S. 305–307

Gimbutas, Marija (1988): Review to ›Archaeology and language‹ by Colin Renfrew, in: Current Anthropology 29/3, Chicago 1988, S. 453–456.

Gimbutas, Marija (1989): The language of the goddess, London 1989

Gimbutas, Marija (1990): The social structure of Old Europe. Part II, in: The Journal of Indo-European Studies 18, 1990, S. 225–284

Gimbutas, Marija (1991): The civilization of the goddess. The world of Old Europe, San Francisco/New York 1991

Gimbutas, Marija (1993): Interview, in: Gaßner-Vischer, Angela: Die Sprache der Göttin, in »Ab 40« 4, 1993, S. 102

Gimbutas, Marija (1994): Sprache der Göttin, in: Sprache der Göttin. Symbolik im neolithischen Alt-Europa. Annäherungen an das Werk von Marija Gimbutas. Begleitpublikation zur Ausstellung im Frauenmuseum Wiesbaden, Wiesbaden 1994

Göttner-Abendroth, Heide (1988): Das Matriarchat I. Geschichte seiner Erforschung. Stuttgart/Berlin/Köln/Mainz 1988

Häusler, Alexander (1992): Archäologie und Ursprung der Indogermanen, in: Das Altertum 38, 1992, S. 3–16

Häusler, Alexander (1994a): Grab- und Bestattungssitten des Neolithikums und der frühen Bronzezeit in Mitteleuropa, in: Zeitschrift für Archäologie 28, Berlin 1994, S. 23–61

Häusler, Alexander (1994b): Die Majkop-Kultur und Mitteleuropa, in: Zeitschrift für Archäologie 28, Berlin 1994, S. 191–246

Häusler, Alexander (1995): Die Entstehung des Äneolithikums und die nordpontischen Steppenkulturen, in: Germania. Anzeiger der römisch-germanischen Kommission des deutschen archäologischen Instituts 73, 1995, S. 41–68

Hayden, Brian (1986): Old Europe: sacred matriarchy or complementary opposition? In: Bonanno, Anthony (Hrsg.): Archaeology and fertility cult in the ancient Mediterranean, Amsterdam 1986

Hiller, Stephan (1990): Tell Karanovo, in: Die ersten Bauern, Bd. 2: Pfahlbaufunde Europas. Forschungsberichte zur Ausstellung im Schweizerischen Landesmuseum und zum Erlebnispark. Ausstellung Pfahlbauland in Zürich, 28.4.–30.9.1990, Zürich 1990, S. 77–86

Höneisen, Markus (1990): Die Ausbreitung frühester bäuerlicher Kulturen in Europa, in: Die ersten Bauern, Bd. 2: Pfahlbaufunde Europas. Forschungsberichte zur Ausstellung im Schweizerischen Landesmuseum und zum Erlebnispark. Ausstellung Pfahlbauland in Zürich, 28.4.–30.9.1990, Zürich 1990, S. 15–25

Kästner, Sibylle/Maier, Viola/Schülke, Almut (1995): From pictures to stories – Traces of female PhD graduates from the department of prehistoric archaeology, University of Tübingen, Germany, in: Brandt, Helga/Fries, Jana/Mertens, Eva-Maria (Hrsg.): Frauen – Forschung – Archäologie, Münster 1995, S. 78–86

Koszlowski, Janusz (Hrsg.) (1993): Atlas du néolithique européen. L'Europe orientale, Vol. 1., Liège 1993, S. 463–494

Lichardus, Jan (1988): Der westpontische Raum und die Anfänge der kupferzeitlichen Zivilisation, in: Macht, Herrschaft und Gold. Das Gräberfeld von Varna (Bulgarien) und die Anfänge einer neuen europäischen Zivilisation. Begleitpublikation zur Ausstellung, Saarbrücken 1988, S. 79–129

Meskell, Lynn (1995): Goddesses, Gimbutas and ›new age‹ archaeology, in: Antiquity 69, 1995, S. 74–86

Nicholas, Georg P. (1994): On the goddess myth and methodology, in: Current Anthropology 35/4, Chicago 1994, S. 448–450

Otroščenko, Vitalij V. (1991): Die Steppen nördlich des Schwarzen Meeres im ausgehenden Neolithikum und in der Bronzezeit, in: Gold der Steppe, Archäologie der Ukraine. Begleitpublikation zur Ausstellung im Archäologischen Landesmuseum Schleswig 1991, S. 43–50

Pahnke, Donate (1993): Sich mit den früheren Zeiten verbinden. Ein Interview mit Joan Marler, in: Schlangenbrut. Streitschrift für feministisch und religiös interessierte Frauen 42, Köln 1993, S. 11–13

Polomé, Edgar (1987): Marija Gimbutas. A biographical sketch, in: Skomal, Susan/Polomé, Edgar (Hrsg.): Proto-Indo-European: The archaeology of a linguistic problem. Studies in honour of Marija Gimbutas, Washington 1987

Renfrew, Colin (1986): Varna und der soziale Kontext früher Metallurgie, in: Das erste Gold der Menschheit. Die älteste Zivilisation in Europa. Begleitpublikation zur Ausstellung in der Universitätsbibliothek Freiburg, 2. Aufl., Freiburg 1986, S. 43–50

Renfrew, Colin (1988): Archaeology and language. The puzzle of Indo-european origins, in: Current Anthropology 29/3, Chicago 1988, S. 437–441

Renfrew, Colin (1991): Rezension zu Marija Gimbutas: »The language of the goddess«, London 1989, in: Proceedings of the Prehistoric Society 57, 1991, S. 222–223

Runnels, Curtis (1990): Rezension zu Gimbutas, Marija/Winn, Shan/Shimabuku, Daniel: »Achilleion: A neolithic settlement in Thessaly, Greece, 6500-5600 B.C.«, Los Angeles 1989, in: Journal of Field Archaeology 17, 1990, S. 341–345

Sherratt, Andrew (1981): Plough and pastoralism: aspects of the secondary products revolution, in: Hodder, Ian/Isaac, Glynn/Norman Hammond (Hrsg.): Pattern of the past. Studies in honour of David Clark, Cambridge 1981, S. 261–305

Skomal, Susan/Polomé, Edgar (Hrsg.) (1987): Proto-indo-european: The archaeology of a linguistic problem. Studies in honour of Marija Gimbutas, Washington 1987

Stone, Merlin (1982): Response, in: Spretnak, Charlene (Hrsg.): The politics of women's spirituality. Essays on the rise of spiritual power within the feminist movement, New York 1982, S. 550

Strahm, Christian (1981): Die Bedeutung der Begriffe Kupferzeit und Bronzezeit, in: Slovenská Archeológia. Zeitschrift des Archäologischen Institutes der Slowakischen Akademie der Wissenschaften in Nitra 29-1, 1981, S. 191–202

Strahm, Christian (1994): Die Anfänge der Metallurgie in Mitteleuropa, in: Helvetia Archaeologica. Archäologie in der Schweiz 25, 1994, S. 2–39

Talalay, Lauren (1994): Feminist boomerang: The great goddess of Greek prehistory, in: Gender & History 6-2, Oxford 1994, S. 165–183

Torbrügge, Walter (1985): Bemerkungen über Idole und Votive, in: Idole, frühe Götterbilder und Opfergaben. Begleitpublikation zur gleichnamigen Ausstellung in der Prähistorischen Staatssammlung München vom 27.9.–15.12.1985, Mainz 1985

Tringham, Ruth (1991): Households with faces: The challenge of gender in prehistoric architectural remains, in: Gero, Joan/Conkey, Margaret (Hrsg.): Engendering archaeology. Women in prehistory, Oxford-Cambridge 1991, S. 93–131

Tringham, Ruth (1993): Rezension zu Marija Gimbutas: »The civilization of the goddess: The world of Old Europe«, San Francisco-New York 1991, in: American Anthropology 95, 1993, S. 196–197

Ucko, Peter (1968): Anthropomorphic figurines, London 1968

7. Das Megaron der Königin: Sir Arthur Evans im minoischen Kreta

Bintliff, John L. (1984): Structuralism and myth in Minoan Studies, in: Antiquity 1984, S. 33–38

Cesana, Andreas (1987): Die innere Geschichte der Menschheit. Zu den geistesgeschichtlichen Voraussetzungen von Bachofens Geschichtsvision, in: Johann Jakob Bachofen (1815–1887): Eine Begleitpublikation zur Ausstellung im Historischen Museum Basel, Basel 1987, S. 58–70

Die Chronik der Frauen (1992): Hrsg. v. Annette Kuhn, Dortmund 1992, S. 82–91

Daniel, Glyn (1982): Geschichte der Archäologie, Bergisch Gladbach 1982. Deutsche Übersetzung des englischen Originals »A short History of Archaeology«, London 1981

Dickinson, Olivier T. P. K. (1994): Comments on a popular model of Minoan religion, in: Oxford Journal of Archaeology 13/2, Oxford 1994, S. 173–184

Eckstein-Diener, Bertha (= Sir Galahad) (1932): Mütter und Amazonen. Ein Umriß weiblicher Reiche, München 1932

Eisler, Riane (1989): Von der Herrschaft zur Partnerschaft. Weibliches und männliches Prinzip in der Geschichte, München 1989. Deutsche Übersetzung des amerikanischen Originals »The Chalice and the Blade«, San Francisco 1987

Evans, Arthur (1901–02): The Palace of Knossos. Provisional report of the excavations for the year 1902, in: The Annual of the British School at Athens VIII, London 1901–1902, S. 1–124

Evans, Arthur (1902–03): The Palace of Knossos. Provisional report of the excavations for the year 1903, in: The Annual of the British School at Athens XI, London 1902–1903, S. 1–153

Evans, Arthur (PM I–V): The Palace of Minos at Knossos. A comparative account of the suggestive stages of the early Cretan civilization illustrated by the discoveries of Knossos (= PM), Bd. I–IV, London 1921–36. PM I: 1921, PM II: 1925, PM III: 1930, PM IV: 1935, PM V: Index. Vol. by Joan Evans, London 1936.

Evans, Arthur (1927): Work of reconstitution in the Palace of Knossos, in: The antiquaries journal. Being the journal of the Society of Antiquaries of London VII, Oxford 1927, S. 258–267

Evans, Arthur (1967): Knossos Fresco Atlas. Catalogue of plates by Mark Cameron and Sinclair Hood, Westmead Farborough Hants 1967

Evans, Joan (1943): Time and chance. The story of Arthur Evans and his forbears, London 1943

Gaube, Karin/Pechmann, Alexander von (1986): Magie, Matriarchat und Marienkult. Frauen und Religion. Versuch einer Bestandsaufnahme, Reinbek bei Hamburg 1986

Gesell, Geraldine (1983): The place of the goddess in Minoan society, in: Krzyszkowska, Olga/Nixon, Lucia (Hrsg.): Minoan society. Proceedings of the Cambridge Colloquium, Bristol 1983, S. 93–99

Göttner-Abendroth, Heide (1988): Das Matriarchat I. Geschichte seiner Erforschung. Stuttgart/Berlin/Köln/Mainz 1988

Hägg, Robin (1986): Die göttliche Epiphanie im minoischen Ritual, in: Mitteilungen des deutschen archäologischen Instituts, Athenische Abteilung 101, Athen/Berlin 1986, S. 41–62

Hägg, Robin/Marinatos, Nanno (Ed.) (1987): The function of the Minoan palaces. Proceedings of the fourth international symposium at the Swedish Institute in Athens 10.–16.6.1984, Stockholm 1987

Hamann, Richard/Hermand, Jost (1973): Stilkunst um 1900. (Epochen deutscher Kultur von 1870 bis zur Gegenwart 4), München 1973

Hauser-Schäublin, Brigitta (1987): Mutterrecht und Frauenbewegung, in: Johann Jakob Bachofen (1815-1887): Eine Begleitpublikation zur Ausstellung im Historischen Museum Basel, Basel 1987, S. 137–150

Hood, Sinclair/Taylor, William (1981): The bronze age palace at Knossos. Plan and sections, London 1981

Horwitz, Silvia L. (1983): Knossos. Sir Arthur Evans auf den Spuren des Königs Minos, Bergisch Gladbach 1983. Deutsche Übersetzung des amerikanischen Originals »The find of lifetime. Sir Arthur Evans and the discovery of Knossos«, New York 1981

Immerwahr, Sara A. (1983): The people in the frescoes, in: Krzyszkowska, Olga/Nixon, Lucia (Hrsg.): Minoan Society. Proceedings of the Cambridge Colloquium, Bristol 1983, S. 143–150

Jacobs, Monica (1993): Frauen auf der Suche nach dem Göttlichen. Die Gottesfrage in der feministischen Theologie, Saarbrücken/Münster 1993

Kästner, Sibylle (1991): Das Frauenbild von Sir Arthur Evans, dem Ausgräber von Knossos/Kreta: Auswirkungen auf unser heutiges Bild der minoischen Kultur, in: Reader zum Symposium »Feminismus & Archäologie?!«, Tübingen 1991, S. 41–57

Krzyszkowska, Olga/Nixon, Lucia (Hrsg.) (1983): Minoan Society. Proceedings of the Cambridge Colloquium, Bristol 1983

Lanwerd, Susanne (1993): Mythos, Mutterrecht und Magie. Zur Geschichte religionswissenschaftlicher Begriffe, Berlin 1993

Lenz, Ilse (1990): Geschlechtssymmetrische Gesellschaften. Neue Ansätze in der Matriarchatsdebatte, in: Lenz, Ilse/Luig, Ute (Hrsg.): Frauenmacht ohne Herrschaft. Geschlechterverhältnisse in nichtpatriarchalen Gesellschaften, Berlin 1990, S. 17–74

Marinatos, Nanno (1987): Role and sex division in ritual scenes of Aegean art, in: Journal of Prehistoric Religion 1, Göteborg 1987, S. 23–34

Marinatos, Nanno (1989): The minoan harem: The role of eminent women and the knossos frescoes, in: Dialogues d'histoire ancienne 15, 2 (Hommage à Ettore Lepore) Paris 1989, S. 33–62

Marinatos, Nanno (1993): Minoan religion. Ritual, image and symbol, Columbia/South Carolina 1993

Marinatos, Spyridon/Hirmer, Max (1976): Kreta, Thera und das mykenische Hellas, 3. Aufl. München 1976

Mastorakis, Michel/Effenterre, Michelin van (1991): Les Minoens. L'age d'or de la Crète, Paris 1991

McNeal, R. A. (1974): The legacy of Arthur Evans, in: California Studies in Classical Antiquity 6, Berkeley/California 1974, S. 205–220

Meier-Seethaler, Carola (1988): Ursprünge und Befreiungen. Eine dissidente Kulturtheorie, Zürich 1988

Miller, Henry (um 1958): Der Koloss von Maroussi. Eine Reise nach Griechenland, Hamburg um 1958. Deutsche Übersetzung des amerikanischen Originals »The colossus of Maroussi«, o. O. um 1958

Mommsen, Wolfgang J. (1983): Preußen/Deutschland im frühen 19. Jhr. und Großbritannien in der Viktorianischen Epoche. Eine komparative Betrachtung, in: Birke, Adolf M./Kluxen, Kurt (Hrsg.): Viktorianisches England in deutscher Perspektive, München 1983, S. 31–48

Myres, John Linton (1941): Sir Arthur Evans, in: Proceedings of the British Academy 27, London 1941, Reprint Nendeln, Liechtenstein 1977, S. 322–357

Niemeier, Wolf-Dieter (1986): Zur Deutung des Thronraumes im Palast von Knossos, in: Mitteilungen des Deutschen Archäologischen Instituts, Athenische Abteilung 101, Athen/Berlin 1986, S. 63–95

Niemeier, Wolf-Dieter (1987): Das Stuckrelief des »Prinzen mit der Federkrone« aus Knossos und minoische Götterdarstellungen, in: Mitteilungen des Deutschen Archäologischen Instituts, Athenische Abteilung 102, Athen/Berlin 1987, S. 65–98

Niemeier, Wolf-Dieter (1989): Zur Ikonographie von Gottheiten und Adoranten in den Kultszenen aus minoischen und mykenischen Siegeln, in: Müller, Wolfgang (Hrsg.): Fragen und Probleme der bronzezeitlichen ägäischen Glyptik, Berlin 1989, S. 163–186

Niemeier, Wolf-Dieter (1990): Die minoische Kultur Kretas: Versuch eines historischen Abrisses, in: Kreta. Das Erwachen Europas. Begleitpublikation zur Ausstellung im Niederrheinischen Museum der Stadt Duisburg vom 22.4.–29.7.1990, Duisburg 1990, S. 47–55

Pendlebury, John Devitt Stringfellow (1955): A handbook to the Palace of Minos, Knossos, with its dependencies, London 1955

Pilali-Papasteriou, Angeliki (1989): Social evidence from the interpretation of Middle Minoan figurines, in: Hodder, Ian (Hrsg.): The Meaning of Things. Material culture and symbolic expression, London 1989, S. 97–102

Platon, Nikos (1959): Συμβολη εις την σπουδην της μινωικης τοιχογραφιας, Kretika Chronika 13, 1959, S. 319–345

Pomeroy, Sara B. (1984): Selected bibliography on women in classical antiquity, in: Peradotto, John/Sullivan J. P. (Hrsg.): Women in the ancient world, the Arethusa Papers, Albany/New York 1984, S. 315–377

Pomeroy, Sara B. (1985): Frauenleben im klassischen Altertum, Stuttgart 1985. Deutsche Übersetzung des amerikanischen Originals »Goddesses, whores, wives and slaves«, New York 1984

Pötscher, Walter (1990): Aspekte und Probleme der minoischen Religion: Ein Versuch, Hildesheim/Zürich/New York 1990

Rehork, Joachim (1987): Sie fanden was sie kannten. Archäologie als Spiegel der Neuzeit, Ismaning bei München 1987

Rentmeister, Cillie (1985): Frauenwelten – Männerwelten. Für eine neue kulturpolitische Bildung, Opladen 1985

Schiering, Wolfgang (1976): Funde auf Kreta, Göttingen 1976

Schiering, Wolfgang (1994): Gestaltung und Aufgaben der Paläste des minoischen Kreta, in: Antike Welt. Zeitschrift für Archäologie und Urgeschichte, 25. Jahrgang, Heft 2, Mainz 1994, S. 178–190

Thane, Pat (1988): Weltlicher und himmlischer Lohn. Das Wertesystem der viktorianischen Mittelschichten, in: Weisbrod, Bernd (Hrsg.): »Victorian Values«. Arm und Reich im viktorianischen England, Bochum 1988, S. 177–201

Wagner-Hasel, Beate (1991): Das Matriarchat und die Krise der Modernität, in: Feministische Studien 1, Weinheim 1991

Walberg, Gisela (1986): Tradition and innovation. Essays in Minoan Art, Mainz 1986

Wende, Peter (1985): Geschichte Englands, Stuttgart 1985, S. 239–275

8. Vom rituellen Männermord zum Patriarchat der Fleischfresser: Arbeitsweisen und Ergebnisse der Matriarchatsforschung unter der Lupe

Arbeitsgruppe Ethnologie Wien (Hrsg.) (1989): Von fremden Frauen. Frausein und Geschlechterbeziehungen in nichtindustriellen Gesellschaften, Frankfurt a.M. 1989

Bleibtreu-Ehrenberg, Gisela (1981): Homosexualität. Die Geschichte eines Vorurteils, Frankfurt a.M. 1981

Borneman, Ernest (1975): Das Patriarchat, Frankfurt a.M. 1975

Davis, Elizabeth Gould (1977): Am Anfang war die Frau. Die neue Zivilisationsgeschichte aus weiblicher Sicht, München 1977. Deutsche Übersetzung des amerikanischen Originals »The first Sex«, o. O. 1971

Elias, Norbert (1986): Wandlungen der Machtbalance zwischen den Geschlechtern, in: Kölner Zeitschrift für Soziologie und Sozialpsychologie 38, Opladen 1986, S. 424–449

Fester, Richard/König, Marie E. P./Jonas, Doris F./Jonas, David A. (1982): Weib und Macht. Fünf Millionen Jahre Urgeschichte der Frau, 2. Aufl. Frankfurt a.M. 1982

Gildemeister, Regine/Wetterer, Angelika (1992): Wie Geschlechter gemacht werden. Die soziale Konstruktion der Zweigeschlechtlichkeit und ihre Reifizierung in der Frauenforschung, in: Knapp, Gudrun-Axeli/Wetterer, Angelika (Hrsg.): Traditionen – Brüche. Entwicklungen feministischer Theorie, Freiburg 1992, S. 201–254

Göttner-Abendroth, Heide (1980): Die Göttin und ihr Heros. Die matriarchalen Religionen in Mythos, Märchen und Dichtung, München 1980

Göttner-Abendroth, Heide (1981): Die Eule der Athene fliegt um Mitternacht. Zum Verhältnis von Mythologie und Philosophie, in: Großmaß, Ruth/Schmerl, Christiane (Hrsg.): Philosophische Beiträge zur Frauenforschung, Bochum 1981, S. 51–66

Göttner-Abendroth, Heide (1982): Die tanzende Göttin. Prinzipien einer matriarchalen Ästhetik, München 1982

Göttner-Abendroth, Heide (1988): Das Matriarchat I. Geschichte seiner Erforschung, Stuttgart/Berlin/Köln 1988

Hauser-Schäublin, Brigitta (1987): Mutterrecht und Frauenbewegung, in: Johann Jakob Bachofen (1815–1887). Eine Begleitpublikation zur Ausstellung im Historischen Museum Basel, Basel 1987, S. 137–150

Johanson, Donald C./Edey, Maitland A. (1982): Lucy. Die Anfänge der Menschheit, München/Zürich 1982. Deutsche Übersetzung des amerikanischen Originals »Lucy. The Beginnings of Humankind«, New York 1981

Kästner, Sibylle (1993): Vom Mythos zur Realität? Gedanken zur Zusammenarbeit zwischen Matriarchatsforschung und Archäologie bzw. Ur- und Frühgeschichte, in: Schlangenbrut. Streitschrift für feministisch und religiös interessierte Frauen 42, Köln 1993, S. 14–16

Kehnscheuper, Günther (1992): Zur Problematik religionsgeschichtlicher Aspekte bei der Deutung archäologischer Funde, in: Herrmann, Joachim (Hrsg.): Heinrich Schliemann: Grundlagen und Ergebnisse moderner Archäologie 100 Jahre nach Schliemanns Tod, Berlin 1992, S. 351–355

Knapp, Gudrun-Axeli (1992): Macht und Geschlecht. Neuere Entwicklungen in der feministischen Macht- und Herrschaftsdiskussion, in: Knapp, Gudrun-Axeli/Wetterer, Angelika (Hrsg.): Traditionen – Brüche. Entwicklungen feministischer Theorie, Freiburg 1992, S. 287–325

Kohl, Karl-Heinz (1988): Ein verlorener Gegenstand? Zur Widerstandsfähigkeit autochthoner Religionen gegenüber dem Vordringen der Weltreligionen, in: Zinser, Hartmut (Hrsg.): Religionswissenschaft. Eine Einführung, Berlin 1988, S. 252–273

Lanwerd, Susanne (1993): Mythos, Mutterrecht und Magie. Zur Geschichte religionswissenschaftlicher Begriffe, Berlin 1993

Lenz, Ilse/Luig, Ute (Hrsg.) (1990): Frauenmacht ohne Herrschaft. Geschlechterverhältnisse in nichtpatriarchalen Gesellschaften, Berlin 1990

Lenz, Ilse (1990): Geschlechtssymmetrische Gesellschaften. Neue Ansätze in der Matriarchatsdebatte, in: Lenz, Ilse/Luig, Ute (Hrsg.): Frauenmacht ohne Herrschaft. Geschlechterverhältnisse in nichtpatriarchalen Gesellschaften, Berlin 1990

Lenz, Ilse (1993): Jenseits von Patriarchat und Matriarchat. Neue Ansätze zu geschlechtsegalitären Gesellschaften, in: Schlangenbrut. Streitschrift für feministisch und religiös interessierte Frauen 42, Köln 1993, S. 20–23

Mies, Maria (1980): Gesellschaftliche Ursprünge der geschlechtlichen Arbeitsteilung (1), in: Beiträge zur feministischen Theorie und Praxis 3, 1980, 61–78

Mulack, Christa (1983): Die Weiblichkeit Gottes. Matriarchale Voraussetzungen des Gottesbildes, Stuttgart 1983

Müller, Klaus E. (1989): Die bessere und die schlechtere Hälfte. Ethnologie des Geschlechterkonflikts, Frankfurt a.M./New York 1989

Müller, Klaus E. (1993): Grundzüge des ethnologischen Historismus, in: Schmied-Kowarzi, Wolfdietrich/Stagl, Justin (Hrsg.): Grundfragen der Ethnologie. Beiträge zur gegenwärtigen Theorie-Diskussion, 2., überarb. und erw. Aufl. Berlin 1993, S. 197–232

Rentmeister, Cillie (1985): Frauenwelten – Männerwelten. Für eine kulturpolitische Bildung, Opladen 1985

Schmerl, Christiane/Ritter, Cordula (1981): Einige Gedanken zur Matriarchatsdebatte in der Frauenbewegung, in: Grobmaß, Ruth/Schmerl, Christiane (Hrsg.): Philosophische Beiträge zur Frauenforschung, Bochum 1981, S. 83–97

Tyrell, Hartmann (1989): Überlegungen zur Universalität geschlechtlicher Differenzierung, in: Martin, Jochen/Zoepffel, Renate (Hrsg.): Aufgaben, Rollen und Räume von Frauen und Männern, Teilband I, Freiburg/München 1989, S. 37–79

Weber, Max (1921): Wirtschaft und Gesellschaft: Grundriß der verstehenden Soziologie. Besorgt von Johannes Winkelmann, 5., rev. Aufl., Studienausgabe, Nachdruck Tübingen 1990

9. Mythos Matriarchat

Lerner, Gerda (1991): Die Entstehung des Patriarchats, Frankfurt a.M. 1991

Mommsen, Wolfgang J. (1992): Geschichte und Geschichten: Über die Möglichkeiten und Grenzen der Universalgeschichtsschreibung, in: Saeculum. Jahrbuch für Universalgeschichte 43, Freiburg/München 1992, S. 124–135

Schmidt, Uta C. (1988): Wohin mit »unserer gemeinsamen Betroffenheit« im Blick auf die Geschichte? Eine kritische Auseinandersetzung mit methodischen Postulaten der feministischen Wissenschaftsperspektive, in: Becher, Ursula A./Rüsen, Jörn (Hrsg.): Weiblichkeit in geschichtlicher Perspektive. Fallstudien und Reflexionen zu Grundproblemen der historischen Frauenforschung, Frankfurt a.M. 1988, S. 502–516

Schmidt, Uta C. (1994): Vom Rand zur Mitte. Aspekte einer feministischen Perspektive in der Geschichtswissenschaft, Zürich/Dortmund 1994

Schuster, Verena (1983): Vorsicht Mythos – Zum Beispiel der Mythos vom Matriarchat, in: Feministische Studien 2, Weinheim 1983, S. 160–166

Thürmer-Rohr, Christina (1984): Der Chor der Opfer ist verstummt, in: Beiträge zur feministischen Theorie und Praxis 11, 1984, S. 71–84

Wagner-Hasel, Beate (1991): Das Matriarchat und die Krise der Modernität, in: Feministische Studien 9, Weinheim 1991, S. 80–95

Wagner-Hasel, Beate (1992): Rationalitätskritik und Weiblichkeitskonzeptionen. Anmerkungen zur Matriarchatsdiskussion in der Altertumswissenschaft, in: Dies. (Hrsg.): Matriarchatstheorien der Altertumswissenschaft, Darmstadt 1992, S. 295–373

Wagner-Hasel, Beate (1993): Umkehrprojektionen und das Bild der Moderne im Matriarchat, in: Schlangenbrut. Streitschrift für feministisch und religiös interessierte Frauen 42, Köln 1993, S. 7–10

Wesel, Uwe (1980): Der Mythos vom Matriarchat. Über Bachofens Mutterrecht und die Stellung von Frauen in frühen Gesellschaften, Frankfurt a.M. 1980

Zinser, Hartmut (1981): Der Mythos des Mutterrechts. Verhandlungen von drei aktuellen Theorien des Geschlechterkampfes, Frankfurt a.M./Berlin/Wien 1981